KB049363

호모 포에티카

신화, 시문학, 철학의 탄생

호모 포에티카

신화, 시문학, 철학의 탄생

최상욱 지음

서광사

호모 포에티카

신화, 시문학, 철학의 탄생

최상욱 지음

펴낸이 | 이숙
펴낸곳 | 도서출판 서광사
출판등록일 | 1977. 6. 30.
출판등록번호 | 제 406-2006-000010호

(10881) 경기도 파주시 회동길 77-12 (문발동)
대표전화 (031) 955-4331   팩시밀리 (031) 955-4336
E-mail: phil6161@chol.com
http://www.seokwangsa.co.kr | http://www.seokwangsa.kr

제1판 제1쇄 펴낸날 — 2022년 4월 20일
제1판 제2쇄 펴낸날 — 2023년 10월 20일

ISBN 978-89-306-0236-5   93100

우리는 모두 한때 어린아이였다. 어린 시절은 과거에 속한다. 그 시절
은 지나가버렸고 다시는 오지 않는다. 나의 과거는 이렇게 사라지는 것
같지만, 우리는 자식을 키우면서, 그의 모습 안에서 나의 과거를 보기
도 한다. 부모가 나의 미래의 모습이라고 한다면, 자식은 나의 과거 모
습을 반영하는 거울과 같은 존재다. 그러나 자식이 보여주는 모습은 나
의 과거는 아니다. 나의 과거는 단지 나의 회상을 통해 접근할 수 있을
뿐이다.

　누구에게나 어린 시절은 행복하고 즐거웠던 시간들로 떠올리게 된
다. 그때는 순진무구하고, 때 묻지 않았고, 생명의 향기가 가득했던 시
절이었다. 어린아이는 쉽게 기뻐하고 즐거워하고 감격하고 웃는다. 이
런 시절의 모습을 회상할 때 우리는 갑자기 동화의 세계로 들어선 느낌
을 받게 된다.

어린아이의 세계는 어른의 세계와 다르다. 어린아이에게 세계는 무관심하고 냉담한 세계가 아니라 다정하게 말을 걸어오는 세계다. 세계는 "그것"이 아니라 "너"로 다가온다. 그리고 어린아이와 세계 사이에서 따뜻하고 안락한 교감과 대화가 이루어진다. 마치 요정이 나타나 마술 지팡이를 흔들자 모든 사물 위로 순백의 정령들이 내려와, 잠자고 있는 것을 깨우는 것처럼, 모든 사물은 살아나 움직이고 말을 하기 시작한다.

어린아이는 세계가 보내는 신호에 눈 귀를 기울이며, 그것으로부터 의미를 찾아내고, 동시에 그 세계에 자신의 의미를 부여하기도 한다. 이렇게 세계는 어린아이에게 수많은 보물과 비밀을 알려주는 보고이며, 이 세계는 어린아이의 꿈이 채색되어 꿈의 세계로 변한다.

어린아이에게 구름, 별, 달, 해, 나무 등은 단순히 구름, 별, 달, 해, 나무가 아니다. 구름은 포근한 이불도 되고, 낯선 곳을 향해 날아가는 양탄자가 되기도 한다. 구름은 변하면서 여러 형태들을 만들어낸다. 어떤 때는 거대한 사자와 용이 대결하는 모습으로, 험악한 얼굴을 지닌 괴물의 모습으로, 때로는 여기저기 도망치고 잡으러 가는 놀이의 모습으로, 심지어 아무 형태도 갖지 않는 듯이 보이는 "추상적" 형태로 나타나기도 한다. 구름이 그려내는 그림 중에는 구상화뿐 아니라 이미 추상화도 들어 있는 셈이다. 이러한 그림을 보면서 어린아이는 끝없는 상상의 세계로 빠져들고, 그 상상은 다시 이야기로 이어진다.

우리가 살아가는 터전이 되는 자연도 많은 이야기를 들려준다. 태양이나 별들의 경우 태양이 없었다면 낮은 존재하지 않았을 것이다. 태양은 우리에게 생명의 근원이자, 선명한 형태를 볼 수 있도록 빛을 보내주는 존재이다.

마찬가지로 별들이 없었다면, 밤하늘은 얼마나 적막했을까? 별들이 있어 밤은 또 다른 낮이 될 수 있는 것이다. 태양은 직접적이고 선명하

고 확실한 반면, 별들은 우리에게 은은하고 멀리 있는 이야기들을 끄집
어내게 한다. 별이 있는 밤하늘은 낭만적인 분위기를 제공한다.

별들 안에도, 구름이 그려내는 형태와 같이, 다양한 모습들이 들어
있다. 그 모습들을 보면서 우리는 별들에 얽힌 이야기들을 떠올리게
된다.

또한 밤하늘에 등장하는 달은 둥글게 부풀어 오르고 이지러지는 과
정을 반복한다. 풍요롭게 보이는 보름달, 날카롭고 예리하지만 어딘지
매력적인 그믐달, 봄의 꽃처럼 연약해 보이는 초승달, 반쯤 왔다고 알
려주는 상현달, 하현달. 이렇게 변하는 달의 형태를 보면서 우리는 시
간, 특히 삶과 죽음을 떠올리기도 한다. 이런 점은 화려하게 불태우는
단풍이나, 장엄하게 펼쳐지는 저녁놀에서도 발견할 수 있다.

우리가 주변에서 보는 꽃들 안에는 파랑, 초록, 노랑, 빨강, 주황, 자
주, 보라 등의 모든 색이 들어 있다. 만약 이러한 색들이 없었다면, 이
세계는, 이 자연은 거의 단색으로 이루어진 황량한 모습이었을 것이다.
꽃들은 어떻게 색을 가질 수 있었을까? 그 색은 이미 씨앗 안에 들어 있
었던 것일까? 그렇다면 어떻게 그 색이 씨앗 안에 들어 있게 되었을까?
알 수 없다. 그러나 꽃들이 있고, 색이 있기에 이 세계, 자연은 울긋불
긋하고, 화려하고 아름다운 세계인 것이다. 꽃들로부터 우리는 "색"을
알게 되고 느끼게 되고 향유하게 된다.

우리는 가뭄 끝에 내리는 비가 얼마나 고마운 존재인지 안다. 비는
가뭄과 갈증을 없애주고, 모든 자연물들에게 생명을 불어넣는다. 내리
는 빗소리는 참 아름답다. 처마에서 떨어지는 빗소리는 영롱한 소리를
들려준다. 바람에 흔들리는 이파리에서도, 우리는 바람과 나뭇잎이 어우
러져 들려주는 소리를 들을 수 있다. 바람의 세기에 따라, 나뭇잎의 두께

에 따라 그 소리는 높아지기도 하고 낮아지기도 한다. 이렇게 바람과 나뭇잎은 멜로디를 지어내고 있으며, 거기에 풀벌레들, 새들, 여러 동물들의 소리가 어우러지면, 그 음들은 마치 합창곡처럼 들리기도 한다. 또한 일정하게 해변으로 밀려왔다 밀려나가는 파도 소리를 들으며, 우리는 박자와 리듬을 감상하게 된다.

우리 주변에서 볼 수 있는 거대하고 오래된 나무는 그 자체로 감탄을 자아낸다. 인간의 수명보다 더 오래된 나무는 우리에게 생명에 대한 경외심뿐 아니라, 인생의 짧음을 느끼게 하며 시간이 무엇인지 알려준다.

또한 나무는 높은 하늘과 맞닿아 있는 존재이다. 이 나무를 타고 어린아이는 대지로부터 하늘을 향해 올라가는 꿈을 꾼다. 이때 나무는 어린아이에게 날개를 돋게 한다. 아이는 날기 시작한다. 혼자든, 아니면 하늘의 배, 기차, 자전거를 타고 날든 그것은 상관없다.

광포한 폭풍 속에서도 꿋꿋하게 버티는 나무는 안전하고 견고한 안식처를 떠올리게 한다. 이때 나무는 어떤 경우에도 흔들리지 않는 거대한 바위와도 같다.

이와 같이 우리가 태어나고 살아가는 자연은 우리에게 많은 이야기를 들려준다. 이제 자연의 이야기는 인간의 이야기가 된다. 이때 인간은 자연이 건네주는 "의미"를 받아들이고, 그 의미를 재창조하는 자가 된다. 인간은 어린아이 때부터 의미를 받아들이고, 의미를 부여하는 자, 호모 포에티카이다. 호모 포에티카로서 인간은 자연의 이야기를 신화 이야기, 시문학적 이야기, 철학적 이야기로 말하기 시작한다.

우리는 어린아이가 항상 아름답고 곱기만 한 것은 아니라는 것도 알고 있다. 어린아이 안에도 이미 심술궂은 꼬마 악당이 들어 있어 때때

로 그는 투정과 고집을 부리기도 한다. 또한 항상 즐거울 것 같은 시절
에도, 가끔 그 어린아이가, 마치 인생의 어려움을 이미 알기나 한 것처
럼 슬픔에 젖는 모습도 볼 수 있다. 그럼에도 어린아이가 어른보다 위
대한 것은, 그가 꿈꾸는 자, 호모 포에티카이기 때문이다.

　아마도 위기의 시대를 살아가는 현대인에게 아직도 희망과 구원이
가능하다면, 그것은 이 세계에 항상 어린아이가 존재하고, 어른 안에도
아직 어딘가 어린아이의 마음이 들어 있기 때문일 것이다.

　이 책에서는 여러 신화들과 시문학, 철학에 대하여 다루었다. 가능하
면 순서대로 읽는 것이 좋겠지만, 각각의 작품들은 독립성을 띠기 때문
에, 어느 것을 먼저 읽어도 무리는 없을 것이다. 이 책을 읽는 동안 자
신의 어린 시절을 돌아보는 여유를 가질 수 있다면, 그것도 좋은 일이
겠다.

2022년 3월 10일
보통리 벚꽃마을에서

1부
호모 포에티카

1

죽을 수밖에 없는 인간

독일 시인 횔덜린은 자신이 살아가던 시기를 이중 결핍의 시대라고 표현했다. 그동안 인간의 삶에 방향을 제시해 주었던 옛 신은 떠나버리고, 새로운 신은 아직 오지 않은 이중의 암흑기라는 의미다. 텅 비고, 무의미하고, 어두워진 시간과 공간만이 존재하는 시대. 절망과 두려움으로 가득 찬 시대. 이런 상황에서 횔덜린은 묻는다:

"대지 위에 아직도 척도가 존재하는가?"

그는 신들의 부재 속에서도 진리가 존재하는가? 라고 묻고 있다. 이 질문은, 진리는 존재하는가? 존재하지 않는가? 존재한다면, 그 진리란 무엇인가? 로 이어진다. 그러나 이 질문에 대하여 명확한 근거를 제시하는 것은 쉽지 않다. 너무도 많은 사상가들이 서로 다른 주장들을 내세웠기 때문이다. 그럼에도 모두가 인정할 수밖에 없는 진리가 존재한다. 그것은 모든 인간은 한 번 태어나서, 한 번 살아가고, 한 번 죽는다는 사실이다. 이것은 주관적 확신이나, 신념, 믿음과 무관한, 엄연한 사실이다.

"모든 사람은 한 번 태어나서, 한 번 살아가고, 한 번 죽는다."

이 명제는 부정할 수 없는 사실이며, 인간이라면 누구라도 피할 수 없는 진리를 표현하고 있다. 그러나 대부분의 경우, 이 문장은 우리에게 별다른 감흥을 주지 않는다. 왜냐하면 "모든 인간"이란 표현이, 이 명제가 제시하는 절실성과 위급함을 무디게 하기 때문이다. 그런데 이 문장의 주어를 "모든 인간"에서 "나"로 바꾸면 어떤 일이 일어날까?

"나는 한 번 태어나서, 한 번 살아가고, 한 번 죽는다."

이제 이 문장은 "나"와 무관한 명제적 진리가 아니라, 내가 어떤 식으로든 부딪쳐 해결해야 할 실존적 과제가 된다. 나는 나의 탄생에 대하여 되돌아보고, 삶의 과정에서 겪은 여러 일들을 떠올려보며, 앞으로 겪게 될 죽음에 대하여 앞서 생각해 보게 된다. 무미건조하고 가치중립적이었던 명제가 이제 나의 실존적인 과거, 현재, 미래의 사건들로 변하게 되며, 이 사건들 앞에서 나는 웃음과 울음, 기쁨과 슬픔, 편안함과 두려움, 행복과 불행, 쾌락과 고통, 희극과 비극 등 여러 감정들을 느끼게 된다. 그러면서 나는 묻게 된다:

"왜 나는 태어났는가? 왜 나는 살아가는가? 왜 나는 죽는가?"
"어떻게 나는 태어났는가? 어떻게 나는 살아가는가? 어떻게 나는 죽는가?"

이 문장은 탄생과 삶, 죽음이라는 사실에 대한 질문을 넘어, 그러한 사실의 궁극적 근거가 무엇인지 묻고 있다.

1. 나는 왜, 어떻게 태어났는가?

나는 내가 왜, 어떻게 태어났는지 알지 못한다. 그것은 나의 과거에 속하는 일이며, 나는 그 과거를 지배할 수 없다. 오히려 그 과거가 나를 지배할 때, 그 과거는 "나의 과거"가 되고, 나의 생명의 길이 시작되는 것이다.

내 생명의 시작은 부모가 선택한 것이다. 옳은 선택일 수도, 그렇지 않을 수도 있다. 어떤 경우든 부모가 나를 선택한 것이며, 내가 부모를 선택할 수 있는 일은 불가능하다. 탄생이란 사건은 나의 존재가 수동태에서 시작되었다는 점, 나의 기원을 나 자신이 알 수 없다는 점을 보여준다.

탄생과 더불어 이 세계에 들어서는 순간, 비로소 나의 소박한 역사는 시작된다. 물론 부모에 의해 내가 태어났다 하더라도, 나의 역사가 반드시 필연적인 것, 행복한 것으로 이어지지는 않을 수도 있다.

그럼에도 탄생은 알 수 없고 어두운 긴 잠과 같은 무의 상태로부터 빛의 세계로 들어섰다는 것, 그것도 의식을 가진 생명체인 "인간"으로서의 삶을 갖게 되었다는 점을 뜻한다. 이런 의미에서 탄생은 그 자체로 볼 때 소중하고 고귀한 사건이다. 그래서 모든 인간에게 생일은 중요한 날이고 축복받는 날이 되는 것이다.

생일은 단순히 매년 되풀이되는 축하의 시간이 아니라, 긴 무의 세계로부터 어머니의 자궁 안으로, 그리고 이 세계로 나오게 된 것을 환영하는 일이며, 그 과정에서 겪었을 여러 어려움과 고통을 이겨낸 생명의 위대함에 대한 칭송이며, 영겁의 우연의 혼란 속을 헤치고 또 다른 인간인 식구들과의 인연 안으로 들어오게 되었다는 것, 그리고 그러한 존재를 기꺼이 환영하며 받아들인다는 감사함의 표현인 것이다. 이처럼 탄생 그 자체는 위대하고 고귀한 사건이다.

그렇다고 탄생이 곧바로 행복한 삶과 연결되는 것은 아니다. 위에서 모든 생명체는 부모의 선택에 의한 것인 한, 필연적이라고 말했다. 물론 생명체가 부모에 의해 필연적으로 이루어지는 것은 당연하지만, 그럼에도 그 부모의 "선택" 자체가 필연적인 것이라고 보기는 쉽지 않다. 왜냐하면 부모도 하나의 불완전한 인간으로서 우연과 자유, 선택의 불확실성 속에서 살아가기 때문이다. 그렇기 때문에 "나의 존재"는 필연적이지 않을 수도 있는 것이다.

그러나 이러한 주장은, 나의 탄생이 고작 이 정도였던가? 라는 한탄을 자아내며, 왠지 나를 슬프게 한다. 이러한 상황 앞에서 우리는 나의 존재를 필연적인 사건이라고 생각하고 싶어진다.

이러한 주장은 서구 사상사를 통해 그리스도교와, 플라톤 철학에 의해 진행되었다. 그리스도교에 의하면 모든 인간의 삶은 전능한 신의 섭리에 의해 이루어지며, 이것은 탄생의 경우도 마찬가지다. 모든 인간의 생명이 예외 없이 필연적이어야 하는 이유는, 만약 우연적인 인간의 삶이 있다면, 그것은 신의 영역이 제한되어 있음을 의미하기 때문이다. 신이 전능하다면, 신은 모든 인간의 삶을 알고 있어야 한다. 그렇다면 모든 인간의 탄생은 필연적인 사건이어야 한다.

이런 주장은 플라톤 철학에서도 나타난다. 플라톤에 의하면, 인간의 영혼은 영원히 죽지 않고 불멸한다. 그렇다면 "나"라는 존재가 육체를 입고 이 세계에 태어나기 전에도 나의 영혼은 존재했으며, 나의 죽음 이후에도 나의 영혼은 존재할 것이다. 그런데 "나의 영혼"은 왜 "나의 육체"를 입게 되었는가?

플라톤에 의하면, 나는 태어나기 전에 영혼 상태로 존재하며, 어느 순간 "나의 육체"를 선택한다. 바로 그 육체를 선택한 이유는, 그 육체가 가장 좋기 때문이다. 그런데 그 육체를 얻기 위해 전생에서 나의 영혼은 그 육체를 물려줄 부모를 선택한다. 현실 세계에서는 나의 부모가 나를 선택하지만, 전생(이데아의 세계)에서는 내가 나의 부모를 선택한다. 따라서 내가 나의 부모로부터 태어날 수 있는 이유는, 내가 나의 부모를 선택했기 때문이다. 그렇다면 그 부모로부터 받을 나의 육체는 나의 자유로운 선택에 의한 것이며, 동시에 그 선택은 내가 피할 수 없는 것, 즉 필연적인 사건이 된다. 왜냐하면 내가 나를 선택한 셈이기 때문이다.

이렇게 그리스도교는 종교적인 방식으로, 플라톤 철학은 철학적인 방식으로, 인간의 탄생이 필연적이라고 주장하고 있다.

그러나 인간의 역사를 돌아볼 때, 얼마나 많은 전쟁이 있었으며 그로 인해 얼마나 비참한 탄생과 죽음이 있었는지 생각한다면, 이러한 비참함마저 신의 섭리나 나의 선택이라고 말하기는 어렵다. 그리스도교나 플라톤 철학이 주장하는 해석을 빼고 있는 그대로의 사실만 본다면, 인간의 탄생이 필연적이라고 말하기는 어렵다. 오히려 인간은 아무 섭리나 필연성 없이 그냥, 우연히 태어난 것처럼 보이기도 한다. 이런 입장은 독일 철학자 마르틴 하이데거에 의해 주장되었다.

그는 인간(현존재)의 존재를 염려라고 규정한다. 플라톤 철학 이후 인간을 homo sapiens(이성적 인간)라고 칭한 것에 비하면, 인간은 살아가기 위해 여러 문제에 대하여 염려해야 하고, 그 과정에서 실수할 수 있다는 것, 말하자면 더 이상 인간은 이성적 존재로서 자신과 타인, 그리고 다른 사물들을 명료하게 이해할 수 없다는 것이다. 이런 점은 탄생에 대해서도 마찬가지다.

하이데거에 의하면 인간은 이 세계 안으로 "던져진 존재"이다. "던져졌다"는 표현 자체가 어딘지 허망하고 쓸쓸한 느낌을 자아낸다. 이제 인간의 탄생은 축복받을 만한 사건이 아니라, 별 의미 없는 해프닝일 뿐이다. 인간이 던져진 존재라면, 도대체 인간을 던진 자는 누구일까?

이에 대하여 하이데거는, 누가 던졌는지 알 수 없다고 말한다. 인간이 누구에 의해, 어디로부터, 어디를 향해 던져졌는지는 알 수 없고, 우리가 알 수 있는 유일한 것은 '그렇게 던져졌다는 사실' 뿐이다. 이런 맥락에서 볼 때, 탄생은 무의미하고 우연히 발생한 사건에 불과하다. 누가 던졌는지 모르는 한, 모든 인간은 "고아"와 같다.

이런 주장은 이미 고대 그리스철학자 데모크리토스에 의해서도 주장되었다. 그에 의하면 우주는 수많은 원자들로 구성되어 있다. 그런데 그 원자들이 아무런 법칙 없이 서로 부딪치는 과정에서 생명체가 생겨난 것이다. 인간의 탄생도 마찬가지다. 그가 태어난 것은 극히 우연적인 일이며, 확률적으로 볼 때도, 매우 드문 사건이다. 만약 처음 상태로 돌아가 원자들이 서로 부딪치는 사건이 다시 벌어진다면, 인간이라는 생명체가 탄생할 확률은 거의 없어 보인다.

이와 같이 하이데거나 데모크리토스의 주장을 따른다면, 탄생은 더 이상 섭리나 필연적인 축복이 아니라, 우연히 발생한 보잘것없는 해프닝일 뿐이다.

그리스도교와 플라톤의 주장, 그리고 데모크리토스와 하이데거의 주장 중 어느 것이 진리인지 알 수 없다. 오히려 그 주장들은 그들의 취향과 희망 등이 한데 어우러져 정립된 해석이나 신념에 불과하다. 이와 달리 우리에게 확실한 것이 있다면, 그것은 우리 모두는 한 번 태어났다는 사실뿐이다.

이쯤에서 우리는 스스로 질문하는 것이 필요하다. 왜냐하면 질문할 때, 우리는 비록 명료하지는 못하더라도, 자신만의 대답을 어느 정도 확인할 수 있기 때문이다:

"나는 왜, 어떻게 태어났는가?"

그런데 탄생에 대한 질문은, 우리가 살아가는 이유와 근거에 대한 질문으로 이어진다.

2. 나는 왜, 어떻게 살아가는가?

우리 모두는 하루하루를 살아간다. 현대의 삶은 이전보다 빨라졌다. 현대인은 바쁘다. 바쁘게 보내지만, 왜 바빠야 하는지, 왜 그렇게 살아야 하는지 별로 질문하지 않는다. 그 대신 우리는 자신에게 유용한 것, 이익이 되는 것이 무엇인지 질문한다. 하이데거의 표현을 빌리면, 현대인들은 정말 중요한 것에 대하여 묻기를 망각한 채로 살아가고 있는 것이다.

그냥 그렇게 질문 없이 하루하루를 살아가면서, 우리는 기쁜 일, 즐거운 일을 경험하기도 하고, 때로는 고통스러운 일, 슬픈 일에 빠져 좌절하거나 체념하기도 한다. 때로는 마치 아무 소리도 들리지 않고, 아무 빛도 비치지 않는 텅 빈 공간 속을 헤매는 것 같이, 손가락 하나 까딱이기 싫은 무기력함과 무관심, 권태와 지루함에 휘둘려 지내기도 한다. 그때 시간은 갑자기 길게 늘어지고, "고통 없는 고통"은 영원히 사라지지 않을 듯이 여겨진다. 그러나 그러한 경험도 시간이 지나가면 옅어지고, 결국엔 잊혀지게 된다. 그리고 우리는 언제 그런 일이 있었느냐는 듯이 다시 일상을 살아간다. 시간은 기쁨, 즐거움, 슬픔, 고통 모두 싣고 흘러간다.

그러나 이러한 일들을 당했던 그 순간의 감정과 느낌과 충격이 너무도 강렬할 때, 우리는 그것에 압도당하기도 한다.

기쁘고 좋은 일이 벌어졌을 때, 우리는 즐거워하며, 행복하다고 느낀다. 하늘은 맑아 보이고, 대지는 따뜻하게 느껴진다. 주변에 알지 못했던 것들과, 그냥 스쳐가는 사람들, 어쩌면 약간 불쾌했던 기억마저, 모두 함께 어우러져 즐거움을 연출하는 듯이 느껴진다. 이런 순간에 우리는 "파우스트"의 한 구절처럼 "아름답다. 이 순간이여. 멈추어라!"라고 말하고 싶은 충동에 사로잡히기도 한다.

좋은 일이 벌어지고 좋은 기분을 느끼게 되는 것. 그것은 좋은 일이다. 그러나 좋은 일이 항상 좋은 일로 이어지기만 하는 것은 아니다. 좋은 일이 벌어졌을 때 내가 좋아할 수 있는 것은, 내가 그 즐거움을 내 안에서 통제할 수 있기 때문이다. 반면에 즐거움의 강도가 내가 감당할 수 없을 정도로 커졌을 때, 나는 즐거움에 압도되게 된다. 즐거움이 나를 삼켜버린다. 이때 나는 더 이상 즐거움을 느낄 수도 감당할 수도 없게 된다. 나는 나를 놓치게 되는 것이다. "아름답다. 이 순간이여. 멈추어라"라고 말하는 순간은 내가 아름다움에 질식되기 직전의 고백, 내가 나 자신을 상실하기 직전의 고백인 것이다.[1]

그런데 자신이 감당할 수 없는 즐거움에 빠져 자신을 상실했음에도 불구하고, 그러한 자신을 자신이라고 여기는 것을, 우리는 교만이라고 부른다. 교만은, 인간이 자기가 아닌 자신을 자기라고 여길 때 나타나는 현상이다.

예를 들어, 누군가가 분에 넘치는 행운을 갖게 되는 경우, 처음에 그는 자신에게 다가온 행운과 그러한 행운을 갖게 된 자신에 즐거워하지만, 결국엔 자신에 대한 우쭐함과 과신 때문에 점차 자신을 상실하게 된다는 것을 우리는 알고 있다. 이것은 인간이 자신의 한계를 망각한

---

1 "아름답다 이 순간이여, 멈추어라"라고 말하는 순간, 파우스트는 그의 영혼을 메피스토펠레스에게 뺏기게 되어 있다. 왜냐하면 파우스트가 더 이상의 욕망을 갖지 않고 주어진 욕망, 성취된 욕망에 만족할 때, 그는 더 이상 파우스트가 아니기 때문이다. 따라서 이 순간 메피스토펠레스는 그의 영혼을 가져갈 수 있는 것이다.

채, 자신 이상의 자신을 자신이라고 여기는 것이 얼마나 위험한 일인지 보여주고 있다. 이러한 인간의 모습을 키에르케고르는 "절망하여 자기 자신이려는 절망"이라고 말하고 있다. 이때 "자기 자신"은 교만해진 자기를 일컫는다.

이와 같이 즐거운 일이 항상 즐겁게 끝나는 것은 아니며, 때로는 즐거움이 가장 혹독한 고통으로 변하기도 하는 것이다. 이런 경우는 슬픈 일에도 해당된다.

고통스러운 일이 벌어졌을 때, 우리는 괴로워하고 슬퍼하며, 자신이 불행에 처해 있다고 탄식한다. 고통은 마치 몸속에 있는 좀벌레와 같이 우리 존재를 야금야금 잠식해 간다. 몸과 정신과 힘이 소진해 가고 판단도 흐려지게 된다. 고통은 우리 자신과, 우리 일상들, 우리가 만나는 모든 사람들을 우울한 잿빛으로 탈색시킨다. 그럼에도 우리는 자신을 추스르면서, 고통의 원인이 무엇인지, 어떻게 하면 고통을 해결할 수 있을지 모색한다.

그러나 그 고통이 얼마나 지속될지, 고통이 끝나기는 할지, 언제 어떻게 해결될지 알지 못할 때, 우리는 점점 더 그 고통 속으로 빠져들게 되고, "아, 나는 괴롭다"라고 한탄하게 된다. 그런데 고통이 극단적으로 심해지면, 이제 우리는 '나는 괴롭다'라고 말할 수도 없게 된다. 나는 고통 속에서 나 자신을 상실하게 된다. 왜냐하면 고통이 이렇게 클 때, 우리는 자신을 잊으려 하고, 자신으로부터 도망치려 하기 때문이다. 그러나 내가 나 자신을 부정하고 나를 망각하고, 나로부터 도망치더라도, 고통은 계속 남아서 나를 괴롭히고 지배한다. 고통이 나를 삼키는 순간이다. 이때 모든 것은 "무화"된다. 이렇게 고통으로 인해 자신을 상실한 상태를 키에르케고르는 "절망하여 자기 자신이 아니려는 절망"이라고 규정한다.

그러나 이러한 고통의 극한점에서도 나는 나 자신을 다시 찾아야 한다. 그것도 건강한 나를 회복해야 한다. 이것은 용기를 필요로 한다. "차라투스트라는 이렇게 말했다"의 표현처럼 고통을 상대로 외쳐야 한다. "너 고통이여! 너인가, 아니면 나인가!"

그리고 자신을 회복해 다시 물어야 한다: "너 고통이여! 나인가, 아니면 너인가!"

이 순간 우리는 고통(너)을 극복하는 자신(나)을 보게 된다. 그리고 고통과 죽음의 세계로부터 우리는 다시 생명의 세계로 들어서게 된다. 죽음과 고통도 강하지만, 그것을 이겨낸 생명은 더 강하고 위대하다. 이 순간을 니체는 다음과 같이 노래하고 있다:

"고통은 깊다. (그러나) 쾌락(즐거움)은 고통보다도 깊다. (왜냐하면) "고통은 사라져라!"라고 말하지만, 모든 쾌락은 영원을, 깊고 깊은 영원을 원하기 때문이다."[2]

어쩌면 모든 성장은 아픔을 필요로 하는 듯이 보인다. 아픔 없이 성장하는 경우는 없다. 물론 너무 아파 쓰러지는 경우도 있지만, 자신을 건강하게 추스르고 아픔을 극복할 때, 우리는 좀 더 건강해지고, 좀 더 성장한 자신을 확인하게 된다.

이와 같이 즐거운 일이든, 슬픈 일이든, 중요한 것은 자신을 상실하지 않고, 건강하게 잘 추스르는 일이다. 어느 경우에도 우리는 자기 자신을 믿어야 한다. 그러나 그것이 쉬운 일이 아니라는 것은 누구나 잘 알고 있다. 그러나 바로 그렇기 때문에, 역설적으로 나는 나 자신을 소중하게 사랑해야 한다. 내가 나 자신을 사랑하지 않는다면, 누가 나를

---

2 F. Nietzsche, *Also sprach Zarathustra*, KSA 4, 404. (이후 니체 저서의 번역과 요약은 저자가 한 것임.)

사랑할 수 있겠는가! 나마저 나를 버릴 때, 나는 얼마나 불행한가!

　인간에겐 해야만 하는 일, 해서는 안 되는 일, 하고 싶은 일, 하고 싶지 않은 일, 할 수 있는 일, 할 수 없는 일이 있다. 이러한 일들이 서로 얽혀 삶의 과정을 이룬다. 해야만 하는 일이지만 하고 싶지 않거나 할 수 없을 때도 있고, 해서는 안 되는 일인데 하고 싶을 때도 있다.

　어느 경우든 우리는 매 순간 그 중 어떤 것을 선택하며 살아간다. 선택은 쉽지 않다. 그러나 선택해야 한다. 이런 의미에서 삶의 과정은 항상 위태로울 수 있다. 그러나 위태롭고 두렵기 때문에, 오히려 삶은 도전할 만하고, 즐거울 수도 있다. 왜냐하면 위험이 있는 곳에 즐거움도 있기 때문이다.

　다만 위험을 극복하려면 용기가 필요하다. 용기 있는 자는 두려움을 이길 수 있다. 그런데 용기 있는 자는 두려움이 없는 자가 아니라, 두려움을 극복한 자이다. 두려움을 이겨낼 수 있는 자는, 어떠한 것을 진정으로 사랑하는 자이다. 사랑은 죽음마저도 이겨내기 때문이다.

3. 나는 왜, 어떻게 죽는가?

　"모든 인간은 죽는다."

　이 사실을 나는 잘 알고 있다. 죽음은 누구에게라도 찾아오는 사실이고, 하루에 죽어가는 사람의 숫자도 생각보다 많다. 릴케의 표현대로 현대사회에서 죽음은 대량생산되는 것처럼 보인다. 그러나 "나"에게 죽음은 아직 진지하고 심각한 느낌으로 다가오지 않는다. 특히 내가 젊고 건강하다면, 더 그렇다. 이때 나는 이렇게 생각한다:

"사람들은 죽어가지만, 아직 나는 죽지 않았다."
"나에게 죽음은 아직 멀리 있고, 죽기에는 아직 젊고 건강하다."

이러한 입장을 에피쿠르스는 이렇게 표현했다:

"살아 있는 한, 나는 아직 죽지 않았고, 죽었을 때, 나는 더 이상 살아 있지 않다."

한편으로, 이 문장은 맞는 말이다. 에피쿠르스에 의하면 삶과 죽음은 서로 분리되어 있고 서로의 영역을 침범하지 못한다. 따라서 우리는 죽음에 대하여 미리 두려워할 이유가 없다. 살아 있을 때, 우리는 죽지 않았기 때문이다. 또한 죽음이 왔을 때 우리는 더 이상 살아 있지 않기 때문에, 그 죽음은 우리를 두렵게 할 수 없다.

그러나 이러한 주장은 확률적으로 타당할 뿐, 절대적으로 확실한 것은 아니다. 왜냐하면 죽음은 공간적, 시간적으로 저 멀리 떨어져 있고, 나의 생명이 소진될 때까지 기다렸다가, 비로소 나에게 다가오는, 예측 가능하고 친절한 손님이 아니기 때문이다.

그렇다면 죽음이란 무엇인가?

죽음은 모든 인간에게 다가오는 구체적인 사건이다.
일반적으로 생각할 때 구체적인 것은 경험 가능하다. 나의 손에 느껴지는 통증의 경우, 나는 그 통증이 무엇인지 알 뿐만 아니라, 그 통증 때문에 구체적으로 괴로워한다. 반면에 추상적인 통증의 경우, 우리는 그것이 무엇을 의미하는지, 이성적 사유를 통해 이해할 수 있을 뿐, 그

것을 구체적으로 경험하지는 못한다. 이런 관계를 도식적으로 표현한다면:

"구체적인 것은 경험 가능하고, 추상적인 것은 이해 가능할 뿐, 경험할 수 없다."

죽음은 누구나 감수해야 할 구체적인 사건이다. 그렇다면 우리는 죽음을 경험할 수 있어야 한다. 그러나 죽음 자체를 경험할 수는 없다. 왜냐하면 에피쿠르스의 주장처럼, 죽어가는 구체적인 사건의 과정 속에서 그것을 경험해야 할 나 자신도 죽어가는 것처럼 보이기 때문이다.

죽음에 대한 경험이 가능하다면, 그것은 단지 타인의 죽음을 통해서이다. 타인의 죽어가는 과정과 모습을 보면서, 우리는 죽음이 얼마나 고통스러운지 간접적으로 경험하게 된다. 또한 그가 겪는 고통에 대하여 아무런 도움도 줄 수 없다는 사실 앞에서, 죽음은 결국 죽어가는 사람이 혼자 감당해야 하는 고독하고 외로운 싸움이라는 사실을 경험하게 된다. 이때 우리는 죽어가는 사람에 대하여 깊은 연민과 안타까움, 그것을 그저 지켜볼 수밖에 없는 "나"의 무력감과 일종의 분노도 느끼게 된다.

그러나 이 경험은 죽음에 이르는 과정에 대한 간접적인 경험이다. 살고자 몸부림치는 생명에의 애착과, 이를 침범하고 파괴하는 죽음의 싸움 속에서, 그는 처절한 고통에 시달린 후, 결국엔 죽음에 의해 삼켜지게 된다. 이때 그의 온 몸에서 생명의 힘이 사라지고, 모든 것은 멈춘다. 죽음에 이르는 과정과 죽음의 순간을 보면서, 우리는 죽음의 전능성과 무자비성, 불가해성을 간접적으로 경험하게 된다.

이와 같이 죽음에 대해서는 단지 간접적인 경험만이 허락될 뿐이다. 간접적인 경험을 통해서도 우리는 죽음에 대하여 어느 정도 이해할 수 있다. 그러나 개념으로서 통증이 "나의 통증"과 전혀 다르듯이, 죽음에 대한 간접적 경험은 "나의 죽음에 대한 직접적인 경험"이 될 수는 없다. 왜냐하면 나의 죽음에 대한 직접적인 경험은 단지 내가 죽어갈 때만 가능하기 때문이다. 내가 죽음에로의 길로 접어들었을 때, 나는 타인의 고통이 아니라, 나의 고통을, 타인의 외로움이 아닌 나의 외로움을 느끼게 된다. 그리고 생명이 쇠잔해 가고 죽음에 의해 삼켜지는 순간, 나는 더 이상 살아 있지 않게 된다.

그렇다면 죽음에의 직접적인 경험은 결국 불가능한가? 그것은 알 수 없다. 죽어가는 순간, 나는 더 이상 "인식"할 수 없으며, 이렇게 알지 못하는 상태로 나의 생명은 끝이 나기 때문이다. 그럼에도 불구하고, 죽어가는 모든 사람은 자신이 죽어가는 과정을 몸소 경험하고 느낀다. 왜냐하면 죽기 직전까지 그는 죽음을 느끼고, 경험하기 때문이다. 그러나 그는 죽음에 대한 자신의 직접적인 경험을 타인에게 전달하지는 못한다. 그는 죽어가기 때문이다. 그리고 죽음이 승리할 때, 모든 것은 멈추고, 모든 것은 끝난다.

죽음에 대하여 모든 인간은 수동적인 입장에 처할 수밖에 없다. 스스로 죽기 원하는 생명체는 없다. 왜냐하면 생명의 본질은 더 살기를 원하는 생명력에 있기 때문이다. 그럼에도 죽음의 잔인한 무차별성은 모든 생명체에게 찾아온다. 그에게 부여된 생명이 유한하기 때문이다.

4. 삶의 유한성

인간이 유한하기 때문에 죽는가? 혹은 죽기 때문에 그의 생명이 유한한가?

"유한하기 때문에 죽는다"는 명제는 생물학적, 물리학적 측면에서 정당하다. 유한한 생명체에게는 생명의 한계, 끝이 있고 그것은 죽음으로 이어진다:

"모든 유한한 생명체는 필연적으로 죽는다."

그러나 "죽기 때문에 유한하다"는 명제는 어떤가? 모든 죽는 것은 필연적으로 유한한가?

우리는 죽음을 끝이라고 표현했다. 죽음은 생명의 끝이다. 끝이란 표현 안에는 모든 것이 멈춘다는 생물학적, 물리학적 의미가 포함되어 있다. 이때 끝은 생명의 종말, 생명의 정지를 뜻한다:

"죽은 자는 말이 없다."

다른 한편 끝이란 표현 안에는 관계의 상실이란 의미도 있다. 만약 우리가 "이제 우리는 끝이야"라고 말한다면, 그것은 우리가 더 이상 관계성을 맺지 않겠다는 것, 더 이상 "너"를 아끼지 않고, 기억에서도 지워버리겠다는 것을 뜻한다.

기억하지 않을 때, 모든 존재는 잊혀지고, 더 이상 만남은 불가능해진다. "끝"으로서 죽음은 종말일 뿐 아니라, 잊혀지는 것, 모든 만남과 이별하는 것이다. 이별은 항상 힘들고 슬픈 일이다. 그런데 살아서 경험하는 이별도 이렇게 슬픈 일이라고 한다면, 영원한 이별의 사건인 죽음이 남기는 상처의 깊이는 얼마나 크겠는가!

살아 있는 동안 우리가 스스로 원해서 이별하는 경우, 그 아픔은 그다지 크지 않을 수 있고, 곧바로 잊힐 수 있다. 그러나 우리가 원하지 않는 이별인 경우, 이별은 우리로 하여금 이전의 모든 것을 잊게 하기보다, 오히려 더 기억하게 한다. 강요된, 강제된 이별은 잊혀지지 않는다. 전쟁이나 그 밖의 다른 이유로 어쩔 수 없이 이별한 사람들이, 얼마나 이별 이전과 이별의 순간을 명확히 기억하고 있는지 우리는 알 수있다. 이때 이별은 망각이 아니라 기억과, 끝이 아니라 시작과 이어진다. 죽음을 통해 이별하는 경우도 이와 같다. 죽음은 모든 것을 망각의 늪 속으로 끌어들이는 것은 아니다. 오히려 죽음은 우리로 하여금 죽은 자를 더 생생하게 기억하게 한다. 따라서 우리는 죽은 자를 위한 애도와, 그의 삶에 대한 기억, 그와의 이별을 아쉬워하는 추도식을 행하는 것이다. 이때 산 자와 죽은 자 사이에 무언의 대화가 가능해진다. 더 이상 "죽은 자는 말이 없는 자"가 아니다. 그는 죽었고 부재하지만, 역설적인 방식으로 살아 있고 현전한다. 이와 달리 죽었고 부재할 뿐인 인간, 즉 잊혀진 인간에 대하여 우리는 이렇게 표현할 수 있을 것이다:

"더 이상 말이 없는 자는, 진정으로 죽은 자이다."

그렇다면 "죽기 때문에 유한하다"는 명제는 이제 "말이 없는 자, 즉잊혀진 자는 유한하지만, 죽어서도 말하는 자, 우리에게 기억되는 자는 죽었지만 유한하지 않다"는 의미로 이해될 수 있다.

5. 삶의 유일회성

누군가가 잊혀진 사람인지, 기억되는 사람인지는, 그의 죽음 자체보다 그의 삶의 모습에 의해 결정된다.

비록 모든 인간은 죽음에 대하여 수동적인 입장이지만, 죽음을 맞이하는 인간의 삶의 방식과 태도는 인간의 능동적인 선택과 행동을 통해

1. 죽을 수밖에 없는 인간 33

가능할 수 있다. 하이데거식으로 표현하면, 죽음을 나의 고유한 존재로 받아들이면서 선취적이고 실존적으로 살아갈 때, 나는 죽음에 의해 수동적으로 삼켜지는 것이 아니라, "나의 고유한 죽음"을 선택하고 준비할 수 있는 것이다.

그런데 왜 나는 "죽음에의 존재"로서 살아가야 하는가?

그것은 무엇보다도 나의 삶이 유한할 뿐 아니라, 돌이킬 수 없기 때문이다. 나의 삶은 반복될 수 없다. 지나간 시간은 돌이킬 수 없다. 시간은 매 순간·과거를 향해 흘러갈 뿐, 이미 지나간 과거는 되돌아오지 않는다.

나의 과거의 삶도 되풀이할 수 없다. 과거에 대하여 나는 무기력하다. 과거의 일을 후회해도 그 일은 사라지거나 변형되지 않는다. "그랬다", "그랬었다"라는 표현은 나에겐 고독한 우수의 이름이다. 과거는 나를 사로잡고, 나의 형벌로 항상 나를 따라다닌다. 과거는 이미 쏟아진 물과 같이, 변경시킬 수 없는 "사실"이다. 아마도 지옥이라는 것이 있다면, 내 앞에서 나의 과거가 적나라하게 보이는 곳, 보이는 순간이라고 할 수 있을 것이다. 과거 앞에서 무기력하기에, 나는 자포자기 상태에 빠질 수 있다: "이미 지나간 일을 어찌하겠는가?"라고.

이와 같이 시간은 자신의 아이들을 먹어 삼켜버리는 괴물이다. 이러한 시간의 법칙 앞에서, 나는 나의 과거에 대한 모든 변화 가능성을 포기하고 체념하게 된다. 그러나 이것은 좋은 방법은 아니다. 왜냐하면 과거가 변하지 않고, 과거에 대하여 내가 할 수 있는 일이 없기 때문에 체념한 채 살아간다면, 나의 지금(현재)의 판단과 행동도 언젠가는, 즉 미래에는 다시 나의 과거가 되어 나를 억누르게 될 것이기 때문이다. 이렇게 아직 실현되지 않은 미래적 과거로부터도 나는 벗어날 수 없다. 이것이 시간이 갖는 전능한 힘이고 불변의 법칙이다.

그렇다면 과거로부터 벗어날 수 있는 다른 방법이 있는가? 만약 과거를 잊는다면 어떨까?

시간은 모든 것을 삼키고 지배하는 능력자이자 폭군으로서, 과거에 대한 나의 기억마저도 삼켜버린다. 망각은 나로 하여금 어느 정도 과거로부터 벗어나게 하는 듯이 보인다. 과거에 대하여 내가 기억하지 못한다면, 그 과거가 어떻게 나를 사로잡을 수 있겠는가?

한편으로 맞는 말이다. 어떠한 사건에 대하여 기억하지 못하는 경우, 그 사건은 나를 괴롭히지 못한다. 기억할 수 없기 때문이다. 모든 과거가 적나라하게 다시 보여지는 공간과 시간을 비유적으로 지옥이라고 표현한다면, 망각은 지옥에 내려진 하나의 구원의 동아줄이라고 할 수 있을 것이다. 기억할 수 없는 곳에는 아무것도 없는 것처럼 여겨지기 때문이다. 이런 의미에서 나의 기억마저 삼켜버리는 시간의 광포함은 오히려 시간이 베푸는 호의일 수 있다.

그러나 과거를 망각한다고 해서, 과거의 사건 자체, 그 사실도 사라지는가?

내가 나의 과거를 잊었다고 해도, 다른 사람이 기억하는 경우도 있다. 내가 전혀 기억하지 못하는 일을 누군가 다른 사람이 기억한다면, 그것 역시 당황스럽고 두려운 일이다. 나의 과거에 대한 망각은 나를 일시적으로 편안하게 해줄 수는 있지만, 망각된 과거가 다시 기억될 때 내가 느끼게 될 당혹스러움은 한층 클 수밖에 없다. 사정이 이렇다면 망각 역시 과거로부터 나를 구해줄 수는 없다. 그렇다면 과거를 극복할 또 다른 방법이 있는가? 있다.

그것은 과거를 "후회할 과거로 만들지 않는 일"이다. 미래는 반드시 나에게 다가올 시간이며, 나는 항상 지금이라는 현재 속에서 판단하고 선택하고 행동하면서 살아간다. 그런데 나의 현재는 항상 나의 과거가 되고, 나의 미래 역시 나에게 다가오자마자 나의 과거로 넘어간다.

예를 들어 어떤 음악이 흐르는 경우, 나는 항상 지금 현재 나의 귀에 들리는 음을 듣는다. 그러나 그 음을 듣는 순간 그 음은 이미 지나가버리고, 나는 다른 음을 듣게 된다. 앞에 들었던 음은 과거의 음이 되는 것이다. 그것은 지금 현재 내가 듣고 있는 음의 경우도 마찬가지다. 더나아가 그 노래를 이미 들어서 잘 알고 있는 경우, 나는 그 노래의 마지막 소절을 떠올릴 수 있다. 그 음은 아직 내 귀에 들리지 않지만, 그 미래적 음도 결국엔 내 귀에 들리고, 더 나아가 과거의 음이 될 것이란 점은 분명하다.

이렇게 모든 순간이 과거로 흘러간다면, "시간"에 대하여 내가 무력할 수밖에 없는 것은 당연하다. 그러나 흘러간 과거가 어떤 과거인가에 따라 과거에 대한 나의 태도가 달라질 수 있다.

누구에게나 다시 되풀이되지 않기를 우려하는 과거도 있고, 다시 되풀이되더라도 즐겁고 자랑스러운 과거가 있다. 이와 같이 우리는 과거, 과거의 사건 자체를 부정할 수 없지만, 어떠한 과거, 어떠한 과거 사건인지에 대하여는 우리 스스로 결정할 수 있다.

이러한 실존적 결단을 통해 우리는 피하고 싶고, 체념하게 되는 과거(그랬다, 그랬었다)를 "내가 원하는 과거", "내가 원했던 과거"로 바꿀 수 있다. 이때 과거는 내가 원했던 과거가 되고, 나의 과거는 나의 즐거움과 자부심으로 변하게 된다.

삶은 유한하다. 삶은 되풀이되지 않는다. 삶은 유일회적이다. 그렇다면 나는 나의 삶에 대하여 매 순간(현재) 진지하고, 미래가 되었을 때에도 후회하지 않을 삶을 살아가야 한다.

이러한 논의가 우리에게 알려주는 것은,
모든 인간, 나의 삶은 탄생과 삶, 죽음의 과정을 갖는다는 점
모든 인간, 나의 삶은 유한하다는 점

　모든 인간, 나의 삶은 유일회적이라는 점

　나는 나의 과거에 대하여 웃을 수 있어야 한다는 점

　나는 매 순간 나의 현재적 삶을 소중하고 진지하게 살아가야 한다는 점이다.

　이러한 논의가 가능한 것은, "나"의 삶이 유한하고, 유일회적이고, 결국엔 죽음으로 끝난다는 "사실"을 내가 "알기" 때문이다. 그러나 탄생과 삶, 죽음이라는 과정 안에는 인간의 앎(지식)과 무지(앎의 한계성), 삶과 죽음의 사실성과 신비가 혼재되어 있다.

　이런 상황에서 내가 할 수 있고, 어쩌면 해야만 하는 것은, 매 순간 나는 나의 삶을 내가 원하는 삶으로 살아야 한다는 점이다. 이것은 탄생과 삶과 죽음이라는 "사실성"을 넘어서려는 인간, 어떤 의미에서는 넘어설 수 있는 인간의 능력에서 비롯된다.

　"주어진 세계(자연)"에 순응하고, 적응하며 살아가는 동물과 달리, 인간은 "주어진 세계(자연)"를 넘어, 또 다른 세계를 만들어가는 존재이다. 이런 의미에서 인간은 동물이지만 주어진 자연을 넘어서는 동물, 동물을 넘어서는 동물이다. 이러한 "사이-존재"(Zwischen-sein)로서 인간의 특징을 우리는 homo poetica라고 부르고자 한다.

2

우주 속 인간의 위치

1. 우주와 인간

이제부터 우리는 우주와 지구에 대하여 생각하려고 한다.

누군가 지금 이 책을 읽고 있다면, 아마도 그는 책상 앞이든, 도서관 안이든, 아니면 카페의 소파에 앉아 있을 것이다. 그는 작은 공간 안에 있다. 그런데 그 공간을 넘어서는 장면을 상상해 보기로 하자. 그가 점점 위로 향할수록, 그는 자신이 있었던 작은 공간으로부터, 그 공간이 속한 도시로, 국가로, 더 나아가 지구로, 이윽고 지구마저 떠나 우주 공간 한가운데에 이를 것이다. 여기서 더 상상력을 발휘한다면, 우리는 우주마저 한눈에 볼 수 있는, "알 수 없는 공간"[1]에 도달할 것이다. 여기서부터 우주와 지구에 대하여 상상해 보기로 하자.

---

1 "알 수 없는 공간"이라고 표현한 이유는, 우리는 공간을 넘어선 공간, 공간을 벗어난 공간에 대하여 아무런 이미지도 가질 수 없기 때문이다.

우주와 지구 모두 우리가 헤아리기엔 너무나 큰 공간과 너무나 긴 시간을 단위로 존재한다. 그것은 우리의 제한된 사고 능력을 넘어선다. 이제 필요한 것은 사고가 아니라, 상상력, 그것도 아주 큰 돋보기가 장착된 상상력이다. 작은 호리병 안에 갇혀 있다가 뚜껑이 열리면서 세상으로 나온 거인과 같이, 태양계와 우주 안에서부터 나와 그것을 마치 작은 모형과 같이 볼 수 있는 상상력이 요구된다. 이제 제 3지대에 둥둥 뜬 채 눈앞에 펼쳐진 우주를 바라본다면 우리 눈에 보이는 것, 우리 생각에 떠오르는 것은 무엇일까? 아마도 "거기에" 우주가 "존재하고 있다는" 사실일 것이다. 우주는 이미 공간과 시간 속에서 존재하고 있는 것이다. 그 이전의 우주의 모습에 대해서는? 안타깝지만 인간은 공간과 시간 이전의 상태에 대하여 알 수 없고, 그에 대한 어떠한 이미지도 그려낼 수 없다. 그렇다면 우리의 상상도 이미 공간과 시간 안에 존재하는 우주에서 시작할 수밖에 없다.

우주는 아주 오래된 과거부터 존재했을 것이다. 그 과거는 우리가 헤아리기에 너무도 먼 시간이다. 너무 멀기에, 그 과거는 시간이 아니라 영원처럼 느껴질 수도 있다. 따라서 우주는 생성도 소멸도 없는 부단한 운동으로서, 과거에도 미래에도 영원히 존재하는 것이라는 그리스적인 주장이나, 어느 시간에 전능한 신이 우주를 창조했다는 히브리적인 주장은 별로 다르지 않다. 창조자 없이 그 자체로 우주가 존재했다는 그리스 주장과 달리, 히브리 주장은 신이 특정한 시간에 창조했다는 차이를 지닐 뿐이다. 그러나 그 시간이 너무나 아득한 과거이기에, 히브리적 사상에서도 창조의 시점을 "태초"라고 표현하고 있다. 이 표현이 의미하는 것은, 그 과거는 인간이 헤아릴 수 있는 범위를 넘어선다는 뜻이다. 그 과거는 영원에 가까운 과거이다.

따라서 창조자가 있는지, 없는지라는 차이를 뺀다면, 두 사상 모두 우주가 거의 영원에 가까운 과거부터 존재했다고 주장하는 셈이다. 왜냐하면 100년을 채 살지 못하는 인간에게 '영원에 가까운 과거'라는 표현과 '영원'이라는 표현은 거의 동일한 의미를 지니기 때문이다.

하여튼 이제 우리는 우주가 눈앞에 펼쳐지는 것을 보고 있다. 그리고 우주 한편 저 멀리 아주 작은 뜨거운 별(태양)과, 그 주위를 도는 또 다른 별들을 볼 수 있다. 그 중 우리가 살아왔던 지구도 보인다. 우리의 고향인 지구를 보면서 반가운 마음이 들기도 한다. 그러나 다른 한편 우리의 생명의 근원이라고 여겨져 왔던 태양과, 우리가 살아왔던 지구가 저렇게 작았다는 사실에 새삼 놀라움과 측은한 마음도 느낄 수 있다.

지구를 포함해 태양계가 우주에서 차지하는 공간은 아주 작은 부분에 불과하다. 그때 우리는 이런 생각도 할 수 있을 것이다: "아, 그렇게도 위대하다고 생각했던 태양과 지구가 저토록 초라하다니!" 이러한 생각은 다시, "거대한 우주 속에서 태양과 지구가 존재한다는 것은 무슨 의미일까? 그 별들은 우연히 존재하게 된 것인가? 혹은 우주의 필연적 법칙에 의해 생겨난 것인가? 우주는 친절한 것인가? 낯선 것인가? 우주는 인간에게 어떠한 것인가?"라는 질문으로 이어진다.

우주는 우리에게 어떠한 존재인가?

우주 안에 얼마나 많은 별들이 존재하는지, 그 중 생명체를 지닌 별들이 얼마나 있는지 우리는 명확히 알지 못하지만, 상상력과 인지능력을 지닌 인간과 같은 생명체가 있는 별은 많지 않아 보인다. 수없이 많은 별들로 가득한 우주에서, 인간을 포함해 동물과 식물, 작은 미생물들이 존재하는 별이 너무나 적다는 것, 혹은 거의 없어 보인다는 것은 무엇을 의미하는가? 그것은 단지 인간이 아직 그러한 별들을 발견하지 못했다는 의미인가? 그렇다고 하더라도, 현재까지 인간이 발견해 확인하고 추론할 수 있는 범위 안에서도 그러한 별이 거의 없다는 것은 무슨 의미인가? 만약 생명체가 중요한 의미를 지닌다면, 도대체 왜 우주는 그렇게도 오랫동안 헛된 수고를 하였던 것일까? 이렇게 적은 수의 생명체를 지닌 별을 잉태하기 위해 우주는 그토록 많은 시행착오를 거친 것인가? 그렇다면 생명체가 없는 별들은 불필요거나 무의미한 것인가? 그 별들은 존재 의미가 없는가? 이러한 질문은 한없이 이어질 수 있기에 이쯤에서 멈추기로 하고, 이제 우리는 "인간에게 우주는 무엇인가? 혹은 어떠한 의미인가?"에 대하여 생각하기로 한다.

인간을 잉태시킨 지구는 인간의 어머니라고 볼 수 있다. 이 지구가 우주가 산출해 낸 자식이라고 한다면, 우주는 지구의 어머니, 인간의 어머니의 어머니, 즉 태조모인 셈이다. 그렇다면 우주와 인간의 관계에 대한 질문은 태조모와 그 후손의 관계에 대한 질문이라고 볼 수 있을 것이다.

자식과 어머니를 이어주는 끈은 당연히 필연적인 관계이다. 그러나 자식과 어머니의 관계가 많은 세대를 거칠수록, 까마득한 후손과 태조모 사이에는 자유와 우연 등 여러 가지 변수가 개입되고, 이에 따라 필연성의 농도도 점차 옅어지게 된다. 따라서 그 관계는 필연적이라고 보기 어렵다. 이런 점은 인간과 우주의 관계에도 적용된다.

우주로부터 인간이 존재하게 되었다는 점에서 우주와 인간의 관계는 어느 정도 필연적이라고 볼 수 있다. 그러나 어떤 이유로, 어떤 과정을 거쳐 우주로부터 인간이 만들어지게 되었는지를 밝히기 위해서는 여러 가지 복합적인 요소들이 고려되어야 한다. 인간이 만들어지기까지, 그리고 그렇게 만들어진 인간의 존재 안에 우주의 정신, 우주의 법칙이 작동하고 있는지, 아니면 그동안 우연성이 개입해 우주의 법칙이 흐려지고 결국엔 흔적만 남아 있는지 우리는 알 수 없다. 그럼에도 우주와 인간의 관계가 전혀 무관하다고 볼 수는 없다. 이러한 이중적인 관계성 때문에, 어떤 경우엔 우주와 인간 사이에 법칙성이 존재하는 것처럼 보이고, 어떤 경우엔 비법칙성, 우발성, 우연성이 존재하는 것처럼 보이기도 한다. 이렇게 필연인지 우연인지 알 수 없을 정도로, 마치 복잡하게 얽혀 있는 실타래와 같은 관계성을 우리는 "관계의 복합성"이라고 부르기로 한다.

인간과 우주의 관계 안에는 복합적인 관계의 그물망이 혼재되어 있다. 그 안에서 우리는 법칙성과 비법칙성 모두 발견할 수 있다. 과학의 역사는 이러한 법칙성을 발견해 온 과정이다. 과학을 통해 인간은 우주의 법칙성을 알게 되었지만, 그와 동시에 우주의 존재와 진행 과정은 인간이 발견한 법칙성에 의해 완전히 설명될 수 없다는 것도 밝혀졌다. 그렇다면 왜 우주엔 인간이 알 수 있는 법칙성과 알 수 없는 비법칙성이 동시에 존재하는 것일까?

그 이유는 우주의 존재와 진행 과정 안에는 "법칙의 복합성"이 내재하고 있으며, 인간은 우주 전체를 볼 수 있는 감각적, 지성적 인식 능력이 없기 때문이다.

우주가 보여주는 사건들 안에는 인간이 발견한 법칙성에 어긋나거나, 아예 법칙성과 무관하게 보이는 사건들도 많이 존재한다. 법칙성을 통해 우주는 인간에게 친근한 것처럼 보이지만, 비법칙성을 통해 전혀 낯선 존재로 여겨진다. 인간은 우주를 인간이 알 수 있는 "코스모스"로 해석해 왔지만, 그럼에도 불구하고 우주 자체는 항상 "카오스"로 남는다. 우주는 인간이 알 수 있는 것 이상의 존재이고, 인간은 자신이 발견한 우주의 부분을 통해 우주에 대하여 부분적으로 이해할 수 있을 뿐이다. 이렇게 우주의 법칙성과 비법칙성, 인간의 인식 가능성과 불가능성이 혼재되어 있는 관계의 복합성 안에서 인간은 우주를 바라보고 있는 것이다. 이것이 자신 안에 무한을 담을 수 없는 유한자의 숙명이다.

우주가 인간의 존재에 대하여 호의를 갖고 있는지 그렇지 않은지 우리는 알지 못한다. 우주의 정신이 인격적인지, 단순히 기계론적인 인과율을 따르는지, 아니면 우연적이거나, 전적으로 무심한 것인지도 알지 못한다.

어쨌든 우주는 전체를 유지하며 생성해 나가는 능력(natura natur-ans)이고, 인간은 생성의 과정에서 만들어진 존재자(natura naturata)이다. 비록 우주와 인간 사이에 필연성과 우연성, 법칙성과 비법칙성, 가해성과 불가해성이 동시적으로 존재하며, 더 나아가 우주가 인간의 존재에 호의를 갖지 않고 무심하다고 할지라도, 인간은 우주에 대해 무관심할 수는 없다. 왜냐하면, 마치 강물의 원천인 최초의 샘이 자신이 가두어두었던 물을 무심하게 흘려보냈을 경우에도, 샘으로부터 발원된 강물은 자신의 존재가 물의 원천인 샘과 연관되어 있다는 것을 알고 있고, 그곳을 그리워하기 때문이다.

2. 친근한 우주와 두려운 우주

인간에게 우주는 친근하기도 하고, 두렵기도 하다. 법칙성을 통해 예측 가능한 우주는 친근하다. 여름이 너무 더워 견디기 힘들어도, 겨울이 너무 추워 생존하기 힘들어도, 우리는 여름이 가고 겨울도 지나간다는 것을 우주의 법칙을 통해 알고 있다. 법칙성을 통해 접근 가능한 우주는 친근하다. 반면에 거대한 지진이나 쓰나미 같이 인간이 예측할 수 없는 사건 앞에서 인간은 두려움을 느낀다. 그럼에도 우주가 인간의 태조모인 한, 인간에게 우주는 친근하고 인간적이다.

플라톤에 의하면 우주는 데미우르고스란 신에 의해 만들어졌다. 마치 예술가들이 작품을 만들 때, 미리 생각을 하고, 그 생각에 따라 재료를 가지고 작품을 만들어내듯이, 데미우르고스도 신적인 정신, 즉 이데아에 따라 우주를 만들었다. 이데아는 영원하고 불변적인 존재이다. 따라서 그가 만든 우주는 영원하고 절대적이고 불변적인 이데아를 담고 있다. 이 우주는 질서(법칙성)와 조화를 이루고 있다. 그런데 이데아 중의 이데아는 "선의 이데아", 즉 "좋은 이데아"이다. 따라서 그가 만든 우주는 질서와 조화로운 우주일 뿐 아니라, 좋은 우주이다. 그 우주는 불변적, 절대적인 법칙과 조화를 반영하는 "진리의 우주"이며, 도덕성을 포함하는 "좋은 우주"이다. 그런데 플라톤에 의하면, 인간은 이데아를 알 수 있는 존재이다. 따라서 인간은 우주가 진리의 우주, 좋은 우주라는 점을 알 수 있다.

이런 주장은 아리스토텔레스에게도 이어진다. 그에 의하면 우주는 궁극적인 목적(절대적 완성태 entelecheia)을 향하는 존재이다. 비록 우주의 진행 과정에서 비법칙적, 무목적적으로 보이는 사건이 벌어진다 하더라도, 그러한 것 역시 궁극적인 목적을 위해 필요하고 요구되는 것들이다. 우주의 모든 존재자들 가운데 목적 없이 만들어진 것은 없다. 이러한 특징은 인간에게도 해당된다. 결국 우주의 모든 존재자들은 그 자체로 존재 의미를 지니며, 존재할 가치가 없는 것은 없다.

이런 주장은 그리스도교에서도 나타난다. 창세기 1장에는 신이 우주를 창조하는 장면이 묘사되고 있다. 신은 "말씀"을 통해 우주를 창조한다. 신의 "말씀"은 플라톤의 이데아에 해당될 수 있는 영원한 로고스이다. 영원하고 절대적인 로고스를 통해 창조된 우주는 신의 진리를 반영한다. 우주는 신적인 진리에 의해 만들어진 우주이다. 뿐만 아니라, 이렇게 창조된 우주를 보고 신은 "보기에 좋았다"라고 표현하고 있다. 우주는 좋은 우주, 즉 도덕적으로 좋은 우주이고 미학적으로 아름다운 우주이다. 이 주장들의 공통점은, 우주는 진리와 선함과 아름다움의 우주라는 것이다.

우리도 우주에 대하여 이렇게 느낄 때가 있다. 특히 주어진 문젯거리들이 잘 해결되고, 원하던 것을 성취하고, 반가운 사람들과 만나는 경우 등등. 이럴 때 기후도 온화하고 햇살이라도 경쾌하게 비친다면, 우리는 우주가 아름답고 친근하고, 호의를 베푸는 우주라고 여긴다.

그러나 그 반대의 경험도 있다. 두려운 태풍이나, 무차별적으로 인명을 해치는 우주의 사건 앞에서 우리는 인간에게 적대적인 우주의 모습을 느낀다. 이때 우리는 우주의 광포하고 압도적인 힘 앞에 서 있는 무력하고 외로운 인간, 죽음의 위협에 떨고 있는 인간의 모습을 보게 된다. 이럴 때 우주는 카오스적인 힘으로, 인간은 예측 불가능한 우연성에 내던져진 존재로 여겨진다.

우주의 시간은 영원하지만, 인간에게 주어진 시간은 아주 짧으며, 우주의 공간은 무한한 반면 인간이 차지하는 공간은 유한한다. 또한 왜 "나"라는 인간이 존재하게 되었으며, 왜 이 시간과 이 공간에 존재하게 되었는지 알 수 없다.

파스칼에 의하면, 거대하고 불가해한 우주에 비해 인간은 지극히 미약한 존재로서, 인간을 죽이기 위해 온 우주가 동원될 필요가 없다. 단지 접시에 담긴 물만으로도 인간을 죽일 수 있다. 이때 왜? 라고 한탄하는 인간에게 우주는 아무런 말도 건네지 않는다. 이렇게 거대한 우주의 침묵은 인간을 더욱 두렵게 한다. 파스칼이 두려워하는 우주는, 칸트가 예찬했듯이, 인간을 경이로운 감격에 사로잡히게 하는 '별들로 가득 찬' 우주가 아니라, 마치 죽음의 세계와 같이 얼음보다 차가운 침묵에 뒤덮인 우주이다.

그러나 인간을 두렵게 하고, 심지어 해칠 수 있는 우주 앞에서도 인간이 위대할 수 있다면, 그것은 그가 우주보다 강하기 때문이 아니라, 자신이 약하다는 것, 자신이 우주에 의해 죽을 수 있다는 것을 "알기" 때문이다. 이러한 인간을 파스칼은 "생각하는 갈대"라고 표현했다.

결국 우주는 인간이 친근하게 여긴다고 해서, 친근한 우주도 아니고,

두려워한다고 해서, 두려운 우주도 아니다. 오히려 우주는 인간의 사고 능력을 뛰어넘는 거대한 존재일 뿐이다. 이런 의미에서 우주는 하나의 신비이다. 그러나 우주의 신비 안에서 인간은 탄생했고, 인간의 존재 안에는 우주의 신비가 흔적으로 남아 있다. 이런 까닭에 우리는 우주를 대우주, 인간을 소우주라고 부르는 것이다.

우주에 대한 상상을 하면서, 우리는 인간의 사고 능력이 한편으로는 위대하지만, 다른 한편으로는 매우 왜소하다는 사실도 알게 된다.

우리의 사고 능력으로는 우주가 얼마나 커다란지 알지 못한다. 인간이 상상할 수 있는 가장 큰 것은 얼마나 큰 것인가? 우리는 종종 무한이라는 표현을 사용하지만, 무한이 어느 정도 크기인지 알지 못한다. 도대체 무한은 크기가 있는 것인가? 혹은 크기가 있다면, 그것이 아무리 크더라도, 그것은 한계를 가지는 것이다. 반면에 "무한"은 크기를 잴 수 없는 것, 크기에 한정되지 않는 것, 크기를 넘어서는 것, '크기가 아닌 것'을 뜻한다. 우리가 우주를 무한하다고 표현한다면, 그때 우주는 크기, 한계를 갖지 않는 것이어야 한다. 그러나 우리는 한계 없이 펼쳐지는 것에 대하여 상상할 능력이 없다. 우리가 '어떤 것이 크다'고 판단할수 있으려면, 그것은 한계를 지녀야 한다. 한계가 없는 것은 '큰 것보다더, 더, 더 … 큰 것'이 아니라, 아예 판단할 수 없는 것, 즉 크기가 없는것이기 때문이다.

그런데 크기가 있는 것은, 무한하게 큰 것이 아니다. 반면에 인간은 크기가 없는 것에 대하여 상상할 수 없다. 우주가 무한하다고 할 때, 우리는 이러한 역설에 봉착하게 된다. 우주가 무한하다면, 경계선이 없어야 하는데, 그런 장면을 우리는 상상할 수 없고, 무한할 정도로 큰 경계선을 갖는다고 한다면, 그것은 더 이상 무한이 아니기 때문이다. 말하자면 우주에 경계선이 있다면, 그 우주는 유한한 것에 불과하고, 경계선이 없다면, 그 우주는 인간의 사고 능력으로는 포착되지 않는다는 것이다. 이러한 인식 능력의 모순을 칸트는 "이성의 이율배반"이라고 불렀다. 그러나 이러한 이율배반은 가장 큰 것(무한)에만 해당되는 것이 아니라, 그 반대의 경우에도 적용된다:

"가장 작은 것은 얼마나 작은 것인가?"

현미경은 가장 작은 것을 찾기 위해 인간이 만들어낸 과학적 도구이다. 더 작은 것을 볼 수 있는 현미경은 계속 발전되었다. 그때마다 인간은 이전보다 더 작은 것을 발견해 왔다. 이 과정에서, 이전까지 가장 작은 것이라고 여겨져 왔던 것이 가장 작은 것이 아니라는 사실이 확인되었다. 현대 과학기술을 통해 인간은 역사상 가장 작은 것을 발견했다고 주장하지만, 그것이 가장 작은 것이 아닐 수 있다는 것은 충분히 짐작할 수 있다.

가장 큰 것의 경우와 마찬가지로, 가장 작은 것이 있다면, 그것은 그것보다 더 작은 것으로 나뉘어서는 안 된다. 나눠진다면 그것은 가장 작은 것이 아니다. 그러나 우리는 더 이상 나눠지지 않는 것이 무엇인지 알지 못한다. 왜냐하면 아무리 작은 물체도 그것보다 더 작게 나뉠 수 있기 때문이다.

크기를 갖는 모든 것은 나뉠 수 있다. 그렇다면 나뉨이 불가능한 것은 크기를 갖지 않는 것이어야 한다. 그러나 크기를 갖지 않는 것은 존재자가 아니라, "무"와 같은 것이다. 이것 역시 인간이 처하게 된 이성의 이율배반이다. 이 문제는 이미 그리스철학자들에 의해서도 논의되었다.

유물론자인 고대 그리스철학자 데모크리토스는 물질 중 가장 작은 것을 Atom이라고 불렀다. 원자라고 번역되는 Atom은 '더 이상 나눠지

지 않는 것'이란 의미이다. 이후 서구 철학자들과 과학자들은 물질 중
더 이상 나눠지지 않는 가장 작은 알갱이가 존재한다고 여겨왔다. 그러
나 19세기 이후 원자보다 더 작은 것이 존재한다는 것이 발견되었다.
말하자면 나뉠 수 없다고 믿어왔던 원자가 나눠진 것이다. 그렇다면 원
자보다 더 작고 나눠지지 않는 것이 있을까? 적어도 물질세계에서 그러
한 것은 없다고 보는 것이 정당해 보인다. 왜냐하면 모든 물체는 크기
를 갖기 때문이다.

이러한 문제점을 해결하기 위해 아톰을 다른 방식으로 해석한 철학
자 중 한 명이 플라톤이다. 그는 더 이상 나눠지지 않는 가장 작은 것,
즉 아톰이 존재한다고 생각했다. 그러나 물질세계에서 아톰을 찾았던
데모크리토스와 달리, 그는 나눠지지 않는 것은 크기를 갖지 않는 것에
서만 존재한다고 보았다. 그것을 그는 "영혼"(psyche)이라고 불렀다.
영혼은 아톰, 즉 나눠지지 않는 것이다. 나눠지지 않는 것은 없어지지
않는다. 왜냐하면 소멸하는 것은 모두 나눠지는 것이기 때문이다. 반면
에 더 이상 나눠질 수 없다면, 그것은 소멸될 수 없다. 그렇다면 영혼은
영원하고 불멸한다는 결론에 이르게 된다. 이후 영혼이라는 개념은 서
구 철학과 그리스도교를 통해 진리로서 여겨져 왔다.

그러나 가장 큰 것이 무엇인지, 가장 작은 것이 무엇인지는 여전히
수수께끼로 남아 있다. 그럼에도 불구하고 우리가 무한, 유한을 일반적
인 의미로 사용한다면, 우리는 다음과 같이 정리할 수 있을 것이다.

우주의 크기(공간)는 무한하고, 인간의 크기는 유한하다.
우주의 길이(시간)는 무한하고, 인간의 길이는 유한하다.
무한이 무엇을 의미하는지는 불명확하다.
유한이 무엇을 의미하는지는 어느 정도 명확하다.
이런 점을 인간은 알고 있다.

그렇다면 이제 우리는 거대한 우주로부터, 우리의 고향인 지구로 상상력의 지평을 좁혀보기로 한다.

3. 지구와 인간

비행기나 배로 여행을 하는 경우, 우리는 육지가 얼마나 소중한지 느끼게 된다. 인간은 새처럼 창공을 날아다니지도 못하고, 물고기처럼 깊고 넓은 바다를 헤엄쳐 다니지도 못한다. 인간에게 가장 안전한 삶의 장소는 육지이다.

아주 높은 곳까지 투명하게 보이는 하늘이나, 푸른빛을 머금은 일렁이는 바다와 달리, 육지는 불투명하고 투박하다. 그러나 바람이 이는 하늘이나, 파도가 치는 바다와 달리, 육지는 상대적으로 견고하다. 인간에게 육지는 안전한 곳이다. 흔들리는 비행기나 배를 탔을 때 가끔 경험하게 되는 멀미를 육지에서는 느끼지 않는다. 육지는 흔들리지 않고, 움직이지 않기 때문이다.

이런 경험 때문에, 오래전 고대인들은 자신들이 사는 곳을 움직이지 않는 육지로 묘사해 왔다. 육지는 지구의 한가운데 위치하고, 그 밖은 가파른 절벽이고 그 밑으로는 거대하게 출렁이는 바다가 둘러싸고 있다. 위로는 몇 겹의 하늘이 펼쳐져 있다. 비행기와 같은 도구를 타고 하늘을 날아다니는 경험을 직접적으로 할 수 없었기에, 그들에게 하늘은 허락되지 않은 높은 곳이었다. 이런 의미에서 하늘은 비현실적인 공간, 꿈과 같은 상상의 공간으로 남게 되었다.

반면에 바다는 항상 움직이고 흔들리는 유동적인 물로 채워진 세계이다. 투명한 하늘에 비해 바다는 반투명하고, 고요하고 변화 없는 하늘에 비하면, 바다는 소리를 내며, 변화무쌍하다. 하늘과 바다는 모두

넓지만, 하늘이 높다면, 바다는 깊다. 하늘과 달리, 바다에는 투명한 빛부터 불투명한 빛까지 존재한다. 깊은 바다는 불투명하다. 훤히 보이는 하늘의 높음에 비해, 보이지 않는 바다의 깊이는 더 깊게 느껴진다. 불투명한 바다의 깊이를 인간은 볼 수 없다. 그런데 볼 수 없는 것은 알 수 없는 것이며, 알 수 없는 것은 두려움을 준다. 두려움은 여러 가지 괴물의 형태를 만들어 낸다. 따라서 여러 신화들 속에서 우리는 깊은 바다에 살고 있는 거대한 괴물에 대한 이야기를 들을 수 있는 것이다.

이와 달리 육지는 인간에게 익숙하고, 안전한 현실적 영역이다. 인간에게 육지는 고향과 같은 곳이다. 물론 육지에도 등급은 있다. 육지의 가장자리가 절벽과 거친 바다로 둘러싸여 있기에, 중앙에 위치한 육지는 변방에 위치한 육지보다 더 안전하고 더 가치 있는 곳으로 여겨져 왔다. 따라서 거의 모든 민족들은 자신들이 거주하는 곳이 우주의 중심에 있다고 주장했던 것이다. 이런 의미에서 고대인에게 "추방"은 단순히 거주처로부터 쫓겨나는 것 외에, 죽음의 위험이 커지는 가장자리로 밀려나게 되었다는 두려움을 수반하는 형벌이었던 것이다.

이와 같이 고대인에게 하늘은 아직 비현실적, 상상의 영역인 반면, 바다는 현실적이지만, 두려운 영역이고, 육지는 현실적이고 안전한 영역이었다. 따라서 하늘에는 인간보다 높은 존재, 바다에는 두려운 괴물, 육지에는 인간이 산다는 생각이 나타나게 된 것이다. 바다 괴물의 힘은 인간의 능력을 넘어서기에, 신화 속 괴물 이야기는 종종 신들과 괴물과의 전쟁이란 형태로 묘사된다. 거의 모든 신화 속 신들은 (인간 중 영웅들도 마찬가지임) 바다 괴물과 전투를 벌이고, 그것을 물리침으로써 신들의 능력과 힘을 과시한다.

그러나 항해술과 과학적 지식의 발달과 더불어, 괴물은 인간이 무찌를 수 있는 대상으로 전락하게 되고, 괴물에 대한 이야기는 점차 사라지게 된다. 그리고 하늘, 바다, 육지에 대한 인간의 관심은, 결국엔 하늘과 육지로 모아지게 된다. 그리고 이 구분에서 비롯되는 차이는 "하늘에는 신들이 살고, 육지에는 인간이 산다."라고 표현된다.

현대인은 이러한 고대적 세계관을 비과학적이라고 비웃는다. 현대인들은 지구가 약 45억 년 전에 만들어졌다고 생각한다. 인간이 지구에 등장한 것은 45억 년 중 거의 마지막 때쯤이다.

45억 년을 1년으로 환산한다면, 인간은 12월 31일 자정이 거의 다 되어서 지구에 나타났다. 인간은 지구의 맏이가 아니고, 지구의 동반자도 아니다. 그는 지구가 산출해 낸 막내이다.

지구와 인간 사이에서 누군가가 선택했다면, 선택의 주체는 지구이지 인간이 아니다. 인간은 지구 안에서 만들어진 여러 생명체 중 하나에 불과하다. 그에게 지구는 생명의 근원이다. 지구는 인간의 어머니인 셈이다. 지구라는 어머니로부터 만들어졌기에, 지구는 인간이 살 수 있는 가장 좋은 공간인 것이다. 이러한 지구를 보고 어떤 우주인은 "아름답다"라고 말하기도 했다. 그는 우주 공간에서 지구를 바라보고 감탄하고 있었던 것이다. 그러나 "지구가 아름답다"는 표현은 지구에 대한 "미학적인 의미"만을 지니는 것이 아니다. 오히려 이 표현은 "존재론적 의미"로 이해되어야 한다. 즉 지구가 아름다운 것은 지구가 인간을 잉태한 어머니이기 때문이다. 모든 자식들에게 어머니가 아름다운 이유는, 그분이 아름답게 생겼기 때문이 아니라, 그분이 바로 그의 어머니이기 때문인 것과 같다. 그렇다면 인간에게는 지구에 대한 소유권과 지배권을 주장할 권리가 없다. 그리고 지구를 훼손해서도 안 된다. 어느 자식이 어머니를 훼손하는가!

그럼에도 불구하고 인간은 지구를 지배해 왔고, 인구를 늘려 왔다. 현재 지구 위에는 거의 80억에 가까운 인간이 살고 있다. 이렇게 많은 숫자의 인간들을 지구가 감당할 수 있을지 걱정스러울 정도이다. 현대인에게 하늘은 고대인과 달리 비현실적, 상상의 세계가 아니라, 비행기나 우주선을 통해 접근 가능한 곳이 되었다. 현대인은 하늘에 신들이 살고 있지 않다는 사실을 확인했다. 이제 현대인들은 "하늘에도, 바다에도, 육지에도 인간이 산다."라고 표현할 정도가 되었다.

그러나 고대인이나 현대인에게 변하지 않은 것이 있다. 그것은 인간이 살기에 가장 좋은 곳은 지구이고, 그 중에서도 육지라는 사실이다.

신화 속 이야기와 달리, 현대인은 육지가 더 이상 어느 한 곳에 붙박여 있지 않다는 점, 지구가 우주에 떠 있는 별에 불과하다는 점을 알고 있다. 그러나 지구가, 육지가 가장 안전하다는 생각은 현대인에게도 바뀌지 않고 있다.

그러나 지구는 태양이라는 항성 주위를 돌고 있는 행성이며, 지구 자체도 돌고 있다. 지구는 스스로 자전하면서 태양을 중심으로 공전하고 있다. 과학자들이 추정하기에, 지구의 자전 속도는 1초에 460m 정도이며, 공전 속도는 1초에 30km 정도이다. 인간은 엄청나게 빨리 돌아가는 별 위에서 살고 있는 셈이다. 비록 느끼지는 못하지만, 지구 위에 있는 인간은 누구나 1초에 460m 정도 속도로 돌아가고 있고, 그렇게 돌면서 동시에 옆으로 1초에 30km 속도로 움직이고 있는 것이다. 이와 같이 우리는 지구라는 별에 탑승한 채, 그 어떤 비행기나 우주선보다 빠른 속도로 우주를 유영하고 있다. 그러나 누구도 지구의 유영 때문에 멀미를 느끼지 않는다.

또한 지구가 움직일 때 내는 소음도 엄청날지 모른다. 어쩌면 그것은 카오스의 목구멍으로부터 울려나오는 태곳적 심연의 소리와 같을 수도 있다. 그러나 그것 때문에 우리는 괴로워하지 않는다. 왜냐하면 지구의 자전과 공전은 인간이 출현한 이후에 나타난 현상이 아니라, 그 이전부터 있어 왔던 법칙이고, 그 법칙 안에서 인간이 탄생했기 때문이다.

인간이 유한하고 죽음을 겪어야 한다는 측면에서 본다면, 인간의 삶을 에워싸고 있는 정조(情操)는 약간 쓸쓸한 멜랑콜리이다. 그러나 다른 한편 멋지게 돌아가는 지구라는 놀이기구에 올라타고 있는 인간의 모습을 떠올리면, 삶을 둘러싸고 있는 또 다른 정조는 경쾌한 유쾌함이기도 하다. 이런 이중적인 의미에서, 한편으로 인간은 "놀이하는 인간"(homo ludens), "웃는 인간"(homo ridens)이며, 동시에 "노동하는 인간"(homo laborans), "슬퍼하는 인간"(homo lacrimosus)이다. 이와 같이 인간은 웃을 수 있고, 동시에 눈물을 흘릴 수 있는 존재이다.

어떤 경우엔 웃고, 어떤 경우엔 울면서 인간은 주어진 하루하루를 살아간다. 지구 위에는 이러한 인간이 거의 80억에 이른다. 얼마나 많은 인간을 지구가 감당할 수 있을지 알 수 없지만, 분명한 것은 지구가 신음 소리를 내고 있다는 점이며, 지구가 아프면 인간도 필연적으로 아프게 되어 있다는 사실이다.

어쨌든, 이러한 현대적 상황에 이르기까지 인간은 지구 위에서 살아왔고, 죽어갔다. 류(類)적 존재로서 인류는 계속 유지되지만, 개별적 인간은 태어나고 살아가고, 죽는다. 그러나 살아 있는 동안 살기 위해서, 개별적 인간은 지구가 제공한 물질을 소유하려고 노동하고, 경쟁하고, 투쟁한다. 그런데 삶을 위한 투쟁은 인간뿐 아니라, 살아 있는 모든 생명체에서도 벌어진다.

살아 있는 모든 것들은 소음을 발생시킨다. 살기 위해서이다. 파스칼이 두려워했던 우주의 침묵과 달리, 지구는 생명을 위한 갈등과 조화, 환희와 탄식이 뒤얽혀 있는 소음들로 가득 차 있다. 이런 소음은 더 빨리, 더 멀리, 더 높이, 더 많이를 추구하는 후기 자본주의 시대에 이르러 최고도에 이르렀다. 현대는 너무 시끄러운 시대이다.

그러나 소음은 생명체가 분비하는 삶의 표현이며, 이러한 소음은 이미 아득한 과거에서부터 들려왔다. 그리고 이러한 소음들에 의미와 법칙을 부여했을 때, 인간의 소음은 "언어"가 되었다. 이렇게 오래전부터

전승되어 온 이야기(mythos)가 신화(Mythos)이다. 그리고 삶의 혼란
스러운 소음을 일정한 틀과 형식을 갖춘 신화로 만들어 낸 인간을 우리
는 "호모 포에티카"(homo poetica : 시문학적 인간)라고 부른다.

3

인간은 누구인가

어떻게 인간이라는 생명체가 생겨났을까? 이에 대한 대답 중 우리에게 가장 친숙한 이론은 창조설과 진화론일 것이다. 이 이론들은 꽤 오랫동안 인류의 가치관에 지배적인 역할을 해왔다. 이 중 어느 이론이 정당한지 확인하기는 어렵다. 왜냐하면 두 이론은 서로 다른 차원의 주장이기 때문이다.

창조론은, 객관적 진리를 추구하는 과학적인 방법론과 달리 신앙 공동체의 집단적인 고백에 기초하고 있는 주관적, 혹은 공동 주관적인 주장이다. 공동체 구성원들 사이에 창조론은 진리로 받아들여진다. 그러나 그 진리성은 신앙 공동체 안에서만 유효할 뿐이다.

반면에 진화론은, 적어도 외면적으로 볼 때, 과학적인 주장처럼 보인다. 진화론의 진리성은, 그것을 따르는 사람들의 공통적인 고백이 아니라, 이 주장의 이론적 정당성에 근거한다. 그럼에도 불구하고, 진화론이 다루는 영역, 즉 창조 이전의 시간과 공간에 대한 영역은 과학적으로 입증될 수 있는 한계를 넘는다. 이 부분에 대한 주장은 과학적이라

기보다, 오히려 서구 사상의 근간에 놓여 있는 거대한 패러다임, 즉 피
지스로서 자연은 생성, 소멸하지 않고, 영원히 운동하는 능력이라는 주
장에 의존하고 있다.

이런 의미에서 창조론이나 진화론 모두 객관적으로 입증될 수 있는
진리가 아니라, 아직 부정되지 않은 가설이라고 보는 것이 옳을 것이
다. 이에 대한 논의 대신 지금 우리는, "어떻게 인간이란 생명체가 생겨
났는가"가 아니라, "왜, 어떻게 인간은 다른 생명체와 다른 방식으로 존
재하는가"에 대하여 질문하기로 한다.

1. 어떻게 "인간이라는 존재"가 시작되었을까?

인간에 대한 표현은 다양하다. 직립보행자(homo erectus), 도구 사용
자(homo faber), 언어 사용자, 생각하는 자(homo sapiens), 사회적 동
물, 신의 피조물, 굽어진 나무 등등. 이러한 표현들이 강조하고 있는 것
은 인간은 동물이지만 단순한 동물이 아니라는 점이다.

인간은 직립보행자이다. 인간의 두 발은 대지를 딛고 있고, 그의 눈
은 하늘을 향한다. 직립보행을 하면서 인간의 손은 자유로워졌다. 또한
엄지손가락이 나머지와 다른 방향을 취하는 구조 때문에 인간은 사물
을 도구로 삼아, 자신이 원하는 작업을 할 수 있었다. 도구를 통해 인간
은 자연물을 자신에게 유용한 형태로 변형시켜 왔다. 또한 부드러운 혀
와 구강 구조 때문에 다양한 소리를 낼 수 있게 되었다. 이것은 다양한
의미를 지닌 언어로 나타난다. 언어를 통해 자신의 생각을 표현하고 상
대방을 이해하면서, 인간 공동체는 자연 공동체를 넘어선다. 그것은 의
미 공동체이다. 의미 공동체의 구성원으로서 인간은 사회적 동물이자
정치적 동물이며, 인간은 사회가 요구하는 법칙을 따라야 한다. 그것은

사회적 법칙, 종교적 법칙, 윤리적 법칙으로 나타나며, 이것을 지키지 않는 구성원에게는 외부적인 법률적 형벌이나, 내면적인 종교적 죄책 감, 윤리적인 양심의 고통이 가해진다.

인간이 법칙을 지켜야 하는 이유는, 법칙을 지키는 것이 사회적으로 나 개인적으로 유용하기 때문이다. 법칙은 혼란을 막아주는 역할을 하 며, 그 법칙이 구성원 누구에게나 요구되는 한, 법칙은 보편적인 가치 로 받아들여지게 된다. 이와 같이 인간 사회에 질서와 조화, 안정감을 제공하기 때문에 법칙이 등장하게 되지만, 이를 충족시키기 위해 대부 분의 법칙은 "… 해서는 안 된다", "… 해야만 한다"라는 형태를 띤다. 전자는 부정적인 방식(금지명령; 타부)이고 후자는 긍정적인 방식(이행 명령)이라는 차이를 지니지만, 이 표현들은 모두 인간에게 강압적인 명 령을 내린다는 공통점을 갖는다. 사회는 구성원에게 "해서는 안 될 일" 과, "반드시 해야만 하는 일"을 법칙으로 규정한 후 그것을 따를 것을 명령하며, 그렇지 않을 경우 형벌을 가한다. 그런데 강압적 명령과 형 벌이 필요한 이유는, 인간 안에는 그러한 법칙을 넘어서고, 어기기를 원하는 자연적 성향이 있기 때문이다. 금지명령이 등장하는 곳은 항상 인간의 욕망이 꿈틀대는 곳이다. 욕망이 없는 곳에는 금지명령(타부)도 없다. 인간이 욕망하기 때문에, 사회는 금지명령을 내리지만, 금지명령 이 있는 곳에는 그것을 어기려는 욕망도 존재한다. 욕망과 금지명령의 관계는 순환적이다. 욕망하니까 금지하지만, 금지하니까 더 욕망하고 싶어지는 것이다.

이러한 인간의 본능적 성향을 그리스도교는 인간의 죄라고 규정하 며, 칸트는 "굽어진 나무"(krummes Holz)라고 표현한다. 동시에 그리 스도교는 신의 은총과 인간의 순종을 통해서 죄로부터 벗어날 수 있다 고 강조하며, 칸트는 인간의 존재 내면 깊은 곳에 있는 도덕률을 통해 올바로 걸어갈 수 있다고(aufrechter Gang) 주장한다. 죄로 인해 신과 인간 사이의 깨어진 관계가 다시 회복될 수 있다는 그리스도교의 주장과, 굽은 성향으로 인해 인간은 굽어진 나무이지만 동시에 자신의 도덕률을 통해 올바로 걸을 수 있다는 주장은, 인간의 존재 안에 있는 양면성, 즉 인간은 분열되고 분리된 존재라는 점을 암시한다. 인간은 그 자체로 완성된 존재가 아니라 분리된 존재, 완성을 향해 나아가야 하는 존재이다. 그렇다면 왜 인간은 분리된 존재인가?

2. 삶과 죽음에 대한 염려

인간이 왜 분리된 존재인가에 대하여 말하기 위해, 인간에 대한 가설을 소개하려고 한다. 그것은 창조론보다는 진화론에 가까워 보인다. 그러나 창조론, 진화론을 떠나 이 가설을 은유적으로 이해한다면, 이 가설은 왜 인간존재가 분리된 존재인지 잘 묘사하고 있다. 이 가설은 아주 오래전 아프리카에서 벌어진 사건에서 시작된다.

아프리카에 수많은 원숭이들이 살고 있었다. 그들은 맹수의 위협을 피하기 위해 나무 위에서 살고 있었다. 나무 열매를 먹고 살았기 때문에, 먹이를 찾기 위해 굳이 나무를 떠날 필요가 없었다. 그들에게 나무는 생명의 나무인 셈이었고, 그 나무는 자연이 베풀어 준 혜택이었다. 원숭이들에게 나무는 자연이고, 그들의 세계였다. 그들은 자연을 따르며, 자연과 합치한 방식으로 살아갔다.

그렇게 살아가던 중, 전혀 예기치 못한 거대한 사건이 벌어졌다. 그것은 아프리카 대륙 동부를 강타한 거대한 지진이었다. 이 지진으로 인해, 동부 아프리카의 나무들이 심하게 훼손되었다. 반면 서부 아프리카에는 그러한 재앙이 없었고, 나무들도 여전히 보존되었으며, 그곳에 살던 원숭이들의 삶에도 아무런 변화가 일어나지 않았다. 반면 동부 아프리카에 살던 원숭이들은 훼손된 나무 위에서 계속 머물 수 없었다. 왜 냐하면 나무들은 더 이상 열매를 제공해 주지 않았기 때문이다. 맹수의 위협 때문에 계속 나무에 머문다면 굶어죽게 될 상황이었다. 그들은 선 택을 해야만 했다. 안전한 나무 위에서 굶어죽든가, 아니면 먹이를 구하 러 나무에서 내려오든가. 둘 다 쉽지 않은 선택이었겠지만 서부 아프리 카 원숭이들은 당장 굶어죽기보다는, 위험을 감수하고 먹이를 구하는 길을 선택했다. 그리고 그들은 자신들에게 주어진 자연이자 세계였던 나무를 내려왔다. 살기 위해 그들은 익숙했던 자연을 떠났던 것이다.

이 가설에 의하면, 나무에서 내려온 원숭이로부터 인간의 존재가 시 작되었다는 것이다. 이 가설 중 원숭이와 인간의 진화론적 관계에 대하 여 우리는 관심이 없다. 오히려 이 가설이 은유적으로 말하고 있는 것 은, 인간은 나무에서 내려온 존재, 자신에게 주어진 즉자적 자연을 떠 난 존재라는 점이다. 그런데 막상 나무에서 내려온 존재—이 존재를 이제 인간이라고 부르기로 한다—의 첫 느낌은 어땠을까?

나무에서 내려온 인간이 처음으로 둘러 본 자연은 낯선 자연이었을 것이다. 모든 것이 생소하고 처음 경험하는 것이었기에 그들의 두려움 은 매우 컸을 것이다. 그러나 나무에서 내려오기로 선택한 이상, 그들 은 두려움을 억누르고 낯선 자연을 조금씩 살펴나가면서, 새로운 먹거 리와 주거 공간을 찾기 시작했다. 이런 방식으로 그들은 자신들에게 주 어지지 않은 새로운 세계를 만들어 가기 시작했고, 살아남기 위해 유용 한 지식들을 전수해 갔다. 이러한 과정을 통해 낯선 자연과 세계는 점 차 익숙하고 알 수 있는 세계로 변화되었다.

이 이야기가 보여주는 것은, 인간은 자연의 자식이지만, 주어진 자연 에 한정되지 않고 처음부터 주어진 자연을 부정하고, 변형하며, 자연을 넘어서서 자신들만의 세계를 만들어가는 존재, 즉 자연의 이단아였다 는 점이다. 이러한 인간의 특징을 요약하면:

인간은 동물이지만, 단순한 동물이 아니다.

인간은 신이 아니지만, 신을 꿈꾸는 존재이다.

단순한 동물이 대지에 머물고, 신이 천상에 머문다면, 인간은 발로 대지를 밟은 채, 하늘을 향해 시선을 돌리는 자이다.

단순한 동물과 신은 그 자체로 자신과 합치된 삶을 살아가는 반면, 인간은 자신과 분리된 삶을 살아간다.

동물은 즉자-존재이고, 신은 즉자-대자-존재인 반면, 인간은 대자-존재이다.

자신 안에 분리된 존재인 인간은 사이-존재이다.

사이-존재로서 인간의 삶과 죽음은 육체적 삶과 정신적 삶, 육체적 죽음과 정신적 죽음이라는 이중적 의미를 갖게 된다.

사이-존재로서 인간은 기계론적 필연성으로부터 벗어난 자유-존재이지만, 동시에 두 세계에 완전히 속할 수 없는 분열된-존재, 결핍된-존재로서 아픔과 멜랑콜리를 감수해야 한다. 왜냐하면 인간은 신과 달리 자신의 분열된 존재를 극복하고 완전한 상태에 이를 수 없기 때문이다. 이러한 삶의 멜랑콜리를 그리스도교 성서에서는 다음과 같이 묘사하고 있다:

"헛되고 헛되다. 헛되고 헛되다. 모든 것이 헛되도다. 사람이 세상에서 아무리 수고한들 무슨 보람이 있는가? 한 세대가 가고 또 한 세대가 오지만, 세상은 언제나 그대로다.… 이미 있었던 것이 훗날에 다시 있을 것이며, 이미 일어났던 일이 훗날에 다시 일어날 것이다. 이 세상에 새 것이란 없다. '보아라, 이것이 새 것이다'라고 말할 수 있는 것이 있는가? 그것은 이미 오래 전부터 있던 것, 우리보다 앞서 있었던 것이다. 지나간 세대는 잊혀지고, 앞으로 올 세대도 그 다음 세대도 기억해 주지 않을 것이다."(전도서 1장

2-11절)

이 인용문은, 인간이 자유 존재로서 어떠한 일을 추구하지만, 그럼에도 불구하고 그 일은 이미 있었던 일의 반복에 불과하며, 인간의 삶도 무의미한 헛수고에 지나지 않는다는 점, 그리고 결국엔 그러한 인간의 시도마저 모두 잊힐 것이라는 절망적인 탄식을 담고 있다.

다른 곳에서는 이러한 인간의 숙명을 다음과 같이 표현한다:

"너는 흙에서 나왔으니, 흙으로 돌아갈 것이다. 그때까지 너는 얼굴에 땀을 흘려야 낟알을 먹을 수 있을 것이다. 너는 흙이니 흙으로 돌아갈 것이다."(창세기 3장 19절)

이 인용문은, 인간은 결코 자신의 유한성을 극복할 수 없는 존재, 죽음을 피하거나 해결할 수 없는 존재, 그 본질은 흙과 같이 미천한 존재이며, 끊임없는 수고와 염려, 불안 속에서 살아가야 할 존재라고 말하고 있다.

하이데거도 인간의 존재를 염려(Cura)로 규정하며, 그 근거로 히기누스의 예화를 인용하고 있다:

"쿠라(Cura) 여신이 강을 건너다 흙을 발견하고 인간의 형태를 빚어낸다. 잠시 고민하다가 여신은 그 "흙-인간"에게 영혼을 불어넣어 달라고 제우스 신에게 부탁한다. 제우스 신이 승낙하고, 이제 "흙-인간"은 육체와 영혼을 지닌 인간이 된다.
쿠라 여신은 그에게 어떤 이름을 붙여줄까 고민한다. 이때 제우스 신은 영혼에 대하여, 대지의 신은 흙에 대하여 소유권을 거론하며, 자신들의 이름을 붙여야 한다고 주장한다. 쉽게 결정이 나지 않자, 세 신들은 시간의 신에게 판결을 부탁한다. 시간의 신의 판결은 다음과 같다;

제우스 신은 영혼을, 대지의 신은 흙을 주었으니, "흙-인간"이 죽으면, 제우스 신은 영혼을, 대지의 신은 흙을 가져가는 대신, "흙-인간"이 살아 있는 동안, "흙-인간"은 쿠라 여신의 것이다.

이렇게 하여 영혼을 받은 흙(humus)은 인간(homo)이 되고, 살아 있는 동안 인간은 쿠라 여신의 이름과 같이, 쿠라(염려) 속에서 살아가야 한다는 것이다."[1]

　반면에 그리스도교 신약 성서에 의하면, 예수 그리스도는 인간을 향해 "너희는 무엇을 먹을까, 무엇을 마실까, 무엇을 입을까 걱정(염려)하지 말라"고 말씀하신다. 살기 위해 반드시 필요한 먹을 음식, 입을 옷, 살 집에 대하여, 그런 것들은 사소하고 중요하지 않은 것이라고 말하고 있는 것이다. 그러면서 예수 그리스도는 정작 인간이 추구해야 할 것은 영원하고 변하지 않는 "진리의 나라", "하늘나라"라고 강조한다. 한편 맞는 말이다. 이 세상의 모든 것들은 있다가도 없어지는 것, 상대적이고 가변적인 것들이다. 전도서 표현대로, 모든 것은 단지 환영에 불과한 것들, 아침 해가 뜨면 사라지는 이슬과 같은 헛된 것에 불과하기도 하다. 그러니 영원하고 불변하고 절대적인 하늘나라와 같은 것을 추구하라는 가르침은 옳다.

　무소유를 주장했던 법정 스님이나, 김수환 추기경님의 주장도 예수 그리스도의 가르침과 다르지 않다. 크게 보고, 멀리 보고, 높게 본다면,

---

1　M. Heidegger, *Sein und Zeit*, Tuebingen, 1972, 198쪽. (이후 하이데거 저서의 번역과 요약은 저자가 한 것임.)

인간에게 꼭 필요한 것은 그다지 많지 않다. 아주 적은 양식과, 검소한 옷, 추위를 피할 수 있는 작은 집이면 충분하다. 그 외의 것들은 인간의 탐욕스런 욕망이 빚어낸 헛것일 수도 있다.

그러나 현실적으로 살기 위해 우리는 하루하루 먹을 것, 입을 것, 거처할 곳을 염려해야 한다. 특히 현대와 같이 경쟁이 치열해지고 생존이 험해진 시대에 살기 위해서는 경쟁하고 소유해야 한다. 그것은 부정할 수 없는 현실이다. 심지어 하늘을 나는 새도 신의 은총 속에서 살아가는 것이 아니다. 그 새도 살기 위해 위험을 무릅쓰고 아침부터 열심히 먹이를 찾아야 한다.

이와 같이 인간은 삶을 위해 매일 매일 염려하며 살아갈 수밖에 없다. 그렇다고 이렇게 사는 것이 절대적으로 옳다고 생각하는 것은 아니다. 경쟁하고 소유하다가도 우리는 이보다 더 나은 삶, 더 고귀한 삶을 꿈꾸기도 하기 때문이다.

만약 모든 것을 버리고 무소유의 방식으로 영원한 진리의 세계를 추구할 수 있다면, 그것은 얼마나 행복한 일이겠는가!

만약 현실적인 경쟁과 소유 외에 아무런 생각 없이 살아간다면, 그것 역시 얼마나 편안한 삶이겠는가!

위에서 우리는 첫째 경우와 같이 살아가는 방식을 "즉자-대자-존재"라고 불렀다. 그러나 그것은 단지 신적인 존재에 해당되는 삶이다.

반면 둘째 경우와 같이 살아가는 방식을 우리는 "즉자-존재"라고 불렀다. 그러나 그것은 단순한 동물에 해당되는 삶이다.

반면에 인간은 "대자-존재", "분리된 존재", "사이-존재"이다. 그는 준엄하고 냉정한 현실의 요구를 부정할 수 없으며, 동시에 현실을 넘어서는 고귀한 삶을 꿈꾸기도 하는 존재이다.

인간은 하루하루 염려 속에서 살아가야 하는 육체를 지닌 현실적 존재이며, 동시에 현실을 넘어서는 꿈의 세계, 신적 세계, 이데아의 세계,

유토피아의 세계를 꿈꾸는 초월적이고 자유로운 존재이다.

이와 같이 인간은 현실적 삶을 염려하며, 동시에 초월적 세계를 염려하는 존재이다.

또한 "인간은 죽음을 염려하는 존재이다."

죽음 앞에서 초연한 사람은 드물다. 모든 사람에게 죽음은 반드시 찾아오는 두려운 손님이다. 삶의 길 끝에 죽음이라는 미지의 사건이 버티고 있다는 사실만으로도 우리는 섬뜩한 기분에 사로잡힌다. 아직 건강하고 젊다고 하여도 죽음과 무관한 것은 아니다. 일상적 삶 속에서 질병에 걸렸을 때 우리는 수반되는 고통 속에서 죽음의 그림자를 느끼며, 언제라도 가능한 돌발적인 사고에 대하여 염려할 때도 죽음의 그림자는 어른거린다. 죽음의 공포와, 여기서 비롯된 인간의 불안은 어느 곳, 어느 시간이라도 인간에게 덮쳐 올 수 있다.

물론 그리스도교 사도인 성 바울은 그리스도의 부활을 주장하면서, 죽음의 "찌르는 가시가 어디 갔는가?"라고 반문하고 있다. 놀라운 선언이다. 이제는 더 이상 죽음이 인간을 괴롭힐 수 없고, 인간은 죽음의 압제적 공포로부터 벗어나게 되었다는 승리의 환호성이다.

죽음이 그 자체로 모든 것의 종말인지, 아니면 부활로 이어지는지 알 수 없지만, 그럼에도 모든 인간은 죽으며, 죽음의 가능성이 항상 존재하는 한, 인간은 죽음에 대하여 염려하며 살아가게 된다.

이렇게 육체적 죽음과 별개로, 우리는 자신의 죽음이 좋은 죽음이기를 기대한다. 우리 중 누구도 버나드 쇼의 표현대로, "우물쭈물하다가 이렇게 될 줄 알았어"라는 말이나, 카프카의 작품 "소송" 마지막 장면에서 주인공이 내뱉은 말처럼 "죽어서도 치욕은 남았다"라고 중얼거리며 삶을 끝내고 싶지는 않을 것이다. 이러한 태도는 죽음 자체에 대한 두려움보다, 죽음을 통해 드러나게 될 나의 죽음과 삶의 의미에 대한 염려를 반영하고 있다.

이와 같이 인간은 죽음이라는 사실에 대해 염려할 뿐 아니라, 죽음을 통해 본 삶의 의미에 대하여, 그리고 이를 통해 죽음 너머에 대하여 염려하는 존재이다.

이렇게 삶과 죽음 자체에 대하여 염려하며, 삶과 죽음 너머에 대하여 염려하는 인간을 우리는 "사이-존재", 즉 "시문학적 인간"(homo poetica)이라고 부른다.

4

호모 포에티카와 신화

위에서 언급했듯이 나무에서 내려온 인간이 처음 마주한 세계는 낯선 공간이었을 것이다. 그것은 아직까지 그가 경험해 보지 못한 세계, 나무 위에서 살아갔던 경험과 무관한 세계, 이제부터 그가 해결해야 할 미지의 세계였다.

이 세계에 대하여 인간이 경험한 첫 느낌은 두려움과 놀라움이었을 것이다. 이 세계에 대하여 알 수 있는 것이 아무것도 없었기 때문이다. 이렇게 인간이 맨 처음 마주친 세계는 혼돈과 혼란의 세계, 즉 카오스의 세계였던 것이다. "카오스"란 단어의 원래 의미는, 거대한 입을 벌리고 갈라져 있는 심연과 같은 깊고 어두운 틈을 뜻한다. 이 앞에서 공포에 사로잡히는 것은, 어쩌면 당연한 일이기도 했다. 그러나 인간은 카오스 앞에서 멈춰 서 있기보다 움직이기 시작했다. 새로운 곳을 향해 나아가면서, 그는 점차 자신이 어떤 상황에 처해 있는지, 그가 할 수 있는 것과 할 수 없는 것이 무엇인지를 확인하게 된다. 그리고 알 수 없는 카오스를 자신이 알 수 있는 세계, 즉 코스모스로 변형시켜 나간다. 이러한 것이 가능했던 이유는, 인간이 호모 포에티카였기 때문이다.

1. 카오스로부터 코스모스로

카오스로부터 코스모스의 세계로의 이행 과정에서 인간이 맨 처음 경험한 것은 알 수 없는 자연, 거대한 힘을 지닌 자연이었다. 이때 인간이 경험한 것은, 태양이 뜨면 날이 밝아지고, 태양이 베푸는 열기가 쾌적하다는 사실, 태양이 지면 어두워지고, 추워지며, 추위를 피해야 한다는 사실, 밤의 하늘에는 낮의 태양과 같은 달이 있고, 알 수 없는 별들도 헤아릴 수 없이 많이 있다는 사실, 가끔 하늘로부터 무시무시한 번개가 번쩍이고, 엄청난 굉음의 천둥이 친다는 사실, 그리고 우기에는 엄청난 양의 비가 내리며, 물의 힘은 벼락이 낸 불만큼 거대하다는 사실, 어두워지면 맹수들의 위협을 피해 안전한 장소로 대피해야 한다는 사실 등등이었다.

　그러나 이러한 사실들이 왜 일어나는지, 그 원인에 대하여 인간은 아직 알지 못했다. 또한 이때에는 이름도 없었기에, 태양을 태양이라고, 하늘을 하늘이라고, 별을 별이라고 부르지 못했다. 다만 인간은 자신에게 닥쳐오는 자연의 사건들을 그저 경험할 뿐이었다. 그때 그가 알 수 있었던 것은, 자연의 힘이 인간보다 압도적으로 거대하다는 사실이었다. 그에게 자연은 절대적인 존재였다. 절대적이고 강력한 존재로서 자연은 모든 것에 생명을 제공하는 생명력 자체로, 신적인 존재로 여겨지게 된다. 이런 과정을 거쳐 자연신들이 탄생하게 된다. 자연신들은 대지, 하늘, 물, 불, 거대한 바위, 마을을 지키는 고목, 압도적인 힘을 가진 맹수들과 같은 형태를 띠게 된다.

　이러한 자연신들 앞에서 인간이 할 수 있는 일은, 우선 자연의 힘을 인정하고, 그것에 순응하는 일이었다. 이러한 인간의 태도를 애니미즘이라 부른다. 카오스로부터 벗어나기 위해, 카오스를 극복하기 위해 인간이 시도한 첫걸음은 자연신들의 탄생이라는 결과로 이어졌다. 인간은 자연신들을 만들고, 그 앞에 무릎을 꿇는다. 그러자 놀랍게도 자연신들이 인간에게 은총을 베풀기 시작한다.

이러한 과정을 통해 인간은 알 수 없고 두려운 카오스로서의 자연을 알 수 있고, 안전한 코스모스의 자연으로 바꿔 나간다. 특히 자연신들과의 종교적 관계를 통해 인간은 우연하고 예측 불가능한 사건들을 필연적인 법칙 안으로 끌어들인다. 이제 우연히 벌어지는 일은 없어진다. 모든 것은 필연적인 관계망 속에서 벌어지기 때문이다:

"근거가 없는 것은 아무것도 없다"(Nihil est sine ratione)는 명제가 시작되는 것이다.

2. 꿈의 세계와 시문학적 세계의 탄생

위에서 언급한 결과에 이르기 위해서는 또 다른 인간의 경험과 시도가 개입되어 있다.

처음에 인간은 외부적인 자연의 힘을 경험했다. 자연은 인간의 밖에, 외부에 스스로 존재하는 것이다. 그것은 압도적인 힘을 지녔고, 그 힘은 인간에게 강렬한 자극을 주었다. 그 자극은 인간의 내부에 각인되기 시작한다. 바야흐로 외부적 자연이 인간의 내면으로 들어오는 순간이다. 심리적으로 내면에 각인된 자연의 사건들은 인간에게 다양한 이미지들로 나타난다. 예를 들어 태양은 빛의 화살을 쏘아대는 태양으로, 달은 둥글어졌다 사그러지고, 또 다시 둥글어지는 달로, 바다는 거친 파도를 몰아대는 바다 등의 이미지를 갖게 된다. 그리고 이러한 내면적 이미지들은 다시 꿈속에서 재현된다.

그런데 꿈속에서 보이는 자연은 자연 자체의 모습이기도 하지만, 동시에 외적 자극에 반응한 인간의 신경이 만들어낸 이미지의 자연이기도 하다. 이미지를 통해 자연과 인간은 더 이상 서로 분리된 존재가 아니라, 서로 관계를 맺는 존재가 된다. 이제 외부적 자연은 인간적인 자연이 되고, 이런 방식으로 인간에게는 자연적 세계 자체 외에, 자연신들과 같은 또 다른 세계가 등장하기 시작하는 것이다.

이러한 꿈의 세계가 자주 반복되고 인상적이 될 때, 인간은 꿈속 이미지를 표현하려고 시도한다. 외부적 자연이 인간 내부의 심리적 꿈으로, 그리고 마지막에는 인간의 기호(언어)를 통해 외부로 표현되기 시작하는 것이다. 그것은 꿈이 시문학적 표현으로 표출되는 순간을 뜻하며, 이렇게 나타난 첫 번째 표현이 신화인 것이다.

이러한 과정에 도달하기 위해서는, 외부적 자연으로부터 받은 이미지들을 언어적으로 고정시키는 일이 선행되어야 한다. 그것은 자신 앞에 펼쳐진 자연물들에 대하여 이름을 부르는 일에서 시작된다. 이름을 부르기 전, 자연물들은 인간이 "알 수 없는 어떤 것", 인간과 "무관한 것"에 불과했다. 더 나아가 이름이 없는 것은 인간에게 두려움을 준다.

몇 해 전에 질병이 유행한 적이 있었다. 그 질병은 아직 알지 못했던 병원체에 의해 발생했고, 사람들은 그 질병을 처음에는 "괴질"이라고 불렀다. 괴질이란 표현은 사람들에게 꽤 심각한 공포심을 주었다. 알 수 없는 병원체에 대하여 우리가 대처할 수 있는 방법이 없어 보이기 때문이었다. 유령과 같은 존재에 대하여 우리가 할 수 있는 일이 무엇이란 말인가?

얼마 후 그 질병에 대하여 코로나란 이름이 붙여졌다. 단지 이름만 붙였을 뿐인데도, 그것이 주는 공포심은 훨씬 줄어들었다. 왜냐하면 괴질이란 표현에 비해, 코로나란 이름은 그 병원체의 존재를 반영하고 있으며, 따라서 코로나에 대처할 수 있는 방법이 가능해졌다고 여겼기 때문이다. 이처럼 이름은 어떠한 병원체의 존재를 드러내며, 이름을 통해 그 병원체는 인간과의 관계 속으로 들어오게 된다.

다른 예로서, 우리는 수많은 사람들과 더불어 살아가지만, 그 사람의 이름을 모를 때, 그들은 익명의 인간에 지나지 않는다. 나는 그들을 모르며, 그들은 나와 아무 상관도 없다. 이름이 없으면, 그 사람의 존재도 드러나지 않기 때문이다. 그러나 익명의 인간들 중 어느 누군가와 만나서로 이름을 주고받으면 상황은 달라진다. 이제 나는 그가 누구인지 알 것 같고, 그는 단순히 알 수 없는 인간들 중 하나가 아니라, 나와 연관되어 있는 특별한 존재가 된다. 이런 점을 생텍쥐페리는 "어린 왕자"에서 여우와 어린 왕자의 대화를 통해 묘사하고 있다. 어린 왕자에게 여우는 수많은 여우들 중 하나에 지나지 않지만, 만약 어린 왕자가 여우를 길들이게 되면, 여우는 어린 왕자를 기다리게 될 테고, 어린 왕자에게 그 여우는 어린 왕자를 기다리는 여우, "특별한 여우", "어린 왕자의 여우", 말하자면 "이름을 갖게 된 여우"가 되는 것이다.

나무에서 내려온 인간도 이와 같은 방식으로 처음 보는 자연물들에 이름을 붙이기 시작했고, 그 이름을 통해 자연은 알 수 있는 자연, 인간과 연관된 자연으로 바뀌게 된다.

이러한 점은 밤하늘의 수많은 별들에게도 해당된다. 인간이 밤하늘의 별들을 처음 보았을 때, 그 별들은 서로 산종되어 흩어져 있는 무질서한 무리들에 불과했다. 그러나 인간은 서로 무관할 수도 있는 별들에게 이름을 붙였고, 그 후 밤하늘은 수많은 이름을 가진 별들이 담긴 캔버스로 바뀌게 된다.

이와 같이 이름을 부르는 작업을 통해 인간은 자신과 무관한 존재자들을 유의미한 것으로 바꿔 나간다. 이렇게 알 수 없는 것은 알 수 있는 것으로, 낯선 것은 친근한 것으로, 두려운 것은 안전한 것으로, 암흑과 같은 것은 빛과 같은 것으로 변하게 된다.

동시에 이름을 부여함으로써, 인간은 자연을 이해할 뿐 아니라, 지배할 수 있게 된다. 왜냐하면 이름을 부른다는 것은, 존재자들을 인간의 이해의 구조 안에 가두는 작업이기 때문이다.

이와 같이 인간은 맨 처음에 외적 자연을 경험하고, 그것을 자신의 꿈 안에서 내면적으로 경험한 후, 마지막으로 언어(이름 부르기)를 통해 자신의 꿈을 다시 자연에게 부여한다. 이 마지막 단계에서 "신화"가 탄생하게 된다.

3. 인간의 삶에서 신화의 의미

거의 본능적으로 인간은 지저분한 것을 좋아하지 않는다. 혼란스럽고, 꺼림직하고 불결해 보이고, 불안감을 주기 때문이다.

며칠 동안 청소를 하지 않아 여러 물건들이 뒤죽박죽 섞여 있는 방을 상상해 보자. 아침에 일어나 옷가지를 찾으려는데, 어디에 무엇이 있는지 알 수 없다. 이것저것 들춰보는데, 벌레라도 나타난다면, 더 이상 다른 것을 찾는 일도 두려워진다. 허겁지겁 필요한 것을 찾아 외출을 한 후, 저녁때쯤 집으로 돌아오면서, 자신의 방을 떠올려본다. 지저분하고, 벌레도 나왔고, 왠지 꺼림직하고, 선뜻 방으로 들어가기가 망설여질 정도이다. 그 방은 무질서하고, 혼란하고, 어디에서 무슨 일이 벌어질지 알 수 없기 때문이다. 이런 생각을 하면서 집에 돌아가면 방 청소를 해야겠다고 생각한다.

방 청소를 할 때 우리는 뒤죽박죽으로 놓여 있는 것들을 종류별로 구분하여 따로 모아두고, 서로 다른 것은 다른 곳으로 옮긴다. 이 과정을

통해 방안은 점차 훤해진다. 눈으로 볼 수 있게 되고, 이에 따라 불안감
도 사라진다. 카오스 같던 방은 점차 질서를 찾아가고, 안전하고 편안
한 나의 방이 되어간다. 정돈하는 일은 어지러운 상태를 법칙과 질서의
공간으로, 지저분한 것을 깨끗한 상태로 바꾸는 일이며, 이렇게 정리된
방은 우리의 마음도 편안하게 해준다. 물리적인 청소를 통해 우리는 내
면적인 마음도 청소되는 것을 경험하게 된다.

　이와 같이 무질서하고, 혼란하고, 더럽고, 두려운 우주를 질서와 법
칙, 깨끗함과 편안함의 우주로 바꾸어나간 인간의 노력이 바로 신화이
다. 즉 인간은 신화를 통해 카오스를 코스모스로, 아노미를 노모스의
세계로 변형시키고 있는 것이다. 신화를 통해 인간은 새로운 우주와 세
계 속에서 살게 된다. 그렇다면 그 세계는 어떠한 세계인가?

4. 성스러운 공간과 성스러운 시간의 탄생

처음에 인간은 자신에게 주어진 자연 속에서 살았다. 그는 광활하게 펼
쳐져 있는 물리적 공간과 끊임없이 흘러가는 무차별적인 시간 속에서
살아갔다. 그러나 신화를 통해 특정한 방향성과 법칙을 지닌 공간과,
유의미한 시간이 나타나게 된다.

　공간적인 단절을 통해 신화는 일상적인 물리적 공간과 전혀 다른 성
스러운 공간에 대하여 말한다. 성스러운 공간은 더 이상 균질적인 공간
이 아니다. 그곳은 모든 공간에 의미를 부여하고, 인간에게 실존적 가
치를 부여하는 절대적 고정점이고, 중심점이 된다. 중심인 성스러운 공
간으로부터 동, 서, 남, 북이란 수평적 방향성이 규정되고, 하늘과 대지
사이에 위, 아래라는 수직적 가치가 부여된다.

　균질적인 공간 속에서 의미 있게 살아가기 위해, 이제 인간은 중심과

하늘을 향해야 한다. 이러한 중심점을 신화는 은유적으로 옴팔로스(우주의 배꼽)라고 표현한다. 이곳에 사는 인간은 이제 성스러운 인간이 된다. 그는 균질적 공간에 머물러 있는 다른 인간들과 자신을 구분한다.

그러나 성스러운 공간은 균질적인 공간에 의해 훼손될 수 있다. 따라서 성스러운 공간과 균질적인 공간을 분리하고 구분하는 것이 요구된다. 그것은 특별한 건축물(성전)의 형태로 나타난다. 성전은 신이 임재하는 성스러운 곳이고, 성전 밖은 인간의 일상적 삶이 진행되는 속의 공간이다. 성스러움이 유지되기 위해, 성전 안에서 인간의 일상적 삶의 방식과 가치는 부정된다. 이런 방식으로 성스러운 공간은 금기의 공간이 되며, 그 곳에서 인간은 무릎을 꿇고 신발을 벗어야 한다.

성과 속의 구분은, 크게 볼 때, 일상적 삶의 공간으로부터 성스러운 공간을 구분하는 것을 뜻한다. 성스러운 공간은 이제 신이 임재한 곳이 되고, 반면에 일상적인 속의 공간은 악마가 지배하는 곳이 된다. 그러나 속의 공간은 인간의 일상적 삶이 이뤄지는 곳이기도 하다. 따라서 일상적인 속의 공간에서도 성스러운 신의 임재는 요구되며, 이런 의미에서 성과 속의 구분은 일상적 공간으로까지 확대된다. 이러한 것을 잘 표현하는 예 중의 하나가 문지방이다.

교회의 문지방은 성과 속을 구분하는 경계선이고, 인간의 집의 문지방은 수호신과 적대적 악마의 세력을 분리하는 경계선이 된다. 따라서 문지방 위에 앉는 것은, 수호신과 악마의 분리를 훼손하는 일이 된다. 문지방의 역할은 아이를 출산한 집에서 설치하는 새끼줄의 형태에서도 볼 수 있다.

그런데 성과 속의 공간을 분리할 수 있는 궁극적인 근거는 신의 임재에 달려 있다. 따라서 수평적인 공간의 분리는 수직적인 공간의 분리와 연결되어야 한다. 하늘은 신이 사는 곳이고, 대지는 인간이 사는 곳이다. 그런데 대지에 사는 인간이 신의 도움을 받으려면, 하늘과 대지는 서로 구분되고 분리된 공간임에도 불구하고, 동시에 그 사이를 이어주는 어떠한 것이 필요하다. 이처럼 성과 속의 공간을 수직적으로 연결시켜 주는 것을 신화는 우주목, 계단, 동아줄, 솟대 등의 메타포로 표현한다. 예를 들어 사다리는 높은 세계로 통하는 문이다. 사다리를 통해 신들은 인간의 세계로 내려오고, 인간은 신적 세계를 향해 오르게 된다. 그곳에서 신과 인간은 서로 만난다. 이런 점을 그리스도교 성서는 "이곳은 얼마나 두려운 곳인가. 여기가 하나님의 집이요, 하늘 문이구나"라고 표현한다.

성과 속의 구분은 공간뿐 아니라, 시간에서도 이뤄진다. 신의 임재를 경험한 인간에게 그 공간은 성스러운 공간이 되듯이, 그가 경험한 시간 역시 성스러운 시간이 된다. 그 시간은 단순히 흘러가는 무차별적인 시간이 아니라, 중요한 경험을 통해 얻은 특별한 시간, 유의미한 시간이다. 이러한 시간을 신화는 카이로스적 시간이라고 표현한다. 일상적이고 물리적인 시간, 한 번 흘러가면 다시 돌아오지 않는 크로노스적 시간과 달리, 카이로스적 시간은 다시 돌아오고, 되풀이될 수 있는 시간이다. 예를 들어 그리스도교에서 그리스도의 탄생이나 죽음, 부활의 사건은 과거에 있었던 사건, 다시 오지 않는 사건이 아니라, 매년 반복적으로 일어나는 사건을 뜻한다. 왜냐하면 그 사건들이 벌어졌던 시간은 그리스도교인에게는 크로노스적 시간이 아니라, 카이로스적 시간이기 때문이다. 그리스도를 통해 크로노스적인 시간의 흐름 중 특정한 시간이 카이로스적 순간으로 변화되고, 그 순간을 반복하는 종교적 제의를 통해, 수천 년이 지난 지금에도 그리스도는 인간세계에 다시 임재하는 것이다. 이처럼 카이로스적 순간은 인간이 신적 존재를 경험한 시간이고, 동시에 그 시간을 통해 신적 존재는 인간세계에 반복적으로 임재하게 되는 것이다.

이와 같이 성스러운 공간과 성스러운 시간에 대한 신화적 이야기들은 신비하고 알 수 없는 우주론적 차원에 대한 인간의 해석이라고 볼 수 있다. 인간세계의 질서는 신적 세계를 재현하는 것이다. 이것은 종교나 축제의 형태로 나타난다. 종교적 행사를 통해 인간은 신들의 존재 방식을 반복하고, 이것을 후손에게 전승함으로써 인간 사회의 질서를 유지한다. 이것은 신화가 갖는 교육적 기능이다. 신화는 신적 불문율을 주장하고, 이를 토대로 인간 사회의 객관적 관습과 가치를 주장하고, 이러한 전승은 각 개인의 주관적 양심으로 이어진다. 신적 법칙은 인간 사회의 객관적 가치, 개인의 주관적 가치를 유지하기 위한 근거인 셈이다.

그러나 성스러운 신적 존재와 신들의 명령에 대하여 말하는 신화 안에는 이미 인간 공동체의 법칙과 위계질서가 반영되어 있다. "신과 인간은 다르다"라는 명제 안에는, 신들과 인간 사이에는 뛰어넘을 수 없는 차이가 존재한다는 의미가 들어 있다. 그러나 그 배후에는, 인간 사회를 구성하는 인간들 간에도 차이가 있다는 점이 내포되어 있다. 인간이라고 모두 동등한 인간은 아니라는 점, 인간들 중 신적인 인간과 그렇지 못한 인간이 있다는 점, 인간이 신에게 대항하거나 모독해서는 안 되듯이, 낮은 계급의 인간은 고귀한 계급의 인간에게 복종해야 하며, 이것은 신적 불문율이 영원히 진리인 것처럼, 계속해서 지켜져야 한다는 의미가 담겨 있다.

그렇다면 가끔 신들에게 대항하고, 그로 인해 비극적 죽음을 맞이하는 인간에 대한 신화 이야기는 부패한 귀족 사회에 저항하는 고귀한 인간의 모습을 그리고 있다고 보아야 할까?

5. 신화와 철학의 해석학적 과제

신화와 철학은 모두 인간에 대한, 인간의 해석이다.

신화와 철학 모두 인간이 살아가면서 겪게 되는 사건들에 대한 이야기이다. 신화는 신화적 방식으로, 철학은 이성적 방식으로 이야기를 전개한다는 차이점이 있지만, 두 이야기 모두 인간의 삶의 한계성과 비극성, 위대함에 대하여 이야기하고 있다는 공통점을 지니고 있다. 그럼에도 신화와 철학은 서로 다른 우주관, 세계관, 인간관, 사회관을 토대로 전개되고 있기 때문에 신화와 철학을 직접적으로 비교해서는 안 된다. 오히려 철학은 신화가 신화적 표현을 통해 가리키고자 하는 것이 무엇인지 밝혀내야 한다. 말하자면 철학은 신화적 표현을 철학적 표현으로 직역하는 것이 아니라, 신화적 표현이 의도하는 바가 무엇인지 해석학적으로 해명해야 한다. 그렇다면 해석학이란 무엇인가?

해석학; 헤르메스적으로 문제 자체에 접근하는 방법론

기계론적인 인과율을 따르는 사물이나 사건에 대하여 해명하는 방식을 우리는 "설명"이라고 부른다. 특정한 원인이 있을 때 특정한 결과가 나오는 사물이나 사건은 "해석"을 필요로 하지 않는다. 그냥 설명하면 된다. 예를 들어 1기압인 경우 대지에서 물이 끓는 온도나 물이 어는 온도는 해석의 여지가 없다. 마찬가지로 새로 산 컴퓨터를 작동시키기 위해서 필요한 것은 설명서이다. 굳이 해석과 설명의 관계를 표현한다면, 설명은 단 하나의 해석이 있는 경우에 해당된다. 반면에 여러 해석이 가능한 경우, 우리는 그것에 대하여 단순하게 설명할 수 없다. 오히려 여러 해석의 가능성을 염두에 두어야 한다. 이런 맥락에서, 딜타이는 자연과학은 설명하는 학문이고, 인문과학은 인간의 삶에 대하여 해석하는 학문이라고 구분한 것이다.[1]

그렇다면 신화와 철학을 다루면서 왜 우리는 설명이 아니라, 해석에 대하여 이야기해야 하는가?

신화와 철학은 모두 인간을 다루는 학문이다. 책상이나 망치와 달리, 우리는 인간이 누구인지 설명할 수 없다. 물론 해부학적으로는 인간 육체가 무엇인지 설명할 수 있다. 그러나 살아 있고, 생각하고, 감정에 사로잡히고, 욕망하는 인간, 동일한 사건에 대하여 어떤 때는 찬성하기도 하고, 다른 때는 반대할 수도 있는 인간, 살아서 이미 죽음에 대하여 고민하는 인간, 그러한 인간이 누구인지에 대하여 우리는 설명할 수 없고, 단지 해석할 수 있을 뿐이다.

해석학은 주어진 텍스트에 대하여, 그것이 무엇을 의미하는지 해명하는 철학적 방법론이지만, 특히 하나의 설명, 하나의 대답이 불가능할 때 요구되는 방법론이다. 따라서 해석학적 작업은 엄밀하고 철저해야 한다.

해석학(Die Hermeneutik)이란 단어는 그리스 신 헤르메스와 연관되어 있다. 헤르메스는 신들의 신 제우스가 한 말을 전하는 전령신이다. 이때 헤르메스 자신의 의견이 개입되어서는 안 된다. 그는 제우스가 한 말을 가감 없이 있는 그대로 전해야 한다.

이렇게 헤르메스는 감추어져 있던 제우스의 말을 인간에게 알리는(hermeneuein) 신이다. 이를 위해 그는 제우스 신과 인간세계 사이를 빨리 오가야 한다. 따라서 헤르메스 신은 여행 모자를 쓰고, 날개 달린 신발을 신은 모습으로 묘사된다. 여행을 통해 우리는 어떤 것을 경험하고 이해하게 된다. 의미는 인간 주체가 부여하는 것이 아니다. 오히려 여행을 통해 인간은 알지 못했던 의미를 알게 되는 것이다. 이런 점은 신화를 해석하는 일에도 적용된다.

---

1 Die Natur erklaeren wir, die Menschenseele verstehen wir.

우리는 현대인의 의식과 앎 속으로 신화를 끌어들이기보다, 신화가 말하는 것에 귀를 기울여야 한다. 그것은 신화 속으로 여행을 떠나는 것이고, 이 여행을 통해 우리는 신화에 대한 우리의 주관적인 해석이 아니라, 신화가 드러내는 의미를 확인할 수 있다.

그러나 신화가 제시하는 의미는 복합적이고, 심지어는 서로 대립적일 수도 있다. 이런 경우, 우리는 어떻게 해석해야 하는가?

헤르메스 신은 날개 달린 신발과 여행 모자뿐 아니라, 두 마리 뱀이 서로 얽혀 있는 지팡이를 가지고 다닌다. 여행자에게 지팡이는 매우 소중한 물건이다. 지팡이는 여행자가 걸어갈 때 겪게 되는 발과 몸의 피로를 덜어주는 역할을 한다. 또한 예기치 못한 맹수의 위협이나, 돌발적인 위험으로부터 여행자를 보호해 주기도 한다. 그런데 헤르메스의 지팡이에는 두 뱀이 서로 얽혀 있다. 이 지팡이를 우리는 카두세우스(kerikeion)라고 부른다. 헤르메스 신의 지팡이에 두 뱀이 그려져 있다는 것은, 동일한 것을 경험하고도 두 가지 이상의 서로 모순되는 해석이 가능하다는 점을 암시한다. 또한 두 뱀이 서로 얽혀 있는 모습은, 두 뱀이 서로 다르지만, 그럼에도 전적으로 무관하거나 대립적인 것이 아니라, 서로 연관되어 있다는 것을 보여준다.

이런 의미에서 해석학은 서로 대립되고 달라 보이는 해석들을 조화 속으로 끌어들이는 작업이기도 하다. 헤르메스 신의 지팡이가 삶의 여정에 대한 비유라고 한다면, 서로 얽혀 있는 두 뱀은 삶의 여러 의미들, 더 나아가 삶과 죽음이 서로 얽혀 있다는 것을 의미한다.

이런 의미에서 해석학은 다른 세계를 드러내고, 그 세계를 이전의 세계와 연결시키는 작업이다. 이때 두 세계를 연결시키는 단 하나의 "올바른 해석"은 없다. 그럼에도 우리는 가장 "적절한 해석"을 찾을 필요가 있다. 이를 위해 해석학적 작업은, 헤르메스 신이 도둑의 신이기도 한 것처럼, 때로는 폭력성을 필요로 한다. 그것은, 해석은 자유로워야 한다는 의미이다. 시간과 역사가 흐르면 모든 가치와 의미가 변한다. 이에 따라 해석 역시 항상 새롭게 재해석되어야 한다. 이런 의미에서 모든 해석은 비판적 재해석, 창조적 재해석이어야 한다.

해석학은 저자-텍스트-독자 사이에서 벌어지는 사건이다. 해석학은 저자가 말하는 것을 있는 그대로 이해하는 일이다. 이때 우리는 저자의 심리적인 상태에 관심을 가질 수도 있다. 특히 일인칭적, 자서전적 작품을 해석하는 경우가 그렇다. 반면에 저자가 표현하고 있는 세계에 관심을 가져야 하는 경우도 있다. 시대적 아픔을 그리고 있는 작품의 경우가 여기에 해당된다. 또한 저자와 저자의 작품을 분리해야 할 때도 있고, 서로 연결시켜야 할 때도 있다. 예를 들어 니체나 키에르케고르는 자신과 자신의 작품이 전혀 다르다는 점을 강조한다. 이들의 입장에 의하면, 일단 작품이 발표되면, 작품에 대한 이해는 독자의 몫이다. 이때 작품은 저자와 분리되어 독자적인 존재성을 가지게 된다.

그런데 종교 경전이나 신화의 경우, 저자와 텍스트는 분리되지 않는다. 종교 경전의 경우, 저자는 신이고, 텍스트는 신의 말씀이다. 이때 저자와 텍스트는 동일하다. 그리스도교 경전의 경우, 비록 인간이 신의 계시를 기록했다고 해도 그는 "내가 …"라는 표현보다는 "하나님이 말씀하신다 …"라고 쓴다. 불교 경전의 경우도 "내가 …"가 아니라, "나는 (부처님 말씀을) 이렇게 들었다"(如是我聞)라고 표현한다. 그리고 신도들은 그 경전이 하나님, 혹은 부처님 말씀이라고 믿는 것이다.

신화의 경우도 특정한 저자의 작품이기는 하지만, 구전되어 오던 것을 모으고 기록한 것이기 때문에, 신화는 특정한 저자의 작품이라기보다, 그 시대의 작품이라고 보아야 한다.

신화를 이해하기 위해 우리는 신화의 시대(과거)로 돌아갈 수도 있고, 반대로 과거의 신화를 현재로 끌어낼 수도 있다. 그런데 신화를 이해하려면 우선 그 시대의 세계관, 인간관, 신관의 의미를 이해해야 하며, 이를 위해 우리는 과거로 돌아가야 한다. 이와 달리 현대인의 시각에서만 신화를 본다면, 신화는 인지능력이 부족했던 고대인들의 이야기에 그치게 된다.

그러나 과거로 돌아가는 일에만 머문다면, 그 신화는 오늘날 우리와 무관한 옛이야기가 된다. 따라서 과거의 신화가 오늘날 우리에게 무슨 의미가 있는지 확인하기 위해 우리는 과거의 신화를 현재로 끌어내야 한다.

2부
신화, 시문학,
철학의 탄생

1

그리스와 히브리 우주
창조 신화의 특징

모든 창조 신화는, "우주가 어떻게 존재하게 되었는가?"라는 질문을 다룬다. 그것은 궁극적 원인, 최고의 원인자, 최초의 원인자, 우주의 근거, 우주의 작용자에 대한 질문이다. 이 질문에 대하여, 히브리 신화는 궁극적 원인을 신이라고 말하고, 그리스 신화는 자연 자체라고 말한다. 이때 히브리 신화에 근거해, "궁극적 원인은 신이며, 자연 자체는 아니다"라거나, 그리스 신화는 틀렸다라고 주장한다면, 그것은 너무도 배타적이고 편협한 자세이다. 오히려 우주 창조에 대하여 서로 다른 신화가 존재한다는 것은, 서로 다른 인간들이 존재하는 것과 같이 자연스러운 일이다. 더운 지역에 사는 인간과 추운 지역에 사는 인간의 삶의 방식이 다르듯이, 우주 창조에 대한 신화가 다른 것은 너무도 자연스러운 일이다. 따라서 서로 다른 신화들 중 어느 신화가 옳은가라고 질문하는 것은 좋은 접근 방식이 아니다. 오히려 우리는, 왜 그들은 서로 다른 우주 창조 신화를 주장했으며, 그 차이점은 무엇이고, 그 차이점을 통해 우리가 배울 수 있는 것은 무엇인지에 집중하려고 한다.

앞으로 우리의 논의는 그리스 신화와 히브리 신화를 중심으로 전개
하려고 한다. 왜냐하면 서구 정신은 그리스와 히브리 두 정신이 서로
얽혀 형성된 정신이고, 이런 의미에서 서구인들은―그들이 어떤 민족
이든 별 차이 없이―정신적으로 볼 때, 그리스인이고 동시에 히브리인
이기 때문이다.[1]

1. 그리스 창조 신화

많은 사람들이 "그리스 신화"라는 책을 읽어 보았을 것이다. 물론 여러
종류의 "그리스 신화"가 있다. 그런데 우리는, 마치 특정한 저자에 의해
"그리스 신화"가 처음부터 끝까지 완성된 형태로 존재하는 것처럼 여긴
다. 그러나 "그리스 신화"는 다른 신화와 마찬가지로 특정한 저자의 창
작품이 아니다. 그것은 오랜 시간 동안 그리스인들에게 구전되어 오던
자료들을 후대에 이르러 하나의 책으로 모은 것이다. 따라서 "그리스
신화" 안에는 여러 가지 다른 자료들이 혼재되어 있다. 그 중 "그리스
신화"라는 책을 형성하는 데 큰 비중을 차지한 자료는 호메로스, 오르
페우스, 헤시오도스에 의해 소개된 것들이다.

그리스 신화의 내용은 이 작가들의 입장과 상황에 따라 다르게 묘사
되고 있다. 호메로스에 의하면 우주 창조 신화는 바다의 신 오케아노스
와 강의 신 테튀스로부터 시작된다. 여기서 오케아노스와 테튀스는 물
의 생명력을 상징한다. 오케아노스와 테튀스는 모든 것이 나오고, 모든
것이 되돌아가는 근원이다.

---

1   그리스와 히브리 정신은 그 자체로 존재한 것이 아니라, 모두 이전의 정신, 즉 북아
프리카의 이집트 정신과 소아시아의 여러 제국들의 정신의 영향을 받아 형성된 것이다.

그런데 물은 모든 생명체를 탄생시키는 창조의 능력 자체이지만, 동시에 모든 존재를 멸절시키는 파괴의 힘이기도 했다. 따라서 물에 잠기는 것은 존재 이전의 무형의 상태로 되돌아가는 것, 즉 죽음을 뜻했다. 이런 의미는 계속해서 여러 작가들에 의해 묘사되어 왔다.

에드가 알렌 포에 의하면 물은 모든 것이 잠들어 있는 곳으로 죽음의 이미지를 갖는다. 특히 깊은 물이나 탁한 물은 어둠을 증대시키고, 모든 그림자를 물질적으로 빨아들이는 힘이다. 이런 물은 "카롱의 물"의 이미지로 이어진다. 죽음을 상징하는 물에 대하여 보들레르는 "오오 죽음이여, 늙은 선장이여. 이제 시간이다. 닻을 올리자"라고 표현하고 있다.

물이 갖는 죽음의 이미지는 특히 "홍수신화"에서 잘 나타난다. 광포한 물인 홍수는 모든 생명체를 무화시키는 능력이다. 그런데 모든 생명체를 창조한 신이 인간세계에 홍수를 보내는 것은 인간의 종교적, 윤리적 타락과 연결된다. 타락한 인간은 다시 탄생 이전의 무의 세계로 돌아가야 한다.

동시에 홍수신화는 신이 "새로운 인간"을 다시 창조하는 사건과 연결된다. 이런 면에서, 죽음을 상징하는 물은 동시에 생명의 물이라는 의미를 지니기도 한다.[2]

이때 물은 맑은 물, 고요한 물, 깨끗한 물로 묘사된다. 이 물은 새로운 생명을 위한 물이며, 더러운 인간의 때(죄)를 씻어내는 정화의 물이다. 이러한 물의 의미는 여러 종교에서 죄 사함과 새로운 존재로의 변

---

2 죽음의 물과 생명의 물의 대비는, 다른 신화에서는 물과 대지의 대비로 나타나기도 한다. 예를 들어 그리스도교 성서에 묘사되고 있는 요나에게 바다는 거대한 고래(죽음을 상징)가 지배하는 곳이다. 이런 점은 피노키오의 경우도 마찬가지다. 혹은 모세의 경우, 그는 태어나자마자, 작은 상자에 실려 이집트 왕궁에 도착한다. 여기서 물은 죽음과, 대지는 삶과 연관되며, 배는 상자를 죽음의 세계로 끌고 가는 카롱의 배와 반대로 죽을 위기에 처한 모세를 생명의 세계로 인도하는 배를 뜻한다.

형을 위한 물로 나타나며, 그리스도교에서는 세례의 물이란 형태로 나
타난다.

이와 같이 호메로스의 우주 창조 신화는 생명과 죽음의 능력인 물로
부터 시작된다.

이와 달리 오르페우스 자료에 의하면, 우주 창조 신화는 밤의 여신
뉙스로부터 시작된다. 여기서 "밤"은 플라톤 철학에서 빛과 대립되는
밤을 뜻하지 않는다.

플라톤 철학에 의하면 밤은 빛에 의해 부정되어야 할 것에 불과하다.
왜냐하면 빛이 존재 자체인 반면 밤은 존재의 결여를 뜻하기 때문이다.
밤은 빛이 전적으로 부재하는 상태이며, 이러한 이해 방식은 서구 철학
을 통해 계속 이어진다.

반면에 오르페우스 자료에서 묘사되고 있는 밤은 모든 생명체를 잉
태하는 원초적 능력이다. 이런 점에서 밤(뉙스 여신)은 호메로스가 묘
사하는 물(오케아노스 신, 테튀스 여신)과 유사하다. 오르페우스 자료에
의하면 우주 창조의 순서는 밤의 여신이 은빛 알을 낳고, 그 알에서 에
로스가 탄생하며, 그 후 모든 생명체가 잉태되는 것으로 묘사된다.

이와 같이 오르페우스 자료에서 밤은 어둠, 비진리, 빛의 결핍이 아
니라, 생명의 근원이다. 이런 점은 호메로스도 인정하고 있다. 그의 작
품 "일리아스"에 의하면, 밤은 최고의 신 제우스조차 신성한 경외심을
가질 정도의 위대한 여신으로 묘사되고 있다. 이런 입장은 서구 철학의
역사를 통해 독일 낭만주의에서 다시 나타난다.

독일 시인 횔덜린은 "시인은 마치 성스러운 밤에 여러 나라를 배회하
는, 디오니소스의 성스러운 사제와 같다"고 읊고 있다. 그는 자신이 살
았던 시대를 "옛 신은 가버리고 새로운 신은 아직 오지 않은 이중 결핍
의 시대"라고 규정하며, 이런 시대에 시인의 사명은 무엇인지 묻는다.

이런 의미에서 휠덜린이 말하는 밤은 이중의 어둠의 시간이기도 하지만, 이전의 세계가 끝나고, 새로운 세계가 시작되는 분기점으로서의 시간을 뜻하기도 한다. 이때 휠덜린의 밤은 오르페우스 자료에 나타난 뉙스 여신과 다르지 않다.

이런 주장은 니체에서도 발견된다. 니체에게 밤은 그동안 차가워지고 미라화된 아폴론 정신에 의해 은폐되고 억압되어 있던 디오니소스 신이 깨어나는 시간이다. "차라투스트라는 이렇게 말했다" 중 '밤의 노래'에서 우리는 밤에 대한 니체의 입장을 확인할 수 있다:

"밤이다. 이제 비로소 사랑하는 사람들의 모든 노래들이 깨어난다. 그리고 나의 영혼도 사랑하는 사람들의 노래이다 … 내 안에는 진정되지 않는 것, 진정시킬 수 없는 것이 있다. 그것은 더 크게 소리내길 원한다. 내 안에는 사랑을 향한 갈망이 들어 있다. 그 갈망이 스스로 사랑의 언어로 말하고 있다."[3]

니체는 밤의 노래를 사랑하는 자의 노래, 잠에서 깨우는 노래라고 부르고 있다. 그 노래는 그동안 창백한 낮의 빛에 의해 은폐되었던 노래이다. 그러나 밤의 노래는 더 이상 감춰질 수 없다. 왜냐하면 밤의 노래가 스스로 소리 높여 말하기 시작했기 때문이다. 밤의 노래가 말하는 것은 낮의 언어가 말하는 것보다 더 높고, 더 깊고, 더 많다:

"조용! 조용! 낮 동안에는 크게 소리 내서는 안 되는 많은 것들이 이제 들리기 시작한다; … 그대는 밤이, 아주 오래되고 깊고 깊은 자정이 얼마나 비밀스럽고, 놀랍게, 다정하게 그대에게 말을 걸어오는지 듣지 못하는가?"[4]

---

3 F. Nietzsche, KSA 4, 136.
4 F. Nietzsche, KSA 4, 398.

이처럼 밤은 낮이 하지 못하고, 말할 수 없었던 것을 드러내는 성스러운 시간이다. 이 시간을 니체나 횔덜린은 앞서 보고 있으며, 이제 밤의 노래가 시인의 말이 될 것이라고 횔덜린은 읊고 있다:

"그러나 지금 날이 밝는다! 나는 기다렸고 그것이 오는 것을 보았다. 그리고 내가 본 성스러운 것은, 나의 말이 될 것이다."[5]

횔덜린이 여기서 표현하고 있는 "날"은 새롭게 도래하는 날이다. 그 날은 밤의 노래로부터 나오고, 밤의 노래를 드러내는 날이다.

오르페우스 자료에 의하면 밤의 여신 뉙스가 은빛 알을 낳고, 그 알로부터 모든 존재자들이 생겨난다. 그 알은 우주알(cosmic egg)로서 완전한 형태의 생명력을 뜻한다.

"티마이오스"에서 플라톤 역시 알의 원형을 최고의 완전성이라고 해석한다:

"태초에 신은 가장 완전한 형태인 구의 모양으로 세계를 창조했다."

완전한 원형인 우주알은 충만한 생명력 자체이기에 그 자체로 머물지 않고, 스스로 알의 밖으로 향하기를 원한다. 그리고 알이 깨어질 때, 감춰져 있던 모든 존재자들이 드러나게 된다.

이와 달리 헤시오도스는 처음에 카오스가 있었고, 그 다음에 대지가 있었다고 묘사하고 있다. 그의 저서 "신통기"(Theogonia)는 신의 계통

---

5   M. Heidegger, *Erlaeuterungen zu Hoelderlins Dichtung*, p. 57.

도, 즉 신의 족보를 다루고 있는 책이다. 신의 계통도를 소개하고 있기에, 이 책은 다른 저자의 책과 달리 그리스 신화를 체계적으로 소개하고 있다.

헤시오도스의 신통기에 나타난 그리스 창조 신화에 의하면 처음에 카오스가 있었다. 그 다음에 모든 신들의 변함없고 영원한 안식처인 넓은 가슴을 지닌 가이아가 생겼다. 모든 신들은 올림포스산의 가장 높은 곳에 거주하거나 땅 속인 가이아 안에 거주하였다. 또한 에로스는 불멸하는 신들 중에서 가장 사랑스러운 신으로 … 모든 신들과 인간들의 정신을 지배했다. 카오스로부터 지하 세계의 암흑의 신인 에레보스와 밤의 여신인 뉙스가 나왔다. 뉙스는 에레보스와의 사랑에서 천체의 빛인 아이테르와 낮의 신인 헤메라를 낳았다.

한편 가이아는 가장 먼저 자신과 동등한 존재로서 별이 빛나는 우라노스를 낳았다. 그는 가이아를 완전히 덮을 수 있고 성스러운 신들을 위한 변함없고 영원한 안식처가 되었다. 가이아는 우라노스와의 사이에서 남자 티탄들과 여자 티탄들을 낳았다.

가이아와 우라노스 사이에서 나온 모든 자식들은 하나같이 끔찍하고 거대한 모습이었으며 처음부터 아버지를 소름 끼치게 만들었다. 그래서 우라노스는 자식들이 태어나자마자 그들을 모두 대지의 자궁 속에 가두어 빛을 보지 못하게 하였고 자신의 만행을 즐겼다. 그러자 거대한 대지, 가이아는 오장육부가 뒤틀린 듯 신음을 토하게 되었으며, 결국 사악하고 교활한 음모를 꾸미게 되었다. 그녀는 재빨리 회색빛 철의 원료로 큰 낫을 만들어 사랑하는 자식들에게 보여주면서 그들의 용기를 북돋우며 이렇게 말했다. 그녀의 가슴에 한이 사무쳤기 때문이다. "너희들, 극악무도한 아비의 자식들아, 너희들이 내 말을 따르면 너희 아비의 범죄에 복수할 수 있을 것이다. 먼저 부끄러운 짓을 할 생각을 품은 자는 너희 아비이기 때문이다."

가이아가 이렇게 얘기를 했지만 모두들 공포에 사로잡혀, 아무도 입을 열지 못했다. 하지만 사악한 생각을 품고 있던 덩치 큰 크로노스가 용기를 내서 고결한 어머니에게 이렇게 대답했다. "어머님, 제가 그 일을 맡겠습니다. … 먼저 부끄러운 짓을 할 생각을 품은 분은 아버지입니다."

크로노스가 이렇게 말하자 거대한 대지는 기뻐했다. 그리고 대지는 그를 은신처에 숨기고 날카롭게 버린 낫을 손에 쥐어주며 자신이 계획한 음모에 대해 자세히 알려주었다. 아들 크로노스는 왼손으로 아버지를 잡고 오른손으로는 크고 길며 날카로운 톱니가 달린 낫으로 아버지의 남근을 재빨리 잘라 뒤로 던져 버렸다.

레아와 크로노스 사이에서 헤스티아, 데메테르, 그리고 황금 신발을 신고 있는 헤라, 동정심이라고는 하나도 없는 지하 세계의 강력한 하데스, 거대한 소리로 지축을 흔들며 대지를 뒤흔드는 자인 포세이돈, 그리고 신들과 인간들의 아버지이자 천둥소리로 광활한 대지를 벌벌 떨게 하는 영리한 제우스 등이 나왔다.

거대한 크로노스는 이 모든 자식들이 성스러운 자궁에서 어머니의 무릎으로 나오자마자 하나씩 먹어치웠다. 크로노스는 가이아와 별이 총총한 우라노스로부터 자신의 힘이 아무리 강해도 결국 한 아들의 손에 정복당하리라는 얘기를 들었기 때문이다. 레아는 신들과 인간들의 아버지인 제우스를 낳을 때가 다가오자 가이아와 우라노스에게 제우스의 출생을 숨길 계략과, 사악한 생각을 품고 있는 크로노스가 아버지 우라노스와 자식들에게 행한 불의에 복수할 계략을 짜달라고 부탁했다. 레아는 제우스를 낳을 때가 되었을 때 크레타섬으로 갔다. 그곳에서 제우스를 낳자마자 레아는 어두운 밤을 이용해 숲이 우거진 아이가이온 산 기슭 근처의 동굴에 숨겼다. 그리고 레아는 크로노스에게 강보로 싼 커다란 돌을 넘겨주었다. 크로노스는 그 돌을 집어 자기 몸에 쑤셔 넣었다. 크로노스는 돌 대신에 무적의 용감한 아들이 살아 있다는 것을, 그 아들이 자신의 왕좌를 차지하리라는 것을 알아차리지 못했다. 그 후 1년이 되지 않아 크로노스는 자신이 삼켰던 자식들을 토해냈다. 크로노스는 맨 먼저 자신이 마지막에 삼켰던 돌을 토해냈다. 제우스는 그 돌을 파르나소스산 기슭에 있는 성스러운 대지 위에 세워놓았다. 이 것은 앞으로 도래할 시대에 대한 하나의 징표였으며 죽음을 면치 못하는 인간에게는 놀라운 기적의 표시였다. 제우스는 다른 형제들을 사슬에서 풀어주었다. 그 형제들은 제우스 은혜에 감사하며, 천둥과 번개와 벼락을 제우스에게 주었다. 제우스는 그것으로 인간과 영원한 신들을 다스렸다.

2. 히브리 창조 신화 (창세기 1-2장)

창세기 1장

태초에 하나님이 천지를 창조하셨다. 땅이 혼돈하고 공허하며, 어둠이 깊음 위에 있고, 하나님의 영은 물 위에 움직이고 계셨다.

하나님이 말씀하시기를 "빛이 생겨라" 하시니, 빛이 생겼다. 하나님이 빛과 어둠을 나누셔서, 빛을 낮이라 하시고, 어둠을 밤이라 하셨다. 저녁이 되고 아침이 되니, 하루가 지났다.

하나님이 말씀하시기를 "물 한가운데 창공이 생겨, 물과 물 사이가 갈라져라" 하셨다. 하나님이 이처럼 창공을 만드시고서, 물을 창공 아래에 있는 물과 창공 위에 있는 물로 나누시니, 그대로 되었다. 하나님이 창공을 하늘이라 하셨다. 저녁이 되고 아침이 되니, 이튿날이 지났다.

하나님이 말씀하시기를 "하늘 아래에 있는 물은 한 곳으로 모이고,

뭍은 드러나거라" 하시니, 그대로 되었다. 하나님이 뭍을 땅이라고 하시고, 모인 물을 바다라 하셨다. 하나님이 보시기에 좋았다. 땅은 푸른 움을 돋아나게 하여라 … 식물들과 열매 맺는 나무들 … 하나님이 보시기에 좋았더라. 저녁이 되고 아침이 되니 사흗날이 지났다.

하늘 창공에 빛나는 것들이 생겨서 낮과 밤을 가르고, 계절과 해를 나타내는 표가 되어라 … 큰 빛으로 낮을 다스리게, 작은 빛으로 밤을 다스리게 하셨다. 별들도 만드셨다 … 빛과 어둠을 가르게 하셨다 … 나흗날 … 보시기에 좋았더라.

물은 생물로 번성하게 하여라. 새들은 하늘 창공으로 날아다녀라 … 생물들을 그 종류대로 창조하셨다 … 복을 베푸시면서 … 생육하고 번성하라 … 닷샛날 …

땅은 생물을 그 종류대로 내어라 … 집짐승과 들짐승 … "우리가 우리 형상을 따라서, 우리의 모양대로 사람을 만들자 … 그가 바다의 고기와 공중의 새와 땅위의 짐승들을 … 다스리게 하자"고 하시고 당신의 형상대로 사람을 창조하셨다. 하나님이 그들을 남자와 여자로 창조하셨다 … 생육하고 번성하여 땅에 충만하여라 … 모든 생물을 다스려라 … 보시기에 좋았다. 엿샛날이 지났다.

창세기 2장

하늘과 땅을 창조하실 때의 일은 이러하다. 주 하나님이 땅과 하늘을 만드실 때에 … 땅 위에 비를 내리지 않으셨고, 땅을 갈 사람도 아직 없었으므로, 땅에는 나무가 없고, 들에는 풀 한 포기도 아직 돋아나지 않았다. 땅에서 물이 솟아서, 온 땅을 적셨다.

주 하나님이 땅의 흙으로 사람을 지으시고, 그의 코에 생명의 기운을 불어넣으시니, 사람이 생명체가 되었다.

주 하나님이 동쪽에 있는 에덴에 동산을 일구시고, 지으신 사람을 거기에 두셨다. 주 하나님은 보기에 아름답고 먹기에 좋은 열매를 맺는 온갖 나무를 땅에서 자라게 하시고, 동산 한가운데는 생명나무와 선과 악을 알게 하는 나무를 자라게 하셨다 …[6]

3. 그리스 창조 신화와 히브리 창조 신화의 차이점

헤시오도스의 "신통기"와 구약성서 '창세기'도 모든 창조 신화처럼 "왜, 어떻게 우주가 생겨났는가?"라는 질문을 다루고 있다. 그러나 두 신화가 제시하는 답변의 내용과 표현 방식은 매우 다르다. 우선 각각의 신화를 해명하고, 이를 토대로 그 차이가 무엇인지, 차이의 근거와 이유는 무엇인지 살펴보기로 한다.

"신통기"를 저술한 헤시오도스는 농부 출신이다. 농부에게 가장 중요한 것은 대지이다. 그는 대지에서, 대지와 더불어 살아가는 사람이다. 대지의 아들로서 그는 맨 처음에 카오스가, 그 다음에 대지가 존재한다고 주장하고 있다. 카오스가 무정형적이고 혼란스러운 상태를 의미한다는 점을 고려하면, 맨 처음에 존재하는 것은 대지이다. 이것을 성서적으로 표현한다면, "태초에 대지가 있었다."가 헤시오도스의 주장인 셈이다.

대지는 어떠한 신에 의해 창조된 것이 아니라, 스스로 존재하는 것이다. 대지는 그 자체로 신이며, 모든 것을 창조한 최고의 신이다. 대지보다 앞선 신, 대지보다 높은(우월한) 신은 없다. 대지는 모든 것을 창조할 능력을 지니는 생명력 자체이다. 이 생명력을 헤시오도스는 "에로

6 『성경전서:표준새번역』, 대한성서공회, 1993, 창세기 1-2장.

스"라고 부른다. 이때 에로스는 단순히 성과 연관된 의미의 사랑이 아니라, 모든 것을 창조하고 존재하게 하는 힘을 뜻한다.

대지는 자신의 창조력인 에로스를 통해 우라노스를 낳는다. 우라노스는 하늘이다. 농부에게 대지만큼 중요한 것은 하늘이다. 농부는 대지위, 하늘 아래서 살아가는 존재이기 때문이다. 헤시오도스는 대지(가이아)와 하늘(우라노스)을 동등한 존재로 보고 있지만, 강조점은 대지에 놓여 있다. 대지는 어머니 신이다. 생명체를 자신의 외부에 창조하는 아버지 신과 달리, 어머니 신은 자신의 몸 안에서 창조한다. 아버지 신과 생명체들은 수직적 위계질서를 지니는 데 반해, 어머니 신과 생명체는 생명의 끈을 통해 서로 연결되어 있다.

이제 어머니 신은 자신과 동등한 존재인 아버지 신 우라노스와 더불어 크로노스를 잉태한다. 크로노스는 농경의 신을 상징한다. 따라서 그는 거대한 낫을 든 형태로 나타난다. 그 낫을 가지고 크로노스는 만행을 저지르는 아버지 우라노스를 거세시킨다. 왜냐하면 우라노스는 모든 생명체를 가이아의 자궁에 가두어둔 채 빛을 보지 못하도록 하였기 때문이다. 이것은 생명체의 출현을 가로막는 행위였다. 이 세계로의 탄생을 저지하는 우라노스를 제거한 크로노스를 통해 이제 모든 생명체들은 생명의 운동을 시작할 수 있게 된다.

거세된 우라노스는 이제 창백한 하늘로서, 이 세계로부터 멀어지게 된다.

그런데 우라노스를 제거한 크로노스 역시 만행을 시작한다. 우라노스가 모든 생명체의 탄생을 가로막았던 데 반해, 크로노스는 자신이 잉태한 모든 생명체들을 다시 잡아먹고 있다. 이와 같이 크로노스는 모든 생명체들을 죽이는 신, 즉 시간의 신이다.[7]

---

7   농경의 신 크로노스와 별도로, 시간의 신 크로노스가 존재하지만, 이 두 신은 종종

시간의 신 크로노스가 낸 모든 생명체는 그의 자식이지만, 결국 그에 의해 삼켜진다는 표현은, 시간이 갖는 절대적 능력을 가리킨다.

크로노스는 여신 레아 사이에서, 헤스티아, 데메테르, 헤라, 하데스, 포세이돈, 제우스를 낳는다. 그런데 크로노스는 어머니 가이아와 아버지 우라노스로부터, 자신이 아들을 낳으면, 그 아들에 의해 왕좌를 빼앗길 거라는 얘기를 듣는다. 따라서 크로노스는 자신의 자식들을 자신의 몸속에 가둔다. 크로노스가 지배하는 세계에서는 누구도 죽음의 공포로부터 벗어날 수 없었다. 이렇게 강력한 크로노스를 제압한 신이 제우스이다.

제우스 신은 이전의 자연신들과 달리, 인간적인(인격적인) 신이다. 그는 이성을 통해 크로노스의 죽음을 이겨낸 신이다. 그와 더불어 여신의 시대가 끝나고, 남신이 지배하는 시대가 시작된다. 제우스의 등장은, 그리스 정신사를 통해 자연신에서 인격적 신으로, 여신에서 남신으로, 죽음에서 이성을 통한 삶으로의 전환이 이루어지는 과정을 가리킨다. 이성의 등장과 더불어 육체적 삶과 죽음 외에 이성(영혼)적 삶과 죽음이 구분되기 시작한다. 이런 의미에서 제우스는 새로운 시대를 열어젖힌 신이다.

그리스 신화는 "왜, 어떻게 우주가 창조되었는가?"라는 질문에 대하여 "왜", "어떻게"를 해명하지 않는다. 단지 피지스가 태초 전부터 스스로 존재했을 뿐이라고 대답하고 있다.

중세의 신비주의자 앙겔루스 실레지우스는, "왜 장미가 존재하는

동일한 신으로 여겨져왔다.

가?"에 대하여 "장미가 존재하는 것은, 장미가 존재하기 때문이다"라고 답하고 있다. 그에 의하면 장미가 존재하는 것은, 특정한 신적인 능력에 의한 것이 아니다. 장미가 존재하는 이유는 없다. 장미는 "왜" 없이 스스로 존재할 뿐이다.

이와 마찬가지로 그리스 신화에 의하면, 피지스는 우주적 생명력으로서 태초 전부터 스스로 존재했다. "피지스가 왜, 어떻게 존재하는가"라는 질문에 대하여, 그리스 신화는 "피지스가 존재하는 것은, 피지스가 존재하기 때문이다"라고 답하고 있는 것이다.

이렇게 스스로 존재하는 피지스는 신들보다 앞서 존재하며, 모든 것들을 생산하는 피지스, 어머니 피지스이다. 피지스는 시작도 끝도 없이 시간보다 앞서 영원히 존재한다. 피지스로부터 모든 생명체가 창조되었기에, "어떻게 창조되었는가?"라는 질문에 대하여 그리스 신화는 "존재(피지스)에서 모든 존재자들이 창조되었다"라고 주장하고 있는 것이다.

반면에 히브리 신화는 우주 창조에 대하여 전혀 다른 입장을 보여주고 있다.

히브리 창조 신화는 구약성서 "창세기"에서 묘사되고 있다. 일반적으로 구약성서 앞부분에 위치한 '창세기, 출애굽기, 레위기, 민수기, 신명기'를 통틀어 모세 5경이라고 부른다. 모세 5경이란 표현으로부터 우리는 창세기부터 신명기까지 모두 모세가 저자인 듯이 생각할 수 있다. 그러나 이 저작들 중에는 모세가 죽은 다음의 이야기도 묘사되고 있다. 죽은 모세가 자신의 죽음 이후에 대하여 말한다는 것은 불가능하다. 따라서 모세 5경은 모세가 쓴 것이 아니다. 그런데 그런 이름이 붙은 것은, 그 저작들 중에서 모세가 중요 인물로 나오기 때문이다.

모세 5경은 전승되어 오던 여러 자료들을 성서 기자들이 모으고 해석하고 편집해서 이루어졌다. 이 자료들을 J. E. D. P라고 부른다.

J자료는 신의 이름을 야훼라고 표현하는 반면, E자료는 신을 엘, 엘로힘이라고 부른다. 야훼가 고유명사인데 반해, 엘은 일반명사로서 신(the God)이라는 의미를 지닌다. D자료는 신명기 자료로서, 이후에 요시아왕이 종교개혁을 시도할 때 중요한 경전으로 이용되며, P자료는 제사장 자료이다.

우리가 지금 다루려는 창세기 1장은 P자료에, 2장은 J자료에 기인한다. 이 중 J자료가 P자료보다 시기적으로 앞선다. 자료의 시기로 보면, 창세기 1장보다 2장이 먼저 쓰여졌다. 그럼에도 2장이 1장보다 뒤에 배치된 것은, 2장에서는 신에서 인간으로 이야기의 방향이 전환되기 때문이다.

또한 창세기 1장과, 2장에서 묘사되는 신의 모습은 매우 상이하다. 이러한 점을 염두에 두고 창세기 1, 2장에 나타난 창조 신화의 내용을 살펴보기로 한다.

창세기 1장의 첫 문장은 "태초에 하나님이 천지를 창조하셨다"이다. 이 한 문장 안에서 우리는 히브리 정신의 특징을 볼 수 있다.

히브리 신화에서 묘사되는 신은 피지스를 포함해 모든 것보다 앞서 스스로 존재하는 신이다. 그 신은 초자연적이고 절대적 존재로서 시간과 공간이 생기기 이전에, 영원부터 스스로 존재하는 신이다. 그 신은 남성적 신으로서 자신의 외부에 생명체를 창조한다. 그리스 신화와 달리, 히브리 신화에서 피지스는 신의 피조물이다.

창조 이전 상태에 대하여 성서 기자는 혼돈하고 공허한 대지, 깊은 어둠, 물에 대하여 이야기하고 있다. 이것은 무정형과 혼란스러운 카오스 상태를 의미한다. 그럼에도 불구하고 이것들은 앞으로 벌어질 창조를 위한 재료가 아니다. 만약 그렇다면 히브리 신화 역시 "존재로부터 존재의 창조"라고 주장했을 것이다. 그러나 다음 절에 의하면, 신의 창조는 이 재료로부터 만들어지지 않는다. 오히려 신이 "말씀"하시자, 바로 그 순간 말씀 그대로 창조가 이루어진다. 여기서 신의 말씀과 행동, 창조의 사건은 동시적으로 벌어진다. 신은 말씀을 통해 무로부터 창조를 한다(creatio ex nihilo). 이 신은 물질과 무관하며, 형상을 갖지 않는 신이다. 단지 말씀을 통해 빛, 하늘, 물, 대지, 식물과 동물, 별들, 새들, 온갖 동물들을 창조하는 신이다.

그렇다면 신은 왜 창조를 하였을까? 창세기 1장에서 그 이유에 대한 직접적이고 명시적인 표현을 발견하기는 어렵다. 그러나 신의 말씀과 행동이 동시적이라는 점, 신에게 과거와 현재, 미래가 동시적이란 점을 고려하면, 창세기 1장에서 신이 창조한 이유는, 신이 창조한 후 피조세계를 보고 내린 평가와 동일하다고 볼 수 있다. 그렇다면 신이 세계를 창조한 이유는, 그 세계가 아름답기 때문이라고 볼 수 있다. 신은 가장 아름다운 존재를 깊은 어둠과 혼돈 속에 묻어두기보다는 밖으로 드러내기를 원했던 것이다. 따라서 창조된 세계를 보고 아름답다고 신이 말한 것은, 신 자신도 아직 모르는 상태에서 창조를 하고, 그것을 본 후 비로소 아름다웠다라고 말한 것이 아니라, 그의 창조와 아름다움은 동시적인 사건인 것이다.

이와 같이 창세기 1장에서 묘사되는 신은 초자연적이고 절대적이며, 시간-공간보다 앞서는 신이고, 물질과는 전혀 관계를 맺지 않는 신이다. 그 신은 형상을 갖지 않으며, 단지 말씀을 통해 창조하고 지배하는 신이다.

그런데 창세기 2장에서 묘사되는 신의 특징이나 창조 사건은 1장과 전혀 다르다.

2장에 등장하는 신은 형상 없는 신이 아니라, 인간적인 신으로 묘사되고 있다. 마치 인자한 할아버지같이 그 신은 동산을 일구고, 흙으로부터 인간을 창조한다. 1장에서 창조는 물질 없이 이루어진 반면, 2장에서 창조는 신이 흙(물질)으로 인간의 형태를 빚어내고 생명을 불어넣어주는 방식으로 이루어진다. 이 신은 물질과 관계 맺는 신으로서 자연적 신의 특징을 보여주고 있다.

이러한 차이가 생기게 된 이유는 창세기 2장이 1장보다 더 오래된 자료이기 때문이다. 창세기 1장은, 적어도 "초자연적인 1자"라는 추상적 관념이 생겼을 때 가능한 서술 방식을 따르고 있다. 반면에 2장은 이보다 오래전 인간의 경험을 담고 있다. 따라서 1장은 학식이 높은 학자의 표현과, 2장은 순진한 어린아이의 표현과 유사하다.

그러나 1장과 2장에 서로 대립적인 표현과 이해 방식이 있다는 것을 성서 기자가 몰랐다고 볼 수는 없다. 다만 스스로 존재하는 절대적인 신과, 그가 행한 우주적 창조, 그리고 인간의 창조와 타락 사건을 내용적으로, 논리적으로 연결시키기 위해, 1장과 2장의 배치를 바꾼 것이라고 보아야 한다. 또한 3장부터 전개될 신과 인간의 밀접한 관계와 깨어진 관계를 표현하기 위해, 성서 기자는 1장에서는 물질과 무관한 초자연적 신을, 그리고 2장에서는 물질과 관계하는 자연적 신을 등장시키고 있다고 보아야 한다.

이렇게 그리스 창조 신화와 히브리 창조 신화는 매우 다르다. 그리스 신화는 영원부터 스스로 존재하는 피지스, 피지스로부터 탄생한 올림푸스 신들, 그 신들 중 여신 가이아가 강조되고 있고, 모든 신들은 물질과 관계되어 있는 자연적 신들이라는 점에 대하여 말하고 있는 반면, 히브리 신화는 영원부터 스스로 존재하는 최고의 신, 유일신, 물질과 무관한 초자연적 신, 그리고 남성적 신으로부터 우주와 인간의 창조, 창조주인 신과 피조물인 생명체(피지스 포함)의 절대적인 질적 차이에 대하여 말하고 있다. 그렇다면 이러한 차이점을 어떻게 이해해야 할까?

왜, 어떻게 우주가 창조되었는가에 대한 인간의 이해는, 그가 경험한 것과 연결되어 있다. 인간의 경험에 크게 작용하는 것은 그를 둘러싼 자연적 조건이다.[8] 척박한 자연적 조건 속에서 살아가는 민족의 경우,

---

8 어떠한 민족의 신화가 자연적 조건과 깊은 연관이 있다는 점은 추운 지방인 북유럽의 신화, 즉 스칸디나비아 신화, 게르만 신화에서도 확인된다. 게르만 신화에서 중요한 것은 그리스적인 형태(이데아)나 히브리적인 소리(말씀)가 아니라, 추위와 더위의 싸움이다. 게르만 신화에 의하면, 시초엔 아무것도 없었고 단지 추위와 더위가 있었을 뿐이다. 북쪽엔 추위와 어둠이 지배했고, 남쪽엔 따뜻함과 밝음이 지배했다. 추위가 지배하는 곳은 니플하임이라 불렸고, 더위가 지배하는 곳은 무스펠하임이라 불렸다. 그 사이엔 거대한 빈 공간인 기눙가가프가 있었다. 아직은 하늘도 대지도 신들도 존재하지 않았다. 이후 추위와 얼음, 안개가 자욱했던 니플하임의 얼음에 틈이 생기고, 더운 무스펠하임의 불꽃에 의해 흐버겔미르라는 샘으로부터 11개의 강물이 흘러나와 심연을 향해 흘러갔다.

불꽃이 타오르는 남쪽 역시 아무도 살 수 없었지만, 더위와 추위가 만나 온화한 기후가 만들어지자 얼음과 서리가 녹아 물방울 소리와 불꽃이 튀는 소리가 혼재하게 되었다.

남쪽의 불꽃과 북쪽의 얼음이 만나 최초 생명체가 탄생했다. 그는 태초의 거인인 이미르로서 남성이자 여성인 존재였다. 뒤이어 얼음이 녹으면서 아움둘라라는 거대한 암소가 탄생했다. 이미르와 아움둘라는 모든 생명체들이 탄생할 수 있게 하는 물질 덩어리로 이루어진 존재였다. 이미르는 아움둘라의 젖을 먹고 자랐다.

이미르가 자면서 땀을 흘리자 왼쪽 겨드랑이로부터 남자와 여자 거인이 태어났다. 동시에 아움둘라가 소금기 섞인 얼음을 핥자 추위에 얼어붙어 죽어 있던 신들의 조상인 부리(아버지)가 드러났다. 부리는 남성과 여성 모두를 포함하는 존재로서 스스로 뵈르(아들)를 낳았다. 그리고 뵈르는 오딘, 베, 빌리라는 아들을 낳았다.

거인과 신들은 동시적으로 탄생했다. 그런데 이미르는 무위도식할 뿐 아니라 이미르로부터 태어난 거인들은 강물을 다시 얼게 하고 신들의 영역을 공격했다. 이러한 거인들에 대하여 불만을 가지고 있던 신들은 급기야 거인 이미르를 살해하게 된다. 이때 나온 피가 세상을 뒤덮어 아움둘라와 거의 모든 거인들이 죽게 된다. 단지 베르길미르라는 거인만이 살아남아, 이후 거인들의 조상이 된다.

반면 오딘 신과 형제들은 죽은 이미르의 몸을 기눙가가프에 채워 넣고 세계를 만든다. 이미르의 뼈로는 산들을, 작은 뼈로는 돌을, 머리카락으로는 나무와 풀을, 두개골로는 하늘을, 뇌수로는 구름을 만들고, 땅을 바다에서 끌어올려 단단하게 하자, 그 위에서 푸른 식물들이 성장하기 시작했다. 이렇게 게르만 신들은 추위의 세력이 약해지면서 등장한다. 또한 게르만 신화에 의하면, 오딘을 포함해 모든 신들은 태어날 때부터

그들에게 중요한 것은 풍요한 삶이 아니라 생존 자체이다. 그들에게 자연은 도움을 주기보다 위협하는 존재이며, 이러한 민족에게 신은 위협적인 자연을 지배하는 초자연적 신의 모습을 띤다.

반면 좋은 자연적 조건 속에서 사는 민족의 경우, 그들은 자연이 제공하는 여러 혜택을 받으며 살기 때문에, 자연은 친밀한 자연이 되고, 신도 자연적 신의 모습을 띤다.

이런 점은 그리스 신화나 히브리 신화에도 똑같이 적용된다.

그리스의 자연적 조건은 아주 좋은 편은 아니지만, 그리스인들은 무역을 통해 부를 축적하고 문명 세계를 이뤄나갔다. 문명 세계에는 볼거리가 많다. 볼거리들은 이름을 가지고 있다. 따라서 문명 세계에서는 명사가 발달한다. 명사와 연관된 볼거리들을 즐기기 위해 중요한 감각 기관은 눈이다. 그리스인에게 눈은 특별히 중요한 역할을 했다. 눈, 보는 능력에 대한 강조는 그리스 신화, 비극 작품들, 나아가 플라톤 철학으로 이어진다.

눈을 통해 무엇인가를 볼 수 있으려면 빛이 있어야 한다. 빛이 밝을수록 우리는 선명하고 정확하게 볼 수 있다. 어둠 속에서 단지 두루뭉술한 덩어리 같던 것이 빛이 비추면 각각의 형태(플라톤은 이데아, 아리스토텔레스는 에이도스라고 칭함)로 분절되고 개체화된다. 이렇게 어떠한 것을 잘 보기 위해서는 무엇보다도 밝은 빛이 필요하다.

그런데 누군가가 어떤 사물을 잘못 보는 경우, 우리는 그에게 '다시 한번 잘 봐'라고 말한다. 잘 보기 위해서는 밝은 빛뿐 아니라, 인간의 눈도 필요하다. 그런데 '다시 한번 잘 봐'라는 표현 안에는, 인간의 자발적이고 능동적인 태도에 대한 요구가 들어 있다. 인간은 자신의 눈으로

이미 죽을 운명을 고지받는다. 이렇게 게르만 신화에서는 신들은 죽고, 다시 부활하는 존재들로 묘사되고 있다.

다시 한번 살펴봄으로써, 잘못 보았던 것을 수정할 수 있기 때문이다. 따라서 빛의 메타포를 강조한 그리스 신화에서는 인간의 능동적 이성에 대한 강조가 나타나는 것이다.

　반면에 히브리 정신은 사막적인 풍토와 연관되어 있다. 사막에서 중요한 감각기관은 눈이 아니다. 눈에 보이는 것은 인간을 속이기 쉽다. 거대한 모래 산은 거친 바람이 불면 사라지거나 위치를 바꾸기도 한다. 그곳에는 볼거리도 없다. 사막에서 눈은 속기 쉬운 감각기관일 뿐 아니라, 별로 유용한 기관이 아니다. 사막에서 중요한 기관은 귀이다. 귀는 멀리서 불어오는 모래바람 소리를 들을 수 있다. 귀는 위험을 미리 감지하고 준비하게 한다. 귀에 대한 강조는 눈과 연관된 "형태"에 대한 불신으로 나타난다. 또한 거친 사막은 인간의 생존을 위협하는 자연이다. 따라서 그들에게 신은 자연을 넘어서는 초자연적 신이 되고, 형태를 갖지 않는 신, 눈이 아니라 귀를 통해 알리는 신, 즉 말씀의 신이란 특징을 지니게 된다. 그리고 그들의 삶이 항상 떠나야 하는 유목민적 삶, 동사적 삶이기 때문에, 신 역시 그들과 같이 움직이는 신, 역사의 신으로—이와 달리 그리스인의 신은 올림푸스라는 공간의 신으로 남는다. 그래서 역사의 흐름 속에서 그리스의 신들은 사라져가게 된다—나타난다. 그리고 초자연적 신으로서 히브리의 신과 자연적 인간 사이엔 거대한 질적인 차이가 있기에, 히브리 신화 속 신은 창조주로, 인간은 피조물로 묘사되며, 신에 대한 인간의 관계도 수직적인 관계, 즉 명령하는 신과 복종하는 인간의 모습으로 나타나게 되는 것이다.

2

그리스와 히브리 인간
탄생 신화의 특징

1. 그리스 인간 탄생 신화

그리스 신화에 의하면, 인간은 특정한 신에 의해 단 한 번 창조된 것이 아니다. "일과 나날들" 중 인간의 타락과 징벌을 해명하는 부분에서 헤시오도스는 여러 신들이 서로 다른 인간들을 창조했다고 전해준다.

신들이 맨 처음 인간을 창조한 것은 크로노스가 지배하던 시대이다. 그때 "신들"이 황금종족이란 인간을 창조했다. 그 신들이 누구인지는 구체적으로 드러나지 않고 있다. 그 신들이 만든 인간은 걱정, 고통, 불행도 없고, 악도 모르고, 육체도 늙지 않는 인간이었고, 그들이 살아가는 공동체도 평화롭고 선했다. 이 인간은 죽을 수밖에 없는 인간에 비하면 오히려 신적인 존재에 가까웠다. 그들은 늙지 않으니 죽지 않았을 수도 있었다. 그러나 그들은 죽었다. 왜? 이에 대해 헤시오도스는, 그 인간들이 잠들었기 때문이라고 주장하고 있다. 죽은 이유가 잠들었기 때문이라는 것은 이해하기 어렵다. 그러나 의미론적으로 볼 때, "잠"과

"죽음"은 "깨어남"과 "삶"에 대칭되는 표현이다. 예를 들어 우리는 죽은
사람에 대하여 긴 잠을 잔다고 말하기도 하고, 깊은 잠에 빠진 사람에
게 죽은 것 같다고 표현하기도 한다. 이와 같이 잠은 깨어남에, 죽음은
삶에 대비되고, 잠과 죽음은 거의 동일한 의미를 지닌다.

　다른 측면에서 볼 때 늙지 않고, 걱정과 고통이 없는 삶은 모든 인간
이 원하는 삶처럼 보이기도 하지만, 그러한 삶은 죽은 삶이기도 하다.
왜냐하면 산다는 것은 변하는 것이고, 변화한다는 것은 어떤 것이 생성
되고 소멸된다는 의미이며, 이때 좋은 일과 나쁜 일이 함께 나타날 수
있기 때문이다. 그렇다면 아무 변화가 없는 삶은 더 이상 삶이 아니며,
그 삶은 단지 영원한 지루함이 지배하는 삶일 것이다. 헤시오도스가 이
런 생각을 했는지 알 수 없지만, 그가 내린 결론을 보면, 그도 이러한
삶은 삶이 아니라고 여겼을 가능성이 크다.

　이어서 그는 두 번째 인간 창조에 대하여 말한다. 신들이 창조한 두
번째 인간인 은종족은 황금종족보다 열등했다. 은종족은 신체와 영혼
에서 황금종족을 닮지 않았다. 그들의 육체와 영혼은 황금종족에 비해
불완전했다. 그들은 욕망에 사로잡힌 인간들이고, 신들을 존경하지 않
았다. 이러한 인간의 욕망과 교만함 때문에 제우스 신은 그들을 죽이고
만다.

　이후 제우스는 세 번째 인간인 청동종족을 재나무로부터 창조한다.
그러나 그 인간들 역시 폭력적이고 비참한 일을 즐기는 자들이었다. 그
들이 얼마나 사납고 폭력적인지, 헤시오도스는, 그들을 쇠로 만들어진
영혼을 가진 자라고 묘사하고 있다. 그들은 제우스의 개입 전에 이미
자기들끼리 싸우다 멸절한다.

　네 번째로 제우스는 영웅종족을 창조하지만, 그들 역시 사악한 전쟁
으로 인해 스스로 멸망한다.

　마지막으로 제우스는 철종족을 창조한다. 헤시오도스가 묘사하는 철

종족은 당시 인간과 사회의 모습에 대한 그의 판단을 보여주고 있다.
그 인간들은 경쟁이 심해지고, 타인을 이겨야 살아남는 후기 자본주의
시대를 살아가는 현대인의 모습과도 거의 다르지 않다.

이 인간들에게는 고상한 심성도 있었지만, 결국 그들은 그 이전의 인
간들보다 더 난폭하고 사악한 자들이다. 아버지와 아들이 서로 대항하
고, 친구 사이에 우정도 없고, 폭력이 정의로 둔갑하고, 약자에 대한 괴
롭힘이 다반사로 벌어지는 곳이, 바로 철종족의 사회이다. 그곳은 주먹
이 정의가 되고, 악한 자가 선한 자를 이기는 곳이다. 이러한 불법과 폭
력, 기만과 속임수가 횡행하는 사회에 대하여, 헤시오도스는 "내가 이
종족과 같이 살지 않는다면 얼마나 좋을까? … 이들 이전에 내가 죽었
거나, 이들 이후에 태어난다면 얼마나 좋을까?"라고 한탄할 정도이다.

헤시오도스가 이 신화를 통해 말하고자 하는 것은, 왜 여러 신들이
여러 번 서로 다른 인간종족들을 창조했는가? 왜 인간을 창조한 신이
서로 다른 신들인가? 가 아니다. 오히려 그의 관심은 인간이 타락하고
사악해졌으며, 이 대가로 인간은 죽게 되었다는 사실이다. 그렇다면 왜
인간은 타락하게 되었을까? 인간의 죽음과 불행은 누구의 책임인가?
인간인가? 신인가? 이 이유를 우리는 프로메테우스 신화에서 발견할
수 있다.

프로메테우스 신화는 인간의 삶이 왜 고통스러운지에 대하여 해명하
고 있다. 이 신화에서 인간을 창조한 신은 프로메테우스이다. 제우스는
티탄족과의 전쟁을 승리로 이끈 후, 자신을 도왔던 티탄인 프로메테우
스에게(에피메테우스와 함께) 인간을 창조하라고 명령한다. 프로메테
우스는 동물들과 인간을 창조한다. 이때 에피메테우스는 각각의 동물
들에게 적당한 발톱이나 이빨 등을 선물한다. 모든 선물들을 동물에게
주었기 때문에, 프로메테우스가 이 일을 알았을 때 인간에게 줄 선물은

아무것도 없었다. 그러나 프로메테우스는 인간에게도 무언가 선물을 하고 싶었다. 왜냐하면 인간은 그가 창조한 최고의 작품이고, 그는 인간을 사랑했기 때문이다. 무슨 선물을 줄까 고민하다가 그는 "불"을 가져다주기로 결심한다. 그런데 "불"은 신적인 것이며, 단지 신만이 다룰 수 있는 것인데, 그것을 인간에게 주었기 때문에, 제우스와 프로메테우스, 그리고 인간 사이에서 문제가 일어나기 시작하였다.

프로메테우스가 신적 보물인 불을 훔친 이유는 아주 명확하다. 인간에게 선물을 하고 싶었고, 인간을 사랑했기 때문이다. 자신이 만든 작품을 사랑하는 것은 당연한 일이고, 사랑하는 자에게 선물을 주고 싶다는 것도 너무나 자연스러운 일이다. 따라서 불을 훔친 프로메테우스는, 제우스가 금지한 불을 훔친 자신의 행동이 어떤 결과를 가져올지 아직 생각하지 않는다. 다만 그는 사랑하는 자에게 불을 선물할 생각에 가득 차 즐거워하고 있을 뿐이다. 그는 "마치 날아갈 듯이 즐겁게" 인간을 향해 달려간다. 이 순간 프로메테우스(앞서 생각하는 자, 사려 깊은 자라는 의미)는 에피메테우스(늦게 생각하는 자, 생각이 없는 자라는 의미)가 된다. 그의 흥분이 그의 사려 깊음을 삼켜버린 것이다.

반면에 불이 인간 세상에서 비치는 것을 본 제우스는 상상 이상으로 격분한다. 그는 매우 화가 났다. 이러한 상태를 헤시오도스는 다음과 같이 묘사한다:

"제우스는 영혼이 찢기는 듯 했고 분노로 가득 찼다."

이 일로 인하여 제우스는 앙심을 품는다. 그리고 "불화"를 보내기로 작정한다. 불화는 두 갈래로 나타난다. 하나는 프로메테우스에게, 또 하나는 인간에게.

프로메테우스는 제우스의 명령을 거역했다. 최고 권력자인 제우스는 자신의 명령에 저항하는 어떠한 세력이나 행동도 내버려두지 않는다. 명령을 어긴 자는, 그가 누구이든, 그에 상응하는 벌을 받아야 한다. 제우스가 프로메테우스에게 내린 벌은, 그를 카우카소스산 정상에 결박하고, 독수리로 하여금 그의 간을 파먹도록 하는 것이었다.

프로메테우스가 형벌을 받게 된 이유는, 신적 보물인 불을 훔쳐 인간에게 주었기 때문이다. 이제 인간 사회에서 인간적인 불이 보이기 시작했고, 제우스는 독수리를 보내 프로메테우스의 간을 파먹도록 한다. 이때 독수리는 무엇인가? 독수리는 불을 훔친 프로메테우스를 응징하는 제우스의 새, 제우스의 불새이다. 독수리는 피닉스와 같은 존재이다. 불을 훔친 프로메테우스를 제우스는 더 우월한 신적인 불을 통해 고통스럽게 하고 있는 것이다. 그렇다면 왜 간인가?

윤동주 시인은 "간"이라는 시에서, 간을 저항의 의미로 해석하고 있다. 간은 저항할 수 있는 힘과 능력을 뜻한다. 우리는 흔히 만용을 부리는 사람을 일컬어 "간이 부었다"라고 말한다. 여기서도 간은 저항의 능력과 연결된다. 간은 저항뿐 아니라, 자존심을 뜻하는 메타포이기도 하다. 제우스의 불새인 독수리가 프로메테우스의 간을 쪼아 먹는 것은, 더 이상 저항하지 말라는 경고이고, 저항할 능력을 멸절시키는 행위이며, 최고의 신 앞에서 자존심을 지키려는 프로메테우스의 노력 역시 무의미하다는 것을 알리는 포고인 셈이다.

제우스가 앙심을 품고 보내는 또 하나의 불화는 인간에게로 향한다:

"제우스는 인간들을 향해 불의 혜택에 맞먹는 사악한 일을 준비했다."

왜 제우스는 인간에게 사악한 응징을 하는 것인가? 인간은 프로메테우스에게 불을 달라고 하지 않았다. 단지 그가 인간에게 불을 가져다주었을 뿐이다. 그런데도 인간은 제우스의 형벌을 받아야 한다. 인간은 억울할 수 있다. 그는 아무 이유 없이 형벌을 받게 되었기 때문이다. 그럼에도 제우스는 인간에게 형벌을 주고 있다. 이것이 신적인 정의일까? 이에 대해 라이너 마르텐은 다음과 같이 해석한다:

"인간이 제우스의 불을 사용했다는 이유 때문에, 교활함에는 교활함으로 대하는 식으로, 인간에게 사악함, 비참함, 비통함을 내리는 것, 바로 그것이 인간에게 불을 허락하지 않으려는 신의 방식이란 말인가? 그렇다. 바로 그것이 신적인 방식이다. 신적인 최고 권력자는 무력한 자들이 신을 거역하고, 자신들의 존재와 삶에 우쭐거리고 만족하는 것을 참지 않는다. 이 권력자는 자신과 확실히 다른 인간으로 하여금, 인간 자신의 힘이 부족하다는 사실을 분명하고 명확하게 느끼도록 한다."[1]

인간에 대한 제우스의 응징은 아름다운 여성 판도라를 만들어 에피메테우스와 결혼시키는 일로 나타난다. 판도라를 만들기 위해 여러 신들이 동원된다. 최고의 예술의 신이자 기술의 신인 헤파이스토스가 처녀 판도라를 만든다. 아테나 여신은 찬란한 장신구와 의상을 만든다. 이 두 신이 아름다운 외형을 지닌 판도라를 만들었다면, 아프로디테는 판도라에게 누구나 빠질 수밖에 없고, 거부할 수 없는 매력을 제공한다. 그것은 판도라를 본 남성이 그녀를 향한 사랑과, 그로 인해 고통과 비탄에 빠져들게 하는 매력, 즉 고통과 환희를 동시에 수반하는 매력이

---

1 라이너 마르텐, 『죽음과 삶의 드라마로서 인간의 유한성』, 최상욱 역, 서광사, 2017, 25-26쪽.

었다. 그러나 남성에게 환희와 고통을 안겨준 판도라 자신은 이러한 상황에 아랑곳하지 않고, 오히려 그것을 즐긴다. 왜냐하면 헤르메스가 판도라에게 교활한 성격과 음란한 마음을 심어주었기 때문이다. 이렇게 판도라는 여러 신들이 각각의 선물을 보태어 만든 작품이다. 그래서 그녀의 이름이 "판도라"(pan-dora: 모든 선물)인 것이다.

판도라는 외형적으로 완벽하게 아름다우며, 내면에서부터 풍겨져 나오는 매력 또한 강력해 모든 남성들을 환상과 절망에 빠지게 하는 존재이다. 현대식으로 표현한다면, 판도라는 당시의 최첨단 기술과 최고의 예술자들이 힘을 합해 만들어낸 최고의 걸작품이라고 볼 수 있을 것이다. 판도라를 만든 자는 인간보다 지적 능력이 뛰어난 외계 존재이며, 그가 만든 판도라는 인간을 사로잡는 능력을 지닌 '인공지능 로봇'에 비교될 수 있을 것이다.

판도라를 본 후, 인간들은 인간이 아닌 최첨단 로봇에 홀리고 사로잡히게 된다. 마치 자신이 만든 조각품에 빠져 버린 피그말리온처럼.

이렇게 묘사된 판도라, 그녀는 "순진무구한 처녀"는 아니다. 오히려 그녀는 달콤한 노래로 어부를 유혹하여 죽게 만드는 세이렌과 같은 유혹자, 팜므 파탈에 가깝다. 그녀의 아름다움은 치유하는 아름다움이 아니라, 유혹하고 파멸로 몰아가는 아름다움이다. 이런 의미에서 "모든 선물"인 판도라는 "아름다운 악"(kalon kakon)이다.

인간세계에 나타난 "아름다운 악". 이것이 바로 제우스가 인간을 응징하는 방식 중 하나이다. 또한 판도라는 다른 인간을 유혹하는 "아름다운 악"일 뿐 아니라, 자기 자신을 유혹하는 자이기도 하다. 자신의 내면에 있는 판도라가 자신을 유혹하고 말을 건넨다. 그녀 자신을 유혹하는 것은 바로 그녀의 욕망이고 호기심이다. 그녀는 호기심을 이기지 못하고 "금지된 상자"를 열어젖힌다.[2] 그녀가 상자를 열 것이라는 점 역시 인간을 응징하려는 제우스의 계산에 이미 포함되었을지도 모른다. 하여튼 판도라는 금지명령을 어기고 상자를 연다. 그러자 인간이 경험하게 될 모든 불행과 재앙이 상자로부터 뛰쳐나와 온 세계로 퍼져 나간다. 그리고 이제 재앙과 불행은 인간이 피할 수 없는 운명이 된다.

그리스 인간 창조 신화 중, 황금종족으로부터 철종족에 이르는 인간에 대한 묘사는, 인간이 점차 포악해지고 타락해 가는 과정을 보여주고 있다. 그러나 제우스와 프로메테우스에 관한 신화를 보면, 인간이 타락한 원인은 인간이 아니다. 인간의 고통은 인간이 스스로 초래한 것이라기보다, 인간의 외부에서 벌어진 사건, 즉 제우스와 프로메테우스 사이의 갈등에서 비롯된 것이다. 인간은 자신의 잘못 없이 고통에 빠지게 되었다. 물론 유혹에 빠지는 인간 역시 그 책임에서 자유로울 수는 없다. 그러나 그렇게 유혹에 빠질 수 있는 존재가 인간이기도 하다. 따라서 그리스 신화는, 인간의 불행과 고통의 원인을 전적으로 인간에게 돌리지 않고 있는 것이다. 그렇다면 인간은 타락하지 않았을 수도 있었을까?

그리스 신화는 그 가능성을 부정한다. 왜냐하면 그리스 신화는 인간의 고통과 타락을 "사실"로서 묘사하고 있기 때문이다. 이미 벌어진 사실에 대하여, 그렇지 않을 가능성을 이야기한다는 것은 무의미한 일이다. 인간은 타락했다. 그리스 신화는 그것을 사실로 인정한다. 다만 인간의 타락의 책임을 인간 자체 안에서 찾는다면, 그리스 신화는 이렇게 말하고 있는 것이다:

"인간은 신이 아니다. 인간은 단지 인간일 뿐이다."

"인간은 죄인이 아니다. 인간은 불완전한 존재일 뿐이다."

---

2 존 윌리엄 워터하우스의 그림 "판도라"에는, 호기심에 차 상자를 여는 판도라의 모습이 잘 묘사되어 있다.

2. 히브리 인간 탄생 신화

히브리 신화에 의하면, 맨 처음 인간은 에덴동산에 살았다. 이 신화를 문자 그대로 따른다면, 최초엔 하나의 인간, 더 정확히 한 명의 남성이 있었을 뿐이다. 그가 살고 있는 동산은 "보기에 아름답고 먹기에 좋은 나무 열매들"이 있는 곳이다. 그곳에서 그는 경작하고, 동산을 지키는 일을 맡고 있다. 그곳에는 아직 아무런 고통과 불행, 갈등이 없다. 그곳에서 살아가는 인간 역시 내면적으로 분열되지 않은 채 순진무구한 어린아이와 같은 삶을 살아가고 있다. (그것은 그리스 신화의 황금종족의 삶과 유사하다.)

그런데 성서 기자는 생명나무와 선악을 알게 하는 나무를 언급함으로써, 평화롭던 에덴동산의 삶이 갑자기 다른 상황으로 바뀔 수 있다는 점을 시사하고 있다. 그것은 그 나무들의 열매를 먹어서는 안 된다는 금지명령으로 나타난다. 그 금지명령은 단순히 "… 해야만 한다", 혹은 "… 해서는 안 된다"라는 명령에 그치지 않는다. 금지명령을 어겼을 경우 인간이 감수하고 겪게 될 무시무시한 사건에 대하여 신은 매우 단호하게 말하고 있다: "그것을 먹는 날에는, 너는 반드시 죽으리라."

히브리 신화가 하나의 드라마로서 공연되고 있다고 한다면, 신의 명령은 관객들을 어리둥절하게 한다. 갑자기 죽음이 언급되고 있기 때문이다. 이때부터 잔잔하고 목가적인 분위기 안으로 갑자기 알 수 없는 긴장과 섬뜩함이 스며들게 된다.

아리스토텔레스의 시학 이론에 따르면 드라마는 발단과 전개, 절정, 대단원으로 구성된다. 드라마가 훌륭하게 진행되려면, 드라마 속 사건들이 우연히 벌어지고, 우연히 해결되어서는 안 된다. 훌륭한 작가는 드라마가 아직 전개되거나 절정에 이르기 전에, 어떠한 사건이 벌어질지 미리 암시를 한다. 이런 의미에서 성서 기자는 매우 치밀하고 훌륭한 드라마 작가와 같다. "죽으리라"는 표현을 통해 그는, 앞으로 이 드라마가 갑작스러운 반전과 급변을 통해 전혀 다른 사건으로 진행될 것임을 암시하고 있다.

금지명령과, 죽음에 대한 경고 이후, 히브리 신화의 분위기는 다시 평화롭고 잔잔하게 진행된다. 곧이어 신이 흙으로부터 동물들과 새를 창조하는 일, 최초 인간인 아담이 그들에게 이름을 부르는 일, 그리고 아담으로부터 최초의 여성인 이브를 창조하는 일이 묘사된다.[3]

그리고 3장부터 분위기는 다시 급변한다. 3장 1절부터 뱀이 등장하고, 아담과 이브, 뱀 사이에서 대화가 시작된다. 그들의 대화는 신의 금지명령에 대한 진실성을 주제로 이어진다. 뱀이 등장하기 전까지, 아담과 이브는 그들에게 내려진 신의 금지명령의 내용이 무엇인지 알고 있었으며, 금지명령을 지켜야 한다는 것에 대해서는 이견을 갖지 않았다. 왜냐하면 그것은 바로 신의 명령이었고, 신의 명령을 따르는 것은 너무도 당연한 일이었기 때문이다. 그때 모든 것은 확실하고 안전해 보였다. 그러나 뱀의 등장과, 뱀이 전하는 말은 그들을 동요시킨다. 왜냐하면 뱀이 전하는 말은, 아담과 이브가 아직까지 한 번도 의심하거나 생각해 보지 않았던 것을 의심스럽게 만드는 내용이었기 때문이다. 뱀의 등장과 그의 말로 인해, 성서 드라마는 팽팽한 긴장 속으로 빠져 들게 된다.

뱀이 아담과 이브에게 한 말의 요지는 간단하고, 뱀의 주장은 집요하게 전개된다. 이러한 집요하고 논리적인 뱀의 질문에 아담과 이브의 판단력은 점차 흐려진다.

뱀의 첫째 질문은, 1. 하나님이 동산 안에 있는 모든 나무 열매를 먹

---

3 2장의 창조 순서는 1장과 다르지만, 그것은 그렇게 중요한 것은 아니다. 또한 아담으로부터 이브를 창조했다는 묘사는 당시의 시대적 가치인 남성 우월주의를 반영한 것이라고 볼 수 있다.

지 말라 하셨는가? 이다.

뱀은 자신이 노리고 있는 궁극적인 관심을 감춘 채, 모든 나무가 다 금지 대상이냐고 묻고 있다. 이것은 아담과 이브에게는 너무 쉬운 질문이다. 뱀의 질문은 사실이 아니기 때문이다. 따라서 그들은 아무 의심 없이, 너무도 당당하게, "우리는 동산 안에 있는 모든 나무 열매를 먹을 수 있다"라고 대답한다.

우리 모두는 살아가는 과정에서 어쩔 수 없이 위기의 순간과 마주칠 때가 있다. 이때 가능하면 우리는 말을 아껴야 한다. 아담과 이브도 그랬으면 좋았을 것이다. 그러나 모든 동물의 이름을 거리낌 없이 부를 정도로 말을 잘하는 아담과 그의 분신인 이브는 말이 얼마나 두려운 것인지 모른 채 대답을 늘어놓는다. 성서에 의하면, 이때 뱀의 질문에 답하는 자는 여자, 즉 이브라고 묘사되어 있다. 그러나 아담과 이브는 동일한 인간 내부에 있는 양면적 요소라고 보아도 좋을 것이다. 심리학자 융의 표현을 빌리면, 이브는 아담의 아니마(anima), 아담은 이브의 아니무스(animus)이다.

이브는 뱀의 질문에 대하여 사려 깊게 돌아보지 않은 채 대답한다: "모든 열매는 먹을 수 있지만, 동산 한가운데 있는 나무 열매는 먹지 말라고 하셨다."

우리에게는 가끔 자신이 한 말이 자신의 올가미가 되는 경우가 있다. 이브는 "먹지 말라고 하셨다"란 표현에 이어 "만지지도 말라고 하셨다", "만지면 죽는다고 하셨다"라고 말한다. 이브는 뱀의 말이 위험하다는 것을 느끼기 시작한다. "모든 열매를 먹지 말라고 하셨나?"라고 뱀이 무심하게 던진 질문에 이브는 "먹는 거, 만지는 것"이 "죽음"과 연결된다고 말하고, 두려움을 느끼기 시작하는 것이다. 두려움을 느낀다는 것은 이브가 자신이 한 말이 어떤 의미인지를 돌아보기 시작했다는 것을 뜻한다.

이브의 말은 뱀이 기대했던 말이다. 이브가 이 말을 하자마자 뱀은 이브에게 생각할 시간을 주지 않고, 기다렸다는 듯이 말한다: "너희는 절대 죽지 않는다."

뱀의 말은 이브가 느끼는 두려움을 없애준다. 그리고 "그 열매를 먹으면 너희 눈이 밝아져 신과 같이 된다"는 뱀의 말은 이브에게 또 다른 호기심과 욕망을 자극한다. 이 순간 이브는 신의 금지명령이라는 울타리를 넘어서려 한다. 이브의 마음이 동요하고 있다는 점은, 이브가 그 열매를 다시 확인하는 모습에서 나타난다: "여자가 그 나무 열매를 보니, 먹음직도 하고, 보암직도 하였다."

두려움으로부터 벗어난 이브에게 이제 그 열매는―전에는 몰랐는데―새삼 먹음직하고, 보암직해 보인 것이다.

이러한 내면적 변화는 모든 인간에게 가능하다. 그것을 성서 기자는 아담과 이브 신화를 통해 표현하고 있는 것이다. 예를 들어, 어머니가 외출하면서 어린아이에게 사과를 먹지 말라고 하셨다면, 사과와 어린아이 사이에서는 무슨 일이 벌어질까?

아마 한동안 어린아이는 장난감을 가지고 놀면서 사과 생각을 잊고 있었을 수 있다. 그러다가 놀이가 지루해질 때쯤, 문득 사과 생각이 난다. 사과를 먹고 싶은 욕망이 어렴풋이 일어나지만, 곧바로 아이는 스스로에게 말한다: "엄마가 먹지 말라고 하셨어." 이렇게 아이는 자신의 욕망을 억누르려 하지만, 아이 안에서 또 다른 아이가 욕망을 부추킨다. "조금만 먹으면 안 될까?" 그러자 첫째 아이가 둘째 아이에게 말한다: "그것은 얼마나 무서운 일인데"라고. 아이는 욕망과 금지명령 사이에서 갈등하고 있다:

그런데 금지명령 속에서 오히려 욕망은 더 증폭된다. 처음에는 첫째 아이가 둘째 아이의 유혹을 물리치기도 한다. 그러나 점차 첫째 아이의 이성과 냉정함은 둘째 아이가 속삭이는 유혹에 굴복하기 시작한다. 결국엔 욕망이 아이를 지배하고, 아이는 사과를 잡고 먹기 시작한다. 순간적으로 아이는 행복해하지만, 곧바로 두려움이 일기 시작한다. 그리고 아이는 고백한다: "금지명령을 어기고, 나의 욕망을 성취하는 것은 두려운 일이다."

여기서 첫째 아이와 둘째 아이는 이브와 아담에 대한 비유이다. 아담과 이브는 금지명령과 욕망 사이에서 나타날 수 있는, 동일한 인간의 두 목소리이다. 내 안에서 하나의 나는 먹자고 하고, 또 다른 나는 안 된다고 한다. 그러나 막상 금지명령을 어겼을 때, 그들은 모두 두려움에 빠지게 된다.

따라서 성서에서 묘사되고 있는 아담과 이브의 이야기는 여성의 약함이나, 여성에게 책임을 묻고 있는 것이라기보다, 오히려 한 인간 안에서 꿈틀대는 존재의 양면성을 가리킨다고 보는 것이 더 적절할 것이다.

그렇다면 뱀은 누구인가?

뱀은 유혹하는 속삭임이다. 유혹자로서 뱀은 욕망을 부추기는 자이다. 동시에 뱀은 '욕망하는 아담과 이브'이기도 하다. 이와 같이 뱀은 욕망에 사로잡힌 아담, 이브의 내면적 존재이기도 하면서, 동시에 그들의 욕망을 자극하는 외부적 존재이기도 하다.

욕망하는 자가 없다면, 유혹은 불가능하고, 반대로 유혹하는 자가 없다면, 욕망도 없을 것이기 때문이다. 이런 측면에서 뱀은 유혹과 욕망 자체를 의미하고, 아담과 이브는, 한편으로는 이 유혹에 빠져드는 자를, 다른 한편으로는 그 유혹에 대하여 돌아보는 자를 가리킨다고 볼 수 있다.

신학적으로 볼 때, 성서 기자는 악의 출현을 이야기하면서, 악을 신에 대립되는 또 다른 존재라고 볼 수도 없고, 동시에 악을 신에 속한 존재라고 볼 수도 없었을 것이다. 전자의 경우 악은 신에 버금가는 절대적인 존재가 되고, 후자의 경우 악의 궁극적 원인은 결국 신에게 돌아갈 수밖에 없기 때문이다. 이런 역설적 상황을 피하기 위해 성서 기자는 "가장 간교한 동물"인 뱀을 등장시키고 있는 것이다. 뱀이 인간의 내부적 존재인 한, 악의 책임은 인간에게 있다. 동시에 뱀이 인간의 외부적 존재인 경우, 악의 책임은 인간의 범위를 넘어선다. 이렇게 이중적인 존재가 뱀이다.

창세기에 묘사되는 "생명의 나무"와 "선악을 아는 나무"는 일반적으로 "생명의 나무"와 "죽음의 나무" 신화에 대한 히브리적인 재해석이라고 볼 수 있다. 일반적으로 묘사되고 있는 "죽음의 나무"를 성서 기자는 "선악을 아는 나무"로 변형시켰다. 그러나 이 나무 열매를 먹음으로써 죽게 된다는 신의 명령을 고려하면, 결국 "선악을 아는 나무"는 "죽음의 나무"를 반영하고 있는 셈이다. 그렇다면 아담과 이브는 신의 명령대로 죽었는가? 뱀의 유혹의 소리대로 살았는가?
어쩌면 신과 뱀의 말은 모두 타당하다고 볼 수 있다. 아담과 이브가 바로 죽지 않았고, 그들의 삶이 계속 이어진다는 측면에서 보면, 뱀의 말은 정당하다. 반면에 아담과 이브는 더 이상 신과의 순진무구한 관계를 유지할 수 없다. 신과 그들의 관계는 깨졌다. 이런 의미에서 그들은 죽은 것이다. 그렇다면 신이 표현한 "죽음"과 뱀이 말한 "죽음"은 서로 다른 의미로 이해되어야 한다. 뱀은 인간의 육체적 죽음에 대하여, 신은 인간의 영원한 죽음에 대하여 말하고 있는 것이다.

이어서 창세기 4장에서는 가인과 아벨 형제 사이에서 벌어진 살인 사건을 다루고 있다. 하나님은 아벨의 제물은 받지만, 가인의 제물은

거부한다. 이에 가인은 몹시 화가 나서 아벨을 쳐 죽인다.[4] 그런데 가인
이 아벨을 살해함으로써, 비로소 가인은 죄인이 된 것이 아니다. 반대
로 가인이 이미 죄인이었기에 그는 아벨을 살해했던 것이다. 즉 아벨
(타인)이 살해된 것은 인간이 타락했기 때문에 나타난 결과이다. 가인
의 살해는 아담과 이브의 타락에서 시작된 인간의 죄가 이제 모든 인간
에게 보편적으로 확대되고 있음을 보여준다.

하나님은 동생 아벨을 살해한 가인에 대하여 저주를 내린다: "이제
네가 땅에서 저주를 받으리라." 그리고 가인은 동산에서 쫓겨난다. 당
시 고향으로부터 추방은 가장 가혹한 형벌 중의 하나였다. 따라서 가인
은 하나님으로부터 저주를 받았을 뿐 아니라, 현실적으로도 가장 위험
한 낯선 곳으로 추방된 셈이다. 이런 상황을 두려워하는 가인에게 하나
님은 다른 사람들이 그를 해치지 못하도록 표지를 해준다.[5] 가인이 저

---

[4] 하나님이 가인의 제물을 거부한 이유가 무엇인지는 성서에서 명확히 밝혀지지 않고
있다. 성서에는, 단지 하나님이 그의 제물을 반기지 않았다는 결과만을 기술할 뿐이다.
그런데 그 이유를 성서학자들은, 가인의 제물이 곡식이고 아벨의 제물이 양이라는 점에
서 추정한다. 가인은 농부이고 아벨은 유목민을 상징하는 것이다. 그렇다면 유목민의
신인 하나님이 가인의 제물을 반기지 않은 것은 당연해 보인다.
[5] 성서에 의하면, 하나님은 아담과 이브를 창조하셨다. 그리고 아담과 이브는 가인과
아벨을 출산하였다. 그런데 창세기 4:14-15에 의하면, 추방당하는 가인이 하나님에게
두려움을 호소한다. 그곳 사람들이 자신을 해칠까 봐 두렵다는 것이다. 여기서 성서를
문자 그대로 이해한다면, 우리는 당혹감에 빠진다. 왜냐하면 하나님의 창조 설화에서
언급되지 않은 다른 사람들이 이미 있었기 때문이다. 그들은 누구인가? 그들은 누가 만
들었는가? 하나님 외 또 다른 신이 존재했는가? 아니면 그들은 신의 창조물이 아니라,
진화 과정에서 우연히 만들어진 인간인가? 이 점에 대하여 성서는 아무런 해명도 하지
않는다. 그렇다면 우리는 아담, 이브, 가인, 아벨 외에 다른 사람들이 존재한다는 것을
어떻게 이해해야 할까?
  "생명나무와 가시덤불"에서 신학자 장일선은 창세기가 기술하고 있는 아담과 이브는
상징적인 의미로 이해되어야 한다고 주장한다. 즉 성서는 생물학적인 최초 인간에 대하
여 기술하고 있지 않다는 것이다. 그의 주장은 옳다. 만약 아담과 이브가 인류의 생물

주받고 추방당하는 사건을 묘사한 후, 창세기에는 가인의 자손들의 계보, 그리고 아담과 이브 사이에서 태어난 또 다른 자식들의 계보가 기술되고 있다. 아담과 이브의 또 다른 자식이 필요한 이유는, 인간의 타락과 하나님의 심판 사이에서 살아남을 인간을 해명하기 위해서이다. 타락한 모든 인간에 대한 하나님의 분노와 심판은 이제 홍수 사건으로 나타난다.

3. 그리스와 히브리 홍수신화의 차이점

홍수신화는 거의 모든 민족들의 신화에 공통적으로 등장하는 소재이다. 그러나 그 소재를 어떻게 이해하고 해석하는가에 따라, 홍수신화의 주제는 서로 다르게 나타난다.

학적 시조라고 한다면, 우리는 그들로부터 여러 다양한 인종과 그 모습들을 설명하기 어렵다. 오히려 인류의 생물학적 특징들을 모두 만족시키려면, 적어도 3쌍(서양인, 아프리카인, 동양인)의 아담과 이브가 필요할 것이다. 왜냐하면 아무리 오랜 시간이 지나도 아프리카인의 모습이 서양인의 모습으로 바뀌지는 않기 때문이다. 그렇다면 아담과 이브를 상징적 의미로 보아야 한다는 장일선의 주장은 타당하다. 그에 의하면, 지구상에는 이미 다양한 인간들이 존재했다. 그런데 성서 기자는 "하나님의 구원의 역사"라는 관점에서 하나님과 인간의 관계를 서술하기 위해, 이미 존재하는 많은 인간들 중 특정한 인간으로부터 구원의 이야기를 시작했다는 것이다. 그 방식은, 마치 어떤 영화가 자신의 스토리를 전개시키기 위해, 수많은 인간들로부터 특정한 인간에게 초점을 맞추고, 그를 화면 가득히 클로즈업하는 것과 같다. 이런 해석에 의하면 아담, 이브, 가인, 아벨 외에 다른 인간들이 있다는 것은 아무 문제가 되지 않는다. 그것은 위의 영화에서 ─ 그 영화가 특정한 인간을 중심으로 전개된다면 ─ 왜 첫 장면에 영화 주제와 별 상관없는 인간들이 등장하는가? 라고 묻는 것과 마찬가지다. 영화 감독의 관심은 특정한 인간과 다른 인간들이 언제부터 어떻게 존재했는가? 에 있는 것이 아니라, 특정한 인간(그가 누구라도 큰 상관은 없다)을 중심으로 그에 얽힌 스토리를 진행시키고 드러내는 데 있기 때문이다.

그리스 신화와 히브리 신화 모두 홍수 사건을 다루고 있지만, 그에 대한 해석은 매우 상이하다.

그리스 신화에서도 인간은 타락한 것으로 묘사되고 있다. 타락한 인간을 어떻게 징벌할까 제우스는 고민한다. 불로? 물로? 거대한 불로 인간을 없애려다가 신들의 궁전도 불에 탈 것이 염려된다. 그래서 제우스는 인간을 거대한 홍수를 통해 멸절시키기로 결정한다. 엄청난 비가 쏟아져 거의 모든 대지를 뒤덮고, 대부분의 인간들은 죽는다. 그런데 데우칼리온과 그의 아내 퓌라는 프로메테우스가 충고해준 대로 나무 상자(배)를 만든다. 홍수가 시작되자 그들은 나무 상자에 올라탄다. 9일째 내리던 비가 그치고 그들은 나무 상자에서 내리고, 제우스에게 제물을 바친다. 그리고 제우스는 그들이 원하는 것이 무엇인지 묻는다. 그들은 인류를 원한다고 대답한다. 그러자 제우스는 그들에게 돌을 뒤로 던지라고 말한다. 그들이 그대로 하니, 그 돌로부터 인간들이 태어났다는 내용이다. 여기서 돌로부터 인간이 탄생했다는 것은, 돌(laas)과 인간(laos)이란 단어 사이의 유사성에서 기인한 것으로, 그 신화는 사실상 인간으로부터 인간이 탄생했다고 밝히고 있는 셈이다. 뒤로 던진다는 것이 후세를 의미하기 때문이다.

그리스 홍수신화에서는 제우스와 프로메테우스, 인간의 내적인 심정에 대한 묘사가 없다. 오히려 홍수 사건을 객관적 사실을 다루듯, 제 3자적 입장에서 덤덤히 기술하고 있을 뿐이다;

인간이 타락했다.
제우스 신이 징벌했다.
인간을 창조한 신 프로메테우스가 살아날 방법을 알려준다.
그의 말을 따른 프로메테우스의 아들 데우칼리온과 퓌라가 살아남았다.
그들로부터 후세가 태어났다.

인간이 타락했고, 제우스는 홍수로 거의 모든 인류를 멸절시켰다는 것이 전부다. 그리스 신화는 그 이상의 "왜?"에 대하여 다루지 않고 있다.

반면에 히브리 홍수신화에 의하면 "왜 하나님이 인간을 홍수로 멸절시키려 했는지" 그 이유를 밝히고 있다.

히브리 신화도 그리스 신화와 큰 줄기는 동일하다:

인간의 죄악이 세상에 가득했다.

하나님이 홍수로 징벌하신다.

하나님이 의로운 인간 노아에게 배를 만들라고 알려주신다.

노아는 배를 만들고 다른 동물들도 태운다.

홍수가 40일 계속되고, 이로 인해 대지가 150일 동안 물로 뒤덮인다.

물이 줄어들고 노아는 배에서 내리고, 하나님께 제물을 바친다.

하나님이 다시는 물로 인간을 멸절시키지 않겠다고 약속하며, 무지개를 그 증거로 제시한다.

히브리 홍수신화[6]에 의하면, 인간은 타락한 정도를 넘어섰고, 그들의

---

6 히브리 홍수신화는 그 소재를 바빌론 홍수신화에서 받아들였을 가능성이 크다. 다만 그 소재를 바빌론 신화와 전혀 다르게 해석하고 있을 뿐이다. 두 신화 사이에는 홍수 사건뿐 아니라, 홍수 후 얼마나 물이 빠졌는지 확인하기 위해 새를 밖으로 날려 보내는 장면 등등 여러 가지 공통점이 있다. 그러나 바빌론 홍수신화에서는 신이 홍수를 내리게 된 동기가 모호하다. 신들이 자고 있는데 저 아래에서 인간들이 너무 시끄럽게 떠들었고, 그 소음이 신을 괴롭혔기 때문에, 인간을 홍수로 멸절시켰다는 것이다. 그리고 홍수를 그치게 한 이유도 혼란스럽다. 거의 모든 인간이 홍수로 죽자, 신들에게 제물을 바칠 인간이 없어진 것이다. 다행히 살아남은 인간이 제물을 바치자, "신들이 제물의 향기를 맡고, 마치 파리 떼처럼 제물 위에 몰려들었다"고 바빌론 홍수신화는 묘사하고 있다. 이 신화에 의하면 홍수는 인간의 죄와 무관하다.

죄악이 세상에 가득했다. 인간과 그들의 사회 모두가 전적으로 죄에 빠졌다는 것이다. 하나님이 홍수를 내리기로 한 이유는 인간의 죄 때문이다. 그런데 그리스 홍수신화 속 제우스와 달리, 히브리 신화에서 하나님은 자신을 자책하고 있다. 인간의 죄악이 세상에 가득하고, 인간이 생각하는 모든 것이 항상 악한 것을 보고 하나님은 자신이 인간을 창조한 것을 후회하고 마음 아파하신다. 제 3자적 관점에서 기술하고 있는 그리스 신화와 달리, 히브리 신화는 홍수라는 객관적 사실보다, 그 배후에 있는 하나님의 내적 상태를 감성적으로 묘사하고 있다. 이러한 서술 기법은 독자들로 하여금 하나님의 고뇌와 한탄을 함께 느끼도록 한다. 즉 독자는 감정이입을 통해 그 사건을 현재적인 사건으로 받아들이며, 하나님의 징벌이 정당하다고 여기게 된다.

홍수가 끝난 후, 하나님은 새로운 인간에게 축복을 내린다. 그것은, 비록 모든 인간이 죄인이지만, 이번 홍수를 끝으로 하나님의 징벌은 끝났고, 이제부터 하나님과 인간 사이에 화해의 관계가 시작될 것임을 알리면서 홍수신화는 마무리된다.

이와 같이 히브리 홍수신화는 홍수의 원인이 인간의 죄 때문이고, 그 죄로 인해 인간에 대한 징벌이 불가피하지만, 그것은 하나님 자신의 마음을 아프게 하는 일이고, 결국 하나님은 인간을 용서하고 화해하기 원한다고 주장하고 있다. 즉 히브리 홍수신화는 홍수에 대한 이야기가 아니고, 죄인인 인간에 대한 하나님의 구원의 역사를 다루고 있는 것이다.

인간 창조 신화와 홍수신화를 통해 본 그리스 신화와 히브리 신화의 차이점은 다음과 같다:

인간은 타락했다. 이것을 성서 기자는 "신의 명령을 어겼을 때, 이미 인간은 죽었다"라고 선포하고 있다. 이제 인간은 신을 거부한 자, 죄인이 된다. 그 모든 책임은 인간에게 있다. 왜냐하면 인간이 신의 명령을 어겼을 뿐, 신은 항상 정당하기 때문이다.

반면에 그리스 신화에 의하면, "인간은 신의 명령을 어겼다. 그는 타락했다." 그러나 그 책임은 전적으로 인간에게 있지 않다. 오히려 그리스 신화에서는, "인간이 타락한 것은 인간이 불완전하기 때문이다", "인간은 신이 아니기 때문이다"라고 말하고 있을 뿐이다.

이와 같이 그리스 인간 신화에서는 인간에 대한 긍정적 평가가 나타나고 있는 반면, 히브리 신화에서 인간은 전적인 죄인으로 나타나고 있는 것이다.

3

아폴론 신화와
플라톤 철학

1. 아폴론 신화

그리스 신화에는 많은 신들이 등장한다. 신들은 사랑에 빠지거나, 질투하기도 하고, 서로 싸우고, 속이며, 실수하기도 하며, 기쁨과 고통, 두려움과 같은 감정에 사로잡히기도 한다. 그 신들이 보이는 말과 행동은 어떤 측면에서는 한심스러울 정도다. 그 신들은 마치 인간처럼 보인다. 그렇다. 그리스 신들은 "인간적인 너무도 인간적인 신들"이다. 따라서 절대적이고 초월적인 신을 기대했던 사람들에게 그리스 신들은 신처럼 여겨지지 않기도 한다. 이런 점을 니체는 시니컬하게 비판하고 있다.

니체에 의하면, 히브리 지방에 거주하던 신 야훼가 어느 날 그리스 올림포스 산을 찾아가서 그리스 신들을 향해 "오직 신은 나 혼자뿐이다"라고 외쳤다는 것이다. 이 소리를 듣고 올림포스 신들은 어이가 없었다. 왜냐하면 그들도 신이었기 때문이다. 그들은 야훼 신의 독설적인 말을 듣고 화를 내는 대신 웃기 시작했다. 너무나 웃겼기 때문이다. 그들의 웃음은 오래도록 계속되었고, 급기야 그리스 신들은 모두 웃다가 죽었다는 이야기이다. 이것은 슬픈 이야기인가? 웃긴 이야기인가?

앞에서 우리는 어떠한 민족이 위치한 자연적 조건에 따라, 그들에게 신은 자연적인 신이 될 수도, 초자연적인 신이 될 수도 있다고 언급하였다. 자연적인 신이나, 초자연적인 신은 그 민족이 경험한 자연적 조건이 우호적인지, 적대적인지에 따라 달라지기 때문이다.

또한 유일신론인가? 다신론인가? 하는 질문도 마찬가지다. 종교사적으로 볼 때 처음에 인간은 다신론을 받아들였다. 그 후 "1자"라는 추상적 개념이 생겼을 때, 비로소 유일신론이 등장하는 것이다. 그 이전까지 인간은 강력한 힘이나 위협적인 능력과 같이 자신을 능가하는 모든 것을 신으로 여겼다. 반면에 유일신론은 이러한 능력들을 모두 유일신이 갖는 속성으로 간주한다.

예를 들어 히브리 정신(유일신론)이 "신은 빛이고, 지혜이고, 위대하다"라고 표현한다면, 그리스 정신(다신론)은 "빛은 신이고, 지혜도 신이고, 위대한 존재도 신이다"라고 표현하고 있는 것이다.

이와 같이 히브리 정신에서 밝은 빛은 유일신인 야훼의 속성 중 하나인 반면, 그리스인들은 밝은 빛 그 자체를 신이라고 불렀던 것이다. 이 신이 아폴론이다.

그리스 신화에 다양한 신들이 등장하고 있지만, 그리스인들이 가장 선호했던 신은 누구였을까? 아테네인들의 경우, 바다를 끼고 있는 자연적 조건 때문에, 포세이돈 신과 아테나 여신 사이에서 고민했지만, 그들은 아테나를 선택했다. 그렇다면 그들이 아테나를 선택했다는 것은 무슨 의미일까?

라이너 마르텐 교수의 저서 "죽음과 삶의 드라마로서 인간의 유한성"

의 역자 해설에서 저자가 밝혔듯이[1], 2016년 마르텐 교수와 대화 중 그
는 한국인이 중국인, 일본인과 어떻게 다른지 물었다. 이에 대해 저자
는 한국인의 특징을 선비의 정신을 지닌 민족, 즉 "시문학적 인간"(ho-
mo poetica)이라고 말했다.

상상을 해보자. 현실적이고 계산적인 상인의 정신을 지닌 사람들로
구성된 사회, 단호하고 무자비한 군인의 정신을 지닌 사람들로 가득 찬
사회, 여유롭게 시와 노래와 사상을 논하는 사람들이 만들어가는 사회
가 있다면, 어떤 사회가 멋져 보이는가?

독일 철학자들은 독일 민족과 다른 민족의 차이점을 이렇게 표현했
다: "독일 민족은 정신의 민족이다(Volk des Geistes)." 저자는 한국인
의 특징을 "한국인은 시문학적 인간(homo poetica)이다"라고 대답한
것이다.

그리스인들도 이러한 질문을 알고 있었을 것이다. 그들은 스스로,
"그리스인 우리는 누구인가?"라고 물었고, 이 질문에 대하여 아테네인
들은 "우리는 아테나의 민족(지혜의 민족)이다"라고 대답한 것이다. 이
것이 바로 아테네인들이 그들의 신으로 아테나를 선택한 근본 이유이
다. 아테네에서 그리스 전체로 범위를 넓히면, 그리스인들이 가장 선호
한 신은 아테나 외에 아폴론일 것이다. 그것은 곧 "우리는 빛의 민족이
다"라는 자기주장을 반영한다고 볼 수 있다. 그렇다면 아폴론은 어떤
신인지 구체적으로 살펴보기로 한다.

아폴론은 제우스와 레토 사이에서 태어났다. 레토는 티탄족의 딸로

---

1 라이너 마르텐, 『죽음과 삶의 드라마로서 인간의 유한성』, 최상욱 역, 서광사, 2017,
15쪽 각주 1.

서 제우스는 헤라 몰래 레토와 사랑에 빠졌다. 레토에게 아이가 생겼다. 이 사실을 헤라가 알았다. 헤라 여신은 불같이 화를 내며, 레토는 그 아이를 결코 태양이 비치는 곳에서 낳을 수 없다고, 저주를 퍼붓는다. 이 세상에 태양이 비치지 않는 곳이 어디에 있는가? 그렇다면 헤라의 저주는, 레토가 아이를 결코 낳을 수 없다는 것을 뜻한다. 그러나 레토는 태양이 비치지 않는 곳을 찾아 나선다. 마침 바다 깊이 있었기에 한 번도 태양을 받은 적이 없는 섬을 포세이돈이 알려준다. 그곳에서 레토는 아폴론을 낳는다. 그곳은 델로스이다. 델로스는 "밝은 곳", "보이는 곳"이란 의미를 지닌다. 아폴론은 한 번도 태양이 비치지 않은 가장 어두운 곳에서 태어났지만, 그곳의 이름은 밝은 곳이다. 이것은 아폴론의 등장과 더불어, 지금까지 그리스인들이 경험한 태양보다 더 밝은 빛이 비치기 시작한다는 것을 뜻한다.

아폴론은 밝은 빛의 신이다. 그래서 그는 포에보스 아폴론이다. 빛의 신으로서 그는 스스로 빛이다. 이런 이유로 아폴론은 종종 태양의 신으로 여겨지기도 하지만, 태양의 신은 헬리오스이다. 헬리오스가 물질로서 태양을 상징한다면, 아폴론은 그것을 넘어서는 밝음 자체를 뜻한다.

밝은 빛 자체인 아폴론은 모든 생명체들에게 빛을 보내준다. 밝게 한다. 이러한 빛을 보내는 아폴론의 특징은 그가 갖고 다니는 화살로 표현된다. 화살과 같이 그는 빛의 화살들을 선사한다. 그의 빛은 어둠과 은폐되었던 모든 것을 드러낸다. 이때 어둠 속에서 감춰져 있던 형태들이 각각 자신의 모습으로 나타나게 된다. 밝은 빛은 모든 것들을 명료하게 드러낸다. 이처럼 아무것도 감추지 않고 드러내기 때문에 아폴론은 벗은 모습으로 그려진다.

또한 어둠 속에서 혼란스럽게 섞여 있던 것들이 각각 자신의 모습으로, 즉 돌은 돌로, 나무는 나무로, 동물은 동물로 분리되어 나타나게 된다. 이렇게 아폴론은 모든 것들을 "개별화"시키는 원리이다.

아폴론이 밝음 자체, 즉 진리 자체라면, 아폴론의 화살은 진리가 모든 생명체들에게 전달되는 것을 상징한다. 그리고 빛을 받아 각각의 생명체가 자신의 모습을 찾게 되는 것은 좋은 일이고, 그렇게 드러난 생명체의 모습은 아름답다. 이런 의미에서 아폴론은 모든 것에게 진리와 좋음과 아름다움을 선사하는 신이다. 그는 진리와 좋음(선함), 그리고 아름다움(미)의 신이다.

그리고 빛과 어둠의 대비는 건강과 병의 대비와 연결된다. 아폴론은 병든 것을 건강하게 치료하는 신이다(아폴론의 아들이 의술의 신 아스클레피오스이다). 병은 불순한 것이고, 재앙과 같은 것이다. 이러한 것을 막아주는 신이기에 아폴론은 아폴론 파르노피우스, 아폴론 알렉시카코스로 불린다.

또한 어둠으로부터 빛의 세계로의 전이는, 불확실성이 확실성으로, 불명료함이 명료함으로 바뀌는 것을 뜻한다. 이때 아폴론은 "앎"을 상징하는 신이다. 이런 까닭에 아폴론 신전에는 "너 자신을 알라"(gnothi seauton) — 소크라테스에 의해 유명해진 글귀 — 라는 표현이 적혀 있는 것이다. 이것은 아폴론이 거대한 용 퓌톤을 살해한 후 세운 델포이의 신탁소에 적혀 있다. 퓌톤은 인간의 정신을 혼란스럽게 하고, 마비시키며, 불안하게 하는 세력이다. 이에 반해 아폴론이 퓌톤을 죽인 것은 아폴론이 앎의 신, 용기의 신이라는 점을 보여준다. 진정한 앎은 항상 용기를 수반하기 때문이다.

이런 의미에서 아폴론은 인식의 근거이며, 모든 것을 암흑으로부터 해방시키고, 순화하고 정화시키는 신이다.

그는 어둠에 대한 승리자이며, 모든 것에 조화를 부여하는 신이다. 이런 의미에서 그는 예술의 신이기도 하다(아폴론의 또 다른 아들이 오르페우스이다).

이 모든 것을 고려할 때, 아폴론은 모든 신들보다 더 위대한 신이다.

그는 가장 높은 곳에 위치하는 신이고, 다른 신들과 비교될 수 없는 신이다. 그는 다른 신들과 다른 신, 말하자면 "유일한 신"(A-pollon)이다.

그래서 아폴론은 높은 곳, 중앙에 위치한다. 중앙으로부터 법칙과 질서가 생긴다. 중앙에 가까울수록 아폴론과 닮은 것이고, 중앙으로부터 멀어질수록 아폴론과 멀어지게 된다. 즉 진리, 좋음, 아름다움 자체인 아폴론과 가까운 것은 진리, 좋음, 아름다움을, 아폴론과 먼 것은 비진리, 나쁨, 추함을 의미하는 것이다.

밝은 법칙을 부여하는 가장 높은 신 아폴론으로부터, "척도는 가장 높은 곳에 있다"(metron ariston)라는 표어가 나타나게 된다.

이러한 아폴론의 특징은 후에 그리스도의 모습으로 이어지고, 고대 그리스 신전 중앙에 위치했던 아폴론 자리에는 그리스도가 앉아 있는 형태로 변형된다.

단적으로 표현하면, 아폴론은 빛의 신이다. 그리스인들은 빛의 진리성과 좋음과 아름다움을 아폴론이란 신으로 묘사한 것이다. 빛의 신에 대한 칭송은 인간존재가 빛의 인간이기를, 그들이 구성하는 사회도 빛의 사회이기를 바라는 소망을 반영하고 있는 것이다. 이러한 소망을 철학적으로 표현한 인물이 플라톤이다. 아폴론이 빛의 신이듯이, 플라톤 철학은 빛의 철학이다.

2. 플라톤 철학: 빛의 철학과 동굴 비유

"플라톤"은 누구인가? 일반적으로 우리는 플라톤을 이데아를 주장한 철학자, 관념론자, 이상주의자 등등으로 일컫는다. 맞는 말이다. 그렇다면 플라톤이 주장한 "이데아"란 무엇인가? 그는 왜 이데아를 주장했을까? 그가 관념론자, 이상주의자라는 것은 무슨 의미인가? 지금부터 우리는 이 질문을 다루고자 한다.

플라톤은 B.C 427년 아테네 왕의 후손인 아버지 아리스톤과 솔론의 후손인 어머니 페릭티오네 사이에서 태어났다. 이 시기에 아테네와 스파르타 동맹국들 사이에서 펠로폰네소스전쟁(B.C. 431-B.C. 404)이 벌어졌다. 어린 시절 그는 비극 시인을 꿈꾸던 문학 소년이었다. 그러나 B.C. 407년 소크라테스를 만나고 그의 관심은 문학에서 철학으로 바뀐다. 심지어 그는 자신의 작품 속에서 시인 추방론을 외친다. 왜냐하면 현실은 이데아를 모방한 것이고, 예술은 이데아를 모방한 현실을 다시 모방한 것이라고 생각했기 때문이다. 플라톤에 의하면, 이데아는 영원히 변치 않는 참된 존재의 세계이고, 현실 세계는 생성과 소멸이 이루어지는 세계, 모든 것이 한동안 있다가 없어지는 세계, 즉 비-존재의 세계이며, 이것을 모방한 예술의 세계는 가상의 세계에 불과하다. 따라서 예술은 진정한 존재의 진리를 다루지 못한다는 것이 그의 생각이다. 그러나 아이러니컬하게도 예술을 비판하고 철학을 강조한 플라톤의 작품은 그 어느 철학자의 작품보다 문학적이다.[2]

철학 수업을 받으면서 시간이 흘러가고, 그의 나이 23세인 B.C. 404년 펠로폰네소스전쟁이 끝난다. 그 사이 아테네는 민주정체에서 스파르타식 과두정권으로, 그리고 다시 민주정체로 이어지는 격변의 시기였다. 민주주의파와 귀족주의파의 갈등 속에서 민주주의파가 승리를 거두었다. 그들은 자신들의 권력과 정치적 입지를 공고히 하기 위해 소크라테스를 기소하고 재판에 넘긴다. 그렇게 소크라테스는 사형을 언

---

2 이와 반대로 예술의 창조적 측면을 인정한 아리스토텔레스의 작품은 너무나 철학적이다. 아무튼 플라톤의 철학 작품이 문학적인 이유는, 그가 젊었을 때 문학을 동경했고, 문학적 습작을 했기 때문이라고 봐도 무리가 없을 것이다.

도받고 죽게 된다.

B.C. 399년 소크라테스가 죽은 후, 28세인 플라톤은 고통과 환멸 속에서 지내던 중 이탈리아, 시칠리아로 여행을 떠난다. B.C 388년에 다시 떠난 여행에서 그는 피타고라스, 파르메니데스, 헤라클레이토스의 철학을 듣게 된다. 그 과정에서 플라톤은 시칠리아 군주 디오니시오스에게 개혁을 권하다가 노예로 팔리는 위기와 수모를 겪기도 한다. 그때 노예로 전락한 귀족의 후예는 무슨 생각을 했을까?

다행히 노예 시장을 지나던 소크라테스 학파 중 한 사람이 돈을 지불한 후, 플라톤은 자유인이 된다. 고향에 도착한 후 돈을 돌려주려 했으나 그는 받으려 하지 않았다. 그래서 그 돈으로 플라톤은 "아카데미아"라는 학교를 세우게 된다. 여기서 플라톤은 후진들에게 철학을 가르치며 수많은 철학 작품들을 창작한다. 이처럼 파란만장한 삶을 구체적으로 살았던 플라톤, 그는 B.C. 347년 죽는다.

우리가 플라톤의 생애에 대하여 간단하게 언급한 이유는, 그가 살았던 시기가 격변의 시대였고, 그의 조국(고향) 아테네의 국가적, 정치적 상황도 예측하기 어려운 상황이었다는 점, 그리고 의도적이 아니라고 하더라도, 플라톤은 당시의 현실적 상황과 무관할 수 없었다는 점, 즉 플라톤은 당시의 "구체적이고 현실적인 삶"을 살았던 "구체적이고 현실적인 인간"이었다는 것을 알리기 위해서이다.

위에서 우리는, 플라톤 철학은 이데아를 주장한 관념론, 이상주의적 특징을 띤다고 말했다. 그런데 그의 생애를 고려한다면, 플라톤은 구체적이고 현실적인 삶 속에서, 동시에 그러한 삶을 "위해서" 이데아를 주장한 관념론자, 이상주의자라고 표현하는 것이 더 적절할 것이다.

플라톤 철학은 세계와 떨어져 있는 평온한 연구실에서, 그가 머릿속에서 구상한 추상적이고 사변적인 사상이 아니다. 물론 그를 관념론자, 이상주의자라고 부르는 것은 틀리지 않다. 그러나 관념론, 이상주의란 무엇인가?

현실주의자는 주어진 현실을 유일한 사실로 받아들이는 자이다. 그들은 현실 너머(meta)에 대하여 생각하지 않는다. 반면에 관념론이나 이상주의는—동일한 의미는 아니지만—현실을 부정한다는 공통점을 지닌다. 그러나 현실을 부정한다는 것이 곧바로 비현실적인 삶으로의 도피를 뜻하는 것은 아니다. 오히려 현실을 부정하는 것은, 주어진 현실이 유일한 사실이 아니라는 것을 인지하고, 그 현실을 더 나은 현실로 바꾸려는 "변화와 개혁에의 의지"가 있을 때 가능한 것이다.

그러한 사람 중 한 명이 플라톤이다. 그는 주어진 기존의(과거와 현재) 현실을 부정하고, 아직 알지 못하는 미지(미래)의 현실을 추구하고, 그 미래적 현실을 현재적으로 실현시키려고 했던 인물이다. 그리고 그러한 현실이야말로 인간이 추구해야 할 진정한 현실이라고 주장하고 있는 것이다. 이런 의미에서 플라톤이 추구한 세계는 "존재하지 않는"(U-Topos) 가상과 꿈의 유토피아(Utopia)가 아니라, "존재해야 할 세계"로서 기존의 세계를 넘어서는(Meta-Topos), 또 다른 의미의 현실적인 유토피아라고 보아야 한다.

플라톤이 경험한 당시의 현실이 '어둠의 현실'이라고 한다면, 그가 추구했던 초-현실적 현실은 "빛의 현실"이라고 표현할 수 있다. 그는 빛의 현실을 추구한 빛의 철학자이다. 그 빛은 이성의 빛이다. 이성의 빛을 통해 그는 이성적 인간과 그들이 구성하는 밝고, 올바른 세계를 추구했던 것이다.

이러한 플라톤의 사상에 가장 큰 영향을 끼친 사건 중 하나는 소크라테스의 죽음이다. 이제 우리는 소크라테스가 누구인지, 왜 그가 죽게 되었는지 살펴보기로 한다.

소크라테스는 B.C. 470년 조각가 소프로니코스와 산파 파이나레테 사이에서 태어났다. 처 크산티페와 사이에 3명의 자식을 두었다.[3] 그는 젊은이들과 철학적 대화를 나누며 지냈다. 그는 철학자이면서, 동시에 굉장한 담력과 용기를 지닌 인물이기도 했다. B.C. 432년 포테이디아가 아테네에 반기를 들어 벌어진 전쟁 중, 두려움 없이 골똘히 생각에 잠겨 있는 소크라테스의 모습이나, 부상당한 알키비아데스를 구출해 준 모습이 플라톤의 "향연"에 묘사되고 있다. 또한 B.C. 424년 델리온 전투에서 패배해 많은 아테네 군인들이 갑옷을 벗어던진 채 달아날 때도, 그는 두려워하거나 서두르지 않고 라케스를 데리고 "마치 아테네 거리를 걷듯 후퇴했다"는 알키비아데스의 목격담도 전해지고 있다.

우리가 제일 잘 알고 있는 것은 플라톤이 전해주고 있는 소크라테스의 모습이다. 아마도 이것이 소크라테스의 참 모습에 가장 가까울 것이다.

그러나 소크라테스에 대하여 반감을 갖고 있는 사람들도 당연히 있었을 것이다. 그중 한 명인 희극작가 아리스토파네스는 소크라테스를

---

3 일반적으로 크산티페는 악처였다고 알려졌지만, 매일 젊은이들과 철학적 대화로 시간을 보내고, 살림에 필요한 돈을 버는 데 관심이 없는 남편 소크라테스 대신 가정을 꾸리고 자식들을 돌보려면 가끔 남편에 대하여 불만을 털어놓을 수도 있었을 것이고, 자식들에 대해서도 엄격하게 교육을 시켰을 것이다. 이런 장면은 크세노폰의 "회고록"에서 전해진다. 또한 소크라테스가 독배를 들기 직전, 제자와 친구들과 어울려 "죽음"에 대하여 철학적 논의를 하고 있는 장면을 보고, 그녀가 크게 우는 모습이 "파이돈"에 묘사되어 있다. 크산티페는 남편의 죽음, 그로부터 벌어질 여러 가지 어려움들, 아직 어린 자식들을 홀로 키워야 할 어려움 등등 … 여러 가지 고민을 안고 죽기 직전의 소크라테스를 찾은 것이다. 그러나 막상 그녀가 본 것은, 실제로 집행될 죽음 앞에서 죽음에 대하여 철학적 논의를 벌이고 있는 어이없는 장면이었던 것이다. 그녀가 크게 운 것은 당연해 보이기도 한다. 그 눈물 속에 얼마나 많은 걱정거리들이 함축되어 있었겠는가?

속임수에 능한 인물이라고 부정적으로 묘사하고 있다. "구름", "새", "개구리" 같은 작품들 속에는 바구니를 타고 공중에 매달려 있는 소크라테스가 묘사되고 있다. 왜 그렇게 있느냐는 질문에 대하여 소크라테스는 "영혼을 공중에 매달아서 그 깊고 오묘한 생각들을 대기와 함께 어우러지도록 하기 위해 … 하늘의 변화무쌍한 현상들을 올바로 파악하기 위해"라고 대답한다. 다른 곳에서는 빚을 갚지 않아도 되는 법을 가르쳐주면 후하게 사례를 하겠다는 스트레프시아스에게 소크라테스가 언변술을 가르치는 모습이나, 간통하다 발각되었을 때 반박하는 방법을 가르치는 소크라테스의 모습도 묘사되어 있다. 소크라테스는, 만약 자네가 간통하다가 발각되면, '나는 나쁜 짓을 하지 않았다'라고 주장하고, 더 나아가 제우스의 예를 들어, '신도 그런데, 하물며 신보다 약한 인간이 어떻게 신보다 나을 수 있겠나'라고 반박하라고 가르친다. 여기서 소크라테스는 전형적인 소피스트의 모습으로 묘사되고 있다.

그렇다면 소크라테스의 진정한 모습은 무엇인가?

한 인물에 대한 절대적인 평가는 어쩌면 불가능할 수도 있다. 우리가 어떤 사람을 평가할 때, 어떤 경우에는 그에 대한 사적인 반감에 의해서, 혹은 그를 알지 못하지만 여기저기서 들은 소문과 선입견에 의해서 부정적으로 평가할 때가 있다. 긍정적인 평가의 경우도 마찬가지다. 그런데 이러한 경우보다 더 잘못된 평가는, 우리가 그를 이해하지 못하는 경우이다.

예를 들어 그가 너무 비정상적이고 비상식적이고, 수준이 모자란데도 불구하고, 자신을 대단한 인물이라고 주장할 때, 우리는 그를 이해할 수 없다. 반대로 그가 시대보다 너무 앞선, 매우 뛰어난 자이고, 우리는 아직도 현재와 과거에 머물러 있을 때, 우리는 그를 이해한다고 말하지만, 정작 그를 이해하지는 못하는 경우가 허다하다. 전자의 경우, 우리는 그를 이해하지만, 이해해 주고 싶지 않은 경우이다. 후자의 경우, 우리는 우리의 잣대로 그를 이해할 뿐, 정작 그가 누구인지 이해할 능력이 없는 경우다.

소크라테스의 경우도 이와 유사하다. 그는 소피스트라고 불린 사람들과 동시대를 살았다. 아리스토파네스가 묘사하고 있는 소크라테스는 전형적인 소피스트의 모습이다. 후대인들은 소크라테스와 소피스트의 차이를 알고 있지만, 당시 사람들은 그 둘을 구분하기 쉽지 않았을 것이다. 후대인들은 소크라테스를 긍정적으로, 소피스트를 부정적으로 평가한다. 왜냐하면 소피스트는 도덕의 파괴자이고, 수사학적인 기만과 궤변을 가르치며, 타인과의 논쟁에서 이길 수 있게 논쟁술을 가르치는 거짓 지식을 파는 상인이고, 권력을 쟁취하기 위해 지식을 수단으로 전락시킨 자라고 알려졌기 때문이다. 그러나 이것이 비판받을 일인가? 어쩌면 현대인도 이러한 소피스트들을 원하지 않는가?

당시 사람들에게도 소피스트는 현실적인 권력과 부와 명성을 얻는 방법을 가르치는 지식인이었다. 소피스트는 출세를 위한 지식을 가르쳐 주고, 여러 관계망을 통해 정치적인 권력자와 경제적으로 부유한 자, 언론과 문화를 이끄는 사람들을 연결해 주기도 했다. 따라서 당시 귀족층은 자신의 자식들을 잘 알려진 소피스트들에게 보내거나, 그들을 초대해 교육을 받을 수 있도록 하였다. 소피스트들은 귀족의 자식들에게 출세할 수 있는 방법을 가르쳐 주고 큰 액수의 돈을 받았다. 이런 의미에서 그들이 돈을 받고 지식을 가르치는 장사꾼이라는 표현은 틀리지 않다.

철학적 평가를 도외시한다면, 소피스트들은 현실적인 권력과 부를 위해 당시 사람들이나 현대인 모두가 필요로 했던 '유용하고 유익한 지식인'이었던 것이다.

당시 소피스트들은 자신들을 "지혜(Sophia)를 가진 자"란 의미에서 "소피스트(Sophist)"라고 불렀다. 이러한 표현에는 그들의 자부심과 우쭐거림이 나타나 있다. 그들은 화려한 옷을 입고, 값비싼 마차를 타고, 고가의 장식품을 걸치고, 사회적 지위가 높은 사람들과 오찬을 즐겼을 것이다. 현실적으로 그들은 성공한 사람들이지만, 그들은 자신이 살아가는 현실이 어떤 현실인지에 대하여는 전혀 질문하지 않았다. 즉 그들은 주어진 현실이 옳든, 그르든 상관없이 그 현실과 타협하고 그 현실 안에서 권력을 갖기 원했고, 그것을 가르쳤던 사람들이었다.

반면에 소크라테스는 지식은 팔고 살 수 있는 것이 아니라고 주장했다. 그리고 그의 관심은 주어진 현실 속에서 "어떻게 잘 살 것인가"가 아니라, 주어진 현실이 옳은지 그른지 질문하는 데 있었다. 즉 그 현실이 정의로운지, 진실에 입각해 모든 사람에게 보편적인 법칙과 가치, 공정한 권리와 기회가 부여되는지에 대하여, 말하자면 그 현실의 외적 현상이 아니라, 그 현실의 본질에 대하여 질문했던 것이다. 이런 의미에서 소크라테스는 자신을 "지혜(Sophia)를 가진 자"가 아니라, "지혜(Sophia)의 본질을 추구하고 사랑하는(Philia) 자", 즉 "철학자"(Philosopher)라고 불렀다.

이런 의미에서 소크라테스가 말한 "무지의 지"라는 표현 안에는, 모든 것을 안다고 주장하는 소피스트들의 지식이 사실은 지식이 아니라는 부정과 비판의 의미가 담겨 있다. 즉 소피스트들은 진정한 의미의 지식이 무엇인지 모른 채, 단지 현실적인 권력을 얻기 위해 유용한 방법과 도구를 지식이라고 주장하고 있다는 것이다. 그것은 소피스트들을 불편하게 했다. 뿐만 아니라 이러한 소피스트들을 필요로 하고, 그들의 지식을 원했던 사회적 권력자에게도 소크라테스의 비판은 참기 어려웠을 것이다. 왜냐하면 소크라테스의 "무지의 지"는, 당시 아테네가 인정하고 필요로 했던 모든 지식들을 거부하고 있기 때문이다. 이런 의미에서 소크라테스의 "무지의 지"는 당시 사회 전체의 가치를 흔드는 혁명적인 외침이었다고 볼 수 있다. "무지의 지"를 통해 소크라테스는 기존의 지식 전체를 철저하게 부정하고, 지식의 근거가 무엇인지 질문하면서, 지식은 출세를 위한 도구가 아니라는 점, 지식은 상대를 이기기 위한 교묘한 언변이 아니며, 지식은 행동과 일치해야 한다는 점, 지식은 누구나 인정할 수밖에 없는 보편적 지식이어야 한다는 점, 이를 통해 지식은 인간과 사회 모두를 진리와 선함과 아름다움으로 이끄는 것이어야 한다는 점을 강조하고 있다.

이러한 소크라테스의 주장은 아테네 전체를 부정하는 것이기에, 당시 권력자들에게 그는 불편한 존재였고, 그들은 소크라테스는 사라져야 한다고 결정을 내리고, 그를 법정에 기소하기에 이른다.

그중 한 명이 "소크라테스의 변론"에 등장하는 아니토스였다. 그는 스파르타식 과두정권을 전복시키고 민주정을 회복한 정치인으로서, 부유한 피혁업자였다고도 알려진다. 그는 펠로폰네소스전쟁 중이던 B.C 409년 스파르타군으로부터 필로스를 지키기 위해 함대 사령관직을 수행했지만 필로스를 지키는 데 실패하였다. 그러나 펠로폰네소스전쟁이 끝난 후, 그는 다시 장군으로 선출되고 막강한 정치적 권력을 잡게 된다. 그리고 자신의 권력을 확고히 하기 위해 소크라테스의 처형을 시도한다. 그러나 그것은 이미 B.C. 403년에 사면 조치된 소크라테스를("소크라테스의 변론"에는 소크라테스에 대한 기소가 두 번에 걸쳐 이루어졌다는 사실을 밝히고 있다.) 다시 기소한 것이었다.

아니토스는 경제적 부와 정치적 권력을 지닌 자였다. 그 외에 소크라테스를 기소하는 데 앞장 선 인물은 멜레토스와 리콘이었다. 멜레토스는 시인이었고, 리콘은 웅변가였다. 현대적으로 표현한다면, 그들은 예술문화계 인사와 언론계 대표였던 셈이다. 이처럼 정치, 경제, 언론(문화)의 대표자, 즉 당시 아테네를 이끌던 권력 실세들이 힘을 모아 벌인

사건이 바로 소크라테스의 재판인 것이다. 그들은 "소크라테스는 젊은
이를 타락시킨다. 그는 신을 믿지 않는다"는 죄목으로 소크라테스를 재
판정에 서게 한다. 재판 결과 소크라테스는 사형을 언도받는다. 그들은
소크라테스를 죽이면 모든 사회적 불안 요소와 동요가 끝나리라 생각
했을 것이다. 그러나 그것은 새로운 시작점이 되었다. 이것을 소크라테
스는 법정에서 행한 변론에서 다음과 같이 표현하고 있다:

> "이제는 떠날 시간입니다. 저에게는 죽으러, 여러분한테는 살아가려 떠날 시
> 간 말입니다. 그러나 우리 중에서 어느 편이 더 나은 쪽으로 가게 될지는, 신
> 을 빼고는 모두에게 불명한 일입니다."[4]

소크라테스는 죽었다. 그러나 소크라테스를 이끌었던 다이몬의 소리
는 플라톤의 작품을 통해 다시 살아난다. 플라톤의 문자로 되살아난 소
크라테스의 말은 현대에 이르기까지 전해지고 있다. 이처럼 플라톤의
초기 작품은 소크라테스의 사상과 밀접하게 연관되어 있다. 그 후 플라
톤은 점차 자신의 고유한 사상을 주장하기 시작한다.

이러한 플라톤의 "빛의 철학"은 사회적 현실과 분리된 추상적 사변이
아니라, 어두운 현실을 극복하고 "이성적 인간과 이성적 사회"를 실현
시키기 위한 구체적인 철학인 셈이다. 이러한 플라톤의 주장 안에는,
역설적이게도, 당시 현실적 인간과 그들의 삶이 얼마나 비이성적이었
는지가 담겨 있다.

예나 지금이나 인간은 육체를 지닌 존재이다. 이런 한에 있어 인간은

---

4 Platon, 『플라톤의 네 대화편』, 박종현 역주, 서광사, 2003, 소크라테스의 변론
42 a.

육체가 요구하는 본능적, 생리적, 감각적 요구로부터 벗어날 수 없다. 이것은 그 누구도 부정할 수 없는 "인간의 조건"이고 한계이다. 또한 인간에게 친숙하고 가장 가까운 것은 그에게 주어진 현실이다. 그것은 감각을 통해 지각된다. 눈을 통해 보고, 귀를 통해 듣고, 혀를 통해 맛을 느끼며, 코를 통해 냄새를 느끼면서 인간은 살아간다. 눈, 귀, 코와 같은 감각기관을 만족시킬 때, 인간은 쾌감과 즐거움을 느낀다. 따라서 더 좋은 것을 보고, 더 맛있는 것을 먹고, 더 좋은 향기를 맡고 싶은 욕망과, 그러기 위해 더 많은 것을 갖고 싶은 소유욕이 인간존재를 구성하는 요소라는 것은 부정할 수 없다.

일상적 삶 속에서 우리가 우선적으로 만나고, 도처에서 마주하는 인간의 모습은 1차적으로는 감각적 인간이다. 1차적인 인간은 감각으로부터, 감각을 통해, 감각적 쾌감을 추구하며 살아간다. 이러한 특징을 우리는 인간의 한계와 조건이라고 말했다. 이것을 전적으로 부정한다면, 그는 "살아 있는 인간"이 아니다.

그러나 감각적 현실만을 유일한 현실이라고 여기고 살아간다면, 그 역시 인간이라고 볼 수 없다. 왜냐하면 그러한 삶은 동물의 삶이기 때문이다. 그럼에도 우리는 일상적 현실 속에서 이러한 모습의 인간, 즉 "동물적 인간"으로 살아간다. 이것은 동서고금을 망라해, 대다수의 인간들이 살아온 일반적인 방식이었다.

플라톤도 이러한 인간의 모습을 잘 알고 있었다. 이탈리아와 시칠리아를 여행하면서, 플라톤은 그곳 사람들이 상다리가 휘도록 잘 차려진 음식들을 하루에도 몇 번씩 진탕 먹고 마시고, 성적 쾌락에 몰두하는 것을 목격하였다. 플라톤이 본 시칠리아인은 감각적 욕망과 쾌락에 탐닉한 인간의 전형적인 모습이다. 그들은 배불리 먹고 마시며 성적인 쾌락에 빠져 살아가면서 행복하다고 여겼다.

아마도 그들은 행복했을 것이다. 적어도 아주 짧은 순간 동안은. 그러나 곧바로 그들은 허기져서 또 다른 쾌락을 찾아 나섰을 것이다. 그렇다면 이것이 행복한 삶인가? 만약 이런 것이 행복이라면, 마약에 빠져 사는 삶도 행복일 것이다. 이때 "마약"이란 표현은 단지 향정신성 물질을 지칭할 뿐 아니라, 인간을 자극하고, 결국엔 황폐화시키는 모든 종류의 욕망과 유혹을 가리킨다.

그러나 욕망에 사로잡혀 감각적 쾌락을 추구하는 인간의 모습에 대하여, 플라톤은 저것은 인간이 아니라 동물의 삶이라고 말하고 있는 것이다. 왜냐하면 인간은 단순한 동물이 아니라, 그러한 동물성을 넘어설 수 있고, 넘어서야 하는 "사이-존재"이기 때문이다.

반면에 감각적 쾌락에 멈춘 삶은 인간을 동물로 전락시키며, 그들이 구성한 사회 역시 동물 떼와 다르지 않다고 플라톤은 비판하고 있는 것이다. 그들은 그들의 욕망을 자극하고 권장하고 보존해 주는 사회, 즉 "올바른 사회"가 아니라 "욕망과 쾌락의 사회"를 원한다.

그러나 욕망에 사로잡힐 때, 올바른 판단을 하기는 매우 어렵다. 왜냐하면 욕망이 이성적 판단을 가로막기 때문이다. 예를 들어 강한 욕망에 사로잡혔을 때, 우리는 그 욕망을 실현시키는 데 몰두한다. 이때 우리는 객관적이고 보편적인 판단을 하지 못한다. 왜냐하면 욕망은 항상 주관적인 욕망이기 때문이다. 욕망에 빠진 사람은 자신의 주관적인 판단에 멈춰 있으며, 욕망이 강렬할수록 자신의 주관적 판단에 대한 확신도 강력해진다. 그는 다른 사람의 판단이나 의견에 귀를 기울이지 않으며, 오히려 자신의 주관적 확신을 다른 사람들에게 강요한다. 만약 어떤 사회가 이러한 모습의 인간들로 구성되었다면, 그 사회는 어떤 사회일까?

이러한 사회는 이성이 죽었거나 침묵하고 있는 사회이다. 플라톤은 자신의 스승 소크라테스를 죽인 당시 아테네를 "이성이 죽은 사회"로 비판하며, 이에 대한 대안으로 이성적인 인간과 이성적 사회를 주장하고 있는 것이다.

플라톤에 의하면 이성적 인간, 이성적 사회를 가로막는 세력은 소크라테스를 죽음으로 몰아간 세력과 동일하다. 그들은 정치적, 경제적, 문화적, 언론적 권력자들, 그리고 이들과 연계된 소피스트들이다.

따라서 플라톤은 소피스트를 "장신구를 만드는 사람과 요리사"에 비유한다. 왜냐하면 소피스트들은 사람들이 원하는 것이 무엇인지 알아채고는 아름다운 겉보기와 교묘한 말로 아첨을 떨고 사람들은 유혹하지만, 인간의 본질이 무엇인지에 대해서는 전혀 모르는 자들이기 때문이다. 그들은 주어진 "사태 자체"를 중심으로 서로 간에 진행되는 대화(dia-legesthai)를 통해 보편적인 이해에 이르기보다, 주제 자체와 무관하거나 주제를 벗어나 서로의 말꼬리를 잡아 상대방을 제압하는 논쟁술을 가르치고, 올바른 의견의 전달보다는 자신의 의견을 치장하는 수사학이나 웅변술을 가르쳤다. 이런 의미에서 플라톤은 소피스트들을 "겉보기와 교묘한 말을 가르치는 자"라고 비판하고 있는 것이다.

사태 자체와 무관하게 자신을 포장하고 주장하는 것은 소피스트들뿐 아니라, 사회의 권력자들도 마찬가지였다. 따라서 플라톤은 이성적 사회를 위해서는, 권력자가 철학을 배우든지, 철학자가 권력자가 되어야 한다고 주장하게 된다:

"만약 철학자가 폴리스의 지도자가 되지 않거나, 혹은 지금 언명된 지도자와 권세가가 순수하고 적당한 방식으로 철학을 하지 않는다면 … 폴리스를 위해 재앙은 끝이 없을 것이다."[5]

플라톤은 이성적 국가를 실현시키기 위해 실천적으로 활동하기도 했

---

5 하이데거, 『횔덜린의 송가 〈이스터〉』, 최상욱 옮김, 동문선, 134쪽 참조.

고, 그로 인해 곤경에 처하기도 했다. 그 후 그는 이성적 인간은 어떤 인간인지, 이성적 사회는 어떤 사회인지, 또 이성적 인간과 사회는 어떻게 가능한지에 대하여 철학적으로 해명하고 있다. 이때 등장하는 중요한 개념이 바로 "이데아"이다.

플라톤의 "이데아"는 소크라테스뿐 아니라 파르메니데스의 사상으로부터 영향을 받았다. 파르메니데스의 단편집에는 그가 천국을 여행하며 보고 듣고 경험한 내용이 묘사되어 있다. 거기서 파르메니데스는 이 세상을 살아가는 두 가지 길에 대하여 말한다. 하나는 진리의 길이고, 다른 하나는 억견의 길이다. 억견의 길은 감각에 사로잡혀 흐릿해진 눈으로 바라보며 살아가는 방식을 뜻하고, 진리의 길은 감각, 감정, 욕망으로부터 벗어나 순수하고 명료한 눈으로 바라보며 살아가는 방식을 의미한다. 진리의 길을 경험한 파르메니데스는 그것을 다음과 같이 표현한다:

"존재는 존재하고, 존재하지 않는 것은 존재하지 않는다."

이 문장은 동어반복처럼 보인다. 동어반복은 앞부분의 내용을 그대로 반복할 뿐, 추가적인 해명이나 설명을 제시하지 않는다. 이 문장은 A는 A이고, B는 B라고 말하고 있다. 외면적으로 볼 때, 이 문장은 동어반복 이상의 그 어떤 내용도 담고 있지 않은 듯이 보인다.

그러나 "존재하는 것(있음)은 존재하고(있고), 존재하지 않는 것(무)은 없다(무)"라는 표현 안에는, 존재는 항상 존재이고, 무는 항상 무라는 주장이 담겨 있다. 그렇다면 "존재는 항상 존재이다"라는 것은 무슨 의미일까?

우리가 일상적으로 경험하는 감각적 세계에서 항상 존재하는 것은 없다. 동시에 영원히 존재하지 않는 무도 없다. 감각의 세계에서 모든 것은 있다가 없어지고, 없다가 생긴다. 그곳은 생성과 소멸의 세계이다.

그렇다면 파르메니데스의 문장은 감각의 세계에 대하여 말하는 것이 아니라는 것을 알 수 있다. 왜냐하면 감각의 세계에서 우리가 "존재한다"(있다)고 말하는 것은, 진정한 의미의 "존재"가 아니기 때문이다. 우리는 저기에 돌, 나무, 구름 등이 존재한다고 말한다. 그런데 시간이 지나면 그것들은 없어진다. 즉 더 이상 존재하지 않는다. 그렇다면 우리가 살아가는 감각의 세계는 파르메니데스가 주장하는 "존재"와 "무" 사이에 있는 세계인 셈이다. 그러나 파르메니데스에 의하면 이 감각의 세계는 진리의 세계가 아니다. 단지 감각에 휩싸여 흐릿한 눈으로 볼 때, 존재하는 것처럼 보일 뿐, 명료한 눈으로 보면, 그 세계는 비존재와 같은 세계, 말하자면 억견의 세계에 불과한 것이다. 그런데 우리는 이 억견의 세계를 진리의 세계로 잘못 알고 살아가고 있다는 것이다.

반면에 진리의 세계를 볼 수 있으려면 우리는 명료한 눈을 가져야 한다. 그렇다면 이것은 어떻게 가능한가? 이 점에 대하여 파르메니데스는 또 다른 문장을 제시한다:

"존재하는 것과 사유하는 것은 동일하다."

이 문장에서 파르메니데스는 우리가 존재 자체를 만날 수 있는 가능성에 대해 언급하고 있다. 우리는 존재 자체의 세계, 진리의 세계를 "사유하는 눈"을 통해 알 수 있다는 것이다. 또한 "사유"를 통해서 알게 된 "존재"는 "존재 자체"와 동일하다는 것이다.

이러한 파르메니데스의 사상은 플라톤 철학에서 나타난다. 플라톤 철학에서, 파르메니데스의 "존재 자체"는 "이데아"로, "사유"는 "이성"으로 표현된다. 그리고 감각의 세계는 플라톤에게도 생성과 소멸이 지속되는 "비-존재"의 세계로 평가된다.

플라톤에 의하면 인간은 육체를 지닌 생명체이며, 동시에 이성을 지닌 생명체이다. 그런데 일상적 삶 속에서 인간은 감각과 욕망에 사로잡혀 살아간다. 그렇다면 그때 이성은 어디로 갔을까? 이성은 없었던 것일까?

플라톤에 의하면, 이성은 모든 인간에게 선험적으로 주어져 있다. 단지 이성이 감각과 욕망에 의해 가려져 있었을 뿐이다. 이처럼 이성이 은폐되어 있을 때 우리는 올바른 판단을 하지 못하게 된다. 특히 욕망에 사로잡힌 경우, 감정에 휩싸인 경우가 그렇다. 앞 문장 표현 그대로, 우리는 욕망에 의해 "사로잡"거나, 감정에 "휘둘린다". 이때 "나"의 주인은 "나"가 아니라, 욕망이나 감정이다. 이것들이 나를 조정하고 이끌어갈 때, 나는 이것들이 이끄는 대로 끌려가는 객체로 전락하게 된다. 그런데 감각의 세계를 전부로 여기며 살아가는 인간들(당시 시칠리아인, 아테네인 등등)에게 이런 일은 다반사로 일어난다. 그들은 이성을 통해 욕망과 감정을 조절하려고 하지 않는다. 오히려 욕망과 감정이 이끄는 대로 살아가거나, 그것을 선호하기도 한다. 이런 인간의 상황을 플라톤은 마차와 마부의 비유를 통해 말하고 있다.

플라톤에 의하면 인간존재는 두 마리의 말과 한 명의 마부로 구성된 것과 같다. 두 마리 말은 각자 자기가 원하는 방향으로 나아가려고 한다. 서로 엉키기도 하고, 서로 싸우기도 하고, 서로 반대방향으로 달리기도 한다. 이때 마차는 뒤뚱거리고, 심지어 전복될 수도 있다. 그렇게 되지 않으려면, 마부는 거칠고 사나운 두 말을 잘 통제해야 한다. 두 말의 흥분을 가라앉혀야 비로소 마부는 원하는 방향으로 안전하게 마차를 몰고 갈 수 있게 된다. 이 비유에서 두 말은 욕망과 감각(감정)을, 마부는 이성을 의미한다.

인간에게 직접적이고 거칠며, 동물성을 향하려는 욕망과 감정이 있
다는 점을 플라톤은 인정한다. 그럼에도 불구하고 이성을 통해 이 둘을
통제할 수 있을 때, 비로소 인간은 인간으로서의 고귀함을 가질 수 있
다는 것이다. 그러나 일상적인 삶을 살아갈 때, 우리는 욕망과 감정에
비해 이성이 상대적으로 약해 보이는 것을 경험한다. 육체와 가까운 욕
망과 감정이 우리를 강력하게 지배하는 것과 비교할 때, 이성은 무력해
보인다.

그럼에도 플라톤은, 모든 인간에게는 이성이 주어져 있으며, 이제 인
간은 자신 안에 잠들어 있는 이성, 무력해 보이는 이성을 다시 깨워야
한다고 강조하고 있는 것이다. 그리고 이것을 이루기 위해 철학이 필요
하다고 플라톤은 주장하고 있는 것이다.

이때 "철학"은 특별한 학과나 전공 분야를 지칭하는 것이 아니다. 오
히려 어떤 인간이 인간으로서 살아가야 하는 길에 대해 질문하거나, 혹
은 하루 동안 자신이 한 일에 대해 돌아보고 반성한다면, 그는 철학을
하고 있는 셈이다.

그러나 이성적이 되는 일은 항상 어려운 일이다. 그것은 구체적이고
현실적인 감각, 욕망, 현실을 넘어서야 하기 때문이다. 이러한 것을 자
연적 삶이라고 한다면, 이성은 자연적 삶 너머의 삶(meta-physik)을
추구하기 때문이다. 이런 의미에서 철학은 죽음을 준비하는 것이라고
알려졌다:

"철학(지혜에 대한 사랑)에 옳게 종사하여 온 사람들은 모두가 다름 아닌 죽
는 것과 죽음을 스스로 추구하고 있다는 것을 다른 사람들이 실은 모르고 있
는 것 같으이. 그러니, 만일 이것이 진실이라면, 온 생애를 통하여 다름 아닌
그것을 열망해 오다가, 오래도록 스스로 열망도 하며 추구하여 오기도 하던
것이 막상 자기에게 닥쳐 왔을 때는 성을 낸다는 것은 확실히 이상한 짓일

것이네."[6]

'철학은 죽음을 준비하는 것'이란 표현은, 삶을 끝내자는 선동도 아니고, 삶에 대한 염세주의적, 허무주의적 평가절하도 아니다. 오히려 이 표현은, 이성적으로 살아가기 위해서는 가능하면 욕망과 감정을 죽여가야 한다고 말하고 있는 것이다. 그때 인간은 육체(soma)라는 감옥(sema)으로부터 벗어날 수 있기 때문이다.

동굴 비유

플라톤은 "동굴 비유"에서 현실적 인간과 초월적 인간에 대하여, 비이성적 사회와 이성적 사회에 대하여 비교하고 있다.

동굴 비유는 다수의 인간들이 동굴에 갇혀 있는 장면에서부터 시작된다. 그들은 어둑어둑한 동굴 안에서 살고 있지만, 자신들이 갇혀 있다고 생각하지 않는다. 그것은 오랜 세월 동안 어둠에 익숙해졌기 때문일 것이다.

카뮈의 표현대로, 인간은 어떠한 것에도 결국은 익숙해지는 존재이다. 익숙하면 질문하지 않는다. 질문하지 않으면 자신에게 무슨 일이 벌어지는지, 어떤 문제가 있는지 알지 못한다. 동굴 속 인간들 역시 그러한 상태이다. 플라톤이 세밀하게 묘사하고 있지는 않지만, 우리들이 그들의 얼굴을 볼 수 있다면, 그들은 고통에 일그러진 표정을 짓기보다 오히려 별 문제 없다는 듯 무심한 얼굴이나, 혹은 소소한 행운 때문에 즐거운 표정을 짓고 있을 것이다.

그러나 실제로 그들은 사슬에 묶여 있다. 단지 익숙해진 탓에 자신이 묶여 있다고 느끼지 못할 뿐이다. 그들의 손, 발, 목은 사슬에 묶인 채

---

6 Platon, 『플라톤의 네 대화편』, 박종현 역주, 서광사, 2003, 파이돈 64 a.

고정되어 있다.

　손이 묶여 있기 때문에 그들은 사슬을 풀 수 없다. 그들은 자신들을 옥죄고 있는 사슬로부터 벗어날 수 없다. 물론 오랫동안 그것에 익숙해져 있기 때문에, 그들은 사슬을 풀려고 하지도 않는다. 또한 왜 풀어야 하는지에 대하여도 생각하지 않는다. 아마도 그들은 모든 인간이 태어날 때부터 손이 사슬에 묶여 있다고 여길지도 모른다.

　그들의 발도 묶여 있다. 발이 묶여 있는 한, 그들은 다른 곳으로 이동할 수 없다. 그들은 다른 세계가 있다는 것을 알지 못한다. 한 번도 다른 세계를 본 적이 없기 때문이다. 다른 세계를 모르면, 자신이 살고 있는 세계가 어떠한 세계인지 판단하기 어렵다. 비교할 기회가 없기 때문이다. 이때 그들의 생각은 견고하고 확실한 확신이 되며, 자신들이 살고 있는 세계가 유일한 세계, 가장 좋은 세계라고 믿게 된다. 굳게 믿는 사람은 질문하지 않는다. 질문하지 않으니, 고통스럽지도 않다. 그래서 그들은 자신들을 올바른 사람, 행복한 사람이라고 여긴다.

　그들은 목도 묶여 있다. 그들은 옆을 볼 수 없고, 더더욱 뒤를 돌아볼 수 없다. 단지 한 곳만을 보도록 사슬이 그들의 목을 고정시키고 있기 때문이다.

　이러한 상태로 그들은 어두운 동굴 안에서 살아가고 있다. 그들은 모두 한 곳에 머물며, 한 곳만을 본다. 그들을 묶어놓은 사슬을 풀 수 있는 열쇠가 그들에게는 없다. 혹 있다 하더라도 사슬을 풀려고 하지 않는다. 왜 그래야 하는지 알지 못하기 때문이다. 그들은 동굴 속 어둠을 밝음으로 여기며, 그 안에서 익숙하게 살아갈 뿐이다. 어둠에 익숙해진 눈은 동굴에 비친 모습들이 무엇인지 구분한다. 그들은 자신 앞에 보이는 것들을 잘 이해하고 있다고 여긴다. 그들은 자신들을 노예가 아니라 자유인이라고 여긴다.

　만약 그들이 서로 대화를 할 수 있다면, 무슨 일이 벌어질까? 그들은 대화를 통해 자신이 보고 있는 것이 진실인지, 자신이 자유인이 아니라 노예라는 사실을 알 수 있을까?

플라톤에 의하면, 그들은 알 수 없다. 왜냐하면 그들은 모두 똑같은 상태에서 똑같은 것을 보았기 때문에, 그들의 말도 똑같기 때문이다. 대화를 통해 자신이 지금 어떠한 삶을 살고 있는지 알 수 있으려면, 그 대화는 서로 다른 입장을 지닌 대화 상대자들 사이에서 이루어져야 하지만, 그들은 그런 경험이 없다. 그들 모두는 그들에게 제공되는 정보, 즉 사슬에 의해 통제되고, 강요되는 정보만을 들었기 때문에, 그들은 타인의 말을 통해 자신의 확신을 확인하고, 더 큰 확신을 갖게 된다. 그리고 자신과 타인의 말이 일치한다는 사실을 통해, 자신들의 말과 생각이 보편적으로 타당하다고 여기게 되는 것이다. 이렇게 그들의 말은 사태 자체를 향하는 대화가 아니라, 자기 확신을 타인과 공유하고, 이를 통해 서로 간의 확신을 더 확고히 하는 '무의미한 반복'에 지나지 않는다.

이 장면에 이어서 플라톤은 이들 중 한 명이 사슬로부터 풀려났을 때 벌어지는 일들을 묘사하고 있다. 만약 그가 스스로 사슬로부터 벗어날 수 없다면, 어떤 외부적인 개입이 필요하다. 앞 장면에서 동굴과, 동굴 속 사람들은 당시 아테네 사회와 아테네 시민에 대한 비유라고 볼 수 있다(이 비유는 현대사회와 현대인에게도 적용될 수 있을 것이다). 아무튼 이러한 사회와 시민을 일깨우려면, 그것이 그림자에 불과하다는 것을 알게 해줘야 한다. 그가 스스로 할 수 없다면, 그 진실을 알고 있는 누군가가 그들에게 실상을 볼 수 있게 도와줘야 한다. 이 "누군가"가 누구인지 플라톤이 명시적으로 밝히고 있지 않지만, 그가 소크라테스라는 것은 분명해 보인다.

플라톤에 의하면, 소크라테스는 아테네 사회와 그 시민들이 어떠한 상태에 있는지 알리는 자이다. 그것은 오랫동안 익숙해 왔던 그들의 손과 발, 목을 돌릴 수 있게 하는 일이다.

그런데 소크라테스가 그들에게서 사슬을 풀어줬을 때, 그들은 좋아했을까? 이 비유를 읽고 독자들은, 그들은 당연히 좋아했을 것이고, 또 좋아해야만 했다고 생각할 수 있다. 그러나 그들은 사슬로부터 해방된 후, 좋아했을까?

플라톤의 동굴 비유에 의하면, 그들은 그것을 좋아하지 않았다. 그것은 이상하게 보인다. 그렇다면 왜 그들은 노예 상태로부터 해방되는 것을 좋아하지 않았던 것일까?

그것은 고통을 주기 때문이다. 그것은 그들에게 오랫동안 익숙했던 것, 편안했던 것을 낯선 것, 불편한 것으로 이끌기 때문이다. 밀턴의 작품 "투사 삼손"에는, 팔레스타인인에게 사로잡혀 형벌을 받고 있는 삼손이 그를 찾아온 지인들에게 "사람들은 불편한 자유보다는 안락한 구속을 원한다."라고 말하는 대목이 있다.

이것은 동굴 속 사람들에게도 해당된다. 그들은 새롭게 주어진 자유를 불편해한다. 그러나 그들에게 익숙했던 일상 역시 처음엔 강압적인 폭력을 통해 형성된 것이었다. 그런데 그것이 오랜 시간 동안 진행되고 전승되고 주입됨으로써 사람들은 점차 그 고통을 망각하게 되었고, 그 안에서 그들은 편안하고 자유롭다고 착각했던 것이었다.

반면에 소크라테스가 그중 한 명을 풀어줬을 때, 그는 고통을 느끼게 되었다. 그러나 그 고통을 통해, 그는 자유로워진 목, 다리, 손을 통해 뒤를 돌아보고, 자유롭게 이동하며, 자신의 뒤에서 무슨 일이 벌어지고 있었는지 알 수 있게 되었다. 그는 자신이 동굴의 벽면을 보고 있었다는 것, 자신의 뒤에 흐린 횃불이 있고, 자신의 등과 횃불 사이로 어떤 것들이 운반되고 있다는 것, 그리고 자신이 동굴 벽에서 본 것은 그 그림자에 불과했다는 것을 "보게" 되었다. 그러나 그때까지 어둠에 익숙했던 그에게 횃불의 빛은 그의 눈을 부시게 하였다. 밝아졌기 때문에,

오히려 더 잘 볼 수 없는 일이 벌어진 것이다. 그리고 그가 본 것이 그림자에 불과했으며, 그것을 사실로 여기며 살아왔다는 것을 알게 되었을 때, 그는 매우 심각한 혼란 속에 빠져들게 된 것이다.

이와 같이 진리를 향한 첫걸음은, 플라톤에 의하면, 고통과 혼란스러움과 더불어 시작되는 것이다. 다음 장면에서는 동굴 속 인간이 동굴 밖으로 나가는 모습이 묘사된다. 드디어 그는 동굴 속 횃불과는 비교도 안 되는 진정한 빛과, 그 빛을 받아 명료하게 드러난 진정한 사물들을 보게 된다. 그는 자신들이 동굴 속 벽에서 보았던 것이 그림자였다는 것, 그리고 그들 뒤와 횃불 사이에서 그림자를 만들어낸 여러 사물들 역시 동굴 밖에 펼쳐져 있는 사물들에 비하면 또 다른 그림자에 불과하다는 것, 지금까지 그는 모상을 원상으로, 그림자를 실재로, 거짓을 참으로 알고 있었다는 것을 깨닫게 된다. 즉 지금까지 그의 앎이 거짓된, 왜곡된 권력에 의해 기획된 앎이었던 것을 비로소 알게 된 것이다. 이때 그를 덮친 기분은 당황스러움과 안도감, 분노와 수치스러움, 절망과 희망이 혼재된 기묘한 상태였을 것이다.

그러나 사물들의 진정한 본질과 실재를 보고, 이것들을 비춰주고 존재하게 하는 궁극적 근거인 태양을 보았을 때, 그는 "이제 무엇이 진실인지 비로소 알았다"라고 외치고, 이 기쁜 소식을 동굴에 남아 있는 동료들에게 알리고 싶었을 것이다. 그래서 그는 다시 동굴로 돌아간다.

마지막 장면은 밖에서 보았던 진실을 알리기 위해 기쁜 마음으로 그가 다시 동굴로 돌아오는 모습이 묘사되고 있다. 그는 진실을 알리고 싶은 마음에 서둘러 동굴로 돌아오지만, 그는 전혀 예상치 못한 상황 속으로 빠져들게 된다. 갑자기 동굴로 들어서자 그는 어둠에 적응하지 못하여, 더듬거리며 걷게 된다. 그러면서 동굴 속 사람들에게 밖에 진정한 세계가 있다고 외친다. 그 모습을 본 사람들은 "그렇게 밝은 빛을 보고 사물의 실재를 보았다는 자가 지금 제대로 걷지도 못하다니"라는 식의 냉소적 반응을 보인다. 그들 중에는 그를 미친 자로 여긴 사람들도 있었을 것이다. 그럼에도 그는 자신이 진실의 세계를 보았고, 그것은 분명한 사실이라고 외쳤을 것이다. 그러나 사람들은 그를 믿지 않고, 외면하고, 심지어 그에 대하여 분노와 적개심을 드러낸다. 이것이 먼저 안 사람이 겪어야 하는 비극적 운명이다. 이런 상황에 대하여 바이런은 그의 시에서 "안다는 것은 슬픈 일"이라고 표현하고 있다.

다른 한편 이 사람이 동굴로 돌아왔다는 것, 그가 밖의 세계를 보았다는 것, 그가 진실을 알았다는 것은 동굴을 지배하는 권력자의 귀에도 들려왔을 것이다. 그 사람이 전하는 소식은 동굴의 조직과 기반을 송두리째 흔들고 파괴할 수 있는 것이라는 점을 권력자는 너무나 잘 알고 있었을 것이다. 그렇다면 그 사람은 제거되어야 한다. 그 일은 어렵지 않을 것이다. 왜냐하면 동굴 속 사람들 대부분이 그를 미친 자라고 생각하기 때문이다.

플라톤의 동굴 비유는, "동굴 속 사람들이 그를 죽이려 하지 않겠는가?"라는 식으로 끝맺는다. 그의 처형 장면은 직접 묘사되지 않고 있다. 그러나 그는 권력자와 동굴 속 사람들에 의해 결국 처형되었을 것이다. 소크라테스처럼.

동굴의 비유에서 묘사되고 있는 "동굴"은 지하 세계가 아니라, 우리들이 살아가는 일상적 현실을 가리킨다. 동굴 속 사람들은 현실만을 유일한 것으로 여기며 살아가는 사람들이다. 반면 동굴 밖은 저 세상, 즉 현실과 분리된 피안의 세계가 아니다. 오히려 그 세계는 현실 속에서 현실을 넘어서려는 사람들이 볼 수 있는 세계이다. 이것을 플라톤은 감각적 세계와 이데아의 세계라고 표현한 것이다.

플라톤에 의하면 인간은 감각적 세계를 넘어 이데아의 세계를 알아야 한다. 그것은 현실 속에서 현실 너머의 세계, 즉 초월적 세계를 보아야 한다는 뜻이다. 그것은 비이성적 인간, 비이성적 사회로부터 이성적 인간, 이성적 사회를 향해야 한다는 뜻이기도 하다. 동굴로부터 동굴 밖으로의 나아감은, 노예 상태로부터 자유의 상태로, 구속으로부터 해방으로, 감각적 현실로부터 이성적 초월의 세계로의 이행을 의미하며, 이렇게 자유와 초월을 향하도록 하는 것을 플라톤은 교육의 본질이라고 주장하고 있다. 플라톤의 동굴의 비유는 교육(paideia)의 본질에 대한 이야기이다. 동시에 그것은 비이성적 인간과 사회를 개혁해야 한다는 실천적 요구이기도 한 것이다.

동굴 비유에서 묘사되고 있는 태양과 그것을 본 사람의 관계를 플라톤은 "태양의 비유"에서 다음과 같이 말하고 있다. 이 세계에 태양이 존재한다. 태양은 모든 생명체에게 빛을 보내준다. 태양의 빛이 비칠 때, 인간은 눈을 통해 사물들의 참 모습을 선명하게 볼 수 있다. 눈은 가장 빛과 연관된 기관이기 때문이다. "태양 자체—태양이 보내는 빛—그것을 보는 눈"은 "진리 자체(선의 이데아)—진리의 빛—그것을 보는 (아는) 이성"의 관계로 연결된다.

플라톤에 의하면 진리 자체가 존재하며, 인간에게는 진리를 알 수 있는 이성이 주어져 있다. 그렇다면 인간에게 주어진 과제는 자신의 이성을 통해 진리의 인간과 진리의 사회를 만들어 나가는 일이다.

그가 "이데아"라는 표현을 통해 주장하는 진리의 세계는 절대적인 척도가 존재하는 세계이다. 이데아는 어떤 경우에도 변치 않는, 절대적이고 불변하며 영원한 가치를 뜻한다. 플라톤에 의하면 옳은 것은 옳은 것이고, 그른 것은 그른 것이다. 옳은 것이 그른 것이 될 수 없고, 그른 것이 옳은 것이 될 수 없다. 절대적인 가치는 그 자체로 불변적이며, 모든 사람들에게—그들이 이성적인 한에 있어—보편적으로 인정되는 가치이다. 옳은 것은 누구에게나 옳은 것이다. 만약 어떤 사실을 두고, 한 사람은 옳다고 주장하고, 다른 사람은 그르다고 주장한다면, 그들 중 한 명의 주장은 틀린 것이다. 왜냐하면 옳은 것은 누구에게나 옳은 것이기 때문이다.

그렇다면 왜 어떤 사람은 옳은 것을 그르다고 주장하는 것일까?

예를 들어 우리는 어릴 적 살던 동네를 다시 찾고는, 그때는 골목이 큰 줄 알았는데, 지금 보니 참 작다고 말하기도 한다. 그렇다면 그 골목은 큰 골목인가? 작은 골목인가? 큰 골목이 작아진 것이 아니라면, 그 골목의 크기는 예나 지금이나 동일한 것이라는 점은 분명하다. 골목은 항상 동일한 골목이고, 그 크기도 항상 동일하다. 그러나 우리가 예전에는 크게, 지금은 작게 느끼는 것은 주관적인 판단, 감각적인 판단 때문이다. 골목의 크기가 변한 것이 아니라, 우리의 판단이 변한 것이다. 우리가 갖는 주관적 판단에는 감각적 오류뿐 아니라, 자신의 관심과 이익, 욕망도 포함되어 있다.

이와 달리 객관적이고 보편적 판단은 욕망과 감각, 자신의 계산적 이익 등을 모두 제거하고, 단지 사태를 사태 자체로 순수하게 이성적으로 받아들일 때 가능한 것이다. 이성적인 사람은 사슴을 말이라고 주장하지 않는다. 또한 자신의 과거 주장을 현재의 이익에 의해 뒤집지 않는다. 단지 과거의 주장이 틀렸음을 알고 수정하는 경우를 제외한다면.

이와 같이 플라톤의 "이데아"는 절대 가치, 보편적 가치를 일컫는 표현이다. 이런 의미에서 이데아는 모든 인식의 근거이다. 그런데 이데아가 인식의 근거이고, 절대적 가치라는 주장은, 이데아가 "추상적 관념", 즉 인간이 사유를 통해 만들어낸 관념에 불과한 것이 아닌가? 라고 비판할 수 있다. 이미 아리스토텔레스가 이렇게 비판했다.

그러나 플라톤에 의하면 이데아는 사유가 만들어낸 관념이 아니라, 그 자체로 "존재"하는 것이다. 그런데 우리가 이데아를 관념의 소산으로 오해하는 이유는, 이데아를 감각이 아니라, 사유를 통해 알 수 있기 때문이다.

그러나 플라톤에 의하면, 인간의 사유가 추상적으로 이데아를 만든 것이 아니다. 오히려 반대로 이데아가 먼저 존재하기 때문에 인간은 이성을 통해 이데아를 알 수 있는 것이다. 예를 들어 현실적인 악기의 음을 조율할 때, 우리는 감각적으로 들리는 음을 비-감각적인 절대 음에 맞춘다. 절대 음은 감각적인 음은 아니지만, 단순한 관념도 아니다. 오히려 절대 음은 감각적인 음을 가능케 하는 근거이다. 이와 같이 이데아는 인식의 근거일 뿐 아니라, 모든 존재의 근거이기도 하다. 그리고 이데아를 추구하고 그에 따르는 인간과 사회는 좋은 인간, 좋은 사회이다. 어떻게 이성적 인간이 악한 인간이 될 수 있겠는가? 이성적 인간은 좋은 인간이며, 좋은 인간은 아름다운 인간이다. 이것은 사회에도 적용된다. 이런 의미에서 이데아는 좋음과 아름다움, 즉 선과 미의 근거이다.

이처럼 존재론적·인식론적·윤리론적·미적 근거인 이데아를 통해 플라톤은 이성적이고, 좋고, 아름다운 인간과 사회를 주장했던 것이며, 이러한 그의 철학을 우리는 "빛의 철학"이라고 부르는 것이다.

3. 아폴론 신화에서 디오니소스 신화로: 아폴론 신화와 플라톤 철학의 한계

아폴론 신화와 플라톤 철학은 빛의 신화이고 빛의 철학이다.

아폴론 신화와 플라톤 철학은 밝고 명료한 이성을 통해, 어둠으로부터 빛의 세계를, 무질서와 혼돈, 부조화로부터 질서와 법칙과 조화의 세계를 드러낸다.

또한 동물적 충동과 욕망, 순화되지 못한 감정에 사로잡혀 있는 인간으로부터 이성적 인간을 제시함으로써 고귀한 인간의 전형이 무엇인지, 이러한 인간들로 구성된 정의로운 공동체의 모습이 어떠해야 하는지 우리에게 보여주고 있다.

아폴론 신화와 플라톤 철학은 절대적이고 보편적 가치를 주장하면서, 진리와 선함과 아름다움이 어우러진 인간과 사회가 가능하다는 점, 그리고 그러한 인간과 사회는 현실에서 실현되어야 한다는 점을 강조하고 있다.

이런 의미에서 아폴론 신화와 플라톤 철학은 서구 사상사를 통틀어 맨 처음에 위치한 봉우리이자, 가장 높은 봉우리 중 하나라고 볼 수 있다.

그럼에도 아폴론 신화와 플라톤 철학은 한계, 혹은 단점도 지니고 있다. 이 사상은 모두 빛을 강조한다. 그러나 너무 밝은 빛은 아무것도 볼 수 없게 하며, 인간의 눈을 상하게도 한다. 인간의 눈은 오랫동안 태양을 직접 보지 못하지만, 잠깐 동안이라도 보는 경우, 눈을 감으면 어두운 형태가 나타난다. 그것은 너무 밝은 빛에 노출된 눈을 보호하기 위한 생리적 작용이다. 이러한 현상들은, 우리에게는 적당한 빛이 허용된다는 점, 사물들을 명료하게 볼 수 있는 것은 빛이 어둠의 음양과 어우러질 때라는 점을 알려준다.

이것은 이성의 경우에도 해당된다. 플라톤에 의하면, 인간이 순수하게 이성적일 수 있는 것은, 단지 그가 모든 욕망과 감정으로부터 벗어났을 때이다. 그것은 죽었을 때이다. 따라서 아폴론적, 플라톤적 사상이 극단적이 될 때, 그것은 현실 세계에 대한 평가절하와 부정으로, 반면에 "저 세계"(피안적, 초월적 세계)에 대한 긍정과 강조로 나타나게 된다. 그리고 현실과 저 세계는 철저하게 분리된다. 즉 이원론적인 세계관이 등장하게 되는 것이다.[7]

그리고 현실 속에서 이성이 과도하게 강조되는 경우, 그것은 감정과 욕망이 부정된 차가운 인간과 사회로 나타나게 된다. 이것은 아폴론 신화와 플라톤 철학이 강조하는 "개별화 원리"와도 연관된다. 개별화를 통해 우리는 돌과 나무, 하늘, 나-너-그(그녀) 등을 구분할 수 있게 되는 것은 분명하다. 그러나 개별화가 극단적으로 이루어지면, 인간과 인간 사이, 인간과 사물들 사이의 경계선이 고착되고, 모든 관계적 연대성은 파괴된다. 그때 모든 것은 마치 외딴 섬과 같이 다른 것들로부터 고립된 채 존재하게 된다. 과도한 이성과, 극단적 개별화는 모든 것을 비인간적 차가움과 뻣뻣함으로 만든다:

"아폴론은 개인들 사이에 경계선을 정하고, 이 경계선을 자기 인식과 척도를 위한, 가장 성스러운 세계 법칙으로 기억하게 함으로써, 개인들을 안정시키려고 한다. 그러나 이 아폴론적 경향으로 인해 형식이 이집트적으로 뻣뻣해지고 차가워지게 된다."[8]

그런데 이집트 미라처럼 뻣뻣해지고 차가워진 이성은 더 이상 이성이 아니다. 그때 이성은 진리, 윤리적 선, 아름다움을 추구하는 본질을 상실하고, 단순한 합리적 기능으로 전락하게 된다. 이러한 이성을 "도구적 이성", "계산적 이성(사유)"이라고 부른다. 도구적 합리성으로서

---

7 이와 달리 살아가는 동안 이성적이어야 한다는 플라톤의 주장은, 욕망과 감정을 제거하고 멸절시키는 것이 아니라, 제어하고 통제할 수 있어야 한다는 의미이다.

8 F. Nietzsche, *Die Geburt der Tragoedie*, KSA 1, 70.

이성은 진리/비진리, 선함/악함, 아름다움/추함을 구분하지 않는다. 도구적 합리성으로서 이성은 악한 생각이나 활동을 위해서도 봉사하게 된다. 어떠한 악당도 "본질적인 의미에서 이성적"이지는 않지만, 그는 매우 정교하고 치밀한 도구적 이성을 소유한 자일 수 있다.

이처럼 본질을 상실한 이성은 위험한 무기로 바뀌게 된다. "진정으로 아는 자"는 이성적(본질적)이지만, 이와 무관하게 단지 합리적 치밀함만을 지닌 자는 비이성적 인간, 위험한 인간일 가능성이 많다. 왜냐하면 그러한 자는 자신의 정체(자신이 위험한 인간이라는 사실)마저도 도구적 합리성을 통해 선한 외양의 가면 아래로 감추기 때문이다.

그렇다면 변질된 아폴론 정신과 플라톤 정신은 자신의 본질을 회복해야 한다. 이때 등장하는 것이 디오니소스 신화이고 니체 철학이다.

4

디오니소스 신화와
니체 철학

1. 디오니소스 신화

디오니소스 신은 초기엔 수염이 덥수룩한 중년 남성의 모습으로, B.C. 5세기 이후엔 여성스러운 모습을 한 미소년의 모습으로 묘사된다. 포도주의 신답게 그는 지팡이와 더불어 술잔을 들고 있거나, 포도 덩굴을 머리에 쓰고 있는 모습으로 그려진다.

디오니소스의 탄생과 관련된 신화는 크게 두 가지로 구분된다. 그 중 하나에 의하면 디오니소스는 세멜레의 아들이라고 전해진다.

페니키아 왕 아게노르는 사랑하는 딸 에우로페가 납치되자, 아들 카드모스에게 그녀를 찾아오라고 명령한다. 누이동생을 찾아 여러 곳을 다니지만 결국 찾지 못한 카드모스는 이후 테바이의 왕이 된다. 카드모스는 하르모니아 여신과 결혼해 세멜레를 낳는다. 세멜레를 본 제우스는 그녀에게 반하고, 둘 사이에서 아이가 생긴다. 그런데 제우스의 바람기를 눈치챈 헤라가 세멜레에게 찾아가, 그의 남편이 누구인지 확인하라고 부추긴다. 이에 마음이 동한 세멜레는 제우스에게 그의 본모습을 보여줄 것을 부탁한다. 그전에 세멜레의 부탁은 무엇이든지 들어주겠다고 약속한 상태였기 때문에 제우스는 세멜레의 부탁을 거절하지 못하고 자신의 신적인 모습을 드러낸다. 그 순간 세멜레는 제우스의 광채에 의해 죽게 된다. 이때 세멜레는 아이를 임신한 상태였다. 제우스는 세멜레가 죽기 직전 그 아이를 꺼내어 자신의 허벅지에 넣고 꿰맨다. 그 후 그 아이는 제우스의 허벅지에서 태어난다. 그 아이가 디오니소스 신이다.

디오니소스의 탄생에 관한 또 다른 신화는 오르페우스교에 의해 전해진다. 오르페우스교 전승에 의하면 디오니소스는 세멜레의 아들이 아니다. 그의 어머니는 제우스와 데메테르의 딸인 페르세포네이다. 그런데 제우스는 페르세포네와 사랑에 빠지고, 페르세포네는 아들을 낳는다. 그의 이름은 자그레우스이다. 이 사실을 알게 된 헤라는 티탄에게 명령해 자그레우스를 죽인다. 티탄은 그를 찢어 죽이고 먹어치운다. 이것을 안 제우스는 매우 노해서 티탄들을 번갯불로 죽인다. 그리고 아직 죽지 않은 자그레우스의 심장을 세멜레에게 먹도록 하고, 그 후 세멜레는 아이를 낳게 된다. 그 아이의 이름이 디오니소스이다. 오르페우스 전승에 의하면 디오니소스는 다시 살아난 자그레우스이다.

두 신화에 의하면 디오니소스는 "두 번 태어난 자"(dio-nysos)이다. 앞의 전승에 의하면 디오니소스의 어머니는 세멜레이며, 동시에 제우스(그의 허벅지로부터 태어났기에)이다. 그는 "어머니가 둘인 자"이다.
후자의 전승에 의하면 디오니소스의 어머니는 페르세포네인 셈이다. 왜냐하면 디오니소스와 자그레우스는 동일한 인물(Dionysos Zagreus)

이기 때문이다. 그런데 그는 티탄들에 의해 죽임을 당하고, 그의 심장을 간직한 세멜레에 의해 다시 태어난다. 이 전승 역시 디오니소스의 어머니가 둘이라고 말하고 있다. 그러나 앞의 신화와 달리, 이 신화에서는 자그레우스가 죽었다가 디오니소스로 다시 태어났다는 점이 묘사되고 있다. 즉 디오니소스는 죽는 신이고, 동시에 다시 살아나는 신, 즉 부활하는 신이라는 것이다. 디오니소스가 죽음과 부활의 신이라는 것은 고대 이집트 신화 오시리스, 이시스, 호루스 신화의 영향을 받았을 가능성이 많다.

오시리스 신은 동생 세트 신에 의해 여러 조각으로 찢겨져 죽는다. 그러나 이시스 신은 오시리스 신의 몸 조각들을 수습해 다시 살려낸다. 이미 이집트 신화에는 신의 죽음과 부활에 대한 이야기가 전해진다. 이와 같이 오시리스 신 이야기는 그리스 디오니소스 신화로 이어지고, 그것은 다시 그리스도교에서 나타난다.

디오니소스는 죽고 다시 부활하는 신이다. 그는 삶과 죽음의 경계를 넘어서고 화해시키는 신이다. 이런 특징은 문명 세계와 자연 세계, 남성과 여성, 인간과 동물, 젊음과 늙음, 이성과 광기, 현실과 비현실이란, 서로 상반되고 대립되는 두 세계에도 적용된다. 이런 의미에서 디오니소스는 개별화 원리인 아폴론과 달리, 분리되고 구분되었던 것을 다시 원초적이고 궁극적인 통일성 안으로 합일시키는 신이다. 특히 도식화된 합리성으로 퇴락한 도구적 이성을 파괴하고 해체시키는 의미에서 디오니소스 신은 해방자(엘레우테리오스)이며, 자유와 기쁨의 아버지라는 특징을 지닌다.

이런 점은 디오니소스 종교가 귀족보다는 하층민에게, 남성보다는 여성에게 광범위하게 받아들여졌다는 것과도 연관되어 있다. 그러한 여성들을 바카이, 마이나데스라 부른다. 이런 점은 테바이 왕 펜테우스가 디오니소스 신을 거부하고 박해하다가, 디오니소스적 광기에 빠

진 그의 어머니 아가우에와 자매들에 의해 살해당하는 이야기로 나타
난다.

그리고 디오니소스 신화에는 여성에 대한 애정도 잘 묘사되고 있다.
그것은 테세우스와 아리아드네와 연결된 이야기에서 잘 나타난다.

크레타를 지배하던 미노스 왕에게는 포세이돈 신으로부터 받은 아름
다운 수소가 있었다. 이 소는 다시 포세이돈에게 제물로 바쳐져야 하는
소였지만, 그 아름다움 때문에 미노스 왕은 제물로 바치기를 망설인다.
이것을 알게 된 포세이돈은 미노스 왕의 부인인 파시파에로 하여금 이
수소와 사랑에 빠지게 한다. 그 사이에서 반은 인간이고 반은 소의 형
태를 띤 괴물, 미노타우로스가 태어난다. 미노스 왕은 아테네에서 자신
의 아들이 죽게 된 것을 이유로, 매년 아테네 젊은이들을 제물로 보내
도록 명령한다. 이에 불복하고 아테네의 왕자 테세우스는 스스로 제물
인 것처럼 속여 미노타우로스가 있는 곳에 도착한다. 그 괴물이 있는
곳은 미로(라비린토스)여서, 누구도 그곳으로부터 빠져 나올 수가 없었
다. 이때 테세우스에게 반한 미노스 왕의 딸인 아리아드네가 도움을 준
다. 그는 그녀가 준 실을 풀어가면서, 이윽고 미노타우로스가 있는 곳
에 도착해 그 괴물을 죽이고, 실을 따라서 탈출하는 데 성공한다.

아테네의 근심거리를 해결한 후 테세우스는 아리아드네와 함께 크레
타 왕국을 떠난다. 그러나 항해 도중 테세우스는 낙소스 섬에서 잠든
그녀를 버려두고 사라진다. 테세우스는 자신을 위기에서 도와준 아리
아드네, 부모와 국가를 배신할 정도로 자신을 사랑했던 아리아드네를
버렸고, 이를 알게 된 그녀의 슬픔은 이루 말할 수 없을 정도였다. 그녀
는 테세우스가 미로로부터 탈출할 수 있도록 도와주었지만, 정작 자신
에게 닥친 사랑과 삶의 모순으로부터 자신을 구할 수는 없었다. 이때
미로에 빠진 그녀를 위로하고 아내로 삼은 신이 디오니소스이다. 그녀
가 죽은 후에는 그녀의 영혼을 별자리로 만들어주고, 지하 세계로 내려

가 그녀를 불멸의 신으로 만들어주었다는 이야기도 전해진다.

  디오니소스는 당시 사회에서 소외되고 억업받던 계층인 하층민과 여성을 위로하는 신이며, 죽음과 부활의 신이다. 디오니소스가 죽음과 부활의 신이라는 것은 예수 그리스도의 죽음과 부활을 강조하는 그리스도교의 주장과 다르지 않다. 또한 그리스 신화 속 디오니소스와 그리스도교 성서 속 예수 그리스도는 모두 신과 인간 사이에서 태어난 존재라는 공통점을 지닌다. 디오니소스는 최고의 신 제우스와 인간 세멜레 사이에서 태어난 "반-신"이며 동시에 "반-인간"인 존재이다. 예수 그리스도는 최고의 신 야훼와 인간 마리아 사이에서 태어난 "반-신"이며 동시에 "반-인간"인 존재이다. 물론 그리스도교는 이 표현 대신 "참-신"이며 동시에 "참-인간"이라고 주장하지만, 디오니소스나 예수 그리스도는 모두 인간과 연관된 신이라는 공통점을 지닌다.

  아폴론이 순수한 신인 반면 디오니소스는 신과 인간 사이에서 태어난 "사이-존재"이다. "사이-존재"로서 디오니소스는 인간의 유한한 삶, 그리고 이로부터 빚어지는 비극성과 연관된 신이다. "디오니소스가 등장했다"(Incipit Dionysos)와 "비극이 시작되었다"(Incipit Tragoedia)는 표현은 동일한 의미를 지닌다. 디오니소스의 운명은 소포클레스, 아이스퀼로스와 같은 그리스 작가들에 의해 "비극"[1]으로 나타났고, 그들의 비극이 드러내는 것은 디오니소스 정신이다. 그들이 묘사하고 있는 디오니소스 정신은, '영웅적이지만 비극적인 인간의 운명', 혹은 '비극적이지만 영웅적인 인간의 위대함'으로 나타난다.

  이와 같이 "반-신이고, 반-인간"인 디오니소스 신 안에는 "사이-존

---

[1] Tragoedia(비극)는 염소의 노래란 의미를 지닌다. 염소는 우승한 비극 작가에게 주어진 상이며, 디오니소스 신을 따르는 사티로스를 가리키기도 한다.

재"인 인간의 모습이 들어 있다.

디오니소스 신이 비극의 신인 또 다른 이유는, 그가 도취와 황홀경, 광기의 신이기 때문이다.

개별화, 형상화하는 신, 질서와 조화의 신인 아폴론과 달리, 디오니소스는 광기와 공포, 도취와 황홀경을 상징하는 신이다. 신들의 자식인 아폴론, 순수한 빛의 신인 아폴론은 비극적일 수 없다. 반면에 디오니소스는 신과 인간의 자식이고, 도취의 신이기 때문에 비극적일 수 있는 것이다. 그 시기에 디오니소스 축제는 그리스뿐 아니라, 여러 민족들 사이에서도 잘 알려진 축제였다. 그런데 대부분의 경우, 디오니소스 축제는 성적으로 문란함을 수반한 광란의 축제였다:

"이 축제의 중심에는 과도한 성적인 방종함이 있었다. … 이때 자연의 광포한 야수들이 풀려나고 … (그 축제는) 육욕과 잔인함의 끔찍한 혼합에 이르렀다."[2]

그런데 그리스인들은 이렇게 음탕하고 방종한 디오니소스 축제를 정신의 축제로, 예술적 현상으로 승화시켰다. 이제 광란의 축제는 그리스 비극이라는 예술을 통해 자유와 해방의 축제로 바뀌게 된다.

이와 같이 디오니소스는 도취와 광기, 자유와 해방의 정신을 상징한다. 도취와 광기는 모두 "자신을 벗어남"이라는 특징을 지닌다. 디오니소스적으로 "미친 자"는 어떤 것에 도취한 채 자신을 잊어버리고 잃어버린 자다. 그는 망아적 황홀경(Ek-stasie) 속으로 빠져든 자이다.

동시에 '자신을 잃어버리는 것'은, "자신의 밖으로 나가는 것"(Ek-sistenz)이다. 이때 그는 자신의 한계에서 벗어난다. 이런 의미에서 그

---

2 F. Nietzsche, *Die Geburt der Tragoedie*, KSA 1, 32.

는 자유의 정신, 해방적 정신을 추구하는 자다.

해방과 자유의 상징인 디오니소스 정신은 괴로운 노동과 지루한 일상으로부터 벗어나 즐거운 놀이와 축제를 추구한다. 디오니소스 정신은 '주어진 현실'을 부정하는 특징을 지닌다. 그것은 차갑고 뻣뻣하게 굳어진 아폴론 정신, 즉 피와 살이 없어진 채 도식적 합리주의와 도구적 이성으로 전락한 아폴론 정신을 부정하는 정신이다.

그런데 당시 그리스 사회를 광범위하게 지배했던 것은 퇴락한 아폴론 정신이었다. 따라서 퇴락한 아폴론 정신에 대한 디오니소스 정신의 부정은 부분적인 부정이 아니라, 전체에 대한 부정의 형태를 띠게 된다. 기존의 현실 전체에 대한 부정이란 의미에서 디오니소스 정신은 두려움을 수반하는 "혁명의 정신"이다. 왜냐하면 아폴론적 그리스인들이 보기에 디오니소스 숭배자들은 자신들과 전혀 다른 것을 주장했기 때문이며, 동시에 디오니소스적인 주장 안에서 자신들이 은폐하고 억제하고 감춰왔던 세계가 들어 있음을 확인했기 때문이다.

또한 디오니소스 정신은 부정하는 정신이지만, 부정을 통해 전적으로 새로운 시대를 창조해 나간다는 의미에서 디오니소스 정신은 "위대한 긍정"의 정신이다:

"디오니소스적인 마력 속에서 인간과 인간 사이의 연합이 이루어지고, 또한 소외되고, 적대적이고 억압된 자연 역시 … 인간과의 화해의 축제를 벌이게 된다. … 이제 조화로운 세계라는 복음 속에서 인간들 각자는 자신의 이웃과 하나가 되고, 화해하고, 융해되어 있음을 느끼며, 더 나아가 마치 마야의 베일이 찢어져 비밀스러운 '근원적 일자' 앞에서 펄럭이고 있는 것과 같이, 자신의 이웃과 하나가 됨을 느끼게 된다. 이제 인간은 노래하고 춤추면서 더 높은 공동체의 구성원이 된다. 그는 걷는 법과 말하는 법을 잊어버리고, 춤

추며 다시 위로 날아 올라가려 한다."[3]

2. 니체 철학: 디오니소스적 철학

어떠한 개인도 역사적 상황, 시대적 분위기와 무관한 사람은 없다. 모든 사람은 각각의 시대의 후예이다. 이런 점은 니체에게도 해당된다. 그러나 그는, 자신의 시대를 아무 의심 없이 받아들이고 살아간 동시대인과 달리, 그 시대에서 뭔가 이상한 점을 느끼고, 그것에 대하여 질문하고, 새로운 시대를 예감하고, 그것을 실현시키려 했던 인물이라는 차이점을 지닌다.

니체는 1844년 개신교 목사 칼 루드비히와, 목사의 딸 프란치스카 사이에서 장남으로 태어났다. 그가 살았던 19세기는 신, 이성, 진리 체계가 붕괴하던 시기였다. 이것은 신의 대리자로 여겨졌던 "왕"이 참수형에 처해진 이후 가속화되었다. 왕의 죽음은 왕 중심의 사회질서와 가치 체계의 붕괴, 이성에 대한 부정으로 나타났고, "역사는 발전하고 인간의 삶도 행복해질 것"이라는 계몽주의적 낙관론 대신 혼돈과 무의미, 불확실성이 지배하게 되었다. 이렇게 모든 진리 체계가 더 이상 작동되지 않는 상태를 니체는 "신은 죽었다"라고 표현한 것이다.

니체는 "즐거운 학문"에서 미친 자에 대하여 묘사하고 있다. 미친 자는 대낮에 등불을 들고 신을 찾고 있다. 여기서 "대낮"은 기존의 진리 체계가 밝혀주던 빛을 의미한다. 그러나 이제 "대낮"은 빛을 잃어버렸

---

3 위의 책, KSA 1, 29-30.

고, 모든 것은 어둠 속에 잠겨버렸다. 그래서 미친 자는 작은 등불을 들고 길을 밝히려고 애쓰는 것이다.

그러나 플라톤의 "동굴의 비유"에 묘사되고 있는 사람들과 마찬가지로, 이미 어두워진 진리 체계에 익숙한 사람들에게 대낮은 여전히 "밝은 대낮"으로 여겨질 뿐이다. 따라서 그들은 밝은 대낮에 아주 희미한 등불을 들고 있는 자를 미친 사람으로 여기고 있는 것이다. 그러나 현재적 어둠을 밝음(과거의 가치)으로 여기는 사람들과, 그 밝음이 사라진 것을 아는 사람 중에, 누가 미친 자인가?

어쨌든 다음 장면에서, "나는 신을 찾고 있다! 나는 신을 찾고 있다!"[4]고 절규하는 미친 자와, 그를 비웃는 군중들의 모습이 묘사되고 있다.[5] 그들은, "신이 길을 잃었는가? 신이 어린아이처럼 도망쳤는가? 신은 숨어버렸는가? 신은 우리 앞에 나타나기를 두려워하는가?"라고 비웃는다. 이들은 "신"으로 대표되는 절대적 가치를 한 번도 추구한 적이 없는 사람들이다. 그들에 비해 미친 자는 절대적 가치를 추구하는 자이다. 그러나 그가 발견한 것은, 신이 죽었다는 사실이었다. 그는 "신이 어디로 갔느냐고? 너희에게 그것을 말해 주겠노라! 우리가 신을 죽였다—너희와 내가! 우리 모두가 신을 죽인 살인자이다!"[6]라고 외친다. 군중들은 신과 무관한 삶을 살았던 사람들이었기에 처음부터 신을 필요로 하지 않았고, 미친 자는 절대적인 신을 추구하며 살아왔지만, 그

---

4 F. Nietzsche, *Morgenroete*, KSA 3, 480.

5 "즐거운 학문"에서 미친 자를 비웃는 군중들은 "신을 믿지 않는 사람들"이라고 표현되어 있다. 이들은 "신의 죽음" 이후 자신의 삶을 스스로 창조해 나가는 사람이 아니라, 신이 살았든, 죽었든 아무 상관하지 않고 살아가는 지극히 현실적인 사람들, 즉 "진리"와 아무 상관없이 살아가는 일상적 인간들(이러한 인간을 니체는 "마지막 인간"이라고 칭한다)에 불과하다.

6 위의 책, KSA 3, 481.

신은 더 이상 인간에게 아무 영향도 끼칠 수 없게 된 신이라는 것을 깨
달았기 때문이다. 그리고 그는 말한다:

"신을 무덤에 묻는 자들의 소음이 들리지 않는가? 신의 시체 썩는 냄새가 나
지 않는가? 신들도 썩는다! 신은 죽었다! 신은 죽은 채 머문다!"[7]

군중들과 달리, 미친 자에게 신의 죽음은 단순히 신이 죽었다는 사실
뿐 아니라, 지금까지 신이 부여했던 모든 질서와 가치, 법칙도 함께 부
정되고 소멸되었다는 것을 뜻한다. 이제는 위/아래, 안/밖, 오른쪽/왼
쪽, 앞/뒤를 규정하고 구분해 주던 척도가 사라졌다. 이런 상태를 미친
자는, "우리는 어디를 향해 움직이고 있는가? … 우리는 계속해서 떨어
지고 있는 것은 아닐까? 뒤로 옆으로 앞으로 모든 방향으로? 아직도
위, 아래가 존재하는가? 무한한 무를 통과하듯이 길을 잃은 것은 아닌
가?"[8] 라고 탄식하고 있는 것이다.
　이렇게 모든 가치가 무가치하게 된 시대적 상황을 니체는 "허무주의"
라고 규정한다:

"허무주의란 무엇을 의미하는가? — 최고 가치들이 무가치하게 된 것, 목표
가 없어진 것, '무엇 때문에'(Warum)에 대한 대답이 결여되어 있다는 것"[9]
이다.

　그런데 이러한 허무주의가 바로 "문 앞에 와 있다". 그렇다면 "모든 손님들

7　위의 책, KSA 3, 481.
8　위의 책, KSA 3, 481.
9　F. Nietzsche, *Wille zur Macht*, 10.

중에서도 가장 섬뜩한 이 존재는 어디에서 온 것인가?"[10]

니체에 의하면 허무주의는 어떠한 개인이 느끼는 주관적인 기분이나 감정이 아니다. 예를 들어 우리는 최선을 다해 노력한 일이 아무 성과도 내지 못하거나 혹은 최악의 결과로 이어질 때, 혹은 삶이 너무 부조리할 때, 다른 사람들에겐 행운이 따르는 것 같은데 유독 자신에게만 고통과 시련이 따를 때, 우리는 '산다는 것은 허무한 일이다'라고 말하거나, 허무한 감정에 사로잡혀 무력감에 빠지기도 한다. 그리고 세상에 대하여 비관적이거나 염세적인 태도를 취하기도 한다.

그러나 니체가 규정하는 "허무주의"는 개인이 느끼는 주관적인 기분이나 감정이 아니다. 즉 개인이 주관적으로 허무주의적인 감정을 느끼기 때문에 세계가 허무한 것이 아니라, 반대로 개인의 기분보다 앞서 세계의 본질이 허무주의이기 때문에, 개인은 허무주의적인 기분과 감정에 빠질 수 있는 것이다.

니체에 의하면, 허무주의는 개인적인 감정, 기분이 아니라, 서구 정신 속에 처음부터 내재되어 있던 근본 원인이고, 그것이 도달한 필연적인 결과이다. 서구 사회는 허무주의를 피할 수 없다. 왜냐하면 허무주의는 서구 사회를 지탱해 온 두 정신인 플라톤 철학과 그리스도교의 본질 속에 은폐되어 있던 것이 19세기에 드러난 것이기 때문이다.

그렇다고 허무주의 앞에서 맥을 놓고 무기력하게 살아갈 수는 없다. 그렇게 살아가는 방식은 비관주의, 염세주의에 해당한다. 반면에 니체가 자신의 시대를 허무주의라고 규정한 것은, 허무주의를 극복하고자 하는 절박함에서 비롯된 것이다.

---

10 F. Nietzsche, *Wille zur Macht*, 7.

앞에서 인용한 "즐거운 학문"에 의하면, 미친 자는 그날—신의 죽음을 외친 날—여러 교회를 다니며 진혼곡을 치면서, 혼잣말로 "교회가 신의 무덤이 아니라면 뭐란 말인가?"라고 중얼거렸다고 한다. 이것은 신이 죽었다는 사실, 허무주의의 도래를 인정하는 태도이다. 그러나 동시에 미친 자의 표현 안에는, 그리스도교(교회)의 본질이 허무주의(무덤)였다는 것을 있는 그대로 받아들이는 태도도 포함되어 있다. "즐거운 학문"의 이야기는 미친 자가 진혼곡을 치는 것으로 끝나지만, 내용적으로 보면 그는 허무주의 이후의 새로운 시대를 기대하고 있다:

> "이것보다 더 위대한 행위(신의 죽음이라는 사건)는 존재한 적이 없었다. 우리 이후 태어날 자는, 이러한 행위로 인해, 지금까지의 모든 역사보다 더 높은 역사에 속하게 될 것이다."[11]

니체는 "즐거운 학문"에서 미친 자의 말을 통해 자신이 하고자 하는 일, 해야만 하는 일이 무엇인지 밝히고 있다. 그것은 디오니소스 정신이 퇴락한 아폴론 정신을 해체했듯이, 2000년간 서구 정신을 지배했던 플라톤 철학과 그리스도교를 부정하고, 파괴하고 전복시킨 후, 새로운 정신을 창조하는 일이었다. 이런 의미에서 니체의 철학은 디오니소스 정신을 잇는 철학이라고 볼 수 있다. 이것은 니체 자신의 고백에서도 나타난다:

> "그런 것은 결코 쓰여진 적도 없고, 느껴진 적도 없었다. … (지금) 한 신이, 디오니소스가 (나의 작품 안에서) 괴로워하고 있다. … 아리아드네가 무엇

---

11   F. Nietzsche, *Morgenroete*, KSA 3, 481.

인지 나 외에 누가 알겠는가!"[12]

이렇게 니체는 자신이 하려는 일이 지금까지 그 누구에 의해서도 시
도된 적이 없었다는 것을 강조하면서, 자신을 디오니소스라고 칭하고,
그 공격 대상이 서구 정신 전체라는 점을 다음과 같이 함축적으로 표현
한다:

"나를 이해했는가? — 십자가에 못 박힌 자 대 디오니소스 …"[13]

3. 망치를 든 철학자 니체

우리 앞에 거대한 건축물이 우뚝 솟아 있다. 처음에 그 건축물은 작고
낮았다. 그러나 거주하는 사람들이 많아지면서 점점 넓은 공간이 필요
해졌고, 사람들은 공간 확보를 위해 1층씩 올리는 작업을 했다. 이 작업
은 꾸준히 계속되어, 지금 그 건축물은 200층에 이른다.
　1층을 올리는 데 10년이 걸렸으니, 그 건축물은 거의 2000년이 된
셈이다. 오랜 세월이 지나면서 건축물에는 여러 하자들이 생기기 시작
했다. 배관이 터지거나, 벽에 누수가 생기거나, 보온이 되지 않거나, 심
지어는 벽에 금이 가는 경우도 있었다. 이때마다 사람들은 하자가 있는
곳을 부분적으로 보수하며 살아갔다. 보수를 한 후 얼마 동안은 걱정
없이 살아갈 수 있었다. 그러나 보수해야 할 문제는 계속 생겼다. 그렇
게 여기저기 보수를 하다 보니 건축물의 안전성은 점점 심각해졌다. 그

12　F. Nietzsche, *Ecce Homo*, KSA 6, 348.
13　위의 책, KSA 6, 374.

러나 대부분의 사람들은 건축물의 안전에는 별 관심이 없었다. 설령 위험성을 알았다고 해도 그들에게는 이주할 다른 건축물이 없었다. 따라서 그들은 그 건축물 안에서 살아갈 수밖에 없었다.

이렇게 대다수의 사람들은 그 건축물이 매우 위험한 상태에 이르렀다는 것을 알게 되었지만, 그들이 할 수 있는 일은 없었다. 왜냐하면 건축물을 안전하게 하려면 대대적인 작업이 요구되지만, 그것은 엄두가 나지 않는 위험한 일이고, 또 다른 거주자들의 반대에 부딪치기도 했기 때문이다. 그럴수록 건축물의 위험도는 매우 심각한 지경에 이르렀다.

이때 누군가가 나서서, 이 건축물은 곧 붕괴될 수 있고, 붕괴 시 많은 사상자를 낼 수 있다고 외치기 시작했다. 그러나 사람들은 그의 말을 대수롭지 않게 흘려 버렸다. 이제 그는 자기 혼자라도 건축물을 부수고 해체시켜야 한다고 결심했다. 그것은 매우 위험한 일이라는 것을 알고 있었다. 왜냐하면 건축물을 부수다가 자신도 깔려 죽을 수 있기 때문이다. 그럼에도 그는 망치를 들고 부수기 시작했다. 사람들은 그를 미친 자라고 불렀다.

니체가 하려는 일이 어떤 것인지 보여주기 위해 짧은 이야기를 구성해 보았다. 이야기 속 건축물은 서구 형이상학 전체에 대한 비유이다. 보수하는 사람들은 부분적인 개혁을 추구했던 철학자들이고, 거주민들은 서구 사회 구성원들이다. 그리고 망치를 든 사람은 니체다.

니체는 자신이 하려는 일을 "운명"이라고 생각했다. 왜냐하면 자신이 하려는 일은 지금까지 그 누구도 실행하지 못했던 일, 즉 서구 정신 전체를 해체시키는 일이었기 때문이다. 이것은 강력한 파괴력이 없으면 불가능한 일이었다. 이런 점을 니체는 다음과 같이 고백한다:

"나는 나의 운명을 안다. 언젠가 사람들은 내 이름에서 어떤 섬뜩한 것을 기
억하게 될 것이다 … 나는 인간이 아니다. 나는 다이너마이트이다."[14]

다이너마이트는 건축물 전체를 파괴하는 강력한 힘이다. 그런데 역
사의 흐름 속에서 다이너마이트와 같은 폭발력을 지닌 사람을 니체는
"천재"라고 부른다. 천재는 모든 힘을 다해 자신의 존재를 발산하는 자
이다. 그의 행위는 기존의 진리관, 윤리관에 의해 평가될 수 없다. 왜냐
하면 천재는 그러한 것들을 파괴하고, 새로운 길을 열어젖히는 자이기
때문이다. 그는 범람한 강물이 새로운 길을 드러내듯이, 자유롭게 자신
을 드러낸다. 이것이 그의 존재 의미이며, 그의 위대함이다.

이런 의미에서 니체는 천재를 강한 자로, 일반 군중을 약한 자로 규
정하며, 자신을 다른 사람들과 혼동하지 않기를 요구한다:

"내 말을 들으시오! 나는 이러이러한 사람이기 때문이오. 무엇보다도 나를
혼동하지 마시오!"[15]

어떠한 사건의 본질을 확인하기 위해, 때때로 우리는 그 사건의 밖에
있을 필요가 있다. 이와 마찬가지로 2000년간 서구 정신을 지탱해 왔
던 두 기둥인 플라톤 철학과 그리스도교의 본질을 밝히기 위해, 니체는
"깊은 곳으로 내려가는 일", 혹은 "높은 곳으로 올라가는 일"을 시도하
고 있다. 얼핏 보기에 "깊은 곳"과 "높은 곳"은 서로 반대되는 장소를 지
칭하는 것처럼 보이지만, "깊은 곳"과 "높은 곳"은 모두 서구 정신의
"밖"에 위치한 장소라는 공통점을 지닌다. 그는 "아침놀"에서 자신을

---

14 위의 책, KSA 6, 365.
15 위의 책, KSA 6, 257.

"지하에서 작업하는 사람"이라고 표현한다. 그것은 하늘을 지향하는 이
상주의에 대한 거부를 뜻한다:

> "나는 깊은 곳으로 내려갔고, 그 바닥에 구멍을 뚫었고, 우리 철학자들이 수
> 천 년간 신뢰해 왔던 것들을 조사하고 파헤치기 시작했다. 이것들이 가장 안
> 전한 지반인 것처럼 철학자들은 그 위에 '철학'을 세우곤 했다. 그럼에도 그
> 위에 세워진 모든 건축물은 지금까지 계속해서 붕괴되어 왔다."[16]

니체가 "깊은 곳"에서 발견한 것은, 서구 정신이라는 건축물을 지탱
해 주던 지반 역시 언제라고 붕괴될 수 있을 정도로 부실하고 허약했다
는 점이었다. 이런 점을 확인한 이상, 이제 필요한 것은 서구 정신에 대
한 부분적인 개선이 아니라, 그 전체를 해체하는 일이다. 이를 위해 서
구 정신을 위에서부터 조감할 수 있어야 한다. 그곳이 바로 "높은 곳"이
며, "높은 곳"은 기존의 서구 정신을 뛰어넘는 니체 자신의 철학을 지칭
하는 표현이다:

> "내 작품들의 공기를 맡을 줄 아는 자는, 그것이 높은 곳의 공기, 강
> 렬한 공기라는 것을 안다 … 지금까지 내가 이해하고 살아온 철학은 얼
> 음과 높은 산에서의 자발적인 삶이다—(그것은) 모든 낯설고 의문스러
> 운 것들을 … 찾아내는 것이다."[17]

---

16 F. Nietzsche, *Morgenroete*, KSA 3, 12.
17 F. Nietzsche, *Ecce Homo*, KSA 6, 258.

4. 진리와 도덕에 대한 비판

"진리는 존재하는가?" "진리는 무엇인가?"

이것은 서구 정신사를 통해 아주 오랫동안 제시되어 왔던 질문들 중 하나이다. 이 질문에 대하여 플라톤 철학과 그리스도교 가르침은, '진리는 존재한다'고 가르쳐왔다.

진리가 존재하는지, 존재하지 않는지 우리는 확실히 알 수 없다. 그러나 인간은 진리 없이 살아가기보다는, 차라리 가상의 진리 안에서라도 살아가기를 원한다. 본능적으로 인간은 "아무것도 원하지 않는 것 (nichts wollen)보다는 차라리 무를 원하는(das Nichts wollen)" 존재이다. 진리 없이 살아가는 대신 인간은 "없는 것" 자체를 진리로 여기며 살아가기를 원하는 것이다.

이때 진리는 망망대해 속에서 표류하고 있는 선원들에게 올바른 길을 알려주는 등대와 같은 역할을 한다. 그것은 불확실하고 불안한 삶에 안정감과 올바른 방향을 지시해 준다. 그런데 등대와 같은 척도 역할을 해왔던 진리가, 사실은 존재하지 않는 것이었다면 어떤 일이 벌어질까?

어쩌면 "우리에게 전승되어 온 진리가 진정한 진리인가?"라는 것은 인간에게 중요한 관심이 아닐 수도 있다. 왜냐하면 아무 이정표도 없는 것보다 잘못 적힌 이정표라도 있는 것이 유용할 수도 있기 때문이다. 또한 그것이 잘못된 이정표, 즉 거짓이라 할지라도 많은 사람들이 그 방향을 향해 걸어가면, 어느덧 그 방향은 올바른 방향으로 여겨지기도 한다. 이런 일은 서구 정신사를 통해서도 벌어졌다.

예를 들어 그리스인들은 소크라테스와 플라톤이 나타나기 전에도 잘 살았다. 그들에게는 현실적 유용성을 가르치는 소피스트들이 있었다. 이때 그리스인들은, 어차피 삶은 불평등한 것이고, 이러한 경쟁 속에서 투쟁하고 승리하여 권력을 얻으면 그것이 곧 진리라고 생각했다. 그들에게도 진리는 존재했다.

이런 점은 그리스도교에서도 찾아볼 수 있다. 당시 로마인들이나 유대인들은 각각 자신들만의 진리를 가지고 있었다. 그런데 예수가 나타나 또 다른 진리를 설파하기 시작했다. 결국 예수는 법정에 넘겨지고, 거기서 예수와 로마 총독 빌라도 사이에 대화가 오간다. 빌라도는 예수의 말을 들은 후, "진리가 무엇인가?"라고 묻는다. 그가 진리가 무엇인지 몰랐기 때문이 아니다. 오히려 그에게 진리는 로마 황제뿐이었다. 따라서 빌라도는 예수가 말하는 진리를 이해할 수 없었다. 왜냐하면 예수가 말하는 진리는 로마인들이 알고 있던 진리가 아니었기 때문이다. 로마 황제는 현실적 권력과 힘을 의미하는 진리였던 반면, 예수의 진리는 무력하고 초라해 보였기 때문이다.

그리스인이나 유대인의 경우, 그들은 진리를 가지고 있었다. 그런데 소크라테스(플라톤)나 예수의 등장과 더불어 새로운 진리가 등장한 것이고, 한동안 사람들은 그것을 진리라고 생각하지 않았다. 왜냐하면 그들이 전부터 알았던 진리가 익숙하고 편했고, 옳게 여겨졌기 때문이다.

그러나 결국엔 플라톤 정신과 예수의 가르침이 서구인들에게 절대적인 진리로 받아들여지고, 그 후 2000년간 서구 정신을 지배하게 된다.

그런데 니체는 플라톤과 그리스도교의 진리 역시 진리가 아니라고 주장하고 있다. 이러한 주장은 낯설게 여겨질 수 있다. 왜냐하면 2000년 동안 익숙해져 온 진리를 부정하는 주장이기 때문이다. 그러나 이러한 점은, 플라톤과 예수가 진리를 말했을 때 당시 사람들이 이상하게 여긴 것과 같다. 그리고 결국 플라톤과 그리스도교의 가르침이 진리가 되었듯이, 이러한 진리 역시 그 본질에 있어서는 진리가 아니라는 니체의 주장도 또 다른 진리가 될 수 있을 것이다. 그러나 오래된 습관에 익숙해진 일반인들에게는, 그 당시 진리라고 여겼던 플라톤과 그리스도교의 가르침이 진리가 아니라는 니체의 주장은 모두 생소하고 불편하게 여겨질 것이다.

니체는 이전의 진리를 부정했고, 이것을 "신은 죽었다", "허무주의"라고 표현한 것이다. 그러나 자신의 주장 이후에도 동시대인들과 후대인들은 여전히 "죽은 신(진리)의 그림자" 안에서 살아갈 것이라는 점을 니체도 인정한다:

"새로운 투쟁 — 부처가 죽은 후에도 사람들은 수세기 동안 동굴 안에서 엄청나고 무시무시한 그의 그림자를 보여주었다. 신은 죽었다. 그러나 인간이란 종족이 그렇듯이, 앞으로도 그의 그림자는 수천 년 동안 여전히 존재할 것이고, 사람들은 그것을 보여줄 것이다 — 그리고 우리는 그 그림자와 싸워 이겨야 한다."[18]

그렇다면 니체는 왜, 어떤 근거로 플라톤 철학과 그리스도교의 가르침이 허무주의적인 비진리라고 주장하는 것일까? 니체에 의하면 플라톤 철학과 그리스도교 가르침은 모두 초월적 이데아 세계와, 하나님 나라를 강조하고 있다. 이러한 강조는 구체적 삶과 인간의 육체성, 대지의 중요성을 부정하고, 더 나아가 이것을 악과 연결시키는 주장으로 이어진다. 그런데 니체에게 삶, 육체성, 대지를 부정하는 주장은 진리가 될 수 없고, 되어서도 안 된다.

플라톤은 "파이돈"에서, 이상한 이야기를 소개하고 있다. 거기에는 소크라테스가 죽기 직전 아이소포스(이솝) 우화들을 운문으로 만들고,

---

18 F. Nietzsche, *Morgenroete*, KSA 3, 467.

아폴론 신에 대한 찬가를 짓는 장면이 묘사되어 있다. 평생 동안 소크라테스는 예술을 "아첨의 예술"이라고 비판하면서 비철학적 유혹으로부터 거리를 두고, 단지 철학에 전념하라고 말해 왔다. 그러던 그가 갑자기 예술 작품을 짓기 시작한 것이다. 그것도 죽기 직전에. 이렇게 이상한 모습을 보고 케베스는 소크라테스에게 "왜 갑자기 예술 작품을 짓는지" 질문하고, 이에 대하여 소크라테스는 다이몬이 그에게 "음악을 행하라"라고 말했다고 대답한다. 그러면서 다음과 같이 덧붙인다:

"그 꿈들이 여러 차례나 지시한 것이 정말로 이런 시가(Mousike)를 지으라는 것이라면, 양심에 께름칙한 것이 없게 하느라고 한 것이라고 말일세."[19]

평생 예술을 부정했던 소크라테스는 죽기 직전 시가를 짓는다. 그 이유를, 다이몬이 그렇게 하라고 했기 때문이라고 말한다. 즉 시가를 지으면서 그동안 양심의 가책을 덜라고 말했다는 것이다. 이것은 무슨 이야기인가?

죽기 직전은 인간이 가장 솔직해지는 시간이다. 그때 소크라테스는 자신이 예술을 부정해 왔던 것에 대하여 양심의 가책을 느꼈다는 것이다. 그래서 죽기 직전 시가를 지었다는 것이다. 말하자면 소크라테스는 자신이 평생 동안 오류에 빠져 있었다는 것, 자신의 삶과 철학이 오류였음을 고백한 셈이다.

이런 고백은 다른 곳에서도 확인할 수 있다. 소크라테스는 죽기 직전에 단 하나의 유언을 남긴다. 그것은 의술의 신인 아스클레피오스에게 닭 한 마리를 바쳐달라는 부탁이었다.

당시 그리스인들은 병에 걸린 후 다시 건강을 회복하게 되면, 감사의

---

19 Platon, 『플라톤의 네 대화편』, 박종현 역주, 서광사, 2003, 파이돈 60e.

표시로 의술의 신 아스클레피오스에게 닭 한 마리를 제물로 바치는 풍습이 있었다. 이 풍습을 소크라테스는 죽기 직전에 부탁한 것이다. 그렇다면 그는 삶은 병든 것이고, 죽음은 건강을 회복하는 것이라고 주장하고 있는 셈이다. 이 점에 대하여 니체는 다음과 같이 해석한다:

"산다는 것 ─ 이것은 오랫동안 병들어 있었다는 것을 의미한다네: 나는 구원자 아스클레피오스에게 닭 한 마리를 빚졌다네."[20]

니체에 의하면, 플라톤은 이러한 소크라테스의 유언에 주목하지 않았다. 오히려 그는 소크라테스가 주장한 절대 가치를 이데아라는 표현을 통해 이어나갔다. 그리고 이러한 플라톤 철학이 서구 정신을 지배했다. 그런데 니체는 플라톤을 "병든 자"라고 비판하고 있다:

"우리는 의사로서, '어디에서부터 그 병은 고대의 가장 아름다운 존재인 플라톤에게 옮겨왔는가?'라고 물어야 할 것이다. 그도 사악한 소크라테스가 타락시킨 것인가?"[21]

니체는 자신을 의사로 표현하면서, 플라톤이 병에 걸렸다고 진단하고 있다. 플라톤은 무슨 병에 걸린 것일까? 니체의 대답은 명확하다. 플라톤은 이데아 병에 걸린 것이다. 그렇다면 니체는 왜 이데아론을 질병으로 간주하는 것일까? 이에 대한 대답도 명확하다. 이데아론은 삶을 부정하기 때문이다. 이러한 현상은 그리스도교 가르침에도 해당된다. 플라톤 철학과 그리스도교는 모두 삶을 피하고, 부정하며, 모든 강조점

20 F. Nietzsche, *Ecce Homo*, KSA 6, 67.
21 F. Nietzsche, *Jenseits von Gut und Boese*, KSA 5, 12.

이 "저 세상"(이데아 세계, 천국)을 향하고 있기 때문이다. 그러나 저 세상은 "존재"하지 않는다. 그 세계는 단지 현실적 삶에 지치고, 무능한 사람들이 만들어낸 가상의 세계에 불과하다.

그들은 삶이 고통스럽다는 것을 경험했지만, 그 고통을 해결할 능력을 갖지는 못한 사람들이다. 그들에게도 더 나은 삶을 살고 싶다는 욕망이 있다. 그러나 현실적으로 그러한 삶을 살 수 없을 때, 그들은 또 하나의 세계를 만들어내고, 이 세계야말로 유일하게 참된, 진리의 세계이며, 영원한 세계라고 주장하기 시작한 것이다. 이러한 주장의 배후엔 현실적 삶에 대한 무능력과 체념이 들어 있으며, 동시에—역설적이지만—자신들도 좋은 세계에 살고 싶다는 희망 역시 들어 있다. 이런 점은 그들이 주장하는 이데아나 천국의 모습이 너무도 현실과 유사하며, 단지 현실보다 더 좋은 현실의 모습을 띠고 있다는 점에서도 확인할 수 있다. 그러나 이러한 일이 현실적으로 불가능하기에 그들은 가상 세계 속에서 그들의 희망을 "마치 현실인 듯이" 즐기고 있는 것이다:

"육체와 대지를 경멸하는 병든 자, 죽어가는 자들은 하늘나라와 구원의 핏방울을 고안해 냈다. 그러나 그들은 이 달콤하고 음울한 독조차도 육체와 대지로부터 얻어냈던 것이다."[22]

이런 태도에는 삶에 대한 무능력, 저 세계에 대한 희망 외에, 강자에게 복수하고 싶다는 욕망도 숨어 있다. 이들은 현실적으로 강자를 이길 수 없다는 것을 잘 알고 있다. 그러나 그들도 강자가 되고 싶은 욕망이 있다. 니체에 의하면 모든 인간은 강자가 되기 원한다. 비록 약자는 강자에게 무릎을 꿇지만, 그 역시 자신보다 더 약한 사람 위에 군림하고

22 F. Nietzsche, *Also sprach Zarathustra*, KSA 4, 37.

싶어 한다. 그럼에도 불구하고 현실적으로 강자를 이길 수 없기에, 그들은 저 세계를 만들고, 그 세계에서 강자에게 복수하기를 욕망하는 것이다. 그 복수의 방법은 간단하다.

약자인 자신들은 그 세계에 들어갈 수 있고, 강자는 들어갈 수 없다고 주장하는 것이다. 이를 위해 약자는 자신들을 선한 자로, 강자를 악한 자로 규정한다. 악한 자에게 저 세계는 허락되지 않을 뿐 아니라, 그들은 영원한 고통을 받아야 한다는 것이다. 우리는 이런 주장을 그리스도교인들에게서 종종 발견한다. 그들은 현실의 삶이 끝나면 사람들은 천국이나 지옥으로 보내진다고 주장한다. 그리스도교인은 천국으로, 그렇지 않은 사람들은 지옥으로. 그러나 이러한 주장보다 더 복수심과 원한 감정으로 가득한 주장이 있겠는가?

이렇게 피안의 세계를 만들어내면서, 약자는 자신들의 희망, 욕망, 그리고 강자에 대한 원한 감정을 모두 해결하는 것이다.

이러한 약자를 니체는 "병든 자", "태어나자마자 죽기 시작하는 자", "소멸해 가고 있는 자", "피로와 체념에 가득한 자", "영혼이 결핵에 걸려 있는 '노란 자'"라고 표현하며, 이들을 조심하라고 경고한다:

"나의 형제들이여, 맹세하거니와 이 대지에 충실하게 머물라. 저 세상적인 희망에 대하여 말하는 자들을 믿지 말라! 그들은 … 독을 탄 사람들에게 주는 자들이다. 그들은 생명을 경멸하는 자들이고, 스스로 … 독에 중독된 자들이다."[23]

이들은 현실의 삶, 대지, 육체 대신, 영원한 피안의 세계, 하늘, 영혼을 강조하고 있으며, 이러한 경향은 서구 정신 2000년을 통해 지속되

---

23 위의 책, KSA 4, 15.

어 왔다는 것이 니체의 비판이다.

그러나 예수, 부처, 소크라테스 등과 같이 인류의 정신적 스승으로 간주되는 현자들이 모두 위와 같은 주장을 했다면, 그들의 일치된 주장은 진리로 받아들여져야 하는 것이 아닌가? 현자들의 의견이 일치한 것은, 그 주장이 진리임을 입증하는 것은 아닌가? 이러한 가능성을 니체는 일축해버린다:

"어느 시대에서든 현자들은 삶에 대하여 동일한 판결을 내렸다; 삶은 별 가치가 없다고 … 항상 그리고 도처에서 사람들은 그들의 입에서 똑같은 소리를 들었다―그것은 회의에 차고, 우울하며, 삶에 완전히 지치고, 삶에 반대하는 소리였다."[24] (우상 87, 차라 204)

니체에 의하면, 현자들의 의견 일치는 진리를 보증하는 것이 아니다. 오히려 그들의 의견 일치는 그들의 "생리적 일치"(physiologische Uebereinstimmung)를 드러낼 뿐이다. 그런데 서구 정신은 이들의 생리적 일치를 진리에 대한 의견 일치로 여기는 오류를 범했다는 것이다. 이러한 오류의 역사가 서구 정신의 역사였기에, 니체는 그것을 허무주의라고 비판하고 있는 것이다.

이런 비판은 진리론뿐 아니라, 도덕에까지 이어진다.

대부분 우리는 "도덕", "윤리"라는 표현에서, 사랑, 헌신, 배려, 선함, 고결함 등의 의미를 떠올린다. 이것은 자기 자신보다 타인에 대한 사랑을 강조하는 공통점을 지닌다. 그러나 사랑이란 무엇인가? 자신보다 타인을 더 사랑해야 하는 이유는 무엇인가? 선하다는 것은 어떤 의미인

---

24 F. Nietzsche, *Ecce Homo*, KSA 6, 67.

가? 언제부터 도덕, 윤리라는 표현은 이러한 의미들을 갖게 되었는가?

　니체는 도덕에 대하여 우리가 일반적으로 갖고 있는 표상들, 혹은 선
입견들을 부정하고, 도덕이 왜, 언제 발생했고, 어떻게 인간 사회에 전
승되어 왔는지 분석하고 있다. 이를 위해 그는 "계보론"이란 방법을 제
시하고 있다. "계보론"은 현대인이 당연하다고 여기는 도덕적 가치가
어떤 이유에서 생겨났는지, 그 발생학적 과정을 과거로 소급하면서 확
인하는 방법이다. 이 방법론을 통해 니체는, 현대와 다른 초기 상태의
도덕적 가치가 무엇인지, 그리고 그 가치가 시대의 흐름 속에서 어떻게
다른 형태로 전도되었는지를 보여주고 있다.
　니체에 의하면, 현대인에게 익숙한 도덕적 가치는 선험적인 가치, 보
편적인 가치가 아니라, 인간의 경험으로부터 형성된 가치이다. 그리고
인간의 경험은 각각의 민족들이 처한 자연적 조건이나 역사적 상황에
따라 달라지기 때문에, 도덕적 가치는 절대적이고 보편적이 아니라, 상
대적이고 지엽적인 차이를 지니게 된다.
　인간이 경험할 수 있는 것은 제한되어 있다. 인간의 눈은 아주 먼 곳
을 보지 못하고, 귀는 아주 작은 소리를 듣지 못하고, 코는 예민하게 냄
새를 구분하지 못한다. 인간은 자신의 존재적인 한계 내에서 삶을 경험
한다. 인간이 살아가는 시간과 공간도 아주 작은 부분에 불과하다. 이
렇게 작은 세계에서 빈약한 감각을 통해 우리는 삶을 경험하고 이해한
다고 여긴다. 그러나 우리가 알고 있는 세계는 세계 자체가 아니라, 우
리의 감각에 비친 모습일 뿐이다. 이러한 모습은 또 다시 각각의 민족
이 살아가는 자연적 조건과 역사적 상황에 의해 서로 다른 형태로 채색
되고 구체화되는 것이다. 이런 의미에서 인간의 앎은 관점주의적(pers-
pektivismus)일 수밖에 없다. 즉 인간은 자신이 만들어낸 거미줄 안에
서, 그것을 전체로 여기며 살아가는 거미와 다르지 않다:

"우리들은 우리의 그물 안에 갇혀 있다. 우리들 거미는 이 그물 안에서 무엇을 잡든 … 그물 안에 걸린 것만을 잡을 수 있을 뿐이다."[25]

이와 같이 도덕적 가치는 각각의 민족에게 익숙한 관점주의적 경험에 의해 형성된 것이다. 그런데 도덕적 가치의 차이는 각각의 민족들 사이에서뿐 아니라, 강한 인간과 약한 인간 사이에서도 나타난다. 강자의 도덕은 약자의 도덕과 전혀 다르다.

강자는 자기 자신을 기준으로 좋음과 나쁨을 구분한다. 이때 "좋음"(agathos, esthlos)은 '고귀함'이란 의미를, "나쁨"은 '경멸할 만한'이란 의미를 지닌다. 강자는 무엇보다 자신의 존재를 신뢰하고, 사랑하고 자부심을 느낀다.

예를 들어 세계적인 스포츠 선수의 경우, 그는 경기가 잘 풀렸을 때, '좋다'라고, 경기가 잘 풀리지 않거나 자신이 충분히 준비하지 못했을 때, '나쁘다'라고 말한다. 좋음이나 나쁨은 다른 선수들과 비교해서 내린 평가가 아니라, 자기 자신에 대하여 자신이 내린 평가이다. 이처럼 강자의 도덕은 능동적이고 긍정적인 의미를 지닌다. 강자의 도덕에 의하면, "좋음"은 '고귀한', '귀족적인', '고결한 기질의'란 의미와 연관되며, 고귀한 인간은 궁극적으로 "힘"이 강한 자, 명령하는 자, 자유로운 자, 투쟁하는 전사를 뜻한다. 반면에 "나쁨"은 "좋음"에 이르지 못한 상태를 표현하는 단어일 뿐이다.

그런데 강자의 도덕적 가치 "좋음"과 "나쁨"은 약자의 도덕에서는 전혀 다른 의미로 변한다. 니체에 의하면 약자는 '겁쟁이', '불안해하는 자', '출신이 비천한 자', '비겁하고 야비한 자'를 뜻한다. 약자는 자신을 스스로 평가하기보다는 강자와 비교해 평가한다. 따라서 약자의 도덕

---

25 F. Nietzsche, *Ecce Homo*, KSA 3, 110.

은 반동적, 수동적, 부정적인 의미를 지닌다.

약자는 자신이 힘이 약하다는 것, 강자를 이길 수 없다는 것을 잘 안다. 그들 역시 강해지고 싶은 욕망은 있지만, 현실적으로 이길 수 있는 방법은 거의 없어 보인다. 그렇다면 남은 것은, 약자가 스스로를 약자라고 인정해야 하는 일이다. 그러나 그것은 선뜻 내키지 않는다. 이러한 딜레마 속에서 약자가 내린 결론은 강자의 도덕을 뒤집는 일이었다.

이제 약자는 강자를 강자가 아니라 "악한" 자로, 자신을 약한 자가 아니라, 선한 자라고 규정한다. 약자는 자신의 비겁함을 선함이라는 형태로 전도시킨 것이다. 이렇게 해서 강자의 좋음(gut)과 나쁨(schlecht)이란 가치는 약자에 의해 악함(boese)과 선함(gut)으로 바뀌게 된다. 여기서 중요한 것은, "선과 악"이란 개념은 강자의 도덕에는 없었고, 단지 약자의 도덕에 이르러 나타났다는 점, 약자의 도덕의 배후에는 강자를 이기고 싶다는 원한 감정이 놓여 있다는 점이다.

따라서 니체는 약자를 병든 자, 추한 자, 천한 자라고 칭하는 것이다.

이와 같이 도덕적 가치는 강자와 약자의 도덕적 가치로 구분된다. 계보론적으로 볼 때, 강자의 가치가 약자의 가치보다 앞선다. 왜냐하면 약자의 가치는 이미 존재하는 강자의 가치를 전도시킨 것이기 때문이다. 그러나 역사의 흐름 속에서 약자의 도덕은, 놀랍게도, 점차 강자의 도덕에 대하여 승리를 얻게 된다. 어떻게 이런 일이 가능했을까? 어떻게 약자가 강자에 대하여 승리를 거둘 수 있었을까?

각각 개인으로 상대한다면 약자는 강자를 결코 이길 수 없다. 이 점은 약자도 잘 알고 있다. 따라서 약자는 집단을 이뤄 강자에 대항했던 것이다. 강자는 혼자이다. 그는 타인의 도움을 원치 않는다. 반면에 약자는 무리가 되어 몰려다니며, 서로 힘을 합해 강자에 대적한다. 이렇게 집단과 조직을 통해 약자는 강자를 제압해 왔다. 따라서 역사의 흐름 속에서 승자는, 놀랍게도, 강자가 아니라 약자인 경우가 훨씬 많았던 것이다.

그렇다고 강자가 항상 약자에게 패한 것은 아니다. 오히려 역사의 결정적인 순간에 약자의 도덕적 가치를 일순간 무너뜨리는 것은 강자였다. 역사 속에서 약자는 긴 시간 동안 승리를 거두는 듯 보이지만, 어느 한순간에 강자는 기존의 모든 가치를 파괴하고 해체시키는 것이다. 이러한 강자를 니체는 다이너마이트에 비유하고 있는 것이다.

그럼에도 대부분의 승리는 약자에게 돌아가고, 약자의 도덕적 가치가 서구 정신사를 통해 거의 2000년간 지배하게 된다. 자신들의 도덕적 가치를 공고히 하기 위해 약자는 지옥, 수치심, 죄책감, 양심의 가책 등을 고안해 낸다.

인간은 부끄러워하는 동물인가?

우리들은 살아가면서 좋은 일, 자부심에 넘치는 일이나, 혹은 나쁜 일, 부끄러운 일도 경험한다. 좋은 일도 우리 기억에 남는다. 그러나 우리 기억 속에 끈질기게 달라붙어 있는 것은 나쁜 일, 괴로운 일, 부끄러운 일이다. 이런 점을 고려하면 인간이 부끄러워하는 동물이라는 표현은 당연해 보이기도 한다. 이에 대하여 니체는 다음과 같이 말한다:

"어떻게 이런 일이(인간의 뺨이 빨개진 것) 일어났는가? 그것은 그가 그토록 자주 부끄러워해야만 했기 때문이 아닌가? … 수치심, 수치심, 수치심. 바로 그것이 인간의 역사였다."[26]

"인간이 존재한 이래, 인간은 거의 기뻐한 적이 없었다 … 이것이 우리의 원죄이다!"[27] (차라 142)

---

26 F. Nietzsche, *Also sprach Zarathustra*, KSA 4, 113.

이 인용문에 의하면, 인간이 부끄러워하는 동물이라는 점은 니체도 인정하는 듯이 보인다. 그러나 그는 인간이 부끄러워하는 동물이라는 것은 자연스러운 현상이 아니라, 역사를 통해 그렇게 만들어진 결과라고 비판한다.

니체에 의하면 강자는 부끄러워하지 않는다. 그는 자신이 최선을 다했을 때 "좋다"라고 만족해하며 웃는다. 그렇지 못했을 때, "좋지 않다", "나쁘다" 정도 말하고, '다시 잘하면 돼'라고 자신을 북돋는다. 그리고 곧바로 잊어버린다. 강자는 지나간 일에 연연하지 않는다. 오히려 그의 관심은 앞으로 다가올 사건과, 그것을 어떻게 현재에 준비하는가에 달려 있다. 이와 같이 강자의 특징은 "웃는 자", "잊는 자"이다.

반면에 약자는 웃지 못한다. 진정으로 승리한 적이 없기 때문이다. 또한 약자는 지나간 일을 쉽게 망각하지 않는다. 오히려 그 일을 계속해서 간직하고 기억한다. 왜냐하면 기억하는 자만이 복수할 수 있기 때문이다. 이런 의미에서 약자의 특징은 "부끄러워하는 자", "기억하는 자"이다. 그런데 역사의 흐름 속에서 약자가 강자를 이기고, 2000년간 약자의 가치가 지배해 왔기 때문에, 인간은 부끄러워하는 자가 되었던 것이다.

약자는 자신의 도덕적 가치를 유지하고 확고히 하기 위해, 사람들에게 끊임없이 자신을 부끄러워하도록 만들었다. 그 방법 중 하나가 "죄책감", "양심의 가책"을 지속적으로 느끼도록 하는 것이었다. 이 방법이 오래 지속되면, 사람들은 양심을 선험적인 것으로, 양심의 가책을 보편적인 진실의 소리로 여기게 된다.

그러나 계보론적으로 추적해 보면, 양심은 선험적 보편적 현상이 아니라, 특정한 세력에 의해 만들어진 현상에 불과하다. 즉 양심은 인간

---

27 위의 책, KSA 4, 114.

내면에 선험적으로 존재하는 것이 아니라, 외부에서부터 주입된 기능이라는 것이다. 그렇다면 어떻게 양심은 인간에게 주어지게 되었을까?

인간의 내면적, 심리적 현상이라고 여겨지는 양심은, 원래 채무자와 채권자라는 사회적 관계에서 생겨난 것이다. 인간은 생존에 필요한 것들을 노동을 통해 만들거나 생산한다. 이렇게 자신이 생산한 것을 팔거나, 다른 사람이 생산한 것과 교환한다. 이러한 방식으로 살아갈 때, 중요한 것은 공동체 구성원들 간의 약속이다. 나의 생산물은 정당한 가치로 평가되어야 하며, 서로 간의 교환이 이뤄질 때도, 그 교환은 정당한 방식으로 이루어져야 한다. 거기에는 속임수나 강압적인 힘이 개입되어서는 안 된다. 이러한 정당성은 공동체가 건강하게 유지되기 위해 요구되는 불문율과 같은 전제 조건이다.

정당성에 대한 요구와 약속은 매매나 교환관계뿐 아니라, 빌리는 경우에도 적용된다. 예를 들어 갑돌이는 옷을 생산하는 자라고 해보자. 갑돌이는 자신이 만든 옷을 팔거나 다른 물건과 교환하면서 살아간다. 그런데 옷이 팔리지 않는 경우, 그는 살기 위해 부득이 곡식을 빌려야 한다. 그는 곡식을 빌리면서, 그것을 반드시 갚겠다고 약속해야 한다. 그런데 약속한 시간이 지나도 갚지 않는 경우, 채권자는 채무자에게 약속 불이행에 대한 책임을 추궁할 수 있다. 그것은 공동체가 정한 기준에 따라 채무자를 모욕하거나 체벌하는 것으로 나타난다. 왜냐하면 약속을 이행하지 않는 자는 공동체에 피해를 주는 자이기 때문이다.

처음에 공동체는 약속 불이행자에게 외부적인 체벌이나, 심한 경우 추방을 명령했다. 그러나 점차 이것보다 훨씬 효과적인 방법이 있다는 것을 발견했다. 그것은 외부적인 체벌을 내면적인 체벌로 바꾸는 일이었다. 이제 약속 불이행자는 국외로 추방되는 대신, 그 공동체에 머물면서, 공동체 동료들이 보내는 차가운 시선을 감내하며 살아가야 한다.

그는 공동체에 의해 약속 불이행자라는 낙인이 찍힌 채 살아가게 되는 것이다. 그 낙인은 그의 내면 깊이까지 파고들어 지속적으로 그를 괴롭히게 된다. 이러한 내면의 소리를 사람들은 양심의 소리라고 불러온 것이다.

양심은 외부적으로 가해질 형벌이 내면화되었을 때, 비로소 나타난 현상이다. 양심은 인간의 내부에서 끊임없이 인간을 고발하고 파괴해 간다. 양심은 그에게 죄책감과 부끄러움, 고통을 자극하고, 계속해서 기억하도록 한다. 이런 의미에서 양심은 인간을 내면으로부터 파괴하는 좀벌레와 같은 병이다. 양심의 가책을 통해 인간은 더 이상 웃을 수 없게 된다. 이제 인간은 자신을 학대하는 인간이 된다. 그는 부끄러워하고, 괴로워하며 살아가게 된다. 그는 양심을 만들어낸 자들에 의해 철저하게 노예 상태로 전락하게 되는 것이다. 그들이 노예 상태로부터 벗어날 수 있는 가능성은 단 하나, 양심을 통제하는 자들에게 복종하는 일이다. 그런데 서구 정신은 이러한 통제자를 신이라고 불러왔다. 신은 인간을 죄인이라고 규정하고, 그 대가를 요구한다. 그것은 영원한 고통이고 괴로움이다. 다만 신에게 복종할 때, 인간은 고통으로부터 벗어날 수 있다. 이러한 방식을 통해 신은 인간을 지배해 왔다. 그것은 현실 세계에서는 신에 해당되는 인간, 즉 왕, 사제와 같은 지배층이 그 외의 인간들을 지배하는 형태로 나타났다.

그런데 니체는 약자의 도덕의 정체를 계보론적으로 밝혀낸 후, 이제 인간에게 긍정적이고 건강한 도덕, 즉 강자의 도덕이 시작되어야 한다고 강조하고 있는 것이다.

5

디오니소스적 인간 햄릿

니체는 셰익스피어의 작품 속 인물 햄릿을 디오니소스적 인간으로 규정한다.(KSA 56-57)

디오니소스적 인물은 도취와 황홀경에 사로잡힌 채, 일상적 한계와 경계선을 해체시키는 자이다. 디오니소스적 인간 햄릿은, 그가 살아가는 일상이 "진정한 현실"이 아니라, 일종의 "가상"이라고 느낀다. 그는 현실이라고 여겨지는 세계의 모든 것을 과거로 돌리고 망각 속에 빠져든다. 그는 마치 가면을 쓴 사람처럼 눈앞에 펼쳐지는 현실에 무관심하다.

이러한 방식으로 햄릿은 일상적 세계로부터 분리되지만, 아직은 일상적 삶으로부터 벗어나지 못한 채 살아간다. 무의미한 삶의 과정 속에서 그는 역겨움을 느끼고, 체념적 기분에 사로잡혀 있다. 이러한 상태가 "햄릿" 1막 3장까지 묘사되고 있다.

"햄릿"의 처음 부분에는 유령이 등장하고 이것을 목격한 파수병들이 놀라는 장면이 묘사되고 있다. 이것은 머지않아 뭔가 엄청난 사건이 벌

어질 것을 예고하고 있다. 그것은 햄릿이 현재의 왕과 왕비, 현재의 왕
국의 본질이 무엇인지 분명히 보게 되는 일이다.

이러한 섬뜩한 예감을 암시한 후, "햄릿"은 왕과 왕비, 왕국의 일상적
세계를 묘사하고 있다. 그 세계는 "퇴락한 아폴론적 세계", 플라톤적 이
성이 도구적 이성으로 전락한 세계이다.

작품 속 인물 클로디어스는 현실적 권력을 지닌 지배자이며, 이성적
인 모습으로 자신과 왕국을 포장하고 있다. 그의 화술은 상냥하고 정의
로워 보인다. 그는 자신이 선왕의 죽음에 대하여 슬퍼하고 있지만, 현
명한 분별력으로 그분을 추모하고 있으며, 그분의 아내이자 자신의 형
수였던 분을 한편으로는 비탄으로서, 다른 한편으로는 환희로서 자신
의 아내로 삼았다고 말한다. 또한 햄릿이 고통스러워하는 이유는, 그의
본성이 자상하고 훌륭하기 때문이라고 하면서, 그럼에도 너무 슬퍼하
는 것은 하늘과 자연을 거역하는 일이니, 비통함을 그치고 자신을 아버
지로 여기라고 말한다. 그의 말은 아름답고 너그러운 수사학적 표현으
로 나타나지만, 그의 말은 그의 존재와 무관한 말, 공허한 말에 불과할
뿐이다.

이런 점은 왕비의 말에도 해당된다. 그녀는 햄릿에게, 모든 사람은 결
국 죽는 것이니, 더 이상 아버지를 찾지 말라고 말한다. 그녀는 햄릿을
"착하다"고, 죽은 선왕을 "고귀하다"고 표현하고 있다. 이 표현을 통해
왕비 거트루드는 자신의 성품 역시 착하고 고귀한 듯이 말하고 있다.

햄릿은 아직 왕과 왕비의 말이 거짓인지 확신하지 못한다. 그러나 왕
과 왕비의 존재가 왕과 왕비의 말과 다르다는 것은 알고 있다.

그리고 햄릿은 죽은 아버지를 태양신에, 현재 왕을 짐승에 비교하며,
그와 결혼한 어머니, 그것도 선왕이 죽은 지 겨우 두 달이 지났는데 결
혼한 어머니에 대하여 절망하고 있다. 햄릿은 적어도 현재 자신이 살아
가는 일상적 현실에서 아무런 의미도 발견하지 못하고 있다. 그러나 그

배후에 놓여 있는 진실의 세계에 대하여 아직 알지 못한다. 따라서 그는 행동을 취하기보다 아무것도 변화시킬 수 없는 자신의 무력감에 대하여 한탄하고 있다. 그런데 햄릿으로 하여금 진정한 앎을 꿰뚫어볼 수 있게 하는 사건이 벌어진다. 그것은 유령으로 현현한 죽은 아버지의 말을 통해서이다. 유령은 햄릿에게, 자신은 잠자는 동안 독사에 물려 죽은 것이 아니라, 독사 같은 자에 의해 독살당했다고 밝힌다. 이렇게 자신은 생명과 왕관과 왕비를 잃었다고 말하면서 복수해 줄 것을 당부한다.

죽은 아버지의 말을 듣고 햄릿은 사태의 진실을 알게 되고, 이에 부응하는 행동을 취하기로 결심한다. 그는 "잘 있거라. 나를 잊지 말거라"라는 아버지의 부탁을 지키는 일이 자신의 존재 의미이고 운명이라는 것을 받아들인다. 그것은 잘못된 것을 바로잡는 일을 뜻한다.

여기서 햄릿이 말하는 뒤틀린 세월은 퇴락한 아폴론적 시간과 세계를 뜻한다. 그리고 그는 자신의 운명이 그 시간과 세계 전체를 전복시키는 일이라는 것을 알게 된다. 이제 그는 도취와 광기의 인물이 된다. 그는 아폴론적 이성이 한갓 무의미하고 왜곡된 가상에 지나지 않음을 깨닫고, 자신의 인식과 행동에 대하여 친구들에게 고백한 후, 왕과 왕비, 왕국 전체를 해체시킬 방법을 모색한다. 그리고 그는 왕의 죽음을 유비적으로 보여줄 광대극을 선택한다.

이러한 광대극을 궁중 안에서, 현실적 권력자 앞에서 연출한다는 것은 죽음을 각오하기 전에는 불가능하다. 왜냐하면 그러한 행위는 현실 전체를 부정하는 일이고, 이를 위해 자신의 전 존재를 걸어야 하는 일이기 때문이다. 이제 그에게는 "이것도 괜찮고 저것도 괜찮은" 방식은 허락되지 않는다. 그에게 남은 유일한 것은 "이것인가, 아니면 저것인가" 중 하나를 선택하는 일이다:

"사느냐, 죽느냐 그것이 문제로다. 어느 것이 더 고귀한가? 난폭한 운명의

돌팔매와 화살을 맞는 것인가, 아니면 무기를 들고 고해와 대항하여 싸우다
가 끝장을 내는 것인가?"(3막 1장)

이제 그는 더 이상 화려하게 포장된, 그러나 거짓된 아폴론적 세계에
속할 수 없다. 그는 디오니소스적인 삶을 선택한다. 그것은 자신에게
익숙했던 모든 것으로부터의 이별을 뜻한다. 그는 자신이 가장 사랑했
던 오필리아마저 버린다. 왜냐하면 그가 가는 길은 죽음을 걸어야 하는
험한 여정이기 때문이다. 따라서 햄릿은 그녀에게 자신이 가야 할 길에
대하여 알리거나 함께 가자고 말할 수 없다. 그렇지만 햄릿은 여전히
그녀를 사랑하며, 그녀도 자신을 사랑한다는 것을 알고 있다. 그녀를
사랑하지만, 사랑해서는 안 된다고 생각한 햄릿은, 그녀가 먼저 햄릿을
떠나도록, 일부러 광기에 찬 행동을 하며, 그녀 앞에서 단호하게 사랑
을 부정하고 결혼도 없을 것이라고 말한다.

햄릿이 이렇게 모질게 오필리아를 대한 것은 그녀가 또 다른 행복을
통해 잘 살아가기를 원했기 때문이다. 그러나 그것은 햄릿의 오해였다.
왜냐하면 오필리아 역시 햄릿을 진심으로 사랑했기 때문이다. 오필리
아가 살아주기를 원했던 햄릿의 바람과 달리, 사랑을 거부당한 그녀는
절망에 빠진다.

그리고 그녀는 햄릿과 동일한 질문—물론 셰익스피어는 오필리아에
게 이런 표현을 쓰지 않았지만—앞에 서게 된다: '사느냐, 죽느냐 그것
이 문제로다.'

그녀는 죽음을 선택한다. 그녀는 햄릿에 대하여 복수하려고 하지 않
는다. 오히려 거부당한 자신의 사랑이 진심이었음을 스스로 확인하고
간직하기를 원한다. 그녀는 물에 빠져 죽는다. 이때 물은 "가장 여성적
인 죽음의 물질"(바슐라르, 물과 꿈), 즉 여성의 눈물을 상징한다. 그녀
가 물에 빠져 죽은 것은, 자신의 눈물 속에 빠져 죽은 것에 대한 비유이

다. 그녀가 죽었을 때, 그녀의 머리칼은 물의 흐름에 따라, 마치 화환처럼 출렁인다. 그녀는 살아 있을 때 꽃의 화환을 만들었다. 그런데 그녀는 죽었고, 이제 그녀의 머리칼이 죽음의 물속에서 또 다른 꽃의 화환이 되고 있는 것이다.

오필리아는 죽음의 세계에서 결혼의 화환을 두르고 있는 셈이다. 이렇게 죽음을 통해 그녀는 자신의 진정한 사랑과 결혼을 성취하고 있는 것이며, 햄릿 또한 그녀의 죽음 앞에서 "고운 오필리아 … 나는 당신을 사랑했소"라고 자신의 사랑을 고백하고 있는 것이다.

그런데 죽음을 통해, 죽음 앞에서 진정한 사랑(새로운 삶)을 얻을 수 있다는 것은, 전형적인 디오니소스적 특징이다.

가상과 현실의 전도라는 역설은 햄릿이 연출한 광대극에서 나타난다. 광대극에 대한 묘사는 3막 2장에서 다뤄진다.

광대극은 예술 작품이다. 예술 작품은 가상의 세계를 다룬다. 이런 의미에서 햄릿이 연출한 광대극은 현실이 아니라 가상의 세계를 드러내고 있다. 그것은 비극적 상태를 희극적 방식으로 전도시키고, 살인의 사악함을 가볍게 처리한다. 그 분위기는 비장하고 엄숙하기보다는 우스꽝스럽고 하찮아 보인다.

그러나 선왕의 살인사건을 다루는 광대극은, 살인사건과 연관된 당사자인 왕과 왕비에게는 가상이 아니라, 진정한 현실을 드러내는 두려운 사건이다. 광대극은 현실로 보였던 세계가 가상이라는 점, 그리고 가상의 세계(예술)를 통해 현실의 진정한 본질이 드러난다는 것을 보여준다. 이런 점을 니체는, 오직 예술만이 인간의 삶의 공포와 불합리한 생각들을 변화시킬 수 있는 구원과 치유의 능력이라고 말하고 있다.

니체에게 예술은 존재하지 않는 세계(이데아, 천국)를 존재하는 세계라고 주장하는 플라톤 철학이나 그리스도교와 달리, 그 세계가 존재하

지 않는다는 것을 인정한다. 그리고 현실의 부조리와 구토증을 저 세계
를 통해서가 아니라, 현실(삶) 속에서 해결하도록 한다. 이런 의미에서
니체에게 예술은 플라톤 철학과 그리스도교 가르침보다 진실하고 위대
하다. 왜냐하면 삶으로부터 죽음을 향하게 하는 두 정신과 달리, 예술
은 삶 속에서 삶의 문제를 해결할 수 있게 하기 때문이다:

"예술. 그리고 예술 외에 아무것도 없다! 예술은 삶을 가능하게 하는 위대한
형성자이며, 삶을 향한 위대한 유혹자이고, 삶을 위한 위대한 자극제이다 …
예술은 삶을 부정하는 모든 의지에 반대하는, 유일하고 탁월한 대항력이다.
즉 예술은 반그리스도교적, 반불교적, 반허무주의적이다."[1]

광대극은 모든 것을 흔들어 놓는다. 현실이 가상이 되고, 가상이 현
실이었음이 드러난다. 지금까지 견고하고 확실했던 삶의 지위와 구조
들이 깨지고, 그 사이로 진실이 드러나기 시작한다.

왕은 광대극이 연출하는 왕의 독살과 왕비와의 재혼 장면을 본 후 연
극을 중단시킨다.

이후 왕은 햄릿을 죽이려고 시도하고, 결국 햄릿과 그의 어머니인 왕
비는 죽게 된다. 이로써 퇴락한 아폴론적 왕국은 붕괴된다. 그리고 이
후에 전적으로 새로운 왕국이 시작된다는 것을 알리면서 이 작품은 끝
을 맺는다.

이 작품에서 햄릿은 진실의 가면을 쓴 거짓과 가상의 세계를 전적으
로 부정하고 파괴하고 있다. 따라서 햄릿의 행동은 퇴락한 아폴론적 세
계에 살아왔던 사람들에게는 기이하고 두렵게 보일 수 있다. 이런 점은

---

1 F. Nietzsche, *Wille zur Macht*, 577.

광대극이 끝난 후 묘사되는 햄릿의 독백에서 나타난다. 그는, "나는 지금 뜨거운 피를 마시고, 낮에 보면 벌벌 떨 만한 독한 짓을 할 수 있다"라고 말한다. 햄릿의 행동은 낮의 세계에 익숙한 사람들에게는 두렵게 느껴질 수 있다.

그런데 아폴론적 세계 안에서 햄릿은 아무런 위로도 찾을 수 없었다. 오히려 그는 이 세계를 전적으로 부정하고 새로운 세계의 시작을 추구하고 있다. 이러한 햄릿의 모습 안에서 니체는 디오니소스적 인물을 보고 있는 것이다.

6

오이디푸스 왕

"오이디푸스 왕"은 소포클레스의 비극 작품이다. 소포클레스는 B.C. 496년에 태어나 아테네에서 살다가 B.C. 406년에 죽었다. 그는 아이스퀼로스(B.C. 525-B.C. 456), 에우리피데스(B.C. 485-B.C. 406)와 더불어 그리스 3대 비극 시인으로 추앙받았다. 그는 아테네 기사 출신의 후예로서 평생을 아테네 시민으로 살았다. 그는 아름다운 용모와 시인으로서의 뛰어난 재능, 아테네에 대한 애국심과 훌륭한 인품을 지녔던 것으로 알려진다. 그는 아이스퀼로스로부터 배웠지만, 28세 때 디오니소스제 비극 경연 대회에서 스승을 꺾고 우승을 차지한다. 그 후 이어진 경연 대회에서 18회나 우승하였다. 이러한 성과는 그의 작품이 당시 아테네인들에게 인기가 많았다는 것을 보여준다. 뿐만 아니라 아테네인들은 소포클레스를 존경심과 친밀함을 가지고 "우리의 소포클레스"라고 불렀다고 한다. 그의 작품으로는 "아이아스", "안티고네", "오이디푸스 왕", "엘렉트라", "콜로노스의 오이디푸스" 등이 있다.

"오이디푸스 왕"은 "안티고네", "콜로노스의 오이디푸스"와 더불어 소 포클레스의 3대 비극 작품 중 하나다. "안티고네"는 B.C. 442-B.C. 441년경에, "오이디푸스 왕"은 B.C. 430-B.C. 426년경에, "콜로노스 의 오이디푸스"는 B.C. 409-B.C. 404년경에 씌어졌다. 발표된 시기는 "안티고네", "오이디푸스 왕", "콜로노스의 오이디푸스"의 순서이지만, 내용적으로 보면 "오이디푸스 왕"이 처음 쓰였고, 오이디푸스 왕이 왕 좌를 버리고 방황하는 장면을 다루고 있는 "콜로노스의 오이디푸스"가 그 뒤에, 오이디푸스 왕의 죽음 이후, 그의 딸 안티고네에 얽힌 사건을 나루고 있는 "안티고네"가 마지막에 해당된다.

1. 비극의 의미

아리스토텔레스에 의하면, 인간은 본성적으로 모방하기를 좋아한다. 어린아이들은 다른 사람의 행동이나 옷, 글씨, 말투를 모방하면서, 모 방하는 행위 자체에 쾌감을 느낀다. 동시에 그들은 자신이나 다른 사람 이 모방한 것, 즉 "작품"에 대하여도 즐거움을 느낀다. 예를 들어 그림 을 그리는 어린아이는 그리는 행위 자체도 즐거워하고, 그들이 그린 작 품을 보는 것도 좋아한다. 이와 같이 모방은 인간 본성에 내재되어 있 으며, 인간은 모방된 것에 쾌감을 느낀다.

모방 중 가장 흥미로운 것은 바로 인간의 모습과 행동, 인간의 삶을 모방하는 일이다. 인간의 삶은 즐겁기도 하고, 고통스럽기도 하다. 인 간은 살아가면서 웃기도 하고 울기도 한다. 모방된 작품 중 인간(관객) 에게 웃음을 유발시키는 것을 희극이라고, 울음을 유발시키는 것을 비 극이라고 부른다. 희극은 우리보다 모자란 인간을, 비극은 우리보다 고 귀한 인간을 모방한다.

당시 아테네인들은 극장에서 공연되는 희극과 비극을 즐겼다. 그것
들은 작품 속 인물을 모방하는 배우들의 연기를 통해 표현된다. 이렇게
배우들이 무대 위에서 실제적으로 행동하기(dran) 때문에, 우리는 희
극과 비극을 "드라마"라고 부르는 것이다.

소포클레스의 "오이디푸스 왕"은 비극 드라마이다. 드라마는 너무 길
거나 짧아서는 안 된다. 또한 드라마는 완결된 형태로 진행되고 끝나야
한다. 이를 위해 장경, 플롯, 성격(캐릭터), 사상이라는 4가지 요소가
필요하다.

드라마를 구성하는 요소 중 하나인 장경은 드라마 내용에 걸맞은 무
대 광경을 만들고 배치하는 일, 그 배경의 분위기에 어울리도록 배우들
을 분장하는 일을 가리킨다.

드라마 속에서 배우는 실제의 자기가 아니라, 드라마 속 인물이 된
다. 그는 자신의 정신과 육체, 즉 자신의 말과 행동을 통해 허구의 인물
을 드러내야 한다. "오이디푸스 왕"을 상연한다면, 오이디푸스 왕의 배
역을 맡은 배우가 누구든지, 그들은 모두 오이디푸스 왕이 되어야 하
며, 관객의 눈에도 오이디푸스 왕으로 보여야 한다. 이를 위해 배우는
허구의 인물의 성격(캐릭터)을 잘 파악하고 전달해야 한다. 배우가 표
현하는 인물의 캐릭터는 드라마 내용에 적합해야 하고, 일관성이 있어
야 한다.

또한 드라마가 전하려는 사상은 배우들의 제스처와 언어, 그리고 그
들이 나누는 대화를 통해 이루어진다. 언어는 사상과 의미를 표현하기
위한 의미 도구이면서, 동시에 하나의 음률을 구성하는 불가분의 음이
다. 이러한 음악적 언어는 관객으로 하여금 드라마에 몰입하고, 감정이
입을 하는 데 도움을 준다. 그러나 배우가 드러내는 언어는 드라마의
내용을 설명하는 방식이거나, 관객에게 사상을 강요하는 방식이어서는
안 된다.

이러한 장경과 캐릭터, 사상(언어)은 모두 드라마 작품의 내용과 전개 과정에 기초해야 한다.

드라마 작품은 발단, 전개, 절정, 대단원으로 구성되어 있다. 이것을 플롯이라 부른다. 발단은 어떠한 사건이 왜 벌어지게 되었는지, 전개는 그 사건이 어떻게 진행되는지를 다룬다. 절정은 그 사건이 유발시키는 최고의 수수께끼 같은 상황을 다루고, 대단원에서는 그 사건이 어떻게 해결되고 마무리되는지 보여주며, 이러한 과정을 통해 드라마는 완결된다.

그러나 드라마가 순탄하게 흘러간다면, 그것은 별 흥미를 주지 못한다. 따라서 드라마 안에는 사건의 발견과 급전, 그리고 관객의 감정을 흔드는 파토스적 요소가 개입된다.

사건을 발견하는 과정도 우연한 방식으로 이루어져서는 안 된다. 오히려 사건의 발견은 그 이전에 이미 제시된 표지들이거나, 배우의 과거적 기억이나 냉정한 추리, 혹은 상대방의 표현에 대한 오류 추리 등을 통해 이루어져야 한다.

그리고 관객이 드라마에 몰입하고, 주인공의 운명에 감정이입할 수 있도록 하기 위해 드라마는 무대 위에서 주인공이 겪는 이해하기 어려운 역설적 상황이나, 이에 따른 주인공의 고통, 부상, 죽음과 같은 파토스적 요소를 개입시킨다. 파토스적 요소를 통해 관객은 드라마 속 인물의 운명에 감정이입을 하게 되고, 특히 주인공의 파멸과 죽음을 자신의 고통으로 받아들이게 된다. 이때 관객은 주인공의 파멸에 대하여 연민(eleos)과 공포(phobos)를 느끼게 된다. 연민의 감정은 주인공이 겪게되는 "부당한 불행"을 볼 때 일어나며, 공포의 감정은 관객이 주인공의 고통을 자신과 동일시할 때 일어난다. 특히 주인공이 당하는 불행이 그의 악덕이나 의도적인 악의성 때문이 아니라, 이해하기 힘든 어떤 오류나 과실로 인해 벌어질 때, 관객이 느끼는 연민과 공포의 감정은 더 커진다. 따라서 비극 드라마에서 주인공의 운명은 불행에서 행복으로 바뀌는 것이 아니라, 오히려 그 반대로, 즉 선량하거나, 충분히 지혜로운 주인공이 예기치 않게 행복으로부터 불행한 상황으로 전락하는 방식으로 진행되어야 한다.

마지막으로 드라마는 이러한 사건이 해결되면서 끝나야 한다. 그런데 사건의 해결은 전능한 신과 같은 기계 장치(deus ex machina)에 의존해서는 안 된다. 이러한 것은 인간이 알 수 없는 과거의 사건이나, 미래적인 사건을 고지하는 경우에 한정되어야 하며, 사건의 해결은 "사건의 발견"과 마찬가지로, 사건을 연결하고 있는 내적인 필연성과, 논리적인 이해 가능성을 통해 이루어져야 한다.

2. 영웅의 삶의 구조

비극 드라마의 주인공은 대개 영웅의 모습을 띤다. 비극은 우리들보다 고귀하거나 뛰어난 인간을 모방하기 때문이다. 이런 점은 소포클레스의 "오이디푸스 왕"의 경우도 마찬가지다. 이 작품 속 오이디푸스 왕은 영웅이다. 이런 점은 그가 테바이 국가를 공포에 떨게 했던 괴물인 스핑크스를 물리친 행동에서 잘 나타난다. 그렇다면 영웅이란 어떠한 인물인가?

신화나 비극 드라마에 등장하는 영웅들의 모습은 일정한 패턴을 따른다.

우선 영웅은 일상적 삶으로부터 비범한 삶, 초자연적인 삶을 향한 "신탁"이나 "모험에의 소명"을 전해 듣는다.

예를 들어 호메로스의 작품 "일리아스"에 등장하는 아킬레우스의 경우, 그의 어머니 테티스가 들은 신탁의 내용은, 아킬레우스가 트로이 전쟁에 참여할 경우 죽게 되지만 영웅으로 칭송되는 반면, 참여하지 않을 경우 편안하고 일상적인 행복을 누리지만 평범한 삶을 살게 된다는 것이다. 이에 대하여 아킬레우스는 영웅의 길을 선택한다. 이런 점은 헤라클레스에 대한 비극 작품인 에우리피데스의 "헤라클레스"에서도 잘 묘사되고 있다.

헤라클레스의 경우, 그의 나이 18세 때, 님프의 요정이 그에게 인생의 목적을 질문하고, 이에 대하여 헤라클레스는 안락한 삶이 보장된 쾌락보다, 고난스럽지만 불멸에 이르는 미덕을 선택한다. 아킬레우스와 헤라클레스의 선택은 모두 자신의 자유에 의해 결정된 것이다.

그러나 그들은 자유롭게 자신의 입장을 선택하지만, 그들의 자유는 무한하고 완전한 자유가 아니라는 점에서 비극성이 시작된다. 헤라클레스의 경우, 그가 선택하기 이전에 이미 그의 삶에는 신적 필연성이 개입되고 있다. 제우스와 알크메네 사이에서 헤라클레스가 태어날 때, 제우스는 "오늘 태어나는 자는 그리스의 지배자가 될 것"이라고 선포한다. 그러나 이 소식을 들은 헤라는 헤라클레스가 지배자가 되지 못하도록 방해한다. 제우스에 대한 헤라의 질투는 헤라클레스를 미치게 만들고, 광기 속에서 헤라클레스는 부인과 아이들을 살해하게 된다.

이처럼 헤라클레스라는 영웅의 삶에는 그의 자유로운 선택과 동시에 그가 알지 못하는 신적인 필연성이 개입하고 있다. 이때 헤라클레스는 자유로운 영웅으로서 지배자인 동시에, 신적 필연성에 의해 구속되고 제한되는 피지배자라는 운명을 띠게 된다. 이러한 점을 모르는 채 그의 삶은 시작된다.

영웅의 운명은 신의 필연적 계획에 의해 정해지고, 동시에 영웅 자신의 자유로운 선택에 의해 규정되지만, 사람들이 그를 영웅으로 인정하는 것은, 그가 스스로 자신이 영웅임을 입증할 때이다. 이것은 그에게 닥친 유혹과 시험, 그 위험성을 받아들이고, 해결하는 방식을 통해 이루어진다.

모든 영웅에게는 유혹과 시험이 필연적으로 개입된다. 영웅은 항상 위험과 함께 살아가는 존재이다. 동시에 그 위험을 극복할 때 그는 진정한 영웅으로 평가받기 시작한다.

예를 들어 아테네 시민을 구하기 위해 죽음을 무릅쓰고 미노아 왕국에 가서 미노타우로스를 살해한 테세우스나, 마을의 위협이었던 용을 죽인 게르만 신화 속 지그프리트, 신의 명령을 어기고 도망치다가 고래 뱃속에 3일 동안 갇혔다 풀려난 히브리 신화 속 요나, 죽음의 물로부터 작은 나무 상자를 통해 살아난 히브리 신화 속 모세 등은 모두 영웅이 겪는 위험과, 그 위험을 어떻게 해결하는지 보여주고 있다. 이런 점에서 대부분의 신화에 등장하는 영웅은, "용기"와 "지혜"를 갖춘 비범한 인물들이다. 그들은 용기와 지혜를 가지고 마을이 처한 위험을 해결해 준다.

헤라클레스의 경우, 생후 8개월 때 헤라가 보낸 뱀을 죽이고, 18세 때 암피트리온의 가축에 피해를 주는 키타이론산의 사자를 죽이는 행위를 통해 그가 영웅임을 드러낸다. 영웅이 괴물을 죽이는 것은, 상징적으로 어둠과 무질서, 혼란과 공포를 제거하는 일을 뜻한다.

그러나 영웅의 용기와 지혜는, 대부분의 경우 신적 존재의 개입에 의해 역설적인 상황으로 이어진다.

에우리피데스의 "헤라클레스"에 의하면, 12개의 어려운 일을 해결한 헤라클레스는 자신이 영웅임을 입증한 후, 테바이 왕 크레온의 딸 메가라와 결혼하여 세 명의 아이를 낳는다. 그러던 중 그는 에우뤼스테우스를 섬기라는 헤라의 명령을 거부하고, 헤라는 그를 미치게 만든다. 미친 상태에 빠진 그는 자신의 가족들을 사자로 여겨 죽이고 만다. 이 대목을 에우리피데스는 "헤라 여신은 그에게(헤라클레스) 광기를 보내 그의 두 발이 광란의 춤을 추게 하시고, 매어 놓은 살인의 밧줄을 풀게 하셨다."라고 묘사하고 있다.

부인과 아이들을 죽인 후, 비로소 제정신으로 돌아온 헤라클레스는 사건의 자초지종을 알게 되자, '이게 무슨 끔찍한 광경인가! 불쌍한 내 신세! … 어디서 광기가 나를 사로잡았으며, 어디서 나를 망쳐 놓았나요?'라고 자신의 운명을 한탄한다.

그는 수치심에 사로잡혀 자살하려 하지만, 테세우스의 말을 따라 신탁을 따르기로 한다. 이때 테세우스의 말을 빌어 에우리피데스는 헤라클레스가 당한 비극의 원인에 대하여, '인간이든, 신이든 운명의 타격에서 안전한 것은 세상에 아무것도 없다. 자네는 한낱 인간에 불과한데, 자신의 운명에 지나치게 민감하다네'라고 말한다.

이와 같이 영웅의 삶은 자신의 용기와 자유에 의해서, 다른 한편으로 이미 정해진 필연성에 의해서 진행되어 간다. 그리고 결국 그의 삶은 비극적 죽음으로 이어진다. 영웅의 삶의 비극성은 인간의 자유와 신적 필연성 사이에서, 즉 스스로 운명을 선택하고 만들어가려는 영웅과, 그의 자유로운 선택을 비웃는 듯이 찾아오는 운명 사이에서 벌어지는 사건에 기인한다. 이런 점은 소포클레스의 "오이디푸스 왕"에서도 나타난다. 오이디푸스는 영웅이다. 그것도 비극적 영웅이다. 이제 이 작품을 통해 영웅, 비극성, 운명이 무엇인지 살펴보기로 한다.

3. 인간의 자유와 운명에 대하여

사람이 살아가면서 나이가 든다는 것은 어떤 것일까? 모든 인간은 늙는다. 늙어가면서 힘은 쇠잔하고 몸의 기능들도 저하된다. 기억력도 흐려지고 정신적으로도 여러 위험에 노출되기 시작한다. 노화가 진행되는 상태를 어느 정도 조절할 수 있겠지만, 노화는 결국 자연의 섭리에 따른 필연적인 과정이다. 누구도 늙어가는 것을 피할 수 없다.

그런데 늙은이도 한때는 어린아이였다. 이것은 너무나 당연한 진실이지만, 사람들은 늙은이의 모습에서 어린 시절을 쉽게 떠올리지 못한다. 마치 늙은이는 이미 전부터 항상 늙은이였다는 듯이. 그리고 자신은 항상 젊은이로 남을 듯이.

그러나 인간의 삶은 한 번 태어나고(탄생), 점차 생명력이 증대해 나가고(성장), 어느 시점에 이르면 생명력이 감소하기 시작하고(노화), 결국엔 죽게 된다(죽음). 젊은이나 늙은이나 이 과정에서 자유로운 자는 없다. 모든 늙은이가 한때는 젊은이였듯이, 모든 젊은이는 결국엔 늙어간다.

그러나 이렇게 필연적인 자연법칙 외에 인간에게는 또 다른 존재 방식이 있다. 육체적인 노화에도 불구하고 행동과 사고방식에 있어서 젊은이로 남을 수도 있고, 반대로 육체적인 젊음에도 불구하고 이미 고집스러운 늙은이처럼 살아가는 사람들도 있다. 하여튼 태어나서 성장하고 쇠잔해 가는 삶의 과정 속에서 우리는 여러 가지 경험을 하게 된다.

대부분의 어린아이들은 세계를 이분법적으로 보는 경향을 갖는다. 어린아이에게 세계는 복잡하지 않다. 그들은 아직 진리, 정의와 같은 거대 개념을 알지 못하지만, 어느 것이 좋은지, 나쁜지, 누가 자신에게 친절한지, 불친절한지 잘 안다. 부모는 그를 보호하는 존재이고, 부모와 함께 거주하는 장소인 가정은 그에게 안락하고 안전한 곳이다. 반면 그는 점차 자신에게 두려움이나 불편함을 주는 사람들이 있다는 것도 알게 된다. 어린아이는 이러한 경험을 바탕으로 세계를 크게 좋은 세계와 나쁜 세계로 나눈다. 좋은 세계에는 부모나 친구, 혹은 좋은 세계를 지키는 사람들이 존재하고, 그 반대편엔 세계를 위협하고 파괴하려는 사람들이 존재한다. 이런 구도는 어린아이가 즐겨 보는 만화에서 잘 나타난다. 어린아이의 만화 안에는 좋은 사람들과 악당들이 등장해 서로 대립하고 투쟁하는 장면이 종종 나타난다. 이때 좋은 사람들은 외모나 마음이 모두 정의롭고 고결한 반면, 악당들은 외모부터 기괴하고 마음 씨도 고약한 것으로 묘사된다. 그리고 결말은 대부분의 경우 좋은 사람들이 승리하는 것으로 끝난다. 이런 의미에서 어린아이가 상상하는 세계는 좋은 세계이고 행복한 세계이다.

그러니 나이가 들면서 우리는 세계가 그렇게 단순하지 않다는 것, 혹은 우리가 상상하는 것 이상으로 복잡하고, 이분법적인 가치판단에 의해 결정될 수 없다는 것을 알게 된다. 세계는 좋음과 나쁨이 뒤죽박죽 섞여 있는 곳이며, 좋은 의도가 반드시 좋은 결과로 이어지지도 않으며, 반대로 좋지 않은 의도가 예상치 못하게 좋은 결과로 나타나기도 한다는 것을 경험하게 된다.

어린아이가 상상했던 것과 달리, 이제 우리는 좋은 사람이 나쁜 사람을 이기지 못하는 경우도 많다는 것, 좋은 사람이 멋진 외모와 마음씨를 갖지 않기도 하며, 반대로 악당이 멋진 외모와 훌륭한 언변을 가질 수 있다는 것도 알게 된다. 어린아이가 생각하듯이 모든 악당이 기괴한 외모와 악의에 찬 말과 행동을 한다면, 그 누가 악당과 좋은 사람을 구분하지 못하겠는가!

어린 시절과 달리 나이가 들어가면, 우리는 악당들이 자신의 정체를 외적인 포장과 가면 속에 숨기고 달콤한 말로 접근하는 것을 경험하게 된다.

그럼에도 불구하고 젊은 시절 동안 우리는 아직도 좋음과 나쁨을 구분하고, 결국엔 좋음이 승리하기를 기대하고 희망하면서 살아간다. 우리는 아직도 선한 세계, 정의로운 세계, 진리의 세계를 동경한다. 비록 이러한 것이 현실 세계에서 이루어지지 않는다고 하더라도, 그들은 그러한 세계가 "있어야 된다"고 생각한다. 즉 그들은 그러한 세계가 "존재하지 않는다"는 것을 어렴풋이 느끼지만, 그런 이유 때문에 그 세계를 부정하는 것은 꺼려한다.

이것은 플라톤 철학과 그리스도교의 가르침이기도 하다. 물론 이 사상들에 의하면, 진리의 세계는 "존재한다". 그러나 복잡하고 비논리적이고 부조리하기도 한 삶을 살아가면서 인간은, "이러한 초월적 세계가 진정으로 존재할까?"라는 의심을 품게 된다. 이러한 의심과 절망, 체념은 삶이 힘들수록, 삶의 부조리에 대한 경험이 많아질수록 점차 증가하기도 한다.

위에서 우리는 "사람이 살아가면서 나이가 든다는 것은 어떤 것일까?"라고 질문하였다. 이에 대해 우리는 '나이가 든다는 것은, 인간으로서 도저히 상상할 수 없는 일들이 이 세계에서 벌어지기도 한다는 것, 도저히 이러한 사실을 받아들일 수도, 인정할 수도 없지만, 그럼에도 이런 일들이 벌어지는 것을 목격하고 경험하게 된다는 것'이라고 표현할 수 있을 것이다.

이러한 사건들은 상상하기조차 끔찍한 것들이지만, 인류 역사를 통해 그러한 일들이 벌어진 것도 사실이다. 이러한 끔찍한 사건을 우리는 소포클레스의 "오이디푸스 왕"에서도 보게 된다.

"오이디푸스 왕"에는 여러 인물들과 사건들이 등장하지만, 이 작품이 다루고 있는 가장 큰 주제는 인간의 자유와 운명의 관계이다.

인간의 삶은 앞에 펼쳐진 여러 갈래의 길들 중 한 길을 선택해 가는 과정이라고 볼 수 있다. 우리는 그 길이 어디를 향하는지, 그 길을 선택한 것이 옳은 것인지 확신하지 못한다. 어쩌면 그 길들은 아무 연관 없이 여러 가지로 펼쳐져 있는, 혹은 복잡한 실타래처럼 서로 얽혀 있는 길들일 수 있다. 그 길들을 우리는 선택하며 살아가야 하지만, 그 길들은 영원한 미로이며, 그곳으로부터 우리는 벗어날 수 없을 수도 있다. 우리가 선택을 한다고 하지만, 결국 그 선택이라는 것 자체가 무의미할 수도 있다. 왜냐하면 그 길이 미로처럼 얽혀 벗어날 수 없는 것이라면, 우리의 선택은 진정한 의미의 선택이 아니라, 단지 미로 속을 헤매는 무익한 헛수고에 불과할 수도 있기 때문이다.

때로는 우리 앞에 단순한 길이 펼쳐질 때도 있다. 예를 들어 우리 앞에 하나의 길이 있는 경우, 우리에겐 선택의 여지가 없다. 단지 하나뿐인 그 길을 걸어가면 된다. 이런 상황을 사르트르는 "구토"에서 아주 적절하게 묘사하고 있다. 이 작품에 의하면, 한 사람(A)이 하나로 펼쳐진 골목길을 걸어가고 있다. 그 모습을 이층집 창문에서 또 다른 사람(B)이 바라보고 있다. A는 시간이 지나갈수록 점점 앞 지점에 도착한다. A에게 시간은 흘러간다. 현재에서 과거로, 그리고 아직 오지 않은 미래는 결국 현재로. 그리고 그가 도착하는 지점도 뒤에서 앞으로 바뀐다. 그러나 그는 시간이 아무리 흘러도 하나뿐인 골목길에서 벗어나지 못한다. 왜냐하면 길은 오직 그 길 하나뿐이기 때문이다. 이런 광경을 보고, 이런 생각을 하다가 문득 B는, "A에게는 미래가 없다"라고 중얼거린다. 즉 A는 아무런 선택도 할 수 없다는 것이다. A에게는 자유가 없다. A의 삶도 골목길 안에 갇혀 있는 삶에서 벗어날 수 없다. 그러나 A는 자신이 걸어감에 따라 점점 앞으로 가고 있다고 말할 수 있다. 그렇지만 그에게 변하는 것은 아무것도 없다. 왜냐하면 그가 걷는 것은 마치 쳇바퀴 안에서 열심히 걸어가는 다람쥐와 다르지 않기 때문이다. 이와 같이 자유가 없는 삶을 주어진 대로 살아가는 방식을 숙명론이라 부른다. 숙명론은 자신에게 주어진 삶의 골목길로부터 벗어날 수도 없고 벗어나려고 하지도 않는 태도를 뜻한다.

  이와 달리 우리의 삶은 여러 가지 길들 중 선택해야 하는 경우가 많다. 이 길인가? 저 길인가? 사소한 일인 경우, 우리의 선택은 쉽게 이뤄진다. 이것인지, 저것인지 판단하기 어렵지 않기 때문이다. 그러나 좀 더 중대하고 의미 있는 일인 경우, 우리의 선택은 쉽지 않다. 이때 우리는 지인이나 부모와 같이 다른 사람들의 의견을 듣고 결정하기도 한다. 그러나 누구의 도움을 받든 결국 선택은 자신이 해야 한다. 이것을 선택한다는 것은 저것을 포기한다는 의미이다. 저것을 포기하는 것은 아쉽고 미련이 남는 일이지만, 감수해야 한다. 이렇게 쉽지 않은 선택, 자신의 전 존재를 걸고 하는 선택, 포기한 것과 선택한 것 모두에 대하여 책임을 져야 하는 선택을 실존철학에서는 "결단"이라고 부른다. "이것인가? 저것인가?"를 자신의 전 존재를 걸고 실존적으로 결단할 때, 우리는 "자유인"이다. 그러나 나의 선택이 항상 옳은 것은 아니다. 왜냐하면 인간의 눈과 귀와 생각은 아주 짧고 작은 부분만 보고 듣고 판단할 수 있으며, 진리의 길 자체는 단지 신에게만 가능하기 때문이다.

  그런데 우리 앞에 펼쳐진 길들이 "우연"이라면, 우리의 선택이 어떠하든 그것은 크게 문제가 되지 않는다. 왜냐하면 모든 길들은 단지 우연일 뿐이며, 진리의 길은 없기 때문이다. 그렇다면 그때 우리에게는 모든 것이 "허용될 것"이다.

  그러나 그 길들 중 어떤 특정한 길이 진리의 길이라면, 우리의 선택은 신중해야 한다. 왜냐하면 그 길을 선택하는 것만이 정당하기 때문이다. 그러나 우리의 선택과 판단은 틀릴 수도 있다. 그럼에도 불구하고 우리가 여러 선택의 상황들 속에서 결국엔 진리의 길을 향할 수 있다면, 우리는 전체적으로 좋은 삶, 행복한 삶을 산 것이다.

  그런데 진리의 길을 선택하려는 노력에도 불구하고, 놀랍게도 항상 잘못된 선택을 할 수도 있을까?

예를 들어 우리 앞에 펼쳐진 수많은 길들 중 어떤 길들을 선택하는가에 따라, 결국에 거대한 위험 앞에 이를 수도 있고, 혹은 행복에 이를 수도 있다면, 당연히 우리는 행복에 이르는 길을 선택하려고 노력할 것이다. 그런데 위험의 길을 피하려고 필사적으로 애를 쓰는데도, 점점 더 위험 속으로 빠져드는 경우도 가능할까?

위험을 피하려고 할수록 위험에 가까워지는 역설과 모순, 그리고 그때 느끼게 되는 전율과 두려움. 그리고 그러한 상황 속에 빠져 버린 한 인간의 운명. 우리는 이러한 비극적 운명을 "오이디푸스 왕"에서 확인할 수 있다.

"오이디푸스 왕"은 필연적 운명과 인간의 자유가 빚어내는 섬뜩한 비극에 대한 이야기이다. 이 작품 안에서 우리는 운명의 문제를 해결하려고 애쓰지만 해결하려고 할수록 알 수 없는 운명의 늪에 빠지게 되는 가련한 인간 오이디푸스, 그리고 그가 늪에서 빠져나오려고 발버둥 칠수록 그를 더 늪 깊숙이 빠져들게 만드는 운명의 냉혹함을 볼 수 있다. 이처럼 "오이디푸스 왕"은 오이디푸스라는 영웅의 자유와, 필연적 운명의 사이에서 벌어지는 비극적 사건을 다루고 있는 이야기이다.

4. 오이디푸스 왕의 줄거리

드라마가 시작되고 막이 오르면, 배경에는 테바이 왕궁이 보인다. 왕궁 앞에는 백성들이 주저앉아 탄원하고 흐느끼는 소리들로 혼란하다. 시작부터 이 드라마는 무언가 엄청난 사건이 터졌다는 것을 알리고 있다. 이 장면을 보는 관객은 처음부터 알 수 없는 긴장감과 호기심에 사로잡히게 된다.

테바이 왕이 무대 위로 등장하면서, 한참 지속되던 소란과 울부짖음은 조용해진다. 그 왕의 이름은 오이디푸스이고, 이름의 의미는 "발이 부은 자"이다. 관객은 아직 오이디푸스가 누구의 자손인지 알지 못한다. 그러나 드라마의 작가인 소포클레스는 "오이디푸스"라는 이름을 통해, 이 사건이 "발"과 연관된 사건임을 이미 암시하고 있다.

어쨌든 우리는 아직 오이디푸스의 발이 어떤 의미를 지니는지 알지 못한다. 다만 지금 우리가 오이디푸스 왕에 대해 알 수 있는 것은, 그가 백성을 향해 건네는 질문과 말, 행동을 통해서이다.

그는 백성을 향해, 왜 그들이 고통의 울부짖음을 하고 있는지, 왜 여기서 구원을 빌고 있는지, 왜 두려워하는지, 무슨 소원이 있는지 묻는다. 이 말 안에는 백성에 대한 애정이 담겨 있다.

곧이어 그는, 어떤 도움이든 기꺼이 베풀겠다고 말한다. 이 말은 왕의 위엄과 단호한 태도를 보여주고 있다. 이 말은 왕의 말, 즉 왕에게 어울리는 말이다.

왕의 질문과 약속을 들은 후, 사제는 백성들이 두려워하는 이유에 대하여, 도시 전체가 죽음으로 만연하고 있고, 사악한 역병이 도시를 뒤덮고 있기 때문이라고 말하면서, 왕이 이러한 불행을 해결해 줄 수 있기를 원한다고 탄원한다.

그가 오이디푸스 왕에게 이러한 구원의 능력을 기대할 수 있었던 것은, 오이디푸스 왕이 이전에 벌어졌던 사건을 해결해 주었기 때문이다. 그것은 백성을 죽이는 괴물 스핑크스를 퇴치한 일이었다. 스핑크스는 지나가는 백성들에게 수수께끼를 내고 답을 맞히지 못할 경우, 그를 잡아먹는 무시무시한 괴물이었다. 이 괴물로 인해서 테바이 백성들은 언제라도 죽을 수 있다는 공포감에 사로잡혀 있었다. 이때 오이디푸스가 등장하여 스핑크스를 제거하고, 백성들은 죽음의 공포에서 벗어나게 된다. 그리고 스핑크스를 죽인 그는 왕으로 추대된다.

스핑크스는 영웅 신화에 등장하는 전형적인 괴물의 모습이고, 스핑크스를 죽인 오이디푸스는 전형적인 영웅의 모습이다. 오이디푸스는 스핑크스를 죽임으로써 자신이 영웅임을 입증했고, 왕으로 추대된 것이다. 이런 맥락에서 보면, 소포클레스의 "오이디푸스 왕"은 영웅 신화와 닿아 있다.

그러나 스핑크스가 자살을 한 이후에도, "스핑크스의 질문과 오이디푸스의 대답"은 여전히 해결되지 않은 수수께끼로 소포클레스의 작품 전체를 관통해 흐르고 있다. 스핑크스가 오이디푸스에게 제시한 질문은 "아침에는 네발로, 점심에는 두발로, 저녁에는 세발로 걷는 동물이 무엇인가?"였다. 이에 대하여 오이디푸스는 "그것은 인간이다"라고 답한다. 그러자 수치심에 사로잡힌 스핑크스는 자살하고 만다.

물론 외면적으로 볼 때 오이디푸스는 스핑크스의 질문에 대하여 올바른 대답을 했다. 그러나 그 질문을 풀어서 생각해 본다면, 스핑크스는 "인간이 누구인가?"라고 물었고, 오이디푸스는 "인간은 인간이다"라고 답한 셈이다. 그런데 이 드라마 전체를 고려하면, 스핑크스의 질문은, "오이디푸스 그대는 누구인가?"라고 물은 것이기도 하다. 그것은 "그대 자신을 아는가? 그대 자신을 알아라"라는 경고의 메시지라고 볼 수도 있다.

이에 대하여 오이디푸스는 일반적으로 인간이 누구인지 대답을 한 것이다. 그러나 정작 그는 자기 자신이 누구인지 알지 못했다. 그런데 바로 이 질문이 스핑크스가 죽은 후에도 계속해 오이디푸스의 삶을 따라다니고, 좌절시키고, 위협하면서 이어진다.

자신이 누구인지 모르는 오이디푸스. 물론 그는 그 자신에 대하여 알고 있다고 생각할 수 있다. 그러나 오이디푸스는 단지 하나의 존재, 스스로 완성된 존재가 아니다. 오히려 그의 존재는 여러 가지 원인들이 어우러져 형성된 것이다. 그의 존재의 안과 밖에는 여러 가지 원인들이 혼재되어 있다. 그가 지금의 그런 존재로 되기까지에는 직접적인 원인이나, 간접적인 원인들, 큰 원인이나 작은 원인들, 그가 알고 있는 원인들이나 알지 못하는 원인들이 개입되어 있다. 이렇게 크고 작은 모든 원인들을 통틀어, 우리는 "인연", 혹은 "운명"이라고 부른다. 이렇게 여러 가지 원인들로 얽혀 있는 "인연"이 오이디푸스를 구성한 것이지만, 그는 인연 중 아주 작은 부분만을 알고 있을 뿐이다. 그런데 지금 그가 알지 못하는 인연들이 그에게 달려들고 있는 것이다. 이것이 그의 운명이다.

자기 자신의 진정한 존재의 흔적들을 모른 채, 자기 자신이 누구인지 알고 있다고 생각하는 오이디푸스.

오이디푸스는 자신을 향해 탄원하는 백성들에게, 첫 번째 사건(스핑크스의 위협)을 해결했듯이 이번에 벌어지고 있는 죽음의 사건도 '왕의 권위와 직분과, 그리고 백성에 대한 애정'을 위해 해결해 주겠다고 약속한다.

이러한 면을 볼 때, 오이디푸스는 백성들에게 선정을 베푸는 성군으로 보인다. 그는 자신이 옳고 그름, 선과 악을 구분할 줄 아는 왕이고, 스스로 옳음과 선함을 선택하고 행하고 있는 왕이라고 확신하고 있다. 이러한 확신은 그의 명령을 받은 크레온이 아폴론의 신탁을 받아왔을 때에도 변치 않는다. 아니 그의 확신은 오히려 더 강해진다. 크레온이 오이디푸스에게 건넨 신탁의 내용은, 살인에 대한 피가 이 나라를 뒤덮고 있다는 것, 이전의 왕 라이오스가 살해당했는데, 살인자를 벌하라는 것이었다.

이에 대하여 오이디푸스는 자신이 정의롭고 선한 성군이라는 강한 확신 속에서 아무 의심 없이 그 일의 진실이 무엇인지 밝히겠다고 약속한다.

그의 확신은 너무도 강렬했기에, 그는 그가 말해야 할 바를 넘어서고 있다. 왕의 말은 단순히 왕 개인의 말이 아니라, 전 백성을 향한 공적이고 변할 수 없는 약속인데도 불구하고, 그는 자신의 결백함과 지혜를 믿고 돌이킬 수 없는 약속과 명령을 내리고 있다. 그는 누구든지 살인자에게 은신처를 제공해서도 안 되고, 심지어 그것이 왕 자신이라면, 자신에게도 저주가 내릴 것이라고 단언한다.

오이디푸스는 이러한 명령이 바로 자기 자신을 옭아매는 포승이 되리라는 것을 아직 알지 못한다. 그래서 그는 이 드라마를 점점 더 혼란과 충격으로 몰아갈 사건의 핵심적인 내용, 즉 아버지를 죽이고 어머니와 결혼한 사건—그 내용에 얽힌 비밀과 전율을 알지 못한 채—을 향해 나아간다.

반면에, 왕의 확신에 찬 단호한 명령과 달리, 실타래처럼 얽혀 있는 인연의 끈들을 알고 있는 지혜로운 자, 테이레시아스는 진실을 말해야 할지 고민하다가, 결국 왕에게, 당신은 선왕의 살해자를 찾고 있는데, 당신이 찾는 범인은 바로 당신입니다 라고 밝힌다.

테이레시아스가 비밀을 밝히면서, 드라마의 분위기는 반전되기 시작한다. 왕 자신이 살인범이라는 그의 말은 오이디푸스를 당황스럽게 만든다. 그러나 테이레시아스는 거대한 운명의 흐름 앞에서 왕의 자기 확신이 얼마나 잘못된 것인지, 왕의 지혜가 얼마나 부족한 것인지 밝히고 있다:

"그대는 눈이 있어도 보지 못하고 있습니다. 어떤 불행 속에 빠져 있는지도, 어디서 사는지도, 누구와 사는지도. 그대가 누구의 자손인지 알고나 있습니까? 그리하여 어머니와 아버지의 저주라는 이중의 채찍이 언젠가는 그대를 무서운 발걸음으로 뒤쫓으며 이 나라 밖으로 몰아낼 것입니다. 죽어야 할 인간들 중에 일찍이 그대보다 더 비참하게 마멸될 자는 달리 아무도 없을 테니 말입니다. 라이오스의 살해를 규명하겠다고 공언하며 오래전부터 찾던 사람, 그 사람은 바로 여기 있습니다."(오 412-428)[1]

이 드라마의 발단 부분에서는 국가에 퍼진 재앙, 그 원인을 찾으려는 왕의 약속, 자기 확신에 찬 오이디푸스, 그를 둘러싼 인연들의 비밀을 알고 있는 지혜로운 자 테이레시아스의 고발이 다뤄지고 있다.

그 후 드라마의 전개 부분에서는 오이디푸스를 둘러싼 비밀의 본질이 무엇인지 밝히는 과정이 진행되며, 이를 위해 발견, 급전, 파토스와 같은 시학적 방법이 매우 정교하고 효과적으로 사용되고 있다.

이 드라마에서 자기 확신에 차 있지만, 사실은 무지했던 오이디푸스는 여러 정황들을 통해 자신이 누구인지 "발견"하게 된다. 이 드라마에서 "발견"은 표지, 기억, 추리 등이 서로 얽혀 전개된다.

5. 오이디푸스 왕의 구성(플롯)

소포클레스는 극중 왕의 이름을 오이디푸스라고 칭했다. 그것은 부은 발이란 뜻이다. 오이디푸스가 그 이름을 얻게 된 것은, 그의 아버지 라이오스 왕이 자신의 부하를 시켜 아이의 발을 묶어 키타이론산의 나무에 묶어두라고 명령하였지만, 차마 아이를 죽일 수 없었던 신하는 그 아이를 코린토스의 양치기에게 건네주고, 그 아이는 결국 코린토스 왕

---

1 소포클레스, 『오이디푸스 왕』, 천병희 옮김, 문예출판사, 2001, 412-428.

의 아들이 되었는데, 코린토스 왕은 이 아이의 발이 상처로 부어 있는 것을 발견하고, 그 아이의 이름을 오이디푸스라고 불렀다.

그런데 오이디푸스를 죽이라고 명령한 그의 아버지는 테바이 왕 라이오스였다. 그의 이름은 저는 발이란 의미를 지닌다. 라이오스와 오이디푸스는 "발"과 연관되어 있다.

라이오스는 왕권을 둘러싼 권력 다툼을 피해 펠롭스로 도망치는데, 그곳에서 아주 잘생긴 청년 크리시포스를 사랑하게 된다. 그 후 라이오스가 테바이의 왕이 되었었을 때, 그는 크리시포스를 데려와 강간을 저지른다. 이에 크리시포스는 수치심에 자살을 하고, 그의 아버지 펠롭스는 라이오스를 향해, 라이오스는 자식을 낳지 못할 것이며, 만약 낳는다면, 그 아들에 의해 살해될 것이라고 저주를 퍼붓는다. 이러한 저주에 두려움을 느낀 라이오스는 그의 아들이 태어나자 곧바로 그를 죽이라고 명령한다. 이와 같이 라이오스의 삶은 이미 비틀거리고 있었고, 그의 이름(라이오스; 저는 발이란 뜻)은 앞으로 닥칠 그의 운명을 예견하고 있는 셈이다.

반면에 오이디푸스, 즉 부은 발은 그가 라이오스의 아들이라는 것을 알려주는 징표로서 작용한다. 그러나 그의 아들이라는 것이 밝혀지는 것은 그가 자신의 아버지를 죽인 자라는 것이 드러나는 순간이기도 하다. 이런 의미에서 "부은 발"인 오이디푸스 역시 "저는 발"인 라이오스의 운명과 같이 비틀거리며 살아갈 수밖에 없는 것이다.

오이디푸스가 살인 사건의 범인을 밝히는 중에 라이오스 왕을 죽인 범인이 자신이라는 사실이 드러나는데, 이 과정을 소포클레스는 기억과 추리의 방식을 통해 밝혀가고 있다. 그것은 오이디푸스의 어머니이자 부인인 이오카스테의 기억, 어린아이를 죽이라는 라이오스 왕의 명령을 받고 어린아이를 나무에 묶었다가 코린토스 양치기에게 넘겨주었던 부하의 기억, 코린토스에서 자신을 향한 신탁을 듣고 그가 선택했던 행동에 관한 기억으로 구성된다. 이 모든 기억들은, 아직 사건의 전말이 드러나기 전에 "오이디푸스 왕이 범인"이라고 밝힌 테이레시아스의 주장을 논리적으로 확인해 주고 있다.

범인이 누구인지 추리하는 데 결정적인 진술은 오이디푸스 왕의 부인이자 어머니인 이오카스테의 기억에서 시작된다. 물론 이오카스테는 아직 오이디푸스가 라이오스 왕을 죽인 살해범이라는 사실을 전혀 모르고 있다. 그런데 모르는 상태로 기억해 내는 그녀의 말들은 놀랍게도, 그동안 은폐되어 왔던 과거의 사실들의 진실이 무엇인지, 그리고 현재까지 이어진 살해범이 누구인지 밝히는 방향으로 진행되고 있다. 그녀의 기억은 다음과 같다:

일찍이 라이오스에게 어떤 신탁이 내려진 적이 있다. 그 내용은, 그는 자신의 아들에 의해 죽게 되리라는 것이다. 그래서 라이오스 왕은 태어난 지 사흘도 안 된 아들의 두 발목을 묶은 뒤 인적 없는 산에 갖다 버렸고, 그런 방식을 통해 아들이 아버지의 살해자가 되리라는 아폴론의 신탁이 이루어지지 않도록 했던 것이었다.

라이오스와 이오카스테는 오이디푸스를 죽이면 아폴론의 신탁, 즉 운명으로부터 안전할 것이라고 생각했다. 그래서 오이디푸스를 죽이도록 명령했고, 모든 걱정은 사라졌다고 믿어왔다. (그러나 그는 죽지 않았다.)

이 말을 들은 오이디푸스는 자신도 그와 비슷한 이야기를 들은 적이 있다고 응답한다. 자신이 코린토스에서 왕자로 살아갈 때, 어떤 취한 자가 자신을 향해 어머니와 몸을 섞고 아버지를 죽일 운명이라고 말했고, 그 말을 듣고 자신은 코린토스 땅을 떠나, 라이오스 왕이 살해되었다는 곳에 이르렀다는 것이다.

이 말을 들은 이오카스테는 자신과 라이오스가 운명의 칼로부터 벗어났다고 안도한다. 왜냐하면 그녀는 오이디푸스가 자신들의 자식이 아니라, 코린토스 왕의 자식이라고 여겼기 때문이다. 오이디푸스 역시, 취한 자의 말을 들은 후, 혹시 그의 말이 실현될까 봐 두려워 코린토스를 떠남으로써, 운명의 올가미로부터 벗어나려 했기 때문이다.

일단 오이디푸스가 코린토스 왕의 후손임이 밝혀진 이상, 라이오스 왕이 받은 아폴론의 신탁은 이루어지지 않았거나, 거짓으로 보였고, 이오카스테는 안심하게 된다. 이런 점은 코린토스 왕이 죽었다는 소식을 듣고 더 확실해진다. 이오카스테는 이제 오이디푸스가 그의 아버지를 죽일 것이라는 신탁은 더 이상 실현될 수 없어졌다고 오이디푸스를 위로한다.

이와 같이 라이오스 왕은 자신을 향해 오는 운명을 피하려고 아들을 죽이라고 명령했고, 오이디푸스는 코린토스를 떠남으로써 자신의 운명을 피할 수 있다고 믿었다. 그리고 이 드라마를 보는 관객들도 아들이 아버지를 죽이고, 어머니와 결혼하게 된다는 끔찍한 일이 벌어지지 않으리라 생각하고 안도의 숨을 내쉴 것이다.

그러나 운명의 칼날은 피하려고 해도 그들을 향해 어김없이 다가오고 있다.

왜 라이오스 왕은 오이디푸스를 죽이라고 했던가? 왜 그의 부하는 왕의 명령을 어기고 오이디푸스를 살려주었는가? 왜 오이디푸스는 코린토스 왕에게 자신의 태생에 대하여 직접 물어보지 않고, 단지 술 취한 자의 말대로 그곳을 떠났는가? 왜 라이오스와 오이디푸스는, 그 많은 시간의 차이와 공간의 차이에도 불구하고, 바로 그 시간에 바로 그곳(살인이 벌어진 세 갈래 길)에서 만나게 되었는가?

운명을 피하려고 할수록 점점 위험 속으로 다가가는 무력한 인간. 목표를 향해 시위를 떠난 화살과 같이, 정해진 인간을 향해 냉혹하고 잔인하게 침입하고 파괴하는 운명. 잠시 멈춘 듯이 보였던 운명은 또 다시 오이디푸스와 이오카스테를 향하기 시작한다. 그것은 오이디푸스를 살려주었던 부하의 말에서 드러난다. 그는 오이디푸스 왕에게, 코린토스 왕은 그대의 핏줄이 아니며, 자신은 어린 그대를 구해준 사람이고, 그대의 두 발이 묶여 있기에 그것을 풀어주었다고 밝힌다.

사자의 말은 오이디푸스가 죽지 않고 살아 있다는 사실, 코린토스 왕을 친아버지로 여기며 살아왔지만, 오이디푸스는 그의 친자식이 아니라는 사실을 분명히 밝혀주고 있다. 그의 말을 통해 이 드라마에서 거대한 반전이 일어난다. 이제 이오카스테는 오이디푸스가 누구인지 알게 되고, 두려운 신탁 그대로 그가 그의 아버지를 죽였고, 자신과 결혼했다는 것을 확인하게 된다. 그녀는 괴로움에 사로잡힌 채, 아직 분명히 인지하지 못한 오이디푸스에게 더 이상 살해범을 찾으려 하지 말라고 부탁하지만, 오이디푸스 왕은 이 부탁을 거절한다. 왜냐하면 그는 신탁이 이루어졌다는 사실을 아직 알지 못하고 있었기 때문이다. 따라서 그는 왕의 명령에 대한 약속과, 자신이 아직도 살해범이 아니라는 확신에서 이렇게 말하고 있는 것이다. 그러나 이오카스테는, 테이레시아스가 이미 말했듯이, 사람에게는 간혹 알지 못하는 것이 더 좋은 일이기도 하다는 것을 알게 되었던 것이다. 따라서 그녀는 오이디푸스가 누구인지, 누구의 자식인지 알지 못하기를 기원하는 것이다.

그러나 오이디푸스도 모든 사실을 알게 된다. 그리고 자신이야말로 태어나서는 안 될 존재, 결혼해서는 안 될 존재, 죽여서는 안 될 사람을 죽인 존재라고 고백한다.

그 후 이오카스테는 스스로 목을 매 자살하고 오이디푸스는 자신의 눈을 찌른다. 관객들은 이 부분에서 연민과 두려움을 수반하는 아픔을 공감하게 된다. 이러한 파토스와 더불어 이 드라마는 절정에 이른다. 그리고 코러스가 관객들에게 말을 전하면서 드라마는 대단원의 막을 내린다:

"오오 조국 테바이의 시민들이여, 보라, 이 분이 오이디푸스다. 그는 유명한 수수께끼를 풀고 권세가 당당했으니 그의 행운을 어느 시민이 선망의 눈으로 보지 않았던가! 보라, 그러한 그가 얼마나 무서운 고뇌의 풍파에 휩쓸렸는지를! 그러니 우리의 눈이 그 마지막 날을 보고자 기다리고 있는 동안에는 죽어야 할 인간일랑 어느 누구도 행복하다고 기리지 말라. 삶의 종말을 지나 고통에서 해방될 때까지는."(오 1524-1530)[2]

6. 오이디푸스 왕의 주요 주제

이 작품을 더욱 더 극적으로 몰아가는 것은 오이디푸스가 자신의 아버지 라이오스 왕을 살해한 사건, 그리고 자신의 어머니 이오카스테와 결혼한 사건이다.

오이디푸스가 아버지 라이오스를 살해한 사건:

고전 작품들 중에는 가족 간의 살해 사건이 다뤄지기도 한다. 아이스퀼로스의 "아가멤논"에서는 그리스 연합군 총사령관인 아가멤논 왕이 트로이 출정을 막고 있는 아르테미스 여신을 달래기 위해 자신의 딸 이피게니아를 제물로 바치는 장면이 묘사되고 있다. 아버지가 딸을 제물로 바치는 일. 이것은 결국 딸을 살해하는 끔찍한 사건이다. 그것은 쉽

---

2 소포클레스, 『오이디푸스 왕』, 천병희 옮김, 문예출판사, 2001, 1524-1530.

게 결정할 수 있는 일이 아니다. 아가멤논 역시 아버지로서 이 일이 괴로운 일임을 토로하고 있다. 어찌 그렇지 않겠는가? 그런데 그는 또 다른 괴로운 일도 해결해야 한다. 그것은 파도를 통해 트로이 출정을 막고 있는 아르테미스 여신을 달래는 일이다. 그것은 그리스 연합군이 모인 이유이기도 하다. 그는 선택해야 한다. 트로이 출정을 포기하든지, 딸을 제물로 바치든지.

어느 선택도 쉽지 않지만, 아가멤논은 결국 딸을 제물로 바치도록 명령한다. 왜냐하면 자신의 딸을 제물로 바치는 일이 개인적으로는 괴로운 일이지만, 그 일은 그리스 국가 전체로 볼 때 감수해야 할 가치가 있는 일이기 때문이다. 특별한 상황에서 개인은 국가를 위해 희생될 수 있다는 논리이다. 개인보다 국가, 특수보다 보편이 더 우월한 가치이기 때문이다.

그러나 그리스 전체라는 보편적 가치, 대의를 위해 딸을 제물로 바친다고 하지만, 아가멤논 역시 그것이 딸을 죽이는 일이라는 사실, 그로 인한 고통으로부터 완전히 자유로울 수는 없었다. 이러한 점은 그를 점점 더 전쟁을 위한 인간으로 변해가게 만든다.

그럼에도 불구하고 딸의 죽음을 명령한 그의 행위는 일방적으로 비판의 대상이 되지는 않는다. 왜냐하면 개별적 가치보다 보편적 가치가 더 우월하다는 가치관, 즉 아가멤논의 행동은 딸을 버린 것이지만, 동시에 국가를 선택한 것이라는 판단, 그리고 자식(아들, 딸)은 아버지의 소유이고, 아버지는 자신의 소유물을 자유롭게 사용할 권리가 있다는 가치관이 깔려 있기 때문이다.

이와 비슷한 이야기는 그리스도교 구약성서에서도 나타난다:

"하나님이 아브라함을 시험하시려고 … 여호와께서 이르시되 네 아들 네 사랑하는 독자 이삭을 데리고 모리아 땅으로 가서 내가 네게 일러준 곳에서 그를 번제로 드리라."(창 22: 1-2)

이것은 하나님이 아브라함에게 그의 자식 이삭을 번제물로 바치라는 내용이다. 아버지로 하여금 아들을 살해하라고 신이 명령을 내리고 있는 것이다.

그런데 구약성서에서는 이렇게 엄청난 사건을 매우 간단하고 단순하고, 어쩌면 별로 대수롭지 않은 일처럼 묘사하고 있다. 그 이유도 분명하지 않고, 신의 명령을 들은 아버지의 심리적인 상태에 대한 묘사도 전혀 없다. 단지 신이 명령하고 아브라함은 그 명령을 따를 뿐이다. 그는 아무런 망설임 없이 아들 이삭을 데리고 모리아 산, 즉 죽음의 장소로 향한다. 그곳에 도착하자 아브라함은 종들을 기다리게 하고, 아들을 죽음의 장소로 데리고 간다. 이때 그를 불태울 나무는 이삭에게 지우고, 자신은 불과 칼을 든 채 그곳에 도착한다. 이제 이삭을 죽일 일만 남았다. 그것은 얼마나 두렵고 고통스럽고 당황스럽고 잔인한 순간인가?

그런데 번제물이 될 이삭 역시 아무런 감정의 동요 없이 아브라함에게 "번제물이 어디 있느냐"고 묻고 있다. 그의 질문은 아브라함에게 깊은 고뇌로 다가왔겠지만, 그는 아무런 망설임 없이 "하나님이 번제물을 준비해 주실 것이다"라고 대답한다. 그리고 그는 아들 이삭을 밧줄로 묶고, 나무 위에 올려놓고 칼을 든다. 그가 살해되기 직전 하나님이 아브라함의 행동을 막는 것으로 이 이야기는 끝난다.

아들을 살해하는 사건에 대하여 구약성서는 놀라울 정도로 인간적인 감정의 동요나, 심리적인 변화에 대하여 아무런 언급도 하지 않는다. 어쩌면 이러한 묘사 방식은 독자로 하여금 이 이야기를 인간 내부의 심리적인 움직임 자체보다, 오히려 신과 인간의 관계에 초점을 맞추기 위한 서술적 기법이라고 볼 수도 있다. 그러기 위해서는 하나님, 아브라함, 이삭 모두에게 일어날 수 있는 감정에 대한 묘사를 제거하는 것이 좋다. 아마도 많은 그리스도교 신자들 역시 그런 방식으로 이 이야기를 읽을 것이다. 그러나 그 이야기를 신을 제외한 채 순수하게 인간적인 관점에서 본다면, 이 이야기는 그렇게 편하게 읽혀질 수 없다. 왜냐하면 그것은 아버지가 도저히 이해할 수 없는 이유로 자신의 아들을 죽이려는 살해 사건을 묘사하고 있기 때문이다.

이 이야기에서는, 아브라함이 아들을 죽이려는 이유를 단지 신의 명령 때문이라고 밝히고 있다. 그리고 놀랍게도 아브라함은 그것을 아무 의심 없이 받아들인다. 그리고 아들을 죽이려 한다. 만약 이 이야기가 "구약성서"가 아니라, 어느 신문에 실린 사건에 대한 묘사라고 한다면, 독자들은 어떻게 판단할까? 독자들은, 그가 과연 친아버지인가? 이삭은 그의 친아들인가? 그렇다면 그는 아들을 진심으로 사랑하기는 한 것일까? 혹시 그는 정신적 질환을 앓고 있는 것은 아닐까? 그가 신의 명령이라고 믿은 것은 악마의 소리를 착각한 것은 아닐까? 라고 질문하지 않겠는가?

어쨌든 구약성서는 이러한 인간적인 질문을 모두 무시하고 덮어 버린다. 그리고 아들을 죽이려고 했던 아버지를 신앙의 아버지라고 추켜세운다. 그러나 인간적인 독자들은 그것이 신앙인지 광신인지 판단할 수 없다. 어쩌면 신앙과 광신은 모두 부조리한 것을 받아들이는 공통점을 지니고 있기도 하다. 마치 "나는 부조리하기 때문에 믿는다"(credo, quia absurdum)라는 터툴리아누스의 고백처럼. 그리고 믿었기 때문에, 믿음을 통해서 비로소 진정한 이해에 도달할 수도 있을 것이다(credo, ut intelligam; 알기 위해서, 나는 믿는다).

물론 구약성서는 이러한 여러 의구심들을 냉정하게 잘라내고 있지만, 그럼에도 불구하고 아버지로서 아브라함 역시―그가 진정한 아버지라면―그것이 얼마나 불가해하고 두려운 일인 줄 어찌 몰랐겠는가? 따라서 키에르케고르는 구약성서가 묘사하고 있는 냉정한 이야기 배후에 생략되어 있는 아버지와 아들의 인간적인 고뇌에 대하여 다루고 있다. 그는 아벨라르트의 주장처럼 믿기 위해 알려고(intelligo, ut credam) 시도한다.

키에르케고르는 이 이야기를, 아브라함이 신의 명령을 거부하는 경우, 신의 명령에 대하여 아들이 아니라 자기 자신을 번제물로 받아들여 달라고 흥정하는 경우, 신의 명령에 대하여 이삭의 아버지로서 망설임이 있었지만, 더 이상 묻지 않고 신의 명령을 받아들이는 경우, 그리고 살해될 뻔한 이삭이 아브라함을 더 이상 아버지로 여기지 않는 경우, 이삭이 아무것도 모르고 성장하는 경우 등에 대하여 심리적으로 분석하고 있다.

그러나 성서 이야기를 인간적인 측면에서 다루려 했던 그의 시도는 결국엔 절대자 신과, 그 앞에 홀로 서 있는 인간(단독자)의 관계에 대한 결론으로 이어진다. 왜냐하면 자기 자신을 사랑한 자는 자신에 의해, 타인을 사랑한 자는 헌신을 통해, 신을 사랑한 자는 누구보다 위대하다는 것이 그의 입장이기 때문이다.

키에르케고르는 이 이야기를 해석하면서, 신앙의 본질은 무한한 체념 속에서 영원한 가치를 발견하는 역설이라고 규정한다. 이때 체념은 어떠한 것을 버리는 것이 아니라, 버린다는 생각마저 버리는 것, 자신을 완전히 버리는 것을 뜻한다. 이런 의미에서 키에르케고르는, 아브라함은 자신의 믿음을 따름으로써 이삭을 체념한 것이 아니라, 오히려 믿음마저 체념함으로써 이삭을 얻은 것이라고 주장한다.

그러나 이러한 것은 매우 어려운 일이다. 왜냐하면 아가멤논이 이피게니아를 제물로 바치려고 할 때, 그는 개체적 가치를 넘어서는 보편적 가치를 따르면 됐지만, 아브라함이 이삭을 제물로 바치려고 할 때, 그의 선택에 도움을 줄 수 있는 것은 없었고, 신을 선택하든, 혹은 아들을 선택하든(이것인가, 저것인가: Entweder, Oder), 이 중요한 결단을 그는 처절한 고독 속에서 홀로 감당해야 했기 때문이다.

그런데 이 이야기가 보여주는 것은, 아버지가 아들을 살해하는 사건은 어떤 식으로도 허용될 수 없는 끔찍한 사건이라는 점이다. 그런데 이보다 더 금기시되는 것은 아들이 아버지를, 혹은 딸이 어머니를 살해하는 사건이다. 왜냐하면 아들이나 딸은 당시의 사회적 관념에 의하면, 아버지와 어머니의 소유물이고, 자연법칙에 따르더라도 부모는 자식의 존재론적 원인이기에, 살부, 살모 사건은 사회적 가치와 자연의 순리적 법칙을 어기는 일이며, 결국 자신들의 존재와 정체성 자체를 부정하는 일이기 때문이다.

오이디푸스가 어머니와 결혼하게 된 사건

오이디푸스가 결국 어머니와 결혼하였다는 것을 알게 되었을 때, 그 놀라움은 극중 인물 오이디푸스뿐 아니라, 그것을 보는 관객들에게도 엄청난 충격으로 다가왔을 것이다. 왜냐하면 어머니와의 결혼이라는 사건은 생각만 해도 역겹고 두려운 일, 있을 수 없고, 있어서도 안 되는 일이라고 생각하기 때문이다. 어머니와의 결혼은 자연의 섭리와 인간의 규범을 거스르는 사건이며, 어떠한 경우에도 허락될 수 없는 "영원한 금기"이기 때문이다. 그런데 소포클레스는 자신의 작품에서 이렇게 엄청난 금기를 해체시키고 있다.

그것은 단순히 극적인 흥미를 더하기 위해서였을까? 아니면 그러한 가능성에 대한 이야기들이 알게 모르게 사람들 사이에서 회자되고 있었고, 이것을 소포클레스가 작품 안에서 다룬 것일까? 물론 시간이 지난 후, 로마 황제였던 네로가 그러한 행동을 했다는 것에 대해 들어보기는 했지만, 어떠한 경우든 우리는 그러한 행동을 도저히 받아들일 수 없고, 오히려 그를 정신분열적인 미치광이라고 비난할 수 있을 뿐이다.

그런데 소포클레스는 이 주제를 다루고 있다. 그렇다면 우리는 오이디푸스와 어머니의 결혼이라는 전대미문의 사건을 어떻게 이해해야 할까?

물론 이 주제가 다뤄지고 있는 것은 문학작품 안에서이다. 문학은 가상의 주제나 소재를 통해 허구(fiction)의 세계를 묘사한다. 이런 측면에서 볼 때 문학작품의 주제나 소재는 제한받지 않는다. 이것은 문학이 누리는 자유에 속한다. 문학적 자유로움을 통해 소포클레스 역시 이러한 주제를 선택했을 것이다. 물론 이러한 시도가 너무 지나친 것이라고 비판할 수도 있겠지만, 작가는 이러한 주제를 선택함으로써, 그 주제에 대한 경고를 보내고 있다고 볼 수 있다.

예를 들어 어떤 작가가 전쟁의 참상을 "사실적"으로 묘사했을 때, 독자가 받는 충격은 엄청날 수 있다. 그러나 그런 묘사를 통해 작가는 전쟁을 옹호하는 것이 아니라, 오히려 전쟁이 수반하는 광기와 비참성을 고발하고, 이에 대한 각성을 독자들에게 제시할 수도 있다. 따라서 작가가 어떤 주제를 택할 때, 그의 의도는 그 주제를 부정하기 위한 것이고, 이러한 주제의 의미에 대하여 독자들이 다시 한번 생각하도록 하는 데 있을 수도 있다.

어쨌든 소포클레스는 그의 작품 안에서 오이디푸스와 어머니의 결혼을 "현실적인 사건"으로 그리고 있다. 오이디푸스는 자신의 어머니와 결혼했다. 이것은 있어서는 안 되는 일이라는 것은 너무도 자명하다. 그런데 아들과 어머니의 결혼이라는 사건을 좀 다른 시각으로 본다면, 이 사건은 인간의 존재 깊숙한 곳에 내재한 본성을 문학적으로 표현하는 것이라고 볼 수 있다.

우리는 어린아이들에게서 이와 비슷한 말을 듣기도 한다. "너는 커서 누구와 결혼할래?"라는 장난기 섞인 질문에 대하여, 여자아이의 경우, "나는 아빠와 결혼할 거야"라고, 남자아이의 경우, "나는 엄마와 결혼할 거야"라고 대답하는 것을 볼 수 있다. 이러한 어린아이들의 대답은 "성적인" 측면을 포함하지 않는다. 오히려 그들의 표현은 자신의 정체성에 대한 이해와, 이상적인 타자의 모습에 대한 기대를 반영하고 있다. 여자아이에게 아버지만큼, 남자아이에게 어머니만큼 이상적인 존재는 없을 것이다. 특히 다정하고 행복한 가정이라면, 아버지에게서 이상적인 남자의 모습을 발견하고 그와 살고 싶다고 말하는 여자아이나, 어머니에게서 이상적인 여자의 모습을 기대하고, 어머니와 살고 싶다고 말하는 남자아이의 말은 모두 하나의 인격체로 성장하는 과정에서 나타나는 현상을 표현하고 있는 것이다. 이것은 자신을 찾아가기 위해 필수적인 "동일시"(남자아이는 아버지와, 여자아이는 어머니와 자신을 동일시함)와 투사, 승화 과정을 드러내고 있다.

이렇게 이 작품 안에는 프로이트적으로 해석될 만한 부분이 있기는 하다. 오이디푸스는 이오카스테에게, 자신이 아버지를 살해하고 어머니와 결혼하게 되리라는 신탁의 내용 때문에 두려워하고 있다고 밝히자, 신탁이 잘못된 것으로 오해한 이오카스테는 그에게, 그런 일에는 조금도 마음을 쓰지 말라고 위로한다. 그러나 오이디푸스는 어떻게 어머니의 침대를 두려워하지 않겠느냐고 응수한다. 이에 대하여 이오카스테는, 인간은 우연의 지배를 받으며 아무것도 분명하게 내다볼 수 없으니, 인간이 두려워한다고 해도 아무 소용이 없으며, 따라서 어머니와의 결혼을 두려워하지 말라고 대답한다. 그러면서 이오카스테는, 비록 위로의 말이기는 하지만, 듣기에 따라서는 아주 묘한 말을 덧붙인다:

"이미 많은 사람들이 꿈속에서 어머니와 동침했으니까요. 하나 이런 일들을

아무렇지도 않게 여기는 자라야 인생을 편안하게 살아가는 법이여요."(오 981-983)[3]

여기서 이오카스테의 말은 아들과 어머니의 성적인 결혼을 의미하는 것일까? 그녀는 오이디푸스에게 "꿈속에서 어머니와 결혼을 하는 것"은 아무런 문제가 되지 않는다고 말하는 것인가? 꿈은 현실이 아니라, 단지 꿈에 불과하기 때문에?

프로이트는 이러한 가능성을 적극적으로 받아들인다. 그에 의하면 인간(인류)의 역사는 억압의 역사이다. 인간은 본능적으로 쾌락을 추구한다. 가능하면 모든 쾌락을 얻기를 원한다. 그러나 현실에서 모든 쾌락을 누리는 것은 불가능하기에, 현실적으로 살아가기 위해 그는 자신의 쾌락을 어느 정도 억압해야 한다. 이러한 과정을 통해 그는 현실적인 자아를 형성하게 된다.

프로이트에 의하면 남자아이는 어머니를 차지하고 싶은 욕망을 지닌다. 그러나 어머니를 차지하는 자는 아버지이다. 이때 아버지는 어머니에 대한 쾌락을 독점하는 존재이며, 아들의 쾌락과 욕망을 가로막는 방해자이다. 아버지의 존재는 그를 억압한다. 억압된 쾌락은 그를 불안하고 우울하게 만든다. 이에 아들은 자신이 원하는 쾌락을 스스로 쟁취하기를 시도한다. 그것은 아버지에 대한 아들의 반란으로 나타난다. 결국 그는 아버지를 살해하고 어머니를 차지한다는 것이다.

그러나 어머니를 차지한 아들은 새로운 불안감에 사로잡힌다. 왜냐하면 자신의 행동이 후세에도 허용된다면, 자신 역시 자기의 아들에 의해 살해될 수 있기 때문이다. 이러한 위험으로부터 벗어나기 위해 그는 자신이 살해한 아버지를 신으로 높여 세운다. 이로써 쾌락 원리를 성취

---

3 소포클레스, 『오이디푸스 왕』, 천병희 옮김, 문예출판사, 2001, 981-983.

하기 위해 벌어지는 아버지 살해라는 반복적인 사건은 끝나게 된다.

이러한 프로이트적인 해석은, "콜로노스의 오이디푸스"에서 오이디푸스 왕이 신비의 숲에서 죽고, 그의 시신은 사람들이 알 수 없는 비밀의 장소에 안치되는 장면과 연결될 수 있다. 오이디푸스는 신과 금기가 된 것이다.

그럼에도 불구하고 프로이트의 해석은 너무 극단적이고 자의적이다. 그의 해석의 문제점은 우선 그가 라이오스 왕과 이오카스테, 그리고 오이디푸스의 관계를 쾌락 원리로 해석하고 있는 점, 그리고 그 중에서도 성적인 욕망과 연결시키고 있다는 점에 있다.

이에 반해 소포클레스의 작품에 의하면, 오이디푸스에게는 그의 욕망(쾌락 원리)을 부정하고 제한하는 아버지가 없다. 라이오스 왕과는 알지 못한 채 멀리 떨어져 있기 때문이고, 코린토스 왕을 자신의 친부로 알고 있었던 때에도, (아버지를 살해하고 어머니와 결혼할 것이라는) 신탁을 거부하기 위해 스스로 코린토스를 떠난 것은, 그가 코린토스 왕비에 대한 욕망을 갖지 않았음을 보여준다. 오이디푸스는 아버지 살해나 어머니와의 결혼을 "욕망"하지 않았다.

프로이트에 의하면, 욕망이 있는 곳에 금기가 있다. 반대로 금기가 있는 곳에서 욕망은 부정될 수도 있고, 동시에 역설적이지만, 더 커질 수도 있다. 욕망은 쾌락 원리이고, 이것이 현실에 위협이 될 때, 쾌락 원리를 제어할 수 있는 현실원리로서 금기가 등장하게 된다. 동시에 금기가 있기 때문에 욕망은 욕망으로서 작동한다. 만약 아무런 제재나 제한이 없다면, 왜 그런 것을 욕망하겠는가? 먹어서는 안 되는 사과가 욕망을 자극하지, 허락된 사과는 아무런 욕망도 자극하지 않는다.

그러나 아버지 살해에 대해 예고한 신탁은 오이디푸스에게는 금기로 작용했지만, 그 금기는 그의 욕망을 자극하지 않았다. 그는 욕망하지 않았다. 결국 욕망이 있기에 금기가 있든, 금기가 있기에 욕망이 있든,

이에 상관없이, 오이디푸스의 살부 사건, 그리고 어머니와의 결혼이라는 사건은 금기, 욕망과 무관하게 벌어진 사건이라고 보아야 한다.

7. 오이디푸스의 운명과 자유

라이오스 왕과 이오카스테, 그리고 오이디푸스는 비극적 운명으로부터 벗어날 수 없었을까?

라이오스와 오이디푸스는 모두 운명으로부터 벗어나려고 했다. 그것은 앞으로 태어날 아들이 그의 아버지를 죽이고 어머니와 결혼하게 되리라는 신탁을 피하는 방식으로 이루어졌다. 그런데 그들이 운명을 피하려고 애를 쓸수록 운명은 그들이 예측하지 못한 또 다른 길로 그들에게 다가왔다.

그렇다면 운명은 인간이 아무리 노력을 해도 피할 수 없이 찾아오는 필연적 사건인가? 일어날 일은 반드시 일어나게 되어 있는가? 혹은 운명이란 것은 없고, 단지 인간의 불완전함과 무지함이 만들어낸 결과인가?

오이디푸스의 비극은 그가 자신을 지혜로운 자로 여겼다는 점에서 시작된다. 그는 백성들의 탄원 소리를 듣고, 그 원인을 알아보라고 지시한다. 오이디푸스는 이를 통해 사건의 원인과 대책을 알 수 있으리라 여겼다. 그런데 여기서 우리가 주의해야 할 점은 오이디푸스는 자신을 둘러싼 삶의 여러 인연들을 모두 볼 능력이 없다는 점이다. 이것은 모든 인간에게 해당된다. 인간은 마치 거대한 인연의 끈들이 얼기설기 엮여 있는 실타래에 의해 둘러싸여 있는 존재와 같다. 그는 자신의 이성

을 굳건히 믿지만, 그럼에도 그는 실제적으로 자신을 둘러싸고 있는 거
대한 실타래 밖으로 튀어나와, 그것을 전체적으로 볼 수는 없다. 이것
이 그의 이성의 한계이다. 그러나 자신의 이성의 소리를 믿는 인간의
경우, 그에게 이성의 소리는 너무도 확실하고 분명하게 들리기에, 그는
자신의 이성이 사건 전체를 명확히 이해하고 있다는 착각에 빠질 수 있
다. 그러나 그것은 착각에 불과하다.

예를 들어 수많은 종류의 붉은 색이 있다고 가정할 경우, 그 안에는
분홍, 주황, 진주황, 빨강, 자주 등등 매우 다양하고 상이한 붉은 색들
이 존재한다. 그러나 인간이 볼 수 있는 것은 그 중 몇 가지에 불과하
다. 만약 그가 빨강만을 인식할 수 있다면, 이때 이런 일이 일어날 수
있다:

여기에 어떤 색(분홍)이 있다. 그것은 빨강이다.
저기에 어떤 색(주황)이 있다. 그것은 빨강이다.
거기에 어떤 색(자주)이 있다. 그것은 빨강이다.

이러한 인간의 판단에 대하여 자연(운명의 소리)은 다음과 같이 말할
것이다:

여기에 네가 주장하는 빨강이 있다. 그런데 그것은 분홍이다.
저기에 네가 주장하는 빨강이 있다. 그런데 그것은 주황이다.
거기에 네가 주장하는 빨강이 있다. 그런데 그것은 자주이다.

만약 이러한 가정을 인정한다면, 운명은 인간이 예측하지 못하는 수
많은 길들을 통해 인간에게 다가올 수 있는 것임이 분명해진다.

이런 점은 오이디푸스와 운명의 관계에도 해당된다. 그는 자신의 이성적 판단을 통해 운명을 이해하고, 막을 수 있다고 생각했다. 반면에 테이레시아스와 코러스는 오이디푸스의 이성이 수많은 운명의 갈래 길들을 볼 수 없다는 사실을 알고 있었다. 즉 테이레시아스는 오이디푸스가 스스로 지혜롭다고 생각하지만, 그는 무지하다는 것을 알고 있는 것이다.

오이디푸스는 질병의 원인을 알고자 하지만, 그의 자유로운 선택과 판단은 오히려 그 자신을 향하게 된다. 그런데 이러한 사실의 원인에 대하여 테이레시아스는 알고, 오이디푸스는 몰랐던 것이다. 따라서 그는 오이디푸스가 사건을 밝히려 하지 않고, 알려고 하지 않기를 권고하고 있는 것이다. 그러나 오이디푸스는 알기를 원했고, 이 일로 인해 그는 자신의 모순적인 운명 안으로 한발 더 다가서게 된다. 그렇다면 그는 결코 운명을 피할 수 없었던 것일까?

오이디푸스뿐 아니라 라이오스도 신탁이 전하는 두려운 운명을 피하려고 했다. 라이오스 왕은 신탁을 듣고 오이디푸스를 죽이라고 명령했다. 이것은 신탁을 부정하고 무력화하고 싶은 인간의 욕망이다. 그러나 운명은 무서울 정도로 집요하게 과녁을 향해 찾아든다. 이것은 라이오스 왕의 명령을 어기고 오이디푸스를 살려준 일에서 시작된다. 오이디푸스가 이때 죽었다면 비참한 비극은 없었을지도 모른다. 그러나 라이오스 왕의 신하는 오이디푸스를 살려주고, 이를 통해 운명은, 마치 인간의 노력을 비웃기라도 하듯이, 자신의 길을 어김없이 재촉한다.

오이디푸스 역시 운명을 피하려고 했다. 코린토스의 왕자인 줄 알고 지내던 시절 오이디푸스는 자신의 아버지를 죽이고 어머니와 결혼하게 되리라는 신탁을 피하기 위해 궁전을 떠난다. 그러나 어이없게도 궁전을 떠나는 길은 그가 피하려 했던 운명과 마주치게 되는 길로 이어진다. 그 길에서 그는 자신의 진짜 아버지를 살해하고, 곧이어 어머니와 결혼하게 된다. 물론 그는 아무것도 모르고 있었다. 그런데 국가의 불행의 원인을 찾는 과정에서, 그는 그 범인이 자신임을 알게 된다.

이와 같이 라이오스 왕과 오이디푸스는 모두 두려운 신탁(운명)을 피하려 했고, 그럼에도 그 운명으로부터 벗어날 수 없었다는 공통점을 갖는다. 그렇다면 그들은 결코 운명을 벗어날 수 없었던 것일까? 다른 방법, 다른 길은 없었던 것인가?

만약 라이오스와 오이디푸스 모두 신탁을 무시했다면 어땠을까? 라이오스 왕이 신탁을 무시하고 오이디푸스를 자신의 옆에서 키웠다면? 위험한 물질은 눈에 잘 보이는 곳에 두고, 위험한 인물은 가까이 두고 관리하는 것이 안전하지 않은가?

또한 술에 취한 자의 말을 듣고 왕궁을 떠나려는 오이디푸스에게 코린토스 왕이 진실을 알려줬다면 어땠을까? 인간이 성장해 사리를 판단할 수 있는 성숙한 나이가 되면, 그의 출생의 비밀에 대하여 진실을 알리는 것이 더 낫지 않은가?

또한 오이디푸스가 산길에서 라이오스 왕 일행과 마주쳤을 때, 서로의 격정을 누르고 싸움을 피했더라면 어땠을까?

일이 이렇게 진행되었더라도, 신탁은 결국 이루어지는 것일까? 우리는 이것에 대하여 알지 못한다. 그러나 한 가지만은 분명해 보인다. 라이오스나 오이디푸스 모두 신탁에 과도할 정도로 매달렸다는 사실이다. 그들은 모두 신탁을 결코 피할 수 없는 운명으로 여겼다. 그럼에도 그들은 신탁을 피하려고 애썼고, 결국엔 피할 수 없었다.

그들은 운명을 절대적인 것, 이미 그들에게 정해진 것이라고 여겼다. 그랬기 때문에 그들은 운명을 피하려고 했던 것이다.

그러나 운명은 그들 스스로가 만들어가는 것이라고 생각했다면 어땠을까? 즉 신탁에도 불구하고 신탁을 무시하고 살아갔다면, 그때도 그렇게 비극적인 사건이 벌어졌을까? 운명이라는 두려움에 휩싸여 굴복하기보다 자신의 삶에 충실하고, 스스로의 삶을 만들어갔다면 어땠을까?

물론 그때도 운명을 피할 수 없었을 수 있다. 그러나 이 두 태도 사이엔 큰 차이점이 있다. 전자의 경우 운명을 피하려고 했던 것이 그들의 운명이 되는 것인 반면, 후자의 경우 운명을 무시하고 자신들만의 삶을 만들어간 것이 그들의 운명이 되는 것이다.

8. 오이디푸스는 유죄인가? 무죄인가?

선한 의도가 불행한 결과로 나타날 수 있는가?

오래전에 미국 해병대원들이 파키스탄 국경에서 비밀 정찰 임무를 수행한 일이 있었다. 그것은 탈레반의 지도자를 찾기 위한 작전이었다. 미국정보기관이 받은 정보에 의하면 탈레반 지도자는 140-150명의 군인의 보호하에 험한 산악 지대에 은둔 중이라는 것이다. 미해병대원들은 그곳에 투입되었고 수색이 시작되었다. 그런데 작전 수행 중 그들은 염소치기 소년과 마주쳤다. 해병대원들은 고민하기 시작했다. 그 소년을 죽일 것인가? 살려줄 것인가? 작전 성공을 위해서라면 그를 죽여야 한다. 그러나 그는 민간인이고, 아직 어린 소년이다. 그를 죽이는 것은 법적, 도덕적 죄를 짓는 일이다. 그러나 그들은 지금 대의를 위해 공적 임무를 수행 중이다. 그렇다면 더 큰 가치를 위해 작은 가치를 희생시켜야 하는가?

반면에 그 소년을 살려준다면, 그들은 이러한 죄책감으로 자유로울 것이다. 그러나 그 소년이 그들을 탈레반에게 알려줄 수도 있는 것이 아닌가? 이렇게 그들은 혼란스러운 상황에 처했고, 어떤 것이든 결정을 내려야 했다. 결국 그들은 소년을 살려주었다. 소년을 놓아준 지 4시간 만에 미군은 적에 의해 포위되고 1명을 제외한 모든 병사들은 사망하였다. 그들의 선한 의도와 결정은 그들의 죽음으로 이어졌다.

오이디푸스의 비극은 이미 운명에 의해 정해진 것이라고 하더라도, 그것이 실제적으로 시작된 것은 그가 국민들의 탄원을 듣고, 국가를 불행 속으로 몰아넣은 원인이 무엇인지 밝히기 시작하면서부터이다. 이때 분명한 것은, 그는 운명이 준비한 비밀에 대하여 전혀 모르고 있었다는 점, 그리고 그가 범인을 색출하라고 명령한 것은, 선한 의도에서 시작되었다는 점이다. 그럼에도 결과적으로 그는 아버지의 살해범이고 어머니와 결혼한 패륜아임이 밝혀진다. 모든 일이 벌어진 후에야 비로소 사건의 진실을 알게 된 그는 절망적으로 한탄한다.

그는 이제 자신이 죄인임을 인정하고 있다. 그리고 죗값을 갚기 위해 그는 자신의 눈을 찌른다. 그리스인들에게 눈을 찌른다는 것은 생명을 버린다는 것과 동일한 의미를 지닌다. 즉 그는 스스로 자신을 부정한 것이다.

자신의 눈을 찌른 후 그는 자신의 딸이자 동생인 안티고네와 함께 콜로노스로 떠난다. 그곳에서 그는 자신을 둘러싼 사건들을 돌아본 후, 자신은 운명의 희생자일 뿐, 자신은 죄가 없다고 말한다. 즉 자신은 아버지를 죽일 운명을 갖고 태어났다는 신탁을 받았지만, 그것은 자신이 어머니 뱃속에 생명체로 들어서기도 전의 일이라면서, 그것이 어째서 자신의 죄인지 되묻고 있다. 자신이 아버지를 죽였지만, 그 사건은 그가 누구인지, 그 일이 무슨 의미인지 알지 못한 채 벌어진 것이고, 어머니와 결혼했지만, 자신이 원해서 그분을 아내로 삼은 것이 아니라는 점을 밝히며, 이 모든 일은 인간의 능력을 넘어서는 신의 뜻이 아닐까라고 묻고 있다.

여기서 오이디푸스는 자신이 무지했다는 점을 강조하고 있다. 비극적 사건은 자신이 전혀 모른 상태에서 벌어졌다는 것이다. 그리고 그는 그것이 유죄인가? 라고 항변하고 있다.

그렇다면 무지한 채 죄를 범하면, 그것은 죄가 아닌가?

아리스토텔레스는 의도적인 죄와 비의도적인 죄를 구분한다. 비의도적인 죄의 경우, 다시 외부적 강제의 의한 죄와 무지에 의한 죄로 구분한다. 이 분류에 따르면 오이디푸스는 의도적으로 죄를 범하지 않았다. 그는 강제석 힘에 의해 죄를 범한 것도 아니다. 왜냐하면 그는 자발적으로 명령을 내릴 수 있는 왕이었기 때문이다. 물론 운명을 외부적으로 몰아닥치는 강제적 힘이라고 볼 수 있지만, 그것에 대해 그는 무지했다. 그리고 자신의 무지를 깨달았을 때, 그는 고통에 사로잡혀 후회를 했고, 스스로의 눈을 찔렀다. 그는 자신이 무죄이지만, 어쩔 수 없이 죄인이 된 것을 인정했고, 그에 대한 대가를 스스로 치렀다.

그러나 소포클레스가 "오이디푸스 왕"을 통해 독자들에게 전하려는 것은, 오이디푸스가 유죄인가? 무죄인가? 하는 것에 있는 것은 아니다. 오히려 그는 오이디푸스라는 허구적 인물을 통해 인간이란 존재가 감수할 수밖에 없는 불완전함과 한계성, 그로 인한 고통과 비극에 대하여 말하고 있을 뿐이다.

오이디푸스는 하나의 인간이다. 그는 어쩔 수 없는 한계와 삶의 인연들에 부딪쳐 고통과 절망 속으로 빠져든 인물이다. 그는 "비극적 인간"이다. 그러나 그는 운명으로부터 비롯된 인간의 비극성을 견뎌내고 받아들인 인물이다. 이런 의미에서 그는 비극적이지만, "위대한 인간"이다. 이런 점을 마르틴 하이데거는 "오이디푸스는 스스로 눈을 버림으로써 존재자로부터 존재의 세계로 넘어간 자"라고 표현하고 있다. 이것보

다 분명하게 니체는 오이디푸스를 불행하지만 고귀한 인간, 즉 비극적 영웅이라고 평가하고 있다:

"소포클레스는 그리스 연극의 가장 비극적인 인물, 불행한 오이디푸스를 고 귀한 인간으로 이해했다. 오이디푸스는 지혜로움에도 불구하고 오류를 저지 르고, 비참한 처지에 처할 운명을 타고난 인물이다. 그러나 그는 가혹한 수 난을 거치고 난 후, 드디어 복된 마력을 자기 주변에 발휘하게 되고, 이 마력 은 그의 사후에도 지속적으로 영향을 미친다. 이 생각이 깊은 시인은, 고귀 한 인간은 죄를 범하지 않는다고 우리에게 말하고 싶은 것이다."[4]

오이디푸스는 유죄일 수도 무죄일 수도 있다. 그러나 어떤 경우든 그 는 "비극적 인간"이며, 동시에 "위대한 인간"이다. 이를 통해 소포클레 스는 모든 인간이 처할 수 있는 비극 앞에서, 그가 진정한 인간이기를 원한다면, 어떻게 행동해야 할지를 보여주고 있는 것이다.

---

4 F. Nietzsche, *Die Geburt der Tragoedie*, KSA 1, 65쪽.

7

니체 철학의 인간론

1. 운명에 대한 니체의 입장

그리스 시문학자 소포클레스와 가장 닮은 사상가 중 한 명은 철학자 니체이다. 소포클레스가 오이디푸스를 통해 제시하고 있는 인간의 자유와, 그것을 비웃기라도 하듯 찾아오는 운명의 관계는, 니체에 의하면 "초인"과 "동일한 것의 영원회귀"라는 형태로 나타난다. 초인은 자기 자신을 극복해 나가는 자유로운 인간의 존재 방식, 혹은 그러한 인간을 지칭한다. 반면에 영원회귀에서 다루는 주제는 시간이다. 그렇다면 시간과 운명은 어떠한 관계에 있는가?

또한 니체는 영원히 회귀하는 시간 앞에 "동일한 것"이라는 표현을 덧붙이고 있다. 왜 영원히 회귀하는 시간은 "동일한 것"을 반복하는가?

우선 시간과 운명의 관계에 대하여 살펴보고자 한다. 우리는 앞에서 인간은 수많은 작은 인연들, 큰 인연들, 간접적 인연들, 직접적 인연들 속에서 살아간다고 말했다. 그러한 인연들 중 어떤 것은 인식될 수 있고, 어떤 것은 우리의 인식 범위를 넘어서기도 한다. 후자와 같이 찾아오는 인연에 대하여 우리는 알지 못하고, 그것을 운명이라 부른다. 그러나 운명은 나와 무관한 것이 아니다. 아무리 알 수 없는 운명조차도 과거의 나의 선택과 행동이 빚어낸 것이며, 그것이 여러 차례로 돌고 돌아 내게 다시 오거나, 혹은 지연된 시간 후에 찾아오기 때문에, 우리는 운명을 알 수 없다고 생각하는 것이다.

그러나 운명은 내가 이전에 행했던 나의 사유들, 행동들과 연관되어 있으며, 이러한 것들은 모두 시간의 흐름 속에서 벌어진 사건들이다. 그렇다면 시간은 여러 인연들이 벌어지고, 다양한 인연들을 담고 있는 거대한 지평인 셈이다. 이렇게 운명이 시간과 연관되어 있다는 점은 그리스 신화에서도 나타난다.

운명의 신은 모이라이다. "모이라"는 정해진 몫, 정해진 경계선 등의 의미를 지닌다. 어느 누구도 자신에게 정해진 몫과 경계선을 넘을 수 없다. 심지어 제우스마저도 자신에게 할당된 모이라를 넘어설 수 없다. 이런 의미에서 모이라는 만물이 지켜야 할 법칙을 제시하는 정의의 신이고, 누구라도 그 경계선을 넘거나 피하는 경우 그에 대하여 응징을 가하는 두려운 신이다. 모이라는 인간에 대한 연민을 갖지 않으며, 인간의 호소에 자신의 법칙을 바꾸지 않는다. 모이라는 냉혹하고 차가운 신이다. 그런데 이렇게 두렵고 차가운 신을 우리는 그리스 신화 중 크로노스에게서도 발견할 수 있다. 크로노스는 시간의 신이고, 시간의 법칙에 어떠한 예외도 두지 않는 냉혹한 신이다. 그래서 그리스 신화에서 크로노스는 자신이 낳은 자식들을 잡아먹는 모습으로 그려지고 있는 것이다.

이와 마찬가지로 운명의 신 모이라는 세 여신, 혹은 노파들로 묘사되고 있다. 그 중 클로토는 운명의 실을 잣는 여신이다. 그녀의 자매 라케시스는 운명의 실을 감거나 짜는 여신이다. 마지막으로 아트로포스는 운명의 실을 자르는 여신이다. 클로토는 생명의 탄생을, 라케시스는 생명의 내용들을, 아트로포스는 생명의 종말을 담당하는 여신들이다. 그 여신들은 생명체의 탄생(과거), 생명현상(현재), 죽음(미래)을 담당하고 있다. 즉 운명의 여신은 생명체의 출현을 지정하고, 살아 있는 동안 여러 인연들을 만들고 살아가도록 정하고, 일정한 기간이 지나면, 그를 탄생 이전의 상태로 다시 소환하는 시간의 신인 셈이다. 이렇게 운명은 시간 속에서 열리고 펼쳐지고 닫히는 것이고, 이런 의미에서 시간은 운명의 가능 근거이고, 운명의 내용을 엮고 짜는 지평이며, 운명의 경계를 확정하는 심판관이라고 할 수 있다.

그런데 니체는 영원회귀하는 시간 앞에 "동일한 것"이란 표현을 덧붙이고 있다. 왜 그는 시간의 내용, 즉 운명이 동일한 것이라고 말하는 것일까? 이것을 이해하기 위해, 우리 자신의 경험을 떠올려 보기로 한다.

우리는 탄생 이후 여러 가지 사건들을 경험하며 살아간다. 살아 있는한, 우리는 거의 매일 어떠한 일들과 부딪치며 살아간다. 우리의 삶의 내용이 다양하고 풍성한 것은, 내가 여러 가지 상황들과 만나기 때문이다. 그 상황들의 내용이나 방식은 서로 다르다. 무슨 음식이나 옷을 선택할지 고민하는 사소한 상황에서부터, 초등학교에서 중학교, 고등학교, 대학교로 진학하기 위해 내가 준비해야 하는 제법 중요한 상황, 나의 삶을 어떻게 살아야 할지 진지하게 고민하게 하는 상황, 어떻게 죽음을 준비해야 할지, 나의 전 존재를 걸고 두렵게 고민하게 하는 상황 등등, 이렇게 우리는 삶의 과정, 즉 시간의 흐름 속에서 사소하거나 중요한 상황들 앞에 서게 된다. 만약 삶의 과정이 이렇게 진행된다면, 우리가 마주치는 상황이 각각 다르듯이, 그 상황에 대처하는 우리의 삶의 내용도 서로 상이한 것은 아닌가? 그렇다. 그것은 지극히 당연하다. 우리가 어린 시절에 부딪친 상황이 성인이 된 후의 상황과 다르듯이, 어린 시절의 상황에 대한 태도 방식과 성인이 된 후의 태도 방식은 다르다. 그렇다면 시간의 흐름 속에서 운명의 "내용"은 항상 다른 것이어야 하고, 니체가 주장한 "동일한 것"은 잘못된 표현이 아닐까?

물론 이러한 니체의 표현은 어린 시절의 삶의 내용과 성인이 된 후 삶의 내용이 동일하다고 주장하는 것은 아니다. 오히려 그가 말하고 싶은 것은, 우리가—어느 시절이든 상관없이—어떤 특정한 상황이나 사건과 부딪쳤을 때, 우리가 대응하고 선택하는 방식은 동일하다는 것이다. 즉 과거에 내가 어떠한 상황에 처했었고, 그것에 대하여 A라는 방식으로 대처했었는데, 만약 그러한 상황이 다시 주어진다면 지금도 나의 대응과 선택은 동일할 것이라는 것이 니체의 주장이다. 사소한 예를 들어보기로 한다.

오늘 나는 어떤 옷을 살까 고민한다. 매장엔 여러 옷들이 있다. 오늘은 과거와 다른 옷을 고르고 싶어 이것저것 다른 옷들을 걸쳐본다. 한참 고민을 하지만, 결국엔 내가 전에 선택했던 옷과 똑같지는 않지만, 거의 비슷한 옷을 선택하게 된다. 이러한 경향은 옷을 고르는 것과 같은 사소한 일에서부터, 중요한 일에 이르기까지 적용된다. 왜냐하면 대부분의 경우 인간은, 어떤 상황과 마주하든 거의 자신에게 익숙한 성향, 기질에 따라 대응하기 때문이다. 즉 모든 인간은 결국엔 "자기답게" 상황에 대처하며, 이런 의미에서 인간은 과거와 동일한 상황에 부딪치면 대부분의 경우 그때 대응했던 방식과 동일한 선택을 하게 되는 것이다. 이러한 점을 니체는 "동일한 것의 영원회귀", 즉 '나의 운명은 회귀한다. 그것도 동일한 것으로'라고 표현하고 있는 것이다:

"사람은 결국 단지 자기 자신만을 체험할 뿐이다. 내게 우연한 일들이 일어날 수 있는 그런 시간은 지나갔다. 그리고 이미 나에게 고유한 것 외에 그 어떤 것이 여전히 내게 일어날 수 있겠는가!"[1]

소포클레스의 작품 "오이디푸스 왕"을 예로 들면, 라이오스 왕은 신탁을 언제 들었든 결국 자신이 한 행동과 동일한 선택을 할 것이며, 오이디푸스 역시 자신이 한 행동을 반복할 것이라고 니체는 주장하고 있는 셈이다.

그렇다면 오이디푸스에게는 다른 선택을 할 가능성은 전혀 없는 것인가? 그는 운명 앞에서 전적으로 자유롭지 못한 것인가? 이에 대한 대답을 니체는 "초인론"에서 밝히고 있다. 우선 우리는 그의 운명론(시간론)인 "동일한 것의 영원회귀"에 대하여 살펴보기로 한다.

2. 동일한 것의 영원회귀

니체가 영원회귀 사상을 떠올린 시기는 1881년이며, 이 사상은 "즐거운 학문"(1882년)에서 처음 묘사되고, 그 후 "차라투스트라는 이렇게 말했다" 3부(1883년) '환영과 수수께끼에 대하여'에서 자세히 다뤄지고 있다. 그것은 차라투스트라와 난쟁이 사이에서 벌어지는 목숨을 건 대화와, 그 후 차라투스트라가 본 수수께끼 같은 환영에 대한 묘사로 이어진다.

차라투스트라는 위를 향해 초월을 시도하는 자이고, 난쟁이는 그것을 방해하고 가로막으려는 자이다. 차라투스트라는 산을 오르고 있고, 난쟁이는 그의 등에 올라탄 상태로 그의 노력이 무의미한 것에 불과하다고 주장한다:

---

[1] F. Nietzsche, *Also sprach Zarathustra*, KSA 4, 193.

"차라투스트라여, 너 지혜의 돌이여 … 별을 파괴하는 자여! 그대는 그대 자
신을 그렇게 높게 던졌다. 그러나 높이 던져진 돌은 모두 떨어지게 되어 있
다! … 그것은 다시 그대 머리 위로 떨어질 것이다."[2]

그러나 차라투스트라는 난쟁이에게, 그는 자신의 '심연의 사상'을 모
른다고 비판한다. 그러자 난쟁이는 그의 등에서 뛰어내린다. 그 후 둘
사이에서 영원회귀에 대한 질문과 대답이 이어진다.

차라투스트라는 서로 반대방향으로 멀어지는 두 길이 만나는 곳에서
난쟁이에게 말한다:

"이 길들은 성문 앞에서 만난다 … 뒤로 향하는 긴 골목길. 그 길은 영원까지
이어진다. 그리고 저 밖을 향하는 긴 골목길. 그것은 또 다른 영원이다. 이
길들은 서로 모순이 된다. 그 길들은 서로 머리를 맞대고 있다. 그리고 여기,
바로 이 성문에서 그 길들은 만난다. 그 위에 이 성문 길의 이름이 쓰여 있
다; 그 이름은 '순간'이다."[3]

여기서 차라투스트라는 시간의 특징과 흐름에 대하여 말하고 있다.
현재적 시간인 '순간'을 기점으로 과거의 시간과 미래의 시간이 서로 만
난다. 과거는 까마득한 과거로 흘러가고, 미래는 까마득한 미래를 준비
한다. 과거로 향하는 시간은 영원하고, 미래로 향하는 시간도 영원하
다. 순간이라는 지점 외에 과거와 미래는 결코 만나지 않는 것처럼 보
인다. 왜냐하면 과거는 뒤를 향해 갈 뿐 앞으로(미래) 갈 수 없기 때문
이다. 마찬가지로 미래도 앞으로 갈 뿐 결코 뒤로 갈 수 없다.

---

2 위의 책, KSA 4, 198.
3 위의 책, KSA 4, 199-120.

그러나 시간이 영원하다면, 즉 시간의 시작도 끝도 없다면, 시간은 일직선으로 흘러가는 것일 수 없다. 왜냐하면 일직선은 결국 처음과 끝을 갖는 유한한 길이에 불과하기 때문이다.

그러므로 시간이 영원하다면, 시간은 시작과 끝을 갖지 않아야 한다. 그렇다면 시간의 시작과 끝은 서로 만나야 한다. 그래서 시간의 끝은 다시 시간의 시작이 되고, 시간의 시작은 결국 시간의 끝이 되어야 한다. 이러한 시간관에 의하면 과거는 까마득한 과거에서 미래와 만나고, 미래도 까마득한 미래에서 다시 과거와 만나게 된다. 이런 의미에서 시간이 영원하다는 것은 시간이 회귀한다는 것을 뜻한다. 시간은 영원히 회귀하는 것이다.

그런데 시간이 회귀하면, 그때 무슨 일이 벌어질까?

우리는 앞에서 솔로몬이 태양 아래 새로운 것은 없다고 주장한 것을 보았다. 그리고 그는 '예전에 있었던 것은 앞으로 있을 것이고, 앞으로 있을 것은 이미 과거에 있었던 것이 아닌가'라는 알쏭달쏭한 주장을 이어갔었다. 니체도 이런 주장을 하고 있다:

"순간이라는 이름의 성문 길에서 하나의 길고 영원한 골목길이 뒤를 향해 달리고 있다. 우리 뒤에는 하나의 영원이 놓여 있다. 달릴 수 있는 모든 것들은 이미 언젠가 이 골목길을 달렸지 않았겠는가? (사건으로) 벌어질 수 있는 모든 것은, 이미 언젠가 벌어졌고, 행해졌고, 지나가버리지 않았겠는가? … 만약 이미 모든 것이 존재했었다면 … 이 길 또한 이미 존재했지 않았겠는가? … 이 길에 앉아 있는 나와 너, 우리 모두 이미 존재했었음이 분명하지 않은가? … (그렇다면) 우리들도 영원히 되돌아와야 되는 것 아닌가?"[4]

---

4 위의 책, KSA 4, 200.

니체의 주장에 의하면, 우리가 했던 일(과거)은 우리가 하게 될 일(미래)과 동일하다. 과거에 했던 나의 행동은 미래에 내가 할 행동과 다르지 않다. 또한 내가 미래에 행할 일 역시 과거에 내가 했던 행동을 벗어나지 않는다. 왜냐하면 나는 언제라도 결국 나를 선택할 것이기 때문이다. 이것은 두렵고 역겨운 일이다. 왜냐하면 우리에게 새로운 것, 발전은 없고, 다만 다람쥐 쳇바퀴 돌 듯 이미 정해진 것을 되풀이 하는 것만이 허용되기 때문이다. 나의 자유는 없다. 다만 이미 정해진 필연성, 즉 운명만이 존재하고, 그 운명이 나의 과거 현재 미래를 전적으로 지배한다. 그렇다면 이 운명을 벗어날 방법은 없는가?

이에 대한 답을 제시하기 전에, "수수께끼와 환영"의 내용을 소개하기로 한다.

차라투스트라는 칠흑 같은 어둠 속에서 이상한 환영을 본다. 한 사나이가 누운 채 몸을 비틀고 캑캑거리고 경련을 일으키고 있는 것이었다. 그의 얼굴엔 역겨움과 공포로 인해 아무런 핏기도 없고, 창백함이 뒤덮여 있었다. 자세히 보니, 거대한 뱀이 그의 입 안으로 들어가 그의 목구멍을 꽉 물고 있는 것이 아닌가! 뱀에 목구멍이 막힌 사나이는 질식하기 직전이었던 것이다. 이 모습을 본 차라투스트라는 손으로 그 뱀을 꺼내려 하지만, 뱀은 사나이의 입 안에서 꼼짝도 하지 않는다. 그리고 사나이의 경련은 점점 심해진다. 이를 본 차라투스트라 역시 거대한 공포와 역겨움, 증오, 연민, 절망감에 사로잡힌다. 그러나 그는 마지막 힘을 다해 사나이에게 울부짖는다. 살아나려면, "뱀의 대가리를 물어뜯어라! 물어뜯어라!"[5]

결국 그 사나이는 뱀의 모가지를 물어뜯고 그 후 벌떡 일어날 수 있었다.

---

5 위의 책, KSA 4, 201.

이 일화는 시간이 영원히 회귀한다면, 그때 벌어지는 일련의 사건들이 얼마나 허무주의적인지를 잘 보여주고 있다.

이에 대한 이야기는 3부 말미 "건강을 되찾고 있는 자"에서 다시 다뤄진다. 여기서 차라투스트라는 뱀에 물려 질식할 뻔 했던 사나이가 자기 자신이었음을 밝힌다. 그리고 이제 평점심을 되찾고, 그 사건에 대하여 다시 되짚어 본다. 그리고 시간이 영원히 회귀한다면, 시간의 지평 위에서 벌어지는 모든 존재의 사건들도 회귀할 것이라는 점을 깨닫는다:

"모든 것은 지나가며, 모든 것은 되돌아온다. 존재의 바퀴는 영원히 돈다. 모든 것은 죽는다. 모든 것은 다시 피어난다. 존재의 시간은 영원히 흘러간다 … 모든 것은 헤어지고 모든 것은 다시 만난다 … 존재의 반지는 영원히 충실하게 머문다."[6]

시간이 영원히 회귀하면, 만물도 영원히 되돌아오고, 모든 인간과 나 자신도 되돌아오게 된다는 것이다. 그런데 이 사실 앞에서 차라투스트라는 절망한다:

"사람들은 영원히 되돌아온다! 왜소한 사람도 영원히 되돌아온다! … 가장 왜소한 자들도 영원히 되돌아온다! … 이것이 모든 현존재에 대한 나의 싫증이었다."[7]

왜소한 사람들은 시간의 영원회귀를 감당하지 못한다. 그들이 할 수

---

6 위의 책, KSA 4, 272-273.
7 위의 책, KSA 4, 274.

있는 일은 시간의 영원회귀라는 사슬로부터 도망치는 일이다. 그들은 이렇게 말한다:

"이제 죽자. 사라지자 … 한순간에 나는 무가 될 것이다."[8]

그러나 이것은 시간의 영원회귀로부터 벗어나는 방법이 아니다. 왜냐하면 죽음에도 불구하고 그것은 다시 되돌아오기 때문이다. 그것도 계속해서 죽는 방식으로. 그렇다면 다른 방법이 있는가?

우리는 시간에 대하여 결국 무력할 수밖에 없다. 왜냐하면 우리는 시간을 벗어날 수 없는 유한한 존재이기 때문이다.

일단 시간과의 관계에서 우리를 가장 무력하게 하는 것은 과거이다. 현재나 미래에 대하여 나는 자유롭게 선택할 수 있다. 그러나 과거는 선택할 수 없다. 이미 지나가버렸기 때문이다. 이미 지나간 과거, 과거의 생각과 행동은 주워 담을 수 없다. 그것은 나에게 "그랬었다"라는 "사실"로 항상 남는다. 만약 과거의 행동이 나에게 부끄러움으로 남는다면, 나는 그 부끄러움이라는 형벌로부터 벗어날 수 없다. 현재에 후회한다고 해도 과거는 바뀌지 않는다. 나의 과거의 행위 중 어떠한 것도 말살되거나 옮겨지지 않는다. 우리 모두는 과거 앞에 철저하게 무력하다. "그랬었다"라는 과거를 돌이킬 수 없다면, 그리고 그것이 영원히 회귀한다면, 모든 벌 또한 영원하게 된다.

그러나 과거의 사슬로부터 벗어날 방법은 있다! 우리는 과거 자체를 돌이키거나 바꿀 수는 없어도, 과거의 내용을 바꿀 수는 있다. 그것은 시간이라는 뱀의 모가지를 물어뜯는 일이다. 그것은 크로노스적으로 흘러가는 시간을 나에게 "의미 있는 시간" 즉 카이로스적 시간으로 바

---

8   위의 책, KSA 4, 276.

꾸는 일, 즉 어쩔 수 없고 숙명적으로 보이는 "그랬었다"를 "나는 그렇게 되기를 원했(었)다"로 바꾸는 일이다. 여기에 인간의 자유를 위한 공간이 주어진다. 즉 필연적으로 다가오는 운명 앞에서 인간은 자유를 통해, 그 운명을 내가 원하는 운명으로 창조해 나갈 수 있는 것이다.

예를 들어 나의 부끄러운 과거가 다시 되풀이된다는 것은 두렵고 역겨운 일이지만, 나의 자랑스러운 과거는 다시 되풀이되더라도, 그것은 나의 즐거움이고 나의 자부심인 것이다. 따라서 "동일한 것"의 영원회귀는, 한편으로는 가장 허무주의적인 특징을 보이지만, 다른 한편 그것은 나의 고귀함과 위대함을 드러내는 계기이기도 하다. 우리는 영원히 회귀하는 시간에 끌려가며 살기도 하지만, 하루하루를 창조적으로 만들며 살아가기도 한다. 전자가 왜소한 자(최후의 인간)의 특징이라면, 후자는 초인을 추구하는 강자의 특징을 드러낸다. 따라서 니체는 한편으로는 더 없이 왜소한 자들의 영원한 회귀와 역겨움에 대하여 말하면서, 다른 한편으로는 영원회귀에 대한 강자의 입장을 제시하고 있는 것이다:

"나는 다시 돌아오리라. 이 태양과 이 대지. 이 독수리와 뱀과 더불어 … 나는 새로운 생명이나 좀 더 나은 생명, 혹은 비슷한 생명이 아니라, … 동일한 생명으로(동일한 나로) 되돌아올 것이다 … 또 다시 만물에게 영원회귀를 가르칠 것이다."[9]

니체의 영원회귀 사상에 의하면 나에게 운명은 반드시 동일한 모습으로 다시 찾아온다. 마치 오이디푸스에게 그랬듯이. 그러나 필연적으로 찾아오는 운명은, 내가 나의 삶을 어떻게 살아가는가에 따라 달라진

---

9 위의 책, KSA 4, 276.

다. 왜소한 인간(최후의 인간)과 같이 운명에 끌려가는 대신, 자신의 자
유를 통해 스스로의 운명을 창조할 때, 그 운명은 나의 운명이고, 나의
위대하고 즐거운 운명이 되는 것이다. 이렇게 살아가는 인간의 모습을
니체는 초인이라고 부른다.

3. 최후의 인간과 초인

니체에 의하면 인간은 고정된 존재가 아니고, 완성된 존재는 더더욱 아
니다. 인간은 특정한 상태와 위치에 멈추고 머물러서는 안 된다. 오히
려 인간은 항상 자기 자신을 시도하고 실험하고 선택하며 자신만의 고
유한 존재를 창조해 나가야 하고, 이를 통해 기존의 자기 자신을 극복
하고 넘어서야 한다. 이러한 방식으로 살아가는 인간을 그는 초인이라
고 부른다:

"나는 너희에게 초인을 가르치노라. 인간은 극복되어야 할 그 무엇이다."

자기 자신을 극복하기 위해서는, 이에 앞서 기존의 자신을 부정해야
한다. 그러나 그것은 익숙한 것으로부터 떠나, 알 수 없는 미지의 것과
만나는 일을 전제로 한다. 그것은 편안함보다는 불편함, 안정감보다는
불안감, 익숙함보다는 낯섦을 수반한다. 따라서 많은 인간들은 기존의
가치에 따라 살아온 자신에 머물고자 한다. 그러나 앞으로, 위로 나아
가지 않는 것은 현상 유지에 머무는 것이 아니라, 이미 뒤로, 아래로 퇴
보하는 것을 뜻한다:

"지금까지 모든 존재들은 그들 자신을 뛰어넘어, 그들 이상의 것을 창조해

왔다. 그런데도 너희들은 … 자신을 극복하기보다는 오히려 동물로 되돌아
가려 하는가?"[10]

니체는 인간이라는 존재 안에 아직도 벌레에서부터 원숭이에 이르는
형질이 도사리고 있다고 강조한다. 그러나 그가 다윈의 진화론을 따르
고 있는 것은 아니다. 다윈의 진화론에 의하면 모든 생명체는 "생명을
유지하기 위해" 진화해 왔다고 주장하는 반면, 니체에 의하면 모든 생
명체는 생명을 유지하는 데 그치지 않고, 항상 더 많은 생명을 원한다.
이런 의미에서 생명을 유지하는 것은, 이미 생명을 상실하기 시작하는
것을 뜻한다. 따라서 벌레, 원숭이와 같은 단어들은 생명에의 의지나
힘에의 의지를 표현하기 위한 문학적 은유로 이해해야 한다.

아직도 인간 중에는 벌레와 같이 맹목성과 무의미 속에서 꿈틀거리
며 살아가는 인간, 원숭이처럼 우스꽝스러운 짓을 하며 살아가는 인간
이 존재한다. 그들은 기존의 사회적 가치에 휩쓸린 채 아무런 질문도
없이 살아간다.

반면에 자신의 위와 앞을 향해 자신을 선택할 때, 그는 인간의 상태
를 넘어설 수 있다. 이러한 존재를 니체는 초인이라 부른다. 그러나 인
간과 초인의 관계 역시 진화론적으로 이해되어서는 안 된다. 오히려 초
인은 자신을 극복하려는 인간의 존재 방식 자체를 일컫는 표현이다. 말
하자면 벌레, 원숭이, 인간, 초인이란 표현은 별개로 존재하는 실체가
아니라, 동일한 인간이 취하는 여러 가지 상이한 존재 방식을 가리키는
것이다. 인간은 한때는 원숭이처럼 살기도 하지만, 또 다른 때는 자신
을 넘어서려고 시도하기도 한다. 그리고 이러한 시도를 할 때 그는 좀
더 자신에 대하여 자부심을 느끼며, 그가 한때 취했던 원숭이와 같은

10 위의 책, KSA 4, 14.

태도에 대하여 부끄러워한다. 이런 점을 그는 다음과 같이 표현하고 있
는 것이다:

"인간에게 원숭이는 일종의 웃음거리, 혹은 고통스러운 부끄러움이다. 초인
과의 관계에서는 인간이 그렇다."[11]

　벌레나 원숭이라는 표현은 주어진 사회의 가치에 순응하며 익숙했던
과거를 바라보는 방식으로 살아가는 인간을, 반면에 초인은 자신의 삶
을 새롭게 창조해 나가며, 미래를 향하는 인간을 뜻한다. 이렇게 과거
지향적이며 일상적 현재에 빠져 살아가는 인간을 니체는 "최후의 인간"
이라고, 미래를 준비하는 방식으로 현재를 살아가는 인간을 "초인"이라
고 칭한다. 최후의 인간은 진정한 자신을 포기하면서 살아가기에 노예
적 인간, 약자, 속박된 인간인 반면, 초인은 자신을 극복하려고 시도하
는 자이기에 강자, 천재, 자유정신이라 불린다.
　그럼에도 니체는 강자와 약자를 우생학적, 혹은 인종주의적으로 규
정하지 않는다. 오히려 강자와 약자, 혹은 초인과 최후의 인간의 차이
는 자신의 진정한 존재에 대하여 어떠한 태도를 취하느냐에 따라 구분
될 뿐이다. 이런 점을 그는 "숯과 다이아몬드의 관계"로 묘사한다.
　숯이 다이아몬드에게 "왜 그대는 그렇게 단단한가? 우리는 가까운
친척 사이 아닌가?"라고 묻자, 다이아몬드는 숯에게 "왜 그렇게 무른
가? 너희는 나의 형제가 아닌가?"라고 반문한다. 그리고 다이아몬드는
숯이 너무도 무르고, 고분고분하고, 삶의 모험을 거부하고, 숙명론적 체
념 속에서 살고 있다고 비판한다. 그러면서 창조하는 자, 고결한 자만이
단단하다는 주장과 함께, 숯에게 "단단해질지어다"라고 충고한다.

11　위의 책, KSA 4, 14.

이와 같이 모든 인간은 최후의 인간도 될 수 있고, 초인도 될 수 있다. 단지 어느 길을 향하고, 어떻게 시도하느냐에 따라 그가 누구인가가 결정되는 것이다.

그렇다면 최후의 인간은 어떤 인간이고, 초인은 어떻게 가능한가?

"차라투스트라는 이렇게 말했다"의 머리말에는 10년간 산 위에서 지내던 차라투스트라가 산에서 내려와 인간들이 사는 마을로 들어서는 장면이 묘사되고 있다. 그는 숲을 지나 시장이 열리고 있는 마을에 도착한다. 마침 그곳에서는 사람들의 흥미를 끌기 위해 광대들의 줄타기가 벌어지려고 하고 있다. 그때 차라투스트라는 광대의 줄타기를 보려는 사람들에게 최후의 인간과 초인에 대하여 말하기 시작한다. 우선 그는 초인에 대하여 말한다. 초인은 최후의 인간에 머물지 않고 자기 자신을 찾기 위해 모험을 시도하는 인간이다. 그러나 위와 미래를 향해 초월적으로 나아가는 것은 쉬운 일이 아니다. 이때 경험할 수 있는 위험성에 대하여 니체는 이렇게 말한다:

"인간은 동물과 초인 사이에 연결된 밧줄. 하나의 심연 위에 걸쳐 있는 밧줄이다. 저편으로 건너가는 것도, 건너가는 도중도, 뒤돌아보는 것도, 떨고 있는 것도, 서 있는 것도 위험하다."[12]

이것이 창조하는 인간이 감수해야 할 위험이다. 만약 그가 옛 자리에 안주해 살아간다면, 심연 위에 걸쳐 있는 외줄을 건너는 것 같은 위험은 겪지 않을 수 있다. 그러나 진정한 자신을 찾아 나서려면, 그는 밧줄에 올라타 한 걸음을 내디뎌야 한다. 일단 한 걸음을 내딛는 순간 그 밑

---

12 위의 책, KSA 4, 16.

에는 깊이를 알 수 없는 거대한 심연이 큰 입을 벌리고 있다. 두려움과 현기증이 일어난다. 그렇다고 이전을 향해 다시 돌아가는 것도 어렵다. 또한 두려움에 사로잡혀 앞으로도 뒤로도 가지 못한 채 그곳에 머물러 있는 것도 위험하다. 그런데 모든 것이 위험하다면, 그는 앞을 향해 움직여야 한다. 왜냐하면 다른 방법이 없기 때문이다. 이때 그에게 필요한 것은 "용기"이다. 용기는 두려움을 이겨내고 현기증을 잠재우는 능력이다.

비록 그 과정에서 떨어지는 일이 있다고 하더라도, 두려움을 물리친 그 자신을 통해, 그리고 그가 보게 된 새로운 세계를 통해 그는 이미 위대하다고 볼 수 있다. 왜냐하면 위대한 인간은 몰락하지 않는 인간이 아니라, 몰락을 극복하는 인간이기 때문이다:

"인간의 위대함은, 그가 목적이 아니라 하나의 다리라는 점에 있다. 인간이 사랑받을 만한 것은, 그가 하나의 과정이고 몰락이라는 점이다."[13]

차라투스트라가 초인에 대하여 말하지만, 사람들은 그의 말에 무관심하거나 비웃는다. 그의 말은 너무 먼 곳을 가리키고 있기 때문이다. 이러한 모습을 보고 차라투스트라는 안타까워한다:

"저기 그들이 있다 … 그들은 웃고 있다. 그들은 나를 이해하지 못한다. 나는 이와 같은 자들의 귀를 위한 입이 아니다."[14]

그들이 비웃는 것을 본 후, 차라투스트라는 "최후의 인간"에 대하여

---

13 위의 책, KSA 4, 16-17.
14 위의 책, KSA 4, 18.

말하기 시작한다. "최후의 인간"은 특별한 종족이나 계급이 아니라, 일상에 안주하며 살아가는 대부분의 인간을 가리킨다. 그런데 이러한 인간들에 대하여 니체는 "가장 경멸스러운 인간"이라는 평가를 내린다. 그렇다면 최후의 인간은 왜 가장 경멸스러운 인간인가?

최후의 인간은 아주 작아지고 왜소해진 인간이며, 이를 통해 세계도 작게 만드는 인간이다. 그는 더 이상 꿈을 갖지 않는다. 그는 아무것도 동경하지 않는다. 차라투스트라가 보기에, 이것은 슬픈 일이다:

"슬픈 일이다! 인간이 더 이상 자신 너머로 동경의 화살을 쏘지 못하고, 자신의 활시위를 울릴 줄도 모르는 시기가 올 것이다!"[15]

그들은 창조적인 시도를 하지 않는다. 그들은 춤추는 별을 탄생시키려고 시도하지 않는다. 왜냐하면 그때 그들이 짊어져야 하는 혼돈스러움이 귀찮고 불편하기 때문이다. 그것 역시 슬픈 일이다.

그들은 가난해지지도 부유해지지도 않은 채 살아간다. 그들의 삶은 뜨겁지도 차갑지도 않다. 그저 미지근할 뿐이다.

그들은 지루해지는 것을 싫어한다. 그래서 약간의 일을 한다. 그 일은 무엇인가 창조하기 위한 것이 아니라, 권태를 몰아내기 위한 소일거리에 불과하다. 그들은 몸이 병에 걸리는 것을 매우 염려한다. 그렇다고 그들이 건강한 것도 아니다.

외롭지 않기 위해 그들은 서로의 온기를 느낄 수 있는 이웃을 필요로 한다. 또한 편안한 잠을 자기 위해 약간의 독을 마시기도 한다. 깨어 있을 때 부딪치는 삶의 문제들을 잊기 위해서이다.

그들은 작아진 자신과 작아진 세계에 만족하고, 그 속에서 아주 잘

---

15 위의 책, KSA 4, 19.

살아간다. 그들은 극히 현실적이고 순응적인 인간이다. 그들은 그들에게 주어진 작은 보상에 만족하고 행복해하며, 이를 위해 기꺼이 자신들의 자유를 권력자에게 헌납하는 인간이다. 그리고 그들은 행복하다고 여긴다:

"'우리는 행복을 찾아냈다.' 이렇게 말하고 최후의 인간은 눈을 깜빡인다."

그들은 약하지만, 현실적인 적응력과 권력에 대한 순종을 통해 강자보다 오래 살아남는다. 그들은 스스로 작게 만든 세계를 넓다고 생각하며 그 안에서 편안하게 살아간다. 그러나 그들이 만든 작은 세계로 인해 세상은 숨 막힐 정도이다:

"이 대지는 작아졌고, 그 위에서 모든 것을 작게 만드는 최후의 인간이 뛰어다니고 있다. 이 종족은 벼룩과도 같아서 근절되지 않는다. 최후의 인간은 가장 오래 산다."[16]

이렇게 차라투스트라가 최후의 인간에 대하여 말하자 놀라운 일이 일어난다. 초인에 대하여 말할 때에는 무관심하고 지루해하던 사람들이 최후의 인간에 대한 말을 듣고는 환호성을 올리며, "차라투스트라여, 우리에게 그 최후의 인간을 달라. 우리들로 하여금 그 최후의 인간이 되도록 하라! 그러면 우리가 그대에게 초인을 선사하겠다!"라고 말하는 것이다. 그들에게는 초인보다 최후의 인간이 훨씬 더 매력적이고 유익해 보였던 것이다.

---

16 위의 책, KSA 4, 19.

초인이 되기 위해서는 몰락을 감수하면서까지, 자신의 존재를 스스로 짊어지고, 알 수 없는 미래를 향해 나가야 한다. 그것은 고통스러운 길이다. 그러나 이러한 '초인에의 길'에 대하여 차라투스트라는 "나는 사랑하노라. 몰락하는 자로서가 아니고는 달리 살 줄을 모르는 사람들을. 그들이야말로 저편으로 건너가고 있는 자들이기 때문이다"라고 말했던 것이다.

그렇다면 초인은 구체적으로 어떠한 인간인가?

니체에 의하면 초인은 지상의 삶보다 신, 하늘나라, 저 세상을 강조했던 서구 사상 전체를 부정할 수 있는 자이다. 초인은 신에 대한 사랑 대신 인간을 사랑하는 자이다:

초인은 신과 하늘, 영혼 대신 인간과 대지, 육체를 진정으로 사랑할 수 있는 자이며, "삶을 있는 그대로 사랑하는"(Amor Fati) 자이다. 삶을 사랑하기 위해서는 삶을 긍정해야 하지만, 그것은 자신에게 주어진 삶을 아무 질문도 하지 않고 받아들이는 태도를 뜻하지 않는다. 왜냐하면 그들에게 주어진 삶은 진리의 탈을 쓴 허무주의에 의해 왜곡된 삶이기 때문이다. 따라서 그 삶은 부정되어야 한다. 자신에게 익숙한 삶을 부정하는 것은 고통스러운 일이다. 그러나 고통을 극복했을 때 비로소 밝은 웃음이 찾아오듯이, 삶에 대한 부정은 다시 부정되어야 한다. 그때 비로소 삶 자체에 대한 위대한 긍정이 가능해진다. 이러한 과정을 니체는 "정신의 3단계 변화"라고 칭하며, 어떻게 정신이 낙타의 단계에서 사자의 단계로, 마지막에는 어린아이의 단계에 이를 수 있는지 은유적으로 묘사하고 있다.

이 이야기에는 용, 낙타, 사자, 어린아이가 등장한다.

낙타는 매우 열악한 환경인 사막에서 살며, 무거운 짐을 지고 사막을 횡단하는 동물이다. 그러기 위해 낙타는 강인한 체력과 정신을 지녀야 한다. 낙타는 자신 위로 짐이 실리는 것을 거부하지 않으며, 심지어 짐이 무거울수록 더 즐거워한다. 그것이 낙타의 자부심이다. 이런 의미에서 니체는 낙타를 "억센 정신, 무거운 짐을 지는 강인한 정신, 무거운 짐을 기뻐할 수 있는 정신"이라고 묘사한다. 이 외에도 낙타는 짐을 싣기 위해 기꺼이 자신의 몸을 낮추는 겸손함을 겸비한 동물이다.

이러한 점을 고려하면 낙타는 매우 긍정적인 동물처럼 보인다. 그러나 그렇게 보일 뿐이다. 왜냐하면 낙타는 긍정 이외에 아무런 부정도 할 수 없는 동물, 혹은 부정하기를 두려워하는 동물이기 때문이다. 낙타는 단지 자신에게 주어진 명령에 순종할 뿐이다. 그렇다면 누가 낙타에게 명령하는가? 그것은 바로 용이다. 여기서 용이란 동물은 서구 정신을 지배해 왔던 신이나 왕, 혹은 그들이 내리는 명령, 혹은 사회에 오랫동안 전승되어 진리라고 여겨온 절대적인 가치, 도덕적 가치에 대한 비유이다. 용은 사람들에게 "너는 … 해야만 한다"라고 명령을 내린다:

"용의 비늘 하나하나에는 '너는 마땅히 해야 한다!'라는 명령이 금빛으로 번쩍인다. 그 비늘들에는 천 년이나 된 가치들이 번쩍인다. 그리고 용들 중 가장 힘이 센 그 용은 '모든 사물의 가치는 내게서 번쩍인다'라고 말한다."[17]

이러한 가치들을 자신의 비늘 위에 장식한 용의 외양은 권위와 위엄 자체로 보이며, 이 모습을 본 사람들은 감히 그의 명령을 어길 엄두를 내지 못한다. 그들은 용의 명령 앞에서 두려워하거나 체념하고, 혹은 스스로 공경하면서 그의 명령을 듣는 것을 기쁨으로 여긴다. 이러한 인간을 비유한 것이 낙타이다. 낙타는 용의 명령에 순응하며, 이러한 자신의 모습을 보며, '나는 얼마나 선량한가? 얼마나 진실된가? 얼마나

---

17 위의 책, KSA 4, 30.

착하고 좋은 사람인가? 나는 얼마나 사회가 원하는 사람인가?'라고 자부심을 갖는다. 그러나 낙타는 용의 명령이 옳은지, 정당한지, 그의 명령의 본질이 무엇이며, 그 명령이 어떠한 과정을 거쳐 형성되었는지 전혀 질문하지 않는다. 다만 그의 명령을 절대적인 것으로 여기고 순종할 뿐이다.

이런 의미에서 낙타의 긍정성은 체념하고, 순종하는 긍정성일 뿐이다. 즉 낙타의 긍정성은 높게 평가받아야 할 긍정성이 아니라, 오히려 질문되어야 할 긍정성이다. 이러한 낙타의 정신을 가진 사람들을 니체는 "최후의 인간"이라고 칭한다. 그들은 아무 질문 없이 용의 명령 안에서 행복하다고 여기며 살아가는 인간형이다. 그들의 정신은 "구속된 정신"이다. 그러나 이제 낙타의 정신은 용의 명령에 대하여 질문해야 하며, 그 명령에 순종해 온 자기 자신에게 질문해야 한다. 이러한 정신을 니체는 사자로 표현하고 있다.

사자는 용이 명령하는 가치들에 대하여 질문하고 부정하는 정신이다. 사자는 용의 명령을 두려워하지 않는 용기를 지니고 있다. 사자의 정신은 "너는 … 해야만 한다"라는 용의 명령에 대하여 "나는 … 원한다"라고 응수할 수 있는 정신이다. 이것은 용과의 일전을 불가피하게 만든다:

"사자는 … 마지막 신에게 대적하려 하며, 승리하기 위해 그 거대한 용과 결투를 벌이려 한다."[18]

사자는 용기를 가지고 용과 대적하며, 자신의 자유를 쟁취하려는 정

---

18 위의 책, KSA 4, 30.

신이다. 이를 위해 사자는 용을 부정하고, 그가 구축해 온 거대한 건축물을 함머를 가지고 부수기 시작한다. 이런 의미에서 사자는 부정의 정신, 파괴하는 정신, 스스로 주인이 되고자 하는 "자유정신"을 뜻한다. 이와 같이 "최후의 인간"은 사자의 정신을 통해 속박된 정신, 노예의 정신으로부터 자유정신, 주인정신으로 나아가야 한다.

그러나 기존의 가치를 부정하는 정신으로서 사자가 단지 사자의 정신에 머문다면, 그는 부정을 위해서 부정을 하는 인간형, 즉 부정적인 인간형에 머물 뿐이다. 이제 부정하는 사자의 정신은 자신을 넘어서서 새로운 가치를 창조를 해내고, 그것을 다시 긍정하는 정신이 되어야 한다.

이것은 자신에게 주어진 권위와 명령에 아무 질문 없이 무조건적으로 복종하는 낙타의 긍정과 달리, 낙타적인 긍정을 부정하고, 그 부정을 다시 부정함으로써 도달하는 긍정의 정신이다. 이렇게 부정을 다시 극복하고 얻은 긍정을 니체는 "거룩한 긍정", "디오니소스적 긍정"이라고 부르며, 이러한 긍정에 도달한 존재를 그는 "어린아이"라고 칭한다. 어린아이의 정신은 다음과 같다:

"어린아이는 천진난만함이고, 망각이며, 새로운 시작이고, 놀이이며, 스스로의 힘에 의해 돌아가는 바퀴이고, 최초의 운동이며, 거룩한 긍정이다."[19]

어린아이는 새롭게 태어난 생명체이다. 그는 기존의 사회적 가치들로부터 자유롭다. 그는 아직 아무런 "가치"도 쓰여 있지 않은 순백의 상태이다. 그는 기존의 가치에 속박되지 않고, 자신만의 가치를 새롭게 창조해 갈 수 있는 가능성 자체이다. 이러한 그의 능력을 통해 새로운

---

19 위의 책, KSA 4, 31.

세계가 열리게 된다. 이런 의미에서 어린아이는 "새로운 시작"이며, "스스로의 힘에 의해 돌아가는 바퀴"이다.

그는 기존의 가치로부터 자유롭기에, 그는 천진난만하다. 여기서 "천진난만"이라고 번역된 단어는 "unschuldig", 즉 죄책감이 없다는 의미이다. 그가 죄책감을 느끼지 않는 것은, 그가 과거의 인간이 아니라 미래를 향한 인간이기 때문이다. 따라서 그는 과거의 진리관, 도덕관 등의 가치가 강요하고 억누르는 죄책감이나 부끄러움을 느끼지 않는다. 반면에 과거의 인간, 과거와 연결된 현재에 머무는 인간은 죄책감과 부끄러움에 시달린다.

또한 어린아이가 천진난만할 수 있는 이유는, 그는 모든 것을 쉽게 망각하는 존재이기 때문이다. 무언가를 잘 망각한다는 것은, 건강하다는 의미이다.

그렇다면 건강한 인간의 특징은 무엇인가?

강한 인간은 기억보다는 망각형에 가깝다. 그는 자신이 한 일에 대해 고민하거나 괴로워하지 않는다. 왜냐하면 그는 대부분의 경우, 자신의 한 일에 대해 충분히 만족해하며, 자신의 행동을 기존의 가치를 통해 판단하지 않기 때문이다. 기억하는 인간은 자신을 대가와 형벌이라는 잣대를 통해 평가하지만, 망각하는 인간은 그것들로부터 자유롭다.

이와 같이 어린아이는 망각하는 존재이다. 그는 마치 "놀이하는 인간"(homo ludens)과 같다.

어린아이는 바닷가에서 모래성을 쌓으며 논다. 그 성을 멋지게 하려고 조개껍질로 장식을 한다. 그런데 갑자기 큰 파도가 밀려와 모래성이 사라진다. 어린아이는 잠시 울지만, 곧바로 웃으며 새로운 모래성을 쌓기 시작한다. 어린아이는 파도가 모래성을 파괴했지만, 동시에 조개껍질도 날라다 준다는 것을 알고 있다. 어린아이에게 나쁜 것은 나쁜 것,

좋은 것은 좋은 것이 아니라, 좋은 것과 나쁜 것은 모두 놀이의 한 부분이다. 놀이에서 술래가 되었다고 화를 내며 슬퍼하는 사람은 없다. 삶이 "놀이"라면 괴로워하거나 슬퍼할 이유가 없다. 그 모두 즐거운 놀이의 한 과정이기 때문이다.

심지어 어린아이는 죽음도 두려워하지 않는다. 왜냐하면 그에게는 아직 아무런 죽음의 냄새도 들어 있지 않기 때문이다. 오히려 그를 가득 채우고 있는 것은 생명 자체의 향기이다. 이 생명의 향기가 어린아이를 천진난만하게, 죄책감과 부끄러움에서 자유롭게 하고, 모든 것을 새롭게 시작하고 창조할 수 있게 하는 것이다. 이렇게 생명의 놀이를 즐기고 있는 어린아이는 웃는다. 어린아이의 해맑은 웃음보다 아름다운 것이 있을까?

"놀이하는 인간"으로서 어린아이는 "웃는 인간"(homo ridens)이다. 고통을 극복하고 결국엔 웃을 수 있는 인간. 이것이 니체가 주장하는 초인의 모습이다. 이러한 인간은 삶의 고통, 운명의 가혹함을 알고, 그것으로부터 고통을 당하기도 하지만, 궁극적으로는 이것을 극복하고 웃을 수 있는 존재이다. 그는 운명에 시달리기보다, 자신만의 운명을 창조하려고 한다. 비록 그것이 비극으로 끝나더라도, 그는 자신의 자유를 통해 운명과 부딪치려고 한다. 왜냐하면 그때 그는 진정으로 자신이 살아 있음을 느끼고, 자신의 행동에 대하여 자부심을 느끼기 때문이다.

물론 이런 일은 쉽지 않다. 니체도 그것을 알고 있다. 그래서 그는 "차라투스트라는 이렇게 말했다" 4부에서, 초인이 되기를 시도하다 좌절에 빠진 "보다 높은 인간들"에게 다음과 같이 위로의 말을 건넨다:

"얼마나 많은 것이 아직도 가능한가! 따라서 그대들 자신을 넘어 웃는 법을 배워라 … 나에게 배우도록 하라. 웃음을."[20]

이러한 니체의 인간론을 잘 보여주고 있는 작품을 우리는 소포클레스의 "안티고네"에서 발견할 수 있다.

20 위의 책, KSA 4, 367-368.

8

안티고네

서구 정신사를 통해 여성의 본질은 여성 스스로가 아니라, 남성에 의해 규정되었다. 여성은 여성 자신의 모습이 아니라, 남성의 시각과 욕망에 의해 조작되고 강요되고 이상화된 모습이라고 볼 수 있다. 이런 점을 시몬 드 보부와르는 "여성은 여성으로 태어나는 것이 아니라, 여성으로 만들어진 것"이라고 비판하며, 특히 아내와 어머니 역할은 철저하게 조작된 것이라고 강조하고 있다. 따라서 이렇게 왜곡되고 조작된 여성 이미지는 이제 부정되어야 한다는 것이다:

"오늘날의 여성은 여성적이라는 신화를 무너뜨리고 있다."

그렇다면 그녀가 부정하려는 여성의 모습은 무엇인가?

서구 정신사를 통해 여성은 크게 3부류로 구분되었다. 첫째 유형은 유혹자이다. 남성에게 여성은 가장 매혹적이고 아름다운 존재이다. 여성의 아름다움은 남성들을 설레게 한다. 그러나 소유하고 지배할 수 없는 아름다움은 남성을 불편하게 한다. 여성의 아름다움이 클수록, 그러한 여성을 지배할 수 없을수록, 여성의 아름다움은 남성에게는 두려움으로 다가온다. 왜냐하면 아름다움은 유혹하는 힘이고, 그 힘 앞에서 남성은 자신을 잃게 될 수도 있기 때문이다. 이와 같이 여성의 아름다움과 남성의 두려움은 서로 반비례하는 방식으로 작용한다. 이때 남성은, 한편으로는 여성의 아름다움에 기꺼이 빠져들고 싶은 욕망과, 다른 한편으로는 여성의 유혹적인 힘으로 인해 남성 자신이 파괴될 수 있다는 두려움이라는 딜레마에 처하게 된다. 여성의 아름다움 앞에서 남성이 무력해지고, 두려움이 커질 때, 남성들이 택한 전략은 그러한 여성의 아름다움이 갖는 파괴적인 힘을 부정하는 것이다. 이때 아름다움은 "악"으로 규정된다. 이러한 여성을 그리스에서는 "아름다운 악"으로, 현대사회에서는 "팜므 파탈"로 불렀다. 이러한 예로는 판도라, 살로메, 오이디푸스가 물리친 스핑크스, 오디세우스를 유혹했던 세이렌 등을 들 수 있다. 이들은 어느 남성도 이들로부터 벗어날 수 없을 정도로 아름답다는 점, 동시에 유혹에 말려든 모든 남성을 죽일 수 있는 능력을 지니고 있다는 공통점을 지닌다. 이러한 여성은 남성을 파괴하고 지배할 수도 있지만, 결국 남성의 욕망에 의해 이상화된 여성상과 연결되어 있다. 이런 점에서 이러한 여성은 "반동적", 혹은 "수동적" 존재라는 특징을 지닌다.

그러나 이러한 여성과 달리, 남성에게 어떠한 두려움도 주지 않는 아름다움을 지닌 여성이 존재한다. 그 여성이 어머니이다. 물론 팜므 파탈에게서 느껴지는 아름다움과 어머니의 아름다움은 전혀 다르다. 어머니는 남성을 낳고, 그를 보호하고 키운 안식처와 같은 존재이다. 이런 의미에서 어머니는 "아름다운 선"이다. 이러한 어머니의 모습은 그리스의 자연신 가이아나, 그리스도교의 마리아에서 발견할 수 있다. 어머니로서 여성은 남성보다 앞서며, 남성의 욕망과 무관하다. 이런 의미에서 어머니로서 여성은 "능동적", "자율적"인 존재이다.

또 다른 여성의 모습은 호메로스의 작품 "오디세이아"의 페넬로페에서 발견할 수 있다. 트로이 전쟁이 끝난 후 모든 그리스군들은 고향으로 귀환한다. 그런데 유독 오디세우스만 10년 동안 자신의 고향으로 돌아가지 못하고, 여러 위기에 처하게 된다. 이러한 위험을 이겨내는 동안, 그의 고향에서는 아내 페넬로페가 왕국을 지키고 있다. 그러나 시간이 흘러갈수록 그녀에게는 여러 구혼자들이 등장한다. 이들은 오디세우스가 죽었을 것이라고 주장하며, 자신과 결혼해 줄 것을 요구하고 있다. 그것은 요구를 넘어 위협과 협박에 가깝다. 페넬로페는 이 위기를 넘기기 위해 옷 한 벌을 완성하면 결혼에 응하겠다고 약속한다. 그리고 그녀는 옷을 뜨고, 풀기를 반복하면서 자신의 약속을 연기시킨다. 페넬로페는 오디세우스를 곤경에 처하게 하는 팜므 파탈도 아니고, 그의 어머니도 아니다. 그녀는 오디세우스를 사랑하고, 기다리는 현숙한 아내이며, 구혼자들의 요구를 벗어나기 위해 애를 쓰고 있는 지혜로운 여성(인간)이다. 이때 페넬로페는 여성으로서 오디세우스의 아내이면서, 동시에 그의 왕국을 지켜내는 자유로운 인간이다. 이렇게 페넬로페는 여성이면서 동시에 남성의 역할을 하고 있는 자율적이고 능동적인 "인간"의 모습을 보여주고 있다.

소포클레스가 제시하고 있는 안티고네는 남성, 여성적 구분을 떠나 한 "인간"으로서, 자신의 결단을 통해 자신의 존재 의미와 책임을 수행하는 인간, 이를 위해 죽음마저 받아들이는 자율적이고 독립적인 인간의 모습을 보여준다. 이런 의미에서 우리는 안티고네에서 "비극적 영웅"의 모습을 발견할 수 있다.

1. 안티고네의 줄거리

"안티고네"는 "오이디푸스 왕", "콜로노스의 오이디푸스"와 함께 소포클레스의 3부작에 속한다.

"오이디푸스 왕"의 마지막 장면은 오이디푸스가 자신의 눈을 찌른 채 왕좌에서 물러난 후, 크레온에게 자신을 테바이 밖으로 추방해 줄 것을 요청하면서 끝난다.

"콜로노스의 오이디푸스"는 유랑 길에 나선 오이디푸스와, 그를 돌보는 안티고네가 아테네 근처 콜로노스에 도착하는 장면에서 시작한다. 그때 오이디푸스가 지배했던 테바이에서는 크레온과, 오이디푸스의 두 아들 에테오클레스, 폴리네이케스 사이에서 권력을 둘러싼 투쟁이 벌어진다. 세 사람 모두 오이디푸스를 자신의 편으로 끌어들이면 권력을 획득할 수 있다고 여기고, 오이디푸스를 찾아온다. 그러나 그들은 오이디푸스에 대한 진정한 염려 없이 단지 자신의 권력을 위해 그를 이용하려고 한다. 이를 알아챈 오이디푸스는 그들에게 저주를 퍼붓는다.

그 후 오이디푸스는 아테네 왕 테세우스의 도움을 받아 안전하게 살아가다가, 이윽고 조용하고 평화로운 죽음을 맞는다. 그의 시신은 누구에게도 알려지지 않은 비밀스러운 성소에 안치된다. 이와 같이 성스러운 장소에 묻히는 장면을 통해 소포클레스는 오이디푸스가 죄로부터 벗어났음을, 무죄임을 암시하고 있다.

"안티고네"는 오이디푸스의 죽음 이후 크레온에 의해 지배되고 있는 테바이에서 벌어진 사건을 다루고 있다. 이 작품에서는 안티고네, 그의 동생 이스메네, 테바이의 왕 크레온과 왕비 에우뤼디케, 그리고 그들의 아들이자 안티고네의 약혼자인 하이몬이 주요 인물로 등장한다. 그리고 안티고네와 크레온 사이를 갈등으로 몰아넣게 한 사건의 당사자들인 에테오클레스와 폴리네이케스가 간접적으로 등장한다. 그들은 안티고네의 오빠들이며, 오이디푸스 사후 크레온과 더불어 왕권을 차지하기 위해 투쟁했던 인물들이다.

"안티고네"의 첫 장면은 크레온 왕이 내린 포고령에 대하여 안티고네와 이스메네가 나누는 대화에서 시작한다. 크레온 왕이 내린 명령은, 에테오클레스의 경우, 조국을 위해 싸우다 죽었으니 그의 시신을 잘 묻어주고 장례 의식도 치르게 하라는 것, 반면 폴리네이케스는 조국을 배신하고 적을 끌어들였으니 그에 대한 장례와 애도를 금지하고, 그의 시신은 새와 개 떼의 밥이 되도록 방치하라는 것, 그리고 왕의 명령을 어긴 자는 그가 누구이든 죽음에 처한다는 내용이었다. 이러한 왕의 명령에 대하여, 이스메네는 왕명을 따라야 한다고 말하는 반면, 안티고네는 에테오클레스와 폴리네이케스 모두 사랑하는 오빠라는 사실을 들어 왕명에 저항해야 한다고 주장한다. 더 나아가 안티고네는 자신의 입장은 단순히 말에 그치는 것이 아니라, 행동으로 이어질 것이라고 말한다.

그 후 안티고네는 죽은 채 방치되어 있는 폴리네이케스의 시신을 흙으로 묻어준다. 그리고 이것을 목격한 파수꾼이 이 사실을 크레온 왕에게 보고한다.

크레온은 그녀에게, 왕명이 내려진 사실을 알고 있었는지, 알고도 왕명을 어겼는지, 그리고 그러한 행위를 시인하는지 질문하고, 안티고네는 '그렇다'고 대답한다. 이에 크레온은 그녀를 천장이 있는 무덤에 가두도록 명령한다.

이런 일이 벌어진 후, 오이디푸스 왕에게 진실을 전했던 예언자 테이레시아스가 등장한다. 그는 크레온 왕이 안티고네에게 내린 결정에 대하여, 인간은 누구나 실수할 수 있는데도 불구하고 그녀를 감옥에 가두는 것은 부당한 처결이며, 이것은 크레온의 어리석음에서 비롯된 것이

며, 이 결정이 계속된다면 크레온 역시 그가 내린 형벌로부터 자유롭지
못할 것이라고 경고한다. 이렇게 두려운 예언을 듣고 크레온은 안티고
네를 풀어주려고 한다. 그러나 그의 결정은 너무 늦었고, 이 사이 크레
온은 자신의 아들 하이몬이 죽었다는 소식을 듣게 된다. 하이몬은 자신
의 약혼녀 안티고네가 감옥에서 목을 매 자살한 것을 보고 자신도 그녀
를 따라 자살한 것이다. 연이어 하이몬의 죽음 소식을 들은 왕비 에우
뤼디케도 자살한다.

　이러한 사건들이 벌어진 후, 마지막 장면에서 크레온은 이 모든 비극
적 상황의 원인은 진실을 너무 늦게 깨달은 자신의 어리석음에서 비롯
된 것임을 한탄하면서 드라마는 막을 내린다.

　"안티고네"는 "오이디푸스 왕"과 비교할 때, 비교적 단순한 사건을 다
루고 있고, 이야기의 전개도 예측 가능하다. "오이디푸스 왕"에 비해
"안티고네" 안에는 갑자기 이야기의 방향을 바꾸는 급전이라든지, 사건
의 내막을 알게 하는 암시나 표지, 상징, 복선적 상황, 독자가 추리하기
어려운 복잡한 구성들은 많지 않다. 왜냐하면 인간의 한계를 넘어서는
무한한 운명과 인간의 유한한 지혜, 혹은 인간의 자유의 관계라는 "형
이상학적 질문"을 다루는 "오이디푸스 왕"과 달리, "안티고네"는 살아가
는 인간이 예측할 수 있는 현실적 문제를 다루고 있기 때문이다. "안티
고네"를 읽으면서, 독자는 안티고네가 왕의 명령을 어기는 행위, 그리
고 이러한 그녀의 행동에 대하여 왕명을 들어 죄를 묻는 크레온, 그리
고 그녀의 죽음을 어렵지 않게 예측할 수 있다.

　그러나 비교적 단순하고 예측 가능한 이야기가 전개됨에도 불구하
고, "안티고네"가 당시 그리스 관객들에게 큰 호응을 얻었던 것은, 그
드라마가 구체적이고 시급한 그들의 삶의 문제들, 즉 남성/여성의 문
제, 국가/개인의 문제, 삶/죽음의 문제를 공개적으로 문제 삼았기 때문

이라고 볼 수 있다. 이런 측면에서 볼 때, "안티고네"는 시대를 앞서간 "혁명적인 드라마"로 평가될 수 있다.

2. 오이디푸스와 안티고네의 운명의 유사성과 차이

"안티고네"에서 벌어지는 사건은 오이디푸스의 아버지 라이오스 왕으로부터 시작되고, 오이디푸스에게서 드러난 비극적 업보와 연관되어 있다. 만약 오이디푸스가 존재하지 않았다면, 존재했더라도 아버지를 죽이고 어머니와 결혼하는 일이 없었다면, 결혼했더라도 안티고네와 같은 자식이 없었다면, 오이디푸스의 비극은 그의 죽음과 더불어 끝났을 것이다. 그러나 그는 어머니와 사이에서 자식들을 낳았고, 두 아들은 권력 다툼 중에 서로 사망에 이르게 된다. 그들의 죽음을 둘러싼 사건이 없었을 경우에도, 안티고네의 비극은 없었을 것이다.

이와 같이 안티고네가 겪어야 할 비극은 오이디푸스의 비극과 연결되어 있다. 이러한 점은 소포클레스가 코러스의 말을 통해, "아마도 그대는 아버지의 죗값을 치르고 있는 것이오"(코러스. 855)라고 표현한 데서도 알 수 있다.

이와 같이 안티고네는 오이디푸스의 비극을 반복하고 마무리하는 인물이다. 단지 오이디푸스는 비극을 드러나게 했고, 안티고네는 그 비극을 끝내고 있다는 차이를 지닐 뿐이다.

이런 의미에서, 라캉은 오이디푸스와 안티고네 사이는 원인과 결과의 관계이며, 원인이 필연적으로 결과를 도출한다는 측면에서 볼 때, 안티고네는 오이디푸스의 행위를 반복하고 있는 것이며, 오이디푸스는 안티고네의 행위를 앞서 보여주고 있다고 해석한다. 즉 오이디푸스와 안티고네는 서로 분리된 두 인간이지만, 동시에 동일한 운명의 비극성

을 반복하고 있는 인간인 한, 오이디푸스가 안티고네이고 안티고네가
오이디푸스이기도 하다는 것이다. 왜냐하면 운명의 실타래는 그 대상
이 안티고네인지 오이디푸스인지 구분하지 않으며, 이러한 운명에 대
처하는 그들의 태도도 놀라울 정도로 유사하기 때문이다. 이런 점은 잘
못 얽힌 사랑의 관계와, 그러한 관계를 욕망하는 그들의 말에서 확인할
수 있다.

"콜로노스의 오이디푸스"에서 오이디푸스는 자신의 딸이자, 누이동
생이기도 한 안티고네와 이스메네를 향해 어느 누구도 자신보다 너희
들을 더 사랑한 사람은 없을 것이라고 말하며, "오이디푸스 왕"의 말미
에서도, 누가 너희들에게 구혼하겠는가? 너희들은 틀림없이 자식도 못
낳고 처녀의 몸으로 시들어갈 것이라고 저주에 가까운 말을 하고 있다.

이러한 표현을 통해 오이디푸스는 자신의 딸이자 동생들에게, 자신
만이 진정으로 그녀들을 사랑하며, 심지어 그녀들은 다른 남성과 결혼
을 할 수도 없고, 해서도 안 된다고 강요하는 듯이 보인다.

이렇게 왜곡된 사랑에 대한 욕망은 안티고네에서도 찾아볼 수 있다.
그녀는 자신의 오빠인 폴리네이케스를 흙으로 묻을 것이며, 그런 다음
죽는다면 그것은 아름다운 죽음이며, 죽음의 세계에서 자신은 오빠의
사랑을 받으며, 사랑하는 그분 곁에 눕게 될 것이라고 말한다.

이러한 오이디푸스와 안티고네의 사랑을 버틀러는 "근친상간적 소유
욕"이라고 부른다. 그러나 라캉이나 버틀러의 해석과 달리, 오이디푸스
는 어머니와의 결혼은 모르고 한 일이며, 그 일을 알고 난 후 자신은 후
회하고 있다는 사실을 밝히고 있다. "콜로노스의 오이디푸스"에서 그는
크레온에게, 자신은 아버지를 죽일 운명을 갖고 태어났다는 신탁을 받았
지만, 그것은 자신이 태어나기 전에 결정된 일이고, 어머니와의 결혼 역
시 자신이 원해서 벌어진 일이 아닌데, 어떻게 그것이 자신의 죄일 수 있
는지 물으면서, 이 모든 일이 단지 신의 장난이 아닌지 항변하고 있다.

여기서 오이디푸스는 자신이 어머니와 결혼하게 된 것은 "근친상간적 욕망"이 아니라, 알 수 없는 운명의 뜻임을 강조하고 있다. 그렇다면 우리는 오이디푸스가 자신의 딸들에게 한 말 역시 근친상간적 욕망의 표현이 아니라, 저주스러운 일을 저지른 자신의 자식들이 겪어야 할 고통에 대한 예언이라고 보아야 할 것이다.

이런 점은 안티고네의 경우도 마찬가지다. 폴리네이케스에 대한 안티고네의 '사랑의 표현'은 근친상간적 욕망이 아니라, 정당하지 않은 왕의 명령으로 인해 인간으로서 최소한의 존엄성도 무시당한 채 수모를 겪고 있는 오빠에 대한 자신의 도리와 입장을 밝히고 있는 표현으로 보아야 한다.

오이디푸스와 안티고네는 모두 라이오스에서 시작된 비극적 운명에 사로잡힌 인물들이다. 그 운명의 끈은 오이디푸스에게서 드러난 후 안티고네까지 이어지고 있다. 이렇게 집요하게 얽어매고 찾아드는 운명에 의해 그들은 모두 사로잡힌 인물들이며, 그 운명이 동일한 원인에서 비롯된 한, 그들은 동일한 운명의 파도와 마주하고 있는 것이다.

이런 맥락에서 볼 때, 안티고네는 오이디푸스를 반복한다고 말할 수도 있을 것이다. 그러나 그들을 덮친 운명이 동일한 원인에서 발원했다고 해도, 운명에 대한 그들의 관계와 태도는 전혀 다르다.

오이디푸스는 자신에게 닥친 운명에 대하여 알지 못했다. 오히려 운명은 그가 인지하기 전에, 그의 의지와 상관없이 진행되었다. 그의 운명은 그의 과거보다 앞선 과거이기 때문이다.

그의 운명은 그가 선택한 것이 아니라, 어떤 의미에서는 운명이 그를 선택한 것이다. 그는 왜 운명이 자신을 덮쳐왔고, 왜 자신을 선택했는지 알지 못한다. 그에게는 자신을 향해 다가오는 운명에 대하여 할 수 있는 일이 없다. 그는 운명 앞에 수동적으로 무기력하게 던져져 있을 뿐이다.

물론 그는 자신에게 주어진 사건들을 해결하려고 노력한다. 그러나 그가 그 사건들을 파헤칠수록, 그는 현재의 사건이 자신보다 앞선 과거와 연결되어 있고, 자신의 미래를 결정하도록 강요하는 힘이라는 것을 알게 된다. 즉 그는 자유롭게 자신의 의지를 통해 운명적 사건들을 밝혀낸 것처럼 생각했지만, 결국 그가 발견하는 것은, 그에게는 아무런 자유도 없다는 사실, 그의 자유처럼 보였던 것은 거대한 운명이 드러나기 위한 계기, 즉 운명의 농간이고 간계에 불과했다는 사실이다. 그리고 그 사건은 그가 알지 못한 채 벌어졌지만, 그는 자신이 용서받기 어려운 죄를 범했다는 사실을 확인하게 된다. 결국 오이디푸스는 이 모든 것을 자신의 운명으로 받아들인다. 그리고 죽음을 통해 그는 운명으로부터 벗어나게 된다.

이에 반해 안티고네는 자신의 죽음을 선택함으로써 자신의 운명을 만들어나간다. 그녀는 추상적으로 사색하고 고민에 빠져 있는 이론적 인간이 아니다. 그렇다고 돈키호테와 같이 무모하게 행동하는 인물도 아니다. 오히려 그녀는 자신이 부딪친 사건이 무엇인지, 그것을 어떻게 해결할 수 있을지 진지하게 사유하고, 그것을 자신의 자유로운 선택을 통해 행동으로 이어가는 인간, 즉 실존적 인물이다. 그녀는 자신의 실존적 결단을 통해 선택함으로써, 그것이 바로 자신의 삶과 운명이 되기를 시도하고 있는 것이다. 이런 의미에서 우리는, 오이디푸스의 경우 운명이 그의 자유보다 강했던 반면, 안티고네의 경우 그녀의 자유가 그녀의 운명을 결정했다고 볼 수 있다.

3. 남성/여성의 문제

안티고네는 이스메네에게 크레온 왕의 포고령에 대하여 묻는다. 이스메네가 어떤 생각을 하고 있는지 알고 싶어서이다. 이에 대하여 이스메네는, 자신은 포고령이 내려진 사실이나, 그 내용에 대하여 아무것도 모른다고 대답한다. 그러나 이스메네는 모르고 있는 것이 아니다. 그녀는 그런 일에 관심을 갖고 싶지 않으며, 그와 연관된 어떤 판단이나 행동도 원치 않는다는 것, 혹은 그런 일이 불가능하다는 생각을 드러내고 있는 것이다. 이런 의미에서 그녀는 "기쁜 소식이든, 슬픈 소식이든 나는 아무것도 듣지 못했어요"라고 말하고 있는 것이다.

이렇게 주저하거나 거부하고 있는 이스메네에게 안티고네는 크레온 왕의 포고령의 내용에 대하여 다시 질문한다. 그녀는 이스메네에게, 두 오빠 가운데 한 분은 후히 장사지내되, 다른 한분은 장사지내지 못하게 하셨고, 이를 어기는 자는 돌로 쳐서 죽이게 하셨다는 것이 사실인지 묻고, 자신은 왕의 명령에도 불구하고 방치된 오빠의 시신을 장사 지낼 것이라고 말한다. 안티고네는 그것이 고귀한 혈통을 지닌 가문의 자식이 해야 할 일이라고 강조한다. 그러나 이스메네는, 금령이 내려졌는데도 그분을 묻어줄 것인가? 라고 묻는다. 이스메네의 질문에는 걱정과 두려움이 혼재되어 있다. 그리고 자신이 안티고네의 뜻을 거부하는 이유 그리고 거부하는 것이 당연한 이유에 대하여, 첫째 자신은 여자이며 남자들과 싸우도록 태어나지 않았다는 점, 둘째 왕의 명령을 어기면 죽게 될 것이며, 자신은 국가(왕)에 대항할 힘이 없다는 점, 따라서 더 강한 자의 지배를 받고 있는 자는 그에게 복종해야 한다는 점을 거론하며, 불가능한 일을 하려는 안티고네는 잘못된 길을 가고 있는 것이라고 우려하고 있다.

여기서 이스메네는 그리스 사회에서 강요되던 전형적인 여성상을 대변하고 있다. 당시 그리스 사회에서 남성은 정치를 통해 공공성을 갖는 존재였던 반면, 여성은 노예와 유사하게 생산하는 존재, 노동하는 존재, 공적 영역에 참여할 수 없는 존재로 여겨져 왔다. 따라서 여성에게 정의, 자유와 같은 질문은 불가능했다. 여성에 대한 이러한 평가절하는 놀랍게도 근대까지 이어졌다. 이미 여성을 "존재의 결핍"이라고 폄하한 아리스토텔레스와 비슷하게, 헤겔 역시 여성을 "의식의 빛"으로 드러나지 않은 존재, "스스로 대자적 존재를 확립하지 못한 존재"라고 표현하고 있다. 즉 여성은 가족으로부터 벗어나 자신의 개체적 존재를 스스로 실현하고, 보편적인 세계인 국가를 지향하는 존재인 남성과 달리, 자연적 법칙인 가족 안에 머물러 있는 존재라는 것이다.

그런데 소포클레스는 이렇게 오랫동안 서구 사회를 지배해 온 여성상에 대하여 이미 시대를 앞서, 질문하고 있는 셈이다. 이스메네는 이런 여성상에 복종하고 익숙해져 아무런 질문도 하지 못하고, 그것에 대항하려는 의지를 갖지 못한 존재이다. 이스메네는 자신이 여성이고, 여성은 여성일 뿐이라고 인정하고 받아들이는 체념적인 인물이다. 그녀는 기존의 사회 관습과 가치를 따르며, 그 가치의 위협적인 힘에 대하여 두려움을 갖고 복종하는 인물이다.

반면에 안티고네는 이러한 가치를 부정하고, 그것을 행동에 옮기는 인물이다. 안티고네는 사회가 강요한 여성상을 거부하고, 여성도 남성과 동일한 인간이라는 점을 주장하고 있다. 이러한 안티고네의 생각과 행동이 당시 여성에 대한 가치 체계와 충돌하게 되고, 그에 대한 대가는 죽음으로 이어질 것이라는 점은 쉽게 예측할 수 있다. 따라서 안티고네는 "내가 아무리 어려운 일을 당한다 하더라도, 내게는 고귀한 죽음이 남게 될 거야"라고 말하는 것이다.

안티고네는 자신의 행동이 "사느냐, 죽느냐"를 걸어야 하는 엄청난 일이고, 비록 그 일로 인해 죽게 되더라도, 그 죽음은 위대하고 고귀한 죽음이라고 강조하면서, 이러한 일을 단지 말이 아니라 행동을 통해 수행하고 있다. 그녀는 행동하는 인간(homo actus)이다. 안티고네는 왕의 명령을 거부하고, 죽은 오빠 폴리네이케스의 시신을 흙으로 덮어

준다.

죽은 자에 대하여 애도하고 매장하는 것은 인류 사회에 오래된 불문율 같은 풍습이었다. 죽은 자는 무기력하게 위험에 노출되어 있기에 산 자는 그를 매장함으로써, 죽은 자 역시 살아 있을 때 의식을 지닌 존재였고 한 명의 소중한 인간이었음을 인정하고 배려하는 것이다. 반대로 시신을 방치하는 것은 죽은 자에게 치욕을 주고, 그가 인간이었음을 부정하는 행위이다. 이런 측면에서 안티고네의 행위는 폴리네이케스에 대한 최소한의 예의를 지키려는 것이고, 크레온 왕의 명령은 그가 인간이 아니라고 주장하고 있는 셈이다. 따라서 안티고네의 행동은 피할 수 없이 그녀와 크레온 왕, 개인과 국가 간의 갈등으로 나타나게 된다.

폴리네이케스의 시신을 묻어주다가 현장에서 붙잡힌 안티고네에게 크레온 왕은, "너는 네가 한 짓이라고 시인하는가? 아니면 부인하는가"라고 질문하고, 이에 대해 안티고네는 "내가 한 짓이라고 시인합니다. 부인하지 않겠습니다"라고 대답한다. 이에 크레온 왕은 "그렇게 하지 말라는 포고가 내려진 것을 알고 있었는가?"라고 질문하고, 안티고네는 "알고 있었습니다"라고 대답한다. 그러자 크레온 왕은 "그런데도 너는 감히 법을 어겼단 말인가"라고 되묻는다.

크레온의 첫째 질문은, 비록 안티고네가 그러한 행동을 한 것은 분명하지만, 그럼에도 불구하고 그녀 스스로 그것을 인정하는지, 부인하는지 묻고 있는 것이다. 이것은, 아직 선택의 여지가 있으니, 잘 생각하고 대답하라고 유도하는 질문, 어쩌면 아직도 살 수 있는 가능성이 있다고 회유하는 질문이다. 동시에 그것은 권력과 힘을 가진 자가 무력한 처지에 놓인 자에게 전하는 압박이고 위협이기도 하다. 따라서 크레온의 질문은 안티고네에게 충분히 두려움을 줄 수 있다. 그런데 안티고네는 자신이 왕명을 어겼음을 시인한다.

이에 대해 크레온은 다시, 그렇게 하지 말라는 포고 내용을 알고 있

있는가?라고 질문한다. 이 질문을 통해 크레온은 안티고네의 결심이 흔들리도록 시험하고 있다. 왜냐하면 이 질문은 그녀의 행동이 의도적이었는지, 비의도적이었는지, 즉 그녀의 행동이 알고 행해진 것인지, 모르고 행해진 것인지 묻고 있기 때문이다. 만약 그것이 비의도적이었다면, 그녀의 행위는 다르게 평가될 수 있다. 그러나 안티고네는 단호하게 대답한다: 알고 있었습니다.

그리고 크레온의 마지막 질문이 이어진다: "그런데도 너는 감히 법을 어겼단 말이냐?"

이 질문은 최후의 통첩과 같은 말이다. 그러나 이에 대해 안티고네는, 이 세상에는 왕의 명령보다 더 오래되고, 더 영원히 지켜야 하는 불문율과 같은 법이 있으며, 그 법에 비하면 왕의 명령은 대단하지 않다고 대답한다.

이로써 안티고네에 대한 형벌이 감해지거나 변할 수 있다는 가능성은 사라졌다. 선택의 순간이 지나갔기 때문이다.

크레온 왕은 안티고네를 석굴 속에 가두고 아무런 음식도 주지 말라고 명령한다. 이로써 그는 안티고네에 대하여 사형 판결을 내린 셈이다.

4. 개인/국가의 문제

신적 불문율과 왕의 법에 대한 안티고네와 크레온 사이의 대화는 왕(국가)의 존재 의미에 대한 질문이다. 이 대화를 통해 소포클레스는 여성과 남성에 대한 문제에 이어, 개인과 국가의 관계에 대하여 관객들에게 질문하고 있다.

처음에 크레온은 안티고네를 죽이라고 명령하면서, 그 이유에 대하여 "나를 위해서요"라고 말하고 있다. 즉 그는 왕(국가)을 위해 그녀를 죽이기로 했다는 것이다.

안티고네가 주장하는 신적 불문율과, 크레온이 강조하는 왕의 명령 중 어느 것이 더 존중되어야 할 상위의 가치인지 결정하기는 쉽지 않다. 크레온은 자신의 명령은 누구라도 지켜야 할 왕의 명령, 국가의 명령, 남성의 명령인 반면 안티고네가 주장하는 신적인 불문율은 가족의 법, 여성의 법이라고 강조한다. 그에 의하면 국가는 가족보다 상위의 가치이다. 가족의 법은 국가의 법을 따르는 한에서만 정당성이 부여되고, 만약 둘 사이에 갈등이 빚어질 경우, 가족의 법은 국가의 법 아래 종속되고 지배되어야 한다는 것이다. 이렇게 해석하는 대표적인 철학자가 헤겔이다.

헤겔에 의하면 안티고네가 주장하는 불문율은 오랜 세월 동안 전승되어 온 인륜적 법을 뜻한다. 이 법은 개인적 가치를 넘어서기에 보편적이고 정당한 것으로 여겨진다. 그러나 가족은 "감상적이거나 사랑에 의해 이루어진 자연적인 인륜적 공동체"에 불과하다. 반면 국가는 인륜적 의식이 현실화된 실체, 즉 건전한 이성을 지닌 자기의식들이 현실화된 실체를 뜻한다. 가족법이나 국가의 법이 모두 인륜적 의식에 기초하기 때문에, 가족의 법과 국가의 법 사이엔 대부분의 경우 동일성이 존재한다. 그러나 그 사이에 갈등이 생긴다면, 가족의 법은 국가의 법을 위해 부정되어야 한다. 즉 안티고네가 폴리네이케스의 시신을 매장해 주려는 것은 대부분의 경우 허용될 수 있지만, 그것이 국가의 법과 부딪쳤을 경우, 안티고네는 가족법을 포기했어야 했다. 그런데 안티고네는 부정되어야 할 가족법, 즉 가상의 가치를 진리로서 받아들이는 죄를 범하고 있는 것이다. 또한 그녀는 가상의 가치를 추구하였을 뿐 아니라, 그것을 실행함으로써 여성의 궁극적 가치마저 부정하고 있다. 즉 그녀는 결혼을 하고 아이를 생산하는 어머니가 되기를 거부한 것이다.

결국 헤겔에 의하면, 안티고네는 국가보다 가족을 선택한 죄, 어머니가 되기를 거부한 죄, 그리고 자신이 그러한 죄를 지었다는 사실 자체를 인정하지 않는 죄를 범한 "여성"에 불과할 뿐이다. 이러한 헤겔의 평가는 그가 살았던 시대의 분위기와 시대정신을 반영하고 있다.

반면에 소포클레스가 안티고네를 통해 말하고 있는 것은 헤겔의 입장과 다르다.

헤겔식으로 표현한다면, 가족법에 대한 국가법의 우위성을 강조하는 크레온에게 안티고네는, 왕의 명령은 제우스 신이나 정의의 여신이 만든 신적인 법이 아니라, 단지 한낱 인간이 만든 법에 불과하다고 비판한다. 안티고네는 크레온 왕의 법을 인간의 법으로, 자신이 선택한 불문율을 신적인 법으로 평가하면서, 인간이 더 두려워해야 할 것은 인간의 법이 아니라 신적인 법이라고 강조하고 있는 것이다. 신적 불문율에 대하여, 안티고네는 "그 불문율은 어제 오늘에 생긴 것이 아니라 영원히 살아 있고, 어디서 왔는지 아무도 모르는 법"이며, "한 인간(크레온)의 의지가 두려워서 그 불문율을 어김으로써 신들 앞에서 벌을 받고 싶지 않다"고 당당하게 자신의 입장을 밝히고 있다.

이렇게 해석하는 철학자로 하이데거를 들 수 있다. 그는 안티고네가 말하는 신적 불문율은 왕(국가)의 법보다 더 오래되고 더 근원적인 "존재의 법"이라고 주장한다. 그리고 존재의 법을 선택한 안티고네를 하이데거는 남성(왕)에 저항하는 "여성"이 아니라, 존재의 의미를 실존적으로 선택하는 "인간"으로 해석하고 있다. 이런 의미에서 하이데거는 안티고네(Antigone)를 자식을 낳지 못한 여성, 어머니가 되기를 거부한 여성이 아니라, 기존의 세계를 끝내고 새로운 시대를 여는 인간(Anti-genos)이라고 해석하고 있다.

이렇게 상반된 헤겔과 하이데거의 해석 중 어느 입장이 정당한지, 단적으로 평가하기는 쉽지 않아 보인다. 그러나 어느 것이 좀 더 적절한 해석인지를 확인하기 위해 우리는 소포클레스의 작품 자체에 주의를 기울이는 것이 필요하다.

크레온과 안티고네 사이에 죽음을 걸고 벌어지는 갈등이 생기게 된 원인은, 안티고네가 폴리네이케스의 시신을 흙으로 덮어주었고, 그것은 왕의 명령을 어기는 것이었기 때문이다. 그렇다면 그녀는 왜 왕의 명령을 어긴 것인가?

크레온 왕이 국민들에게 선포한 포고령의 내용은, 조국을 위해 싸우다 죽은 에테오클레스의 시신은 애도와 매장을 하고, 반면에 적군을 끌어들인, 조국의 배신자 폴리네이케스의 시신은 치욕스럽게 방치해 두라는 것이었다. 그런데 안티고네에게 그들은 모두 사랑하는 오빠들이며, 따라서 그녀는 이들 모두를 동등하게 애도하고 매장하려고 시도했던 것이다.

얼핏 보면, 조국을 배반한 자와 조국을 위해 싸우다 죽은 자를 동일하게 대하는 것은 이상해 보인다. 이런 측면에서 크레온 왕의 명령은 정당해 보인다.

다른 한편 사랑하는 두 오빠를 동일하게 애도하려는 안티고네의 입장도 타당해 보인다. 그러나 가족과 국가라는 차원에서 보면 안티고네가 크레온의 명령을 따랐어야 하는 것은 당연해 보인다.

다른 한편 에테오클레스와 폴리네이케스는 모두 죽었다. 국가의 위기 상황도 끝났고, 안정을 되찾았다. 이런 상황에서 굳이 한 사람의 주검을 모욕하는 것이 필요했을까? 라는 질문도 가능하다. 이 질문들에 답하기 위해, 우리는 크레온이 안티고네에게 내린 판결 외에, 그의 판결이 다른 사람들(국민들)에 의해 어떻게 평가받고 있는지를 살펴볼 필요가 있다. 이러한 점은 "안티고네"의 저자인 소포클레스에 의해 묘사되고 있다.

소포클레스는 안티고네가 사형 판결을 받는 장면을 묘사한 후, 곧바로 왕의 아들이자, 안티고네의 약혼자인 하이몬을 등장시켜서, 크레온 왕의 판결이 정당한지를 두고 논쟁을 벌이는 장면을 제시하고 있다. 이러한 점을 통해 소포클레스는 안티고네와 크레온 중 누가 정당한지에 대하여 독자 스스로 생각하고 판단하기를 기대하고 있는 듯이 보인다.

약혼녀 안티고네에게 사형 판결이 내려졌다는 소식을 듣고 하이몬은 크레온 왕을 찾아간다. 그 모습을 보고 크레온은 자신의 판결에 대하여 아들이 화를 내고 있는 것인지 묻는다. 그러나 하이몬은 한 국가의 왕이자, 자신의 아버지인 크레온에게 최대한의 예의를 지키며, 아버지의 판단을 존중한다고 말한다. 이에 대하여 크레온은 아들에게, 안티고네는 자신의 한계를 넘어 월권한 자, 왕의 명령을 어긴 자이고, 만약 그녀를 위해 자신의 명령을 번복한다면, 그것은 모든 국민 앞에서 자신이 거짓말쟁이가 되는 일이라고 강조하고 있다. 이러한 논리에 대하여 하이몬은 정중하게 반박하고 있다.

우선 그는 아버지(왕)의 말씀이 옳지 않다고 말할 수 없다고 운을 뗀 뒤, 그러나 다른 사람도 쓸 만한 생각을 할 수 있다고 반론을 시작한다.

이어 하이몬은 왕의 아들인 자신이 해야 할 일은, 아버지를 위해 사람들의 말, 행동, 비난에 대하여 감시하는 것이라고 말한 후, 크레온 왕이 어떠한 왕인지 밝히고 있다:

"아버지의 눈초리가 하도 무서워서 일반 시민은 아버지의 귀에 거슬릴 만한 말은 입 밖에 내지 못하기 때문이지요."(안 690-691)[1]

크레온은 국민들이 두려워하는 왕, 국민들을 두렵게 하는 왕이라는

---

1 소포클레스, 『안티고네』, 천병희 옮김, 문예출판사, 2001, 690-691.

것이다. 그래서 웬만한 일에 대하여 국민들은 자신들의 속마음을 털어놓지 않는데, 그럼에도 대부분의 국민들이 안티고네에 대한 왕의 판결에 대하여는 부정적인 입장을 취하고 있다는 것이다. 즉 모든 여인들 중에서 가장 죄 없는 그녀가, 가장 영광스런 행위 때문에 가장 비참하게 죽어야 한다는 것은 옳지 않으며, 오히려 그녀는 황금 같은 명예를 받아야 한다는 것이다.

이런 소문을 전한 후, 하이몬은, "아버지 말씀만 옳고 다른 것은 옳지 않다고 생각지 마십시오"라고 간청한다. 이에 대하여 크레온은 자신이 아들(풋내기)에게 배워야 하는지 반문한다. 이에 하이몬은 안티고네에 대한 국민들의 동정을 고려하라고 말하지만, 크레온은 왕이 어떻게 통치해야 하는지 국민들에게 배워야 하는가? 나는 이 나라를 내가 아닌 다른 사람들의 뜻에 따라 다스려야 하는가? 라고 반문한다. 이에 대해 하이몬은 한 사람에 속하는 국가는 국가가 아니라고 단호하고 말한다. 그러나 크레온은 국가는 통치자의 소유가 아닌가? 라고 반문하고, 하이몬은 "사막에서는 멋있게 독재를 하실 수 있겠지요"라고 대답한다. 이로써 크레온과 하이몬 사이의 대화는 더 이상 지속될 수 없게 된다. 그 후 하이몬이 죽었다는 소식이 들려온다.

이들의 대화를 통해, 우리는 크레온 왕이 국민들에게 공포를 주는 왕, 다른 사람들의 의견을 받아들이려 하지 않는 왕, 국가를 자신의 소유물로 여기고 있는 왕, 진실보다 자신의 뜻을 관철시키기를 원하는 왕, 즉 독재자였다는 점을 알 수 있다. 그렇다면 이러한 왕에게 저항하는 안티고네의 행동은 정당한 것인가?

이에 대한 상반된 의견을 우리는 철학자 로크와 홉스를 통해 확인할 수 있다.

홉스는 종교전쟁과 내란의 시기에 살았다. 그는 사회적 무질서와 혼란을 경험하면서, 어떤 경우에도 사회질서는 유지되어야 한다는 생각을 갖게 되었다. 이런 생각은 그의 저서들에 그대로 반영되어 있다.

그는 사회의 두 모습을 리베르타스와 임페리움을 의인화하여 보여주고 있다. "자유"라는 의미의 리베르타스를 그는 처참하고 초췌한 모습의 여인으로 묘사하고 있다. 리베르타스는 부러진 활을 갖고 있으며, 그 뒤에는 허술한 울타리가 보인다. 그 울타리는 단지 소수의 국민만을 위태롭게 보호할 수 있을 뿐이며, 그 안에서는 강도질과 약탈이 벌어지고 있다. 반면에 "권력, 국가"라는 의미의 임페리움은 왕관을 쓰고, 손에는 칼(힘)과 저울(정의)을 지니고 있는 젊고 아름다운 여인으로 묘사되고 있다. 그 뒤로는 아름다운 도시와 풍족한 삶이 보인다. 이 묘사를 통해 홉스는 인간의 본질은 악을 향하고, 자연 상태는 무정부 상태, 즉 비이성적이고 거짓말이 횡행하고 약속은 지켜지지 않으며, 남의 재산과 생명을 약탈하는 일들이 벌어지는 상태라고 주장한다. 이것을 그는 "만인에 대한 만인의 투쟁", 지옥의 모습이라고 표현하고 있다.

이러한 상태를 극복하기 위해 인간 사회는 이성적, 신적, 도덕적 법칙을 수행할 수 있는 강력한 통치자에 의해 다스려져야 한다는 것이다. 이러한 통치자의 모습을 그는 "리바이어던"에서 왕관을 쓰고 칼과 십자 지팡이를 들고 있는 모습으로 묘사하고 있다. 칼과 십자 지팡이는 세속적 권력과 종교적 권력을 뜻한다. 이와 같이 통치자는 자연 상태를 극복하기 위해 절대 권력을 지닌 자이다. 이러한 주장은 한편으로 이해할 수 있다. 그러나 다른 한편으로, 만약 모든 권력을 지닌 통치자가 정의 대신 불의를, 이성 대신 비이성을, 국가 전체보다 자신의 사적 이익을 추구한다면, 이럴 때도 그가 절대 권력을 갖는 것이 정당한가? 라고 우리는 질문할 수 있다. 이에 대해 홉스는 잘못된 권력이라도, 그것이 무정부 상태보다는 낫다는 입장이다. 더 나아가 그는, 통치자가 어떻게 권력을 잡았는지는 중요하지 않다고 말한다. 즉 사악하고 불의한 방법으로 권력을 잡았어도, 그것에 대하여 이의를 제기하지 말아야 된다는 주장이다. 또한 어떤 정부나, 권력이든 일단 확립된 후에는 존중되어야 하며, 어떻게 권력을 잡았는가보다, 권력을 잡은 후 어떻게 권력을 행사하고, 어떤 결과를 가져왔는지가 더 중요하다는 것이다. 따라서 신하들이 먼저 정부와 권력자를 견제하고 저항하는 것은 옳지 않다. 왜냐하면 결함 있는 정부가 자연 상태보다 우월하기 때문이다. 따라서 통치자의 정부가 나쁜 정부라고 하더라도 국민은 그것을 타도해서는 안 되며, 효율적인 통치가 이루어지기 위해 통치자는 한 명인 것이 가장 바람직하고, 그가 입법권과 사법권도 모두 지배해야 한다는 것이다. 그리고 통치자가 사악하고, 그의 통치 역시 불의하다면, 누가 어떻게 그를 심판할 수 있는가? 라는 질문에 대하여, 그러한 통치자는 '최후의 심판' 때 신에 의해 심판될 것이라고 주장한다. 한마디로 말해, 그는 국가, 통치자에 대한 국민의 저항의 가능성을 전적으로 부정하고 있는 것이다. 이런 논의를 따르면, 안티고네는 크레온에 저항해서는 안 된다. 왜냐하면 크레온은 문명화된 권력인 반면, 안티고네는 무질서한 자연의 상태에 해당되기 때문이다.

그러나 통치자가 단순히 무지한 것을 넘어 의도적으로 불의와 사악함을 기획한다면, 그때도 국민은 그러한 통치자를 단순히 신의 심판에 맡겨야 하는가? 신의 심판에 맡기자는 홉스의 주장은 결국 통치자를 심판할 사람은 아무도 없으며, 그의 행위가 사악하더라도 받아들여야 한다는 의미가 아닌가?

그런데 국민이 통치자에 저항하지 못하는 것은, 통치자의 행위를 정확히 꿰뚫어보지 못하기도 하기 때문이다. 특히 통치자가 국민들을 집요하게 선동하고, 광고를 통해 자신이 정당하다고 반복해 주장하는 경우가 그렇다. 이때 국민들은 한동안 사태의 실상을 보지 못할 수 있다.

이러한 예를 우리는 나치즘과 파시즘, 과거 일본의 신도이즘에서 확인할 수 있다.

이와 달리 그의 의도를 안다고 하더라도, 통치자에 저항하는 것은 많은 고통과 피 흘림을 수반하는 일이며, 그것은 두려운 일이다. 따라서 모순이 아직 미미할 때, 사람들은 저항하지 못한다. 따라서 역설적이지만, 진실이 드러나려면 통치자의 모순이 더 심화되어야 한다. 그래서 모순이 누구에게나 인지되고, 더 이상 인내할 수 없다는 생각이 보편적이 될 때, 저항은 가능해지는 것이다. 이렇게 역사는 앞으로 진보하기 위해, 때로는 코메디언과 같은 통치자를 내세워 뒤로 후퇴하기도 하는 것이다. 이렇게 역사를 모순되게 이끄는 방식을 우리는 헤겔의 표현처럼 "이성의 간계"라고 말할 수 있다. 이러한 이성의 간계는 동시대인에게는 이해되기 어렵다. 그러나 역사는 생각보다 천천히 진행되며, 무엇 하나 빠뜨리지 않고, 물과 같이 채울 것은 채운 후에 다시 앞으로 향해 진행한다. 이런 의미에서 저항, 더 나아가 혁명은 모순이 충분히 심해져 광범위해지고, 누구나 그것을 "모순이라고 인식할 때", 즉 "성숙한 시간"이 되면 가능해진다.

물론 이러한 것은 극단적인 예에 해당된다. 그러나 이와 같이 극단적이 아닌 경우에도, 만약 통치자가 권력과 힘을 통해 국민 대다수의 의견과 입장을 거부하고 부정하는 폭정을 계속한다면, 그때에도 우리는 홉스의 주장처럼 그의 부당함을 단지 인내하고 참고 견뎌내야 하는가? 최후의 날, 신의 심판의 날까지?

이러한 홉스의 주장과 달리, 로크는 "평화로운 화해와 관대한 순응의 지혜"를 따르는 국가, "도덕원리를 정치적 권력보다 우위에 놓는 국가"에 대하여 말한다. 이런 주장은 루소에게서도 발견된다. 루소 역시 자연 상태에는 나이, 건강, 체력 등등의 자연적, 신체적 불평등이 존재한다고 보았다. 그러나 홉스와 달리, 루소는 자연 상태에서 인간이 자신을 보존하기 위해 필요한 것은 타인과 투쟁하고 지배하는 것이 아니라, 타인에게 해를 끼치지 않거나, 타인의 불행을 되도록 적게 하여 자신의 행복을 이루는 일이라고 보았다. 루소에 의하면 이러한 일이 가능한 것은, 인간이 자신의 입장을 타인에게 확장시킬 수 있는 능력, 즉 공감 능력이 있기 때문이다. 이러한 연민과 공감 능력을 통해 인간은 서로 간의 차이를 줄일 수 있고, 결국엔 평등과 자유를 이룰 수 있다는 것이다. 여기까지는 루소와 로크는 비슷한 입장을 취한다. 그러나 루소는 인간의 문명을 자연 상태보다 더 열악한, 불평등이 심화되는 요소로 보았다. 그에 의하면 문명은 "어떤 땅에 누군가가 울타리를 두르고 '이것은 내 것이다'라고 주장"할 때 시작된 것이다. 이러한 소유욕은 평등 대신 승리와 지배와 점유를 가속화시켰고, 그것을 가능케 한 중요 수단은 바로 화폐였다. 이제 화폐를 통해 정치적 권력과 자본의 권력은 지배 세력으로 등장하게 된다.

로크 역시 인간의 소유욕에 대하여 부정적인 입장을 취한다. 그는 "소유가 없는 곳에 옳지 않은 일이 있을 수 없다"고 말한다. 즉 소유가 있는 곳에는 불의가 시작되고 가속화된다는 주장이다. 그러나 루소와 달리 로크는 인간의 문명을 부정적으로만 보지 않는다. 오히려 인간은 불완전한 존재이기에, 서로 계약을 맺어서 타인의 생명, 자유, 재산의 권리를 존중하기 시작했다는 것이다. 이때 중요한 것은 이 계약이 강압에 의한 복종을 통해서가 아니라, 상호 동의에 의한 것이어야 한다는 점이다. 이러한 동의를 통해 인간은 각각 자신의 권리를 약간씩 국가에게 양도하게 된다. 따라서 국가는 국민들의 자유와 생명, 사회의 질서와 평화를 유지해야 할 요구를 받는다. 그런데 로크의 경우, 가장 바람직한 국가의 형태는 아무에게도 지배권이 없거나, 혹은 누가 더 큰 권력을 갖고 있는지 국민들이 모르는 상태이다. 이러한 주장은 너무 이상적으로 들린다. 그러나 이렇게 이상적인 국가에 미치지 못하더라도, 로크에 의하면 국가가 갖는 권력은 국민들이 양도한 것이기 때문에, 만약 권력을 가진 통치자가 불의하다면, 그러한 통치자나 정부는 전복되어야 한다. 왜냐하면 국가나 통치자의 존재 의미는 바로 국민들의 자유와 행복에 있기 때문이다. 따라서 국민은 통치자에게 저항할 수 있는 당연한 권리를 갖게 된다.

이러한 로크의 주장은 근대에 성취된 민주주의 체제에 비추어보면 당연해 보인다. 그러나 민주주의 이전의 상태를 고려한다면, 로크의 주장은 당연한 것이 아니라, 급진적이고 혁명적인 사상이라고 볼 수 있다. 그런데 이러한 주장을 소포클레스는 안티고네를 통해 제시하고 있는 것이다. 물론 소포클레스는 부당한 권력과 통치자에 대하여 저항하고, 혁명을 시도해야 한다고 선동하고 있는 것은 아니다. 그럼에도 불구하고 그는 "안티고네"라는 작품을 통해, 크레온 왕의 명령과, 그것을 거부하는 안티고네를 묘사하면서, 마지막 장면에서 크레온 왕의 명령이 옳지 않았다는 점을 지적하고, 안티고네에게 무죄라는 판결(안 1110)을 내리고 있는 것이다.

5. 삶/죽음의 문제

소포클레스의 작품 안에는 여러 인물들의 죽음이 묘사되고 있다. "안티고네" 안에서도 우리는 안티고네, 그의 약혼자 하이몬, 하이몬의 어머니이자 크레온의 부인인 에우뤼디케, 이외에 사건의 발단이 되는 폴리네이케스와 에테오크레스의 죽음을 볼 수 있다.

태어난 모든 인간은 살아간다. 그리고 모두 죽는다. 산다는 것은 무엇이고, 죽는다는 것은 무엇인가? 살아 있으면 사는 것이고, 죽었으면 죽은 것인가? 우리는 살아도 사는 것이 아니라는 말을 한다. 마찬가지로 죽었어도 죽은 것 같지 않다는 말도 한다.

살아 있다는 것은 "존재한다"는 의미이고, 죽었다는 것은 "더 이상 존재하지 않는다"는 의미이다. 삶은 존재이고 죽음은 무이다. 삶은 현존이고 죽음은 부재이다. 그러나 살아 있지만, 더 이상 타인들에 의해 현전하지 못하는 삶도 있고, 죽었지만 타인들에게 강렬하게 현전하는 경우도 있다. 그렇다면 삶은 현존이고, 죽음은 부재라는 표현은 정당하지 않다. 왜냐하면 "현전"은 어떤 사람이 눈앞에 현존하든, 부재하든 상관없이 가능하기 때문이다. 뜻하지 않은 이별을 경험하거나, 가장 사랑하는 사람이 죽은 경우, 그들을 더 강렬하게 지배하는 것은, 지금은 더 이상 존재하지 않는 자, 즉 부재하는 자이다. 생사를 알지 못한 채 이별 상태인 자식을 부모는 잊지 못하고, 항상 그리워한다. 그 자식은 부재하지만, 부모에게 그는 어느 무엇보다 더 애잔하게 현전하고 있다.

우리는 살아가면서 어떠한 것에 대하여 그리워하고 욕망한다. 그런데 우리가 더 큰 욕망과 그리움을 느끼는 것은 우리가 소유하고 있는 것, 현존하는 것보다 우리가 갖지 못한 것, 없는 것, 부재하는 것이다. 부재하는 a에 대한 그리움은 역설적이게도 a가 단순히 부재하는 것이 아니라 현존했으면 좋겠다는 것, 더 나아가 현존하는 그 어떤 것보다도 더 현전하고 있다는 사실을 드러낸다.

그렇다면 죽음은 단순히 부재하는 것이 아니다. 어쩌면 죽음의 무는 부재하는 방식으로 현전한다. 그것은 현존하지만 없는 듯이 여겨지는 것보다, 더 생생하고 현실적으로 보인다. 이처럼 현존과 부재는 서로 모순되고 대립되는 것이 아니라, 동시적이고 보완적인 것으로 볼 수 있다. 이때 죽음은 부재가 아니라, 현전, 즉 삶보다도 더 삶처럼 다가오는 강렬함이다.

그렇다면 적어도 우리는, 삶은 단순히 살아 있는 것에 그치지 않고, 죽음도 죽음에 갇히지 않는다는 것을 알 수 있다. 이러한 방식으로 인간에게는, 특히 또 다른 세계를 꿈꾸는 호모 포에티카에게는 삶과 죽음은 모두 이중적인 의미를 띠게 된다. 따라서 삶이지만 삶이 아닐 수 있고, 죽음이지만 죽음이 아닐 수 있는 것이다.

이러한 주장은 이미 소크라테스, 예수에게서 확인된다.

소크라테스는 아니토스, 멜레토스, 리콘 등에 의해 고발되었다. 그리고 사형 언도를 받은 후, 결국 독배를 마시고 죽는다. 그러나 소크라테스는 죽었는가? 무가 되었는가? 부재하는가?

소크라테스는 법정에서, 자신이 평생 동안 다이몬의 말을 따르며 살아왔다고 전하면서, 자신이 옳지 않은 일을 할 때 다이몬이 그것을 말렸고, 자신이 정당한 일을 하도록 이끌었다고 밝힌다. 그런데 이제 그는 죽었다. 그러면 소크라테스를 이끌었던 다이몬도 죽었는가? 아니다. 이제 다이몬은 소크라테스의 죽음과 더불어 소크라테스의 육체로부터 벗어나 자유롭게 자신의 뜻을 말하기 시작한다. 다이몬의 말은 플라톤을 통해 문자로 기록되고, 기억되며, 이를 통해 이미 죽은, 즉 부재하는 소크라테스는 다시 현전하게 된다. 이러한 소크라테스의 삶과 죽음을 통해, 우리는 삶과 죽음이 이중적인 의미를 지닌다는 것을 알 수 있다.

이런 점은 히브리 지역에서는 예수의 사건으로 나타난다. 예수 역시 소크라테스와 거의 유사한 죄목, 즉 신성모독과 민중들을 선동한다는 이유로 십자가에서 죽음을 맞는다. 그리고 모든 것이 끝났다고 여겨졌을 때, 갑자기 그가 부활했다는 놀라운 소식이 전해진다. 제자들은 예수가 죽음을 당했지만, 죽음의 권세를 이기고 부활하였다고 전하기 시작한다. 이러한 감격에 찬 확신과 믿음은 이후 그리스도교의 탄생으로 이어진다. 예수의 죽음과 더불어 모든 것이 끝났다고 여긴 사람들에게 새로운 시작의 장이 열리기 시작한 것이다. 제자들의 고백의 핵심은 예수가 부활했다는 것, 즉 예수는 죽었지만, 죽지 않았다는 것이다. 이 경우에도 삶과 죽음은 이중적인 의미를 갖게 된다.

그리스도교 사상가인 키에르케고르는 자신의 저서 "죽음에 이르는 병"에서 신약성서 요한복음 11장 1-44절을 해석하면서, 삶과 죽음에 대한 일반적인 이해와 그리스도교적인 이해를 구분한다. 요한복음의 내용은, 나사로의 죽음을 둘러싸고 벌어지는 예수와 마르다, 마리아 자매, 그리고 예수와 제자들 간의 대화를 다루고 있다. 그런데 이들 사이의 대화에서, 마르다 자매와 제자들은 예수의 뜻을 이해하지 못한다. 왜냐하면 그들과 예수 사이에는 "병", "잠", "죽음"에 대한 이해가 달랐기 때문이다.

11장 3절 이하에서 마르다 자매는: "사랑하는 자(나사로)가 병들었다"고 말한다.

이에 대하여 예수는: "이 병은 죽을 병이 아니라, 하나님의 영광을 위함이고, 하나님의 아들로 하여금 영광을 얻게 하려 함"이라고 말한다.

그리고 이 소식을 예수는 제자들에게 전한다: "우리 친구 나사로가 잠들었도다. 그러나 내가 깨우러 가노라."

이 말에 대하여 제자들은: "그가 잠들었다면 좋겠습니다"라고 말한다.

이 내용에 의하면 나사로는 심한 병에 걸려 죽음에 임박해 있다. 마르다 자매는 사랑하는 오라비가 죽을 것에 대해 슬퍼하며, 이 소식을 예수께 알린다. 예수는 이틀 후 마르다 자매의 집을 향해 가려고 하면서, 제자들에게 나사로가 잠이 들었다고 말한다. 그러나 그 사이 그가 죽었다는 사실을 안 제자들은, 차라리 그가 잠든 것이라면 얼마나 좋겠는가 라고 반문한다. 제자들은 나사로가 죽었다는 사실을 예수가 아직 알지 못하고 있다고 생각한 것이다. 왜냐하면 예수는 나사로가 "잠들었다"고 표현했기 때문이다. 그러나 오해하고 있었던 것은 예수가 아니라 제자들이었다. 그래서 예수는 그들에게 다시 말한다: "나사로는 죽었다"라고.

예수와 제자들은 "잠"과 "죽음"이란 표현을 서로 다르게 이해하고 있다. 이런 오해는 예수와 마르다 자매 사이에서도 벌어진다.

예수가 도착했다는 소식을 들은 마르다는, "주께서 여기 계셨다면 내 오라비가 죽지 않았을 텐데요"라고 예수에게 말한다.

이에 대해 예수는, "네 오라비는 다시 살아날 것"이라고 말하고, 마르다는, "마지막 날에 부활할 줄을 압니다"라고 말하자, 예수는 "나는 부활이요 생명이니 나를 믿는 자는 죽어도 살겠고, 살아서 나를 믿는 자는 영원히 죽지 아니하리라"라고 답한다.

이 대화에서 마르다는 나사로를 죽었다고 생각한다. 그리고 다시 살아난다는 것도 "최후의 날"에 이루어질 사건으로 이해하고 있다. 반면에 예수는 나사로의 죽음이 영원한 죽음이 아니며, 다시 살아나는 사건도 최후의 날이 아니라, 지금 여기서 가능하다고 말하고 있다.

그리고 그 다음 내용은, 예수가 나사로의 무덤으로 가서 그를 살리는 기적에 대하여 묘사하고 있다.

이 인용문에 의하면 제자들은 나사로의 죽음을 죽음으로 이해하고 있는 반면, 예수는 그것을 "잠"이라고 표현하고 있다. 즉 예수는 일반적으로 이해되는 "죽음"을 잠에 불과한 사건으로 보고 있는 것이다. 그것은 잠과 같은 정도의 죽음 외에 또 다른 죽음, 진정한 죽음이 존재한다는 것을 암시한다. 또한 우리가 알고 있는 죽음이 잠과 같이 사소한 것이라면, 그것은 언제라도 깰 수 있는 것이다. 이렇게 깨어난 삶은 잠에 반대되는 개념이다. 그렇다면 진정한 삶 역시 존재한다는 것을 이 이야기는 보여주고 있다.

이것을 키에르케고르는 나사로가 걸린 병은 "죽음에 이르는 병"이 아니고, 나사로의 죽음 역시 "죽음에 이르는 병"이 아니라고 해석한다. 그리고 일반적으로 이해하는 죽음은 단지 "영원한 생명의 내부에서 일어나는 하나의 작은 사건"에 불과하고, 우리가 진정으로 두려워해야 하는 것은 영원한 생명의 죽음이라고 강조한다. 즉 그는 삶도 하나의 작은 사건으로서 삶과 영원한 삶, 죽음도 작은 사건으로서 죽음과 영원한 죽음으로 구분하고 있는 것이다.

이와 마찬가지로 위에서 인용한 소크라테스나 예수는 죽음이 "끝", "종말"이라고 생각하지 않았다. 반면 소크라테스나 예수를 죽인 사람들은 죽음과 더불어 모든 것은 끝난다고 생각하고 있었다. 따라서 그들은 소크라테스나 예수를 죽이면, 모든 것은 해결될 것이라고 생각하고, 그것을 행동으로 옮긴 것이다. 그들은 삶과 죽음이 서로 대립되는 사건이라고 생각하고 있었기 때문이다.

삶과 죽음에 대한 이러한 이해 방식의 차이는 "안티고네"에서도 발견된다.

이 작품 속 크레온은 죽음을 삶의 종말로 보고 있다. 그는 안티고네를 죽이면 모든 문제는 사라진다고 보고 있다. "나를 붙잡아 죽이는 것보다 더 많은 것을 원하시나요?"라는 안티고네의 물음에 대하여 크레온 왕은, "아니다. 나로서는 그것만 가지면 다 갖는 셈이다"(안 497 이하)라고 답한다. 그는 안티고네가 죽는 것에 만족한다고 대답하고 있다. 왜냐하면 죽은 자는 말이 없고 저항할 수 없는 무력한 존재라고 생각했기 때문이다. 이런 점은 크레온의 또 다른 말에서도 확인된다.

그는 죽음을 앞둔 비탄의 노래와 우는 소리는 아무런 소용도 없다고 주장하면서 "천장이 있는 무덤(석굴)에 묻힌 삶을 살아가기를 원(한다면) … 아무튼 그녀는 이 위에서 우리와 함께 살 수는 없을 것이다"(안

888이하)라고 말하고 있다.

그는 살아 있는 안티고네는 자신의 명령을 어길 수 있고, 국가를 혼란스럽게 할 수 있지만, 죽은 안티고네는 "무"에 불과하다고 생각한 것이다. 따라서 그는 자신이 살아 있는 한, (죽은) 여인이 자신을 지배하지 못할 것이라고 단언할 수 있었던 것이다.

반면에 안티고네는 삶과 죽음이 서로 분리된 것으로 여기지 않는다. 그녀는 크레온 왕의 위협 앞에서 죽음과 삶은 서로 분리된 것이 아니라, 오히려 하나의 존재 사건을 이루는 두 방식이라고 강조한다.

삶과 죽음이 결국 하나라는 그녀의 입장은 동생에게 하는 말에서도 나타난다. 그녀는 이스메네에게, 자신은 살아 있는 동안에 이미 죽음을 경험하고 있다고 말한다.

그러나 안티고네에게도 죽음을 무릅쓰고 행동으로 옮기는 것은 쉬운 일이 아니다. 그 죽음은 타인의 죽음이 아니라 바로 그녀 자신의 죽음이기 때문이다. 이렇게 "고유한 나의 죽음"을 선취적으로 결단하는 것은 결국엔 외롭고 두려운 일이다. 이러한 죽음의 길을 그녀는 "홀로 걸어가는 결혼식"으로 묘사하고 있다:

"울어주는 이도 없이 친구도 없이./ 그리고 축혼가도 없이 가련한 나는/ 이미 준비되어 있는 이 길로 끌려가고 있어요 … 내 운명을 위하여 울어줄 눈물도 없고,/ 슬퍼해 줄 친구도 없구나!"(안 876 이하)[2]

그러나 그녀에게 죽음의 결혼식은 단순히 두렵고 외로운 것만은 아니다. 왜냐하면 그 죽음은 다시 사랑하는 가족들을 만날 수 있게 해주

---

2 소포클레스, 『안티고네』, 천병희 옮김, 문예출판사, 2001, 876 이하.

기 때문이다.

이렇게 안티고네는 자신의 고유한 죽음을 선취적으로 결단함으로써 죽음의 길로 들어서지만, 죽음의 길은 또 다른 존재 의미를 열어젖힌다. 왜냐하면 "고귀한 죽음"은 그대로 사라지거나 잊히는 것이 아니라, 그녀의 삶과 연결되며, 또한 그녀의 삶과 죽음은 타인들에게 "인간의 고귀한 존재 방식"으로 계속 기억되기 때문이다.

결국 안티고네가 왕의 두려운 명령을 어기고 자신의 죽음("나의 죽음")을 선취적으로 결단하게 된 궁극적 이유는, '죽을 수밖에 없는 존재'인 인간이 죽어야 한다면, 그 죽음은 고귀한 죽음, "좋은 죽음"이어야 하고, 그러한 죽음은 삶과 무관한 것이 아니라, 삶의 완성이고, 새로운 삶의 시작이라고 생각했기 때문이라고 볼 수 있다. 이것을 소포클레스는 안티고네를 통해 "내가 아무리 어려움을 당한다 하더라도,/ 내게는 역시 고귀한 죽음이 남게 될 거야"(안 96-97)라고 표현하고 있다.

반면에 크레온 왕에 대하여 소포클레스는, 그는 "모든 것을 잃은 자, 사는 즐거움을 잃은 자, 살아 있다고 생각할 수 없는 자, 산송장과 같은 자"로 표현하고 있다. 그리고 고귀한 삶과 죽음을 표현한 안티고네와 대비해, 크레온 왕에게 소포클레스는 다음과 같은 지혜의 말을 전하고 있다. 그것은 아마도 크레온처럼 살아가는 모든 인간들을 향한 소리이기도 할 것이다:

"누군가 현명하게도 이런 유명한 말을 했었지⋯ 신께서 그 마음을 재앙으로 인도하시는 자에게는 ⋯ 악도 선으로 보인다고⋯"(안 622이하)[3]

---

3 위의 책, 622.

9

하이데거 철학

하이데거에 의해 가장 위대한 독일 시인으로 평가받은 횔덜린은 그의 시 "엠페도클레스"에서 안티고네에 대하여 다루고 있다. "엠페도클레스의 죽음" 둘째 부분은 부뚜막의 여신 베스타(헤스티아)와, 두 여사제인 판테아와 레아 사이의 대화를 담고 있다. 그때 레아가 다음과 같이 말하는 장면이 있다:

"위대한 남자는 모든 아테네 여인들의 태양인 소포클레스야! 그에게서 처음으로 죽을 자들로부터 처녀들의 고귀한 자연이 나타났고, 그의 영혼 안에서 순수한 기억으로 주어졌어 … 그는 가장 우아한 여장부를 안티고네라고 불렀어."[1]

---

1 M. Heidegger, 『횔덜린의 송가 〈게르마니엔〉과 〈라인강〉』, 최상욱 옮김, 서광사, 2009, 294-295쪽.

이러한 횔덜린의 시를 하이데거는 "시인인 소포클레스에게서 처음으로 아테네 처녀들의 자연, 피지스, 존재가 빛을 발했다"라고 해석하며, 횔덜린의 입장에 동조하여 "《안티고네》라고 불리는 소포클레스의 시는 하나의 시이지만, 그리스 현존재 전체를 건립하고 있다"(게르마니엔과 라인강 295)라고 주장하고 있다. 즉 《안티고네》는 단순한 시가 아니라, 그 안에서 그리스 자연과 그리스인, 그들의 신들과 역사를 포함한 존재 사건 전체가 담겨 있다는 것이다.

이러한 횔덜린과 하이데거의 주장은 소포클레스와 같은 고대 그리스 정신으로 회귀하자는 것이 아니라, 이 정신을 미래적인 독일의 정신과 연관해 재해석해야 한다는 의미를 지닌다. 이러한 시도의 배후에는 당시 독일의 정신이 무력하고 퇴락했다는 그들의 판단이 들어 있다.

이러한 점을 고려하여 우리는 독일 철학자 마르틴 하이데거의 사상을 소개하고, 그의 사상이 "안티고네"와 어떤 관계가 있는지 살펴보고자 한다.

1. 하이데거 철학: 존재의 의미에 대한 질문

하이데거는 "왜 도대체 어떤 것이 존재하며, 오히려 무가 아닌가?"라고 질문한다. 그가 시종일관 질문했던 것은 "존재의 의미"이다.

우리 주변에는 수많은 사물들(그것이 자연물이든 인공물이든)이 존재한다. 그런데 우리는 바위, 나무, 컵과 같은 사물들의 외향이나 효용성, 가치에 주목할 뿐, 그러한 것들이 "존재한다는" 의미에 대하여는 관심을 갖지 않는다.

일을 하다가 문득 커피를 마실 때, 우리는 컵에 커피를 담아 마신다. 이때 컵은 커피와 같은 음료를 담는 단순한 도구에 불과하다. 그리고 그 컵이 특별히 가치 있는 것이 아니면, 우리는 아무 고민 없이 버린다. 커피를 마시기 위해 컵이라는 사물을 이용했을 뿐, 컵의 "존재 의미"에 대하여는 별 생각을 않는다. 이것을 하이데거식으로 표현하면, 우리의 시선은 컵과 같은 "존재자"(사물)를 향할 뿐, 그러한 존재자가 "있다"는 것, 즉 존재자의 존재에 대하여는 사유하지 않는다는 것이다.

또한 우리 주변에는 너무나 많은 사물들(존재자들)이 존재하지만, 우리는 그러한 사실을 지극히 당연한 일로 여긴다. 우리가 태어났을 때 이미 그러한 것들이 도처에 존재했기 때문이다. 사물들이 "존재한다는" 것은 우리에게 아무런 감동도 주지 않는다.

그리고 우리는 "존재"란 단어가 무엇을 뜻하는지 잘 알고 있다고 생각한다. "있다"는 것이 무엇을 뜻하는지 모르는 사람이 어디 있겠는가? 그러나 곰곰이 따져보면, 이것이 그렇게 단순하지는 않다는 것도 알게 된다.

그렇다면 "존재", "존재의 의미"란 무엇인가?

예를 들어 누군가가 "저기에 컵이 있다"라고 말한다면, 우리는 "눈"을 통해, 그 말이 사실임을 알 수 있다. 이때 컵의 "존재"는 감각기관을 통해 확인된다. 그렇다면 "나의 손"의 경우는 어떤가?

나는 나의 손이 있다는 것을 눈으로 확인할 수 있다. 그리고 "내 손이 존재한다"고 말한다. 그런데 작업 중 나의 손이 절단되었다고 가정해 보자. 이때도 나는 눈을 통해 저 앞에 "나의 손"이 존재한다고 확인할 수 있다. 그러나 전자의 손과 후자의 손은 동일한 손인가? 그 손들이 "존재한다"는 의미도 동일한가?

물론 전자의 손과 후자의 손은 모두 감각을 통해 확인된다. 그러나 전자의 손은 단순히 유기체적 기관에 불과한 것이 아니다. 그것은 움직이고 활동하는 손이다. 나는 그 손에 관심을 갖지 않는다. 예를 들어 숟가락으로 밥을 먹을 때, 나는 나의 손에 관심을 갖지 않는다. 왜냐하면 그래야 더 잘 먹을 수 있기 때문이다. 만약 내가 손에 주의를 집중한다면, 밥 먹는 동작은 어색해지고 말 것이다. 이런 점은, 우리가 잘 걸으려고 신경을 쓸수록, 걸음걸이가 어색해지는 것과 마찬가지다. 이처럼 전자의 손은 우리의 의식보다 앞서 스스로 자신의 동작을 수행하는 손이다. 그것은 살아 있는 손이다.

반면 절단되어 눈앞에 놓인 손, 봉합해야 할 손은 단순히 유기체적 기관에 지나지 않는다. 그것은 단순한 물체이고 대상일 뿐이다. 전자의 손이 주체적 손이라면, 후자의 손은 객체적 대상이다. 전자의 경우, "손이 존재한다"라는 표현은 '작업하고 활동할 수 있는 손'을 뜻하는 반면, 후자의 경우, "손이 존재한다"는 것은 단지 "저기에 손이라는 물체가 있다"는 의미를 지닐 뿐이다.

동판화가 에셔의 예를 들면, 전자의 손은 "그리는 손"이고, 후자의 손은 "그려지는 손"이다.

컵이나 손과 달리, 괴테의 시에는 "산등성에는 고요함이 있다"는 표현이 있다. "고요함이 있다"는 것은 사실인가? 혹은 시인의 주관적인 느낌이나 감정인가? 사실이라면 객관적으로, 감각적으로 입증될 수 있겠지만, 느낌이나 감정이라면, 그것은 주관적인 것으로 입증 불가능하며, 감각기관을 통해 확인될 수 없다.

이런 점을 계속 확대시키면, "나의 영혼이 있다", "신이 있다"는 표현에 이르게 된다. 영혼이나 신이 "존재한다"는 말의 의미는, 컵이 "존재한다"는 말의 의미와 전적으로 다르다.

이처럼 우리는 별 생각 없이 "있다", "존재"라는 표현을 쓰지만, 그 의미는 "무엇이 있는지", "어떻게 있는지"에 따라 달라진다.

다른 한편, 우리는 "존재"를 "무"의 대립 개념으로 알고 있다. 있는 것

은 없는 것이 아니다. 존재는 무가 아니다. 존재는 있는 것이고 무는 없
는 것이기 때문이다. 이러한 논리는 당연해 보인다. 그러나 그럴까?

우리에게 너무도 익숙한 "장자"의 호접몽을 예로 들어보자.

장자는 자신이 꾼 꿈에 대하여 이야기하면서, 꿈과 현실, 비존재와
존재의 관계에 대하여 질문을 던지고 있다. 어느 날 장자는 자신이 나
비가 된 꿈을 꾸었다. 그런데 깨어나서 보니 자신은 장자였다는 이야기
다. 이 이야기는 우리가 한 번쯤 꾸어봤을 간단하고, 어쩌면 별 의미도
없어 보이는 꿈에 대하여 묘사하고 있다. 꿈속에서는 나비였지만, 깨고
보니 자신이 장자였다는 것이다. 이런 꿈을 경험한 사람은 자신이 장자
라는 것은 사실이고 현실인 반면, 나비였다는 것은 꿈속에서 벌어지는
환상, 비현실이라고 쉽게 단정한다.

내가 인간 장자였다는 것은 너무도 당연해 보인다. 어떻게 내가 나비
일 수 있겠는가? 그리고 우리는 결론 내린다. 나는 나비가 아니라 인간
장자이다. 이것은 사실이고 현실이다.

그런데 이 이야기 속에서 장자는 질문을 던진다. 깨어난 지금 생각할
때, 내가 장자라는 것은 너무도 당연한 사실이라는 점을 인정하지만,
내가 장자라는 증거는 무엇인가? 이에 대하여 사람들은 깨어 있는 지금
의 현실이 너무도 당연한 사실이기 때문이라고 대답한다. 그런데 장자
는 이렇게 다시 질문한다: 꿈속에서 자신은 자신이 나비라는 것을 너무
도 당연하게 여겼고, 자신이 나비였다는 것은 의심의 여지 없는 사실이
었다는 점을 거론하면서, 깨어난 지금 현실이 너무도 현실적이란 이유
만으로 그것이 현실이라고 결정지을 수 있는지 질문한다. 만약 너무도
현실적으로 느꼈다는 것이 유일한 증거라면, 꿈속에서 자신이 나비였
다는 것 또한 부정할 수 없는 분명한 현실이었다. 이치가 이렇다면, 지
금 장자가 자신을 인간으로 여기는 현실도 또 하나의 꿈일 수 있다. 그
렇다면 장자는 나비인가? 인간인가? 꿈은 단순한 꿈인가? 우리가 현실

이라고 여기는 이 삶도 또 하나의 허망한 꿈은 아닌가? 그렇다면 나는 누구인가? 이렇게 고민하고 있는 나는 진정으로 존재하는 것인가? 아니면 꿈을 꾸고 있는 것인가?

지금 살아가는 나는 존재하는가? 혹은 존재하는 듯이 여겨질 뿐인가? 말하자면 존재하지 않는가?

우리는 삶이 일장춘몽과 같다고 말한다. 인생은 단지 속절없이 빠르게 지나가고 사라져버리는 봄꿈과 같다는 의미이다. 조선 시대 문인이었던 임제는 개성을 지나다가 황진이가 죽었다는 소식을 듣고, "청초 우거진 골에 자는가 누웠는가/ 홍안은 어디가고 백골만 묻혔는가/ 잔 잡아 권할 이 없으니 그를 설워하노라"라는 시를 썼다.

이 시에서 임제는 당시 조선의 뭇 사내들의 마음을 휘잡았던 황진이, 그토록 젊고 아름다웠던 황진이, 영원히 젊음을 유지하고, 죽지 않을 듯 여겨졌던 황진이가 지금 죽었다는 사실에 대한 안타까움을 시로 표현하고 있다. 그녀가 살았을 당시, 그토록 강렬하게 느껴졌던 그녀의 존재, 그녀의 현실성이 지금 사라졌다는 것이다. 그녀는 존재하는가? 더 이상 현실적으로 존재하지는 않는다. 그렇다면 그녀는 존재했는가? 그것은 진실이다. 그녀는 과거에 존재했었지만, 현재에는 존재하지 않는다. 그러나 그 존재가 한순간처럼 짧은 것이라면, 그것은 진정으로 존재하는 것이었을까? 존재의 확실성은 하나의 착각이나 환상, 깨고 나면 이슬과 같이 흔적도 없이 사라져버리는 꿈과 같은 것은 아닌가?

우리는 살아 있는 지금 이 순간을 보면서, 자신이 진정으로 존재한다고 여긴다. 그러나 우리가 인류의 역사 2000-3000년을 돌이켜 보면, 현재의 나는, 역사 속에서 들었던 죽은 인물, 비현실적으로 느껴지는 인물과 멀리 떨어져 있는 것이 아니다. 오히려 인간의 한 세대를 30년으로 잡는다면, A.D. 1년에 살았던 인물과 나 사이엔―만약 그 인물과 내가 조상과 후손의 관계라면―약 66 세대의 차이가 있을 뿐이다. 오늘날 일반적인 가정은 할아버지, 할머니, 아버지, 어머니, 나로 구성되며, 심지어 고조할아버지, 고조할머니와 밑으로 나의 자손들이 모여사는 가정도 드물지 않다. 5세대가 동시에 사는 셈이다. 이 세대에 대하여 우리는 그들이 존재한다고 확신한다. 그런데 이런 식으로 12번이 지나면, 나는 기원 1년경 사람과 연결되는 것이다. 그런데도 우리는 기원 1년경 사람들이 존재했다는 것을 실감하지 못한다. 그들은 먼 과거 속으로 사라졌고, 잊혀졌다. 그런데 기원후 4000년경 사람들은 지금의 "나"를 그렇게 여길 것이다. 나도 사라지고 잊힐 것이다. 그렇다면 수천억 광년의 세월 속에 100년도 살지 못하는 인간은 과연 존재한 것일까? 그 짧은 시간을 존재라고 표현해도 되는 것인가?

그래서 장자나 임제는 모두 삶은 존재가 아니라, 있다가 없어지는 것, 생성과 소멸의 과정 속에 있는 것, 영원한 존재가 아니라, 비존재와 같은 것, 어쩌면 무와 같은 것이라고 탄식하고 있는 것이다.

그러나 사실이 이렇다고 하더라도, 혹은 그러면 그럴수록, 영원히 존재하고 싶다는 인간의 욕망 역시 강렬해진다.

이런 시도는 플라톤 철학, 그리스도교, 불교 등의 종교와 철학을 통해 제시되었다. 플라톤 철학은 육체의 가멸성과 반대로 영원히 죽지 않는 영혼에 대하여 주장하고 있다. 그리스도교도 육체의 죽음 후 부활에 대하여 말하고 있다. 이 주장들은 생성, 소멸을 거치는 우리의 삶은 진정한 존재가 아니고, 이와 달리 영원히 그 자체로 머무는(살아 있는) 것만이 진정한 존재라고 주장하고 있다. 이 주장들의 공통점은 "존재"를 "영원"과 연결시키고 있다는 데 있다. 이 주장들을 모두 만족시키고 포괄하는 제목을 고른다면, 그것은 "존재와 영원"이 될 것이다.

그러나 이것은 아름다운 꿈이지만, 인간의 사고 능력으로는 알 수 없는 이야기이다. 그리고 이 주장이 사실이라 하더라도, 그것이 죽을 수밖에 없는 나와 무슨 상관이란 말인가? 차라리 이런 생각은 미뤄두고, 지금 현재 주어진 나의 삶에 집중하는 것이 더 중요하지 않을까?

나는 시간 속에서 살아가는 존재, 죽을 수밖에 없는 존재, 유한한 존재이다. 비록 인간의 범위를 조상까지 연결시킨다고 하더라도, 인류의 존재 역시 유한할 뿐이다. 그리고 인류보다 앞서 존재해 왔던 모든 물체들을 고려해도 존재자의 시간은 유한하다. 그렇다면 인간을 포함한 모든 "존재자들의 존재" 역시 유한할 수밖에 없다.

그런데 유한한 시간 중, 특히 나의 삶의 시간에 관심을 갖고, 그 존재 의미를 따져보려고 시도한 철학자가 마르틴 하이데거이다.

그는 무한한 우주와 영원해 보이는 끝없는 시간의 범위를 좁혀 "나의 공간"과 "나의 시간"에 대하여 말하고 있다. 왜냐하면 "나에게는" 그것이 가장 중요한 일이기도 하기 때문이다.

그리스도교 성화 속 인물이나 이집트 미라 가면이 보여주는 눈은 영원을 응시하고 있다. 그들의 눈에는 불안이 없고, 동요함이 없다. 그들의 눈은 평안하고 조용하다.

반면 유한한 삶을 살아가는 인간 현존재의 눈 속엔 염려가 가득하다. 그 눈은 평안하지 않다. 그 눈은 불안을 느끼는 눈이다. 그럼에도 그 눈은 살아 있는 눈, 역동성을 지닌 눈이다. 이러한 눈이 유한한 삶을 살아야 하는 인간 현존재의 눈이다.

하이데거의 주저의 제목은, "존재와 영원"이 아니라, "존재와 시간"이다. "존재와 시간"에서 하이데거는 "시간" 속에서 스스로를 드러내고 이해하며, 동시에 자신을 둘러싼 모든 존재자들과 관계를 맺으며 살아가는 인간 현존재에 대하여 다루고 있다. 그는 "존재"에 대하여 어느 정도 이해하는 인간 현존재를 우선적으로 해명하고, 이를 통해 존재의 의미

가 무엇인지 밝혀나가고 있다.[2]

여기서 우리는 하이데거의 "존재와 시간" 속 인간 현존재의 특징이 소포클레스의 작품 속 안티고네와 얼마나 닮았는지에 대하여 살펴보고 자 한다.

2. 하이데거의 인간론

하이데거는 인간의 존재 의미를 탄생과 삶, 죽음의 범위로 한정시킨다. 물론 탄생 이전과 죽음 이후가 전적으로 제거되는 것은 아니다. 그렇다 고 하이데거가 탄생 이전의 전생, 죽음 이후의 또 다른 삶에 대하여 주 장하는 것은 더더욱 아니다.

그런데 나의 탄생 이전이 전적으로 제거되지 않는 이유는, 나의 탄생 에는 이미 나의 이전 세대의 존재 방식이 전승되어 주어져 있기 때문이 다. 또한 죽음 이후가 전적으로 제거되지 않는 이유는, 나의 죽음이 어 떤 식으로든 나의 삶에 연관되고 영향을 끼치기 때문이다. 이것이 무슨 의미인지 좀 더 구체적으로 살펴보기로 한다.

모든 인간은 태어나고 살아가고 죽는다. 나 역시 태어났고 살아가고 죽을 것이다. 그런데 나의 탄생은 "나의 부모"라는 특정한 생물학적 관 계성 속에서 이루어진다. 이를 통해 나는 구체적인 인간이 된다. 그러 나 그것은 내가 일정한 한계 속에 갇히게 되었다는 사실을 뜻하기도 한 다. 나는 특정한 부모를 통해 특정한 공간과 시간 안에 태어난 것이다.

---

2 후기작품에서는, 인간 현존재의 존재로부터 모든 존재자의 존재, 존재 자체를 향하 던 방향이, 존재 자체로부터 존재자들과 인간 현존재로 향하는 방향으로 "전회"를 이 룬다.

그러나 왜 내가 2000년도에 태어났는지, 왜 한국이란 국가에서 태어났는지, 나는 선택한 적도 없고, 그 이유를 알 수도 없다. 그것은 나의 선택과 무관하게 주어진 사실이며, 그 사실에 대하여 나는 전적으로 수동적인 입장에 설 수 밖에 없다. 이러한 인간 현존재의 존재 방식을 하이데거는 "던져진 존재"라고 부른다. 던져진 존재로서 나는, 내가 2000년도 한국에 태어났다는 것만을 알 수 있다. 이렇게 내가 부정할 수 없는 사실을 하이데거는 "현사실성"이라고 부른다.

이와 같이 모든 인간은 특정한 부모를 통해 특정한 공간과 시간 안으로 던져진 존재이다. 그러나 내가 2000년 모월 모일에 태어났다고 해서, 나의 존재가 그때부터 시작되는 것은 아니다. 물론 나는 그 이전에는 태어나지 않았기 때문에, 나의 존재가 그때부터 시작되는 것은 맞다. 그러나 나의 존재 안에는 이미 나의 직접적인 부모뿐 아니라, 그 부모의 부모들, 그 이전의 부모들과 같은 과거의 흔적들이 들어 있다.

예를 들어 우리는 가끔 나이 든 분들로부터, '너는 너의 할아버지, 혹은 할머니, 혹은 고모, 이모를 닮았어'라는 말을 듣기도 한다. 그분들은 나의 존재 안에서 이전 세대의 모습을 발견하고 있는 것이다. 이렇게 나는 나 이전의 과거와 연결되어 있다. 이러한 끈은 단지 생물학적 관계에 그치는 것이 아니라, 도덕, 윤리, 세계관, 가치, 문화, 풍습 등과도 연결되어 있다.

나는 자라면서 부모, 학교, 사회로부터 "올바른 가치"에 대하여 듣고, 행동하도록 교육받는다. 부모가 그들의 부모들로부터 받은 가치 속에서 성장했듯이, 나도 부모로부터 받은 가치 속에서 살아간다. 그중 어떤 가치는 아주 오래된 과거의 가치이기도 하다. 예를 들어 유교적 가르침 속에서 자란다면, 그는 2000년도 더 지난 가치 속에서 살아가고 있는 것이다. 그렇다고 오래된 가치가 무가치하다고 말하는 것은 아니다. 오히려 올바른 가치는 그것이 언제 발생했는지에 상관없이 현대사회에서도 유효하고 중요할 수 있다. 단지 여기서 말하려는 것은, 이렇게 아주 오래된 가치가 나에게 "교육"과 같은 방식으로 "주어졌다"는 것이다. 이렇게 나의 존재 안에는 나의 탄생보다 앞선 과거, 아주 오래된 과거의 가치들이 전승되어 주어져 있다. 즉 나의 탄생이 과거의 특정한 시간에 이루어졌다고 하더라도, 나의 존재 안에는 그보다 앞선 과거의 단편들, 흔적들이 존재하고 있는 것이다.

이런 의미에서 "나의 과거"는 내가 어떻게 해 볼 수 없는 "현사실성"이기도 하지만, 동시에 "나의 과거"는 내가 살아가는 데 유용한 방식들을 선택할 수 있게 하는 "잠재태들"이기도 하다. 말하자면 나는 "단순한 나"처럼 보이지만, 내면적으로 살펴보면, 나는 "수많은 익명의 과거들"의 복합체로서 "나"인 것이다. 이 과거의 흔적들은 "나" 안에 "은폐된 능력"으로서 존재한다. 이런 의미에서 "나"는 처음부터 완성되고 결정된 존재가 아니라, "나를 만들어나가는 존재"인 셈이다. 이렇게 만들어나가는 존재를 하이데거는 "기투존재"("던져나가는 존재", "만들어나가는 존재")라고 부른다. 그것이 가능한 이유는, 나의 존재 안에는 지금의 나보다 더 많은 가능성들이 잠재적 능력의 형태로 들어 있고, 그 능력을 나는 자유롭게 선택할 수 있기 때문이다.

앞의 예를 든다면, 나는 부모로부터 탄생하고, 곧바로 부모 세대의 가치, 더 나아가 그 이전의 가치들을 배우기 시작한다. 그러나 일정한 시간이 지나 부모로부터 독립하면서, 우리는 자신만의 세계로 나가기 시작한다. 단순히 앞선 세대의 가치를 받아들이는 것을 넘어 이제 새로운 가치들을 만들어나가기 시작하는 것이다. 이때 옛 가치와 새로운 가치 사이엔 갈등이 생기기도 한다. 그것을 우리는 세대 차이라고 표현한다. 그러나 분명한 것은 지금 우리가 기성세대라고 부르는 세대도, 한때는 그들에게 전승되고 강요된 앞선 가치들을 부정하고 새로운 가치를 만들어냈다는 것은 분명하다. 그러나 어떠한 새로운 가치도 시간이 지나면 옛 가치가 되며, 새로운 가치를 만든 새로운 세대도, 그들의 후세대에 의해 부정되거나 비판받는 기성세대가 되는 것이다.

그럼에도 불구하고, 모든 세대는 그들만의 새로운 존재 방식을 만들어나가야 한다. 왜냐하면 이를 통해 그들은 과거 세대의 한계와, 그 안에서 성장한 자신의 한계를 넘어설 수 있기 때문이다. 따라서 하이데거는 "기투존재"를 "미래"를 만들어나가는 "자유 존재"라고 부른다.

나의 미래는 내가 나의 가능성을 실존적으로 선택할 때 비로소 존재하게 되는 것이다. 왜냐하면 과거와 달리 미래는 열려 있는 시간이고, 가능성들의 지평이지만, 그 가능성들은 단지 내가 결단하고 선택할 때, 비로소 현실성으로 나타날 수 있기 때문이다.

역사의 흐름을 볼 때, 모든 새로운 세대는 새로운 가치를 창조해 나간다. 그런데 그중 어떤 세대는 더 창조적으로 살아가고, 어떤 세대는 앞 세대를 벗어나지 못하는 정도로 살아가기도 한다. 물론 모든 새로운 세대는 자신들만의 세계를 형성하고 만들어야 한다. 그런데 그 일이 쉽지 않은 이유는, 새로운 세대도 살아가기 위해서는 그들을 지배하고 있는 당시의 현재적 가치와 법칙과 질서를 부정할 수 없기 때문이다. 그들은 과거의 가능성들을, 미래적으로 창조하기 원하지만, 현재의 압박이 심할 때 그들은 그들의 미래를 포기하고 현재에 타협하며 살아가게 된다. 이렇게 그들에게 주어진 앞선 가치와 세계 속에서 순응하며, 그럭저럭 살아가는 것을 하이데거는 "퇴락존재"라고 부른다.

퇴락존재는 특별한 윤리적 흠이 있는 사람을 뜻하는 것이 아니라, 대부분의 사람들이 살아가는 방식을 지칭하기 위한 표현이다. 그것은 자신만의 고유한 존재를 주장하기보다, 타인이나 사회가 요구하는 가치를 따라 살아가는 존재 방식을 가리키며, 이렇게 살아가는 인간의 모습을 하이데거는 자신의 본래적 존재를 상실한 채 살아가는 "일상인", 혹은 "비본래성"이라 부른다. 이와 같이 하이데거가 보는 대부분의 인간은 "소외된 인간"이다.

3. 세계-내-존재로서 인간 현존재

하이데거에 의하면, 인간의 존재 구조는 던져진 존재, 퇴락존재, 기투존재(실존성)로 구성되어 있다. 던져진 존재를 말할 때, 우리는 어디로부터 던져졌는지 알 수 없다고 했다. 그러나 어디로 던져졌는지는 분명하다. 그곳은 모든 인간이 살아가는 "세계"이다. 인간은 태어나자마자 세계 속에 던져진 존재이며, 이러한 인간을 하이데거는 "세계-내-존재"라고 부른다.

그런데 인간의 존재가 던져진 존재, 퇴락존재, 기투존재로 구성될 수 있는 근본적인 이유는, 인간이 "시간"이라는 지평 속에서 살아가기 때문이다. 이런 의미에서 우리는 인간을 "시간-내-존재"라고 표현해도 좋을 것이다.[3]

인간의 던져진 존재는 그의 과거에, 퇴락존재는 현재에, 기투하는 존재는 미래에 해당된다. 과거, 현재, 미래는 바로 시간에 대한 표현이다. 따라서 인간 존재와 시간성의 관계를 하이데거는 "존재와 시간"이라고 규정한 것이다.

우선 인간이 세계-내-존재인 이유는, 어떠한 인간도 홀로 살아가지 않기 때문이다. 혹시 무인도에 표류한 사람의 경우, 그 섬 안에 단지 그만 있다고 하더라도, 그는 자신의 거주처인 집을 꾸미고, 옷을 만들며,

---

3 하이데거는 세계-내-존재란 표현 외에 시간-내-존재라는 표현을 사용하지는 않았다.

먹을거리를 찾고 경작한다. 이것을 통해 그는 살아갈 수 있다. 그러나 그는 자신이 혼자라는 사실 때문에 힘들어한다. 그래서 그는 주변의 나무나 돌 등에 의미를 부여하고, 그것들과 대화를 나누기도 한다. 이처럼 인간은 혼자일 때도 타인과 함께하는 삶을 그리워하는 것이다. 이렇게 살아가는 방식을 하이데거는 "함께-존재함"(Sein-bei)이라 칭하며, 함께 살아가는 다른 인간들을 "공동현존재"(Mitdasein)라 부른다.

인간이 태어났을 때 이미 세계는 존재하며, 세계 안에는 자연적 사물들, 인공적 사물들, 다른 인간들이 존재한다. 인간은 살아가기 위해 "노동"을 통해 자연물들을 인공물로 변화시킨다. 이를 통해 인간은 자연을 지배한다. 인간의 삶을 위해 어느 정도 자연적 사물을 지배하고, 변형시키는 것은 피할 수 없는 일이다. 그러나 자연물을 더 많이 지배하고, 더 많이 소유하려는 인간의 욕망은, 현대에 이르러 현대 기술과 자본주의 체제를 통해 자연물에 대한 심각한 파괴로 나타난다. 그리고 자연에 대한 파괴는 곧바로 인간의 삶에 대한 자연의 복수로 이어진다. 이것은 현대인들이 해결해야 할 매우 시급하고 위험한 과제라고 볼 수 있다. 그러나 해결의 가능성은 많아 보이지 않는다. 왜냐하면 이미 너무도 깊숙이 들어와 있는 현대 기술은 현대인들에게 자유로울 수 있는 여유를 주지 않기 때문이다. 이제 현대인은 현대 기술이 요구하는 시스템을 떠나서는 살아가기 어려운 지경이 되었다. 이렇게 모든 인간을 한꺼번에 하나의 시스템 안으로 집어넣고 끌어가는 현대 기술의 특징을 하이데거는 "몰아세움"(Gestell)이라고 부른다. 따라서 현대 기술이 품고 있는 위험은 부분적으로 해결될 수 있는 것이 아니다. 오히려 현대 인간은 "존재인가 혹은 무인가?"라는 양자택일적인 파국성(Katastrophe) 앞에 서 있다고 볼 수 있다.

이러한 현대 기술이 가능했던 것은, 인간이 "욕망의 인간"으로 변했

기 때문이고, 역설적이지만, 욕망의 인간이 또 다시 새로운 현대 기술
을 요구하고 만들어갔기 때문이다. 이러한 욕망의 인간을 괴테는 "파우
스트"를 통해 묘사하고 있다.

4. 욕망의 인간 파우스트

괴테의 작품 "파우스트" 도입 부분에는 신과 악마가 흥정하는 장면이
묘사되고 있다.[4]

인간(파우스트)을 유혹하겠다는 악마의 제안에 대하여 신은 허락한
다. 여기서 우리는 신의 전능함뿐 아니라, 신의 낙관성을 볼 수 있다.
물론 전능자는 낙관적일 수 있다. 왜냐하면 모든 일의 결과를 알고 있
고, 그 과정이 어렵더라도 해결할 수 있는 능력이 있기 때문이다.

반면 악마의 집요함도 우리는 볼 수 있다. 악마는 자신이 계획한 일
에 대해 결코 포기하거나 절망하지 않는다. 이런 의미에서 괴테는 "절
망하는 악마보다 비참한 것은 없다"라고 말하는 것이다. 여유로운 신과
집요한 악마, 전능한 신과 절망하지 않는 악마 사이에서 인간을 놓고
흥정과 시험이 벌어진다.

악마는 신에게 내기를 걸면서, 결국 신은 인간(파우스트)을 잃게 될
것이고, 만약 신이 허락하신다면, 자신은 파우스트를 파멸로 이끌겠다
고 장담한다.

이에 대하여 신은, 악마가 파우스트에게 무슨 유혹을 하든 말리지 않
겠다고 약속한다. 왜냐하면 신은, 인간은 노력하는 한, 방황하기도 하
지만, 선한 인간은 어두운 충동 속에서도 결국 무엇이 옳은 길인지 알

---

4 J. W. von. Goethe, *Faust*, Goldmann Klassiker, 156-159쪽.

2부 신화, 시문학, 철학의 탄생

고 그 길을 따르는 존재라고 확신하기 때문이다.

이후 장면은 인간 파우스트와 악마 사이의 흥정으로 이어진다. 파우
스트는 너무도 가볍게 더 높은 곳까지 올라갈 수 있는 자신의 "정신의
날개"에 대하여 감탄하며, 동시에 자신을 밑으로 끌어내리려는 육체의
날개에 대하여 한탄하고 있다. 이때 악마 메피스토펠레스가 등장한다.
그는 파우스트에게 모든 쾌락과 욕망을 성취시켜 줄 것을 약속하고, 파
우스트는 이에 응한다. 그러면서 내기의 조건으로, 만약 자신이 "멈추
어라 이 순간이여, 너 정말 아름답구나"라고 말한다면, 그때에는 자신
의 영혼을 끌고 가도 좋다고 말한다. 이 말은, 자신이 주어진 욕망에 만
족해 또 다른 욕망을 더 이상 갖지 않는 때가 온다면, 자신의 영혼을 잡

그러나 더 이상의 욕망을 갖지 않는 존재란 무엇인가? 그것은 바로
신 아닌가? 따라서 메피스토펠레스는 파우스트가 구약 속에 등장하는
자신의 "아주머니인 뱀"의 유혹— "너희가 신과 같이 되어 선과 악을 알
게 되리라"—에 넘어갔음을 확인하고, "그러나 너는 언젠가 신을 닮았
다는 사실이 두려워지리라"라고 혼잣말을 한다.

여기서 파우스트는 현대 기술 시대를 살아가는 현대인의 모습이기도
하다. 현대인 역시 욕망에 대한 탐닉으로 비틀거리고, 그 갈등 속에서
또 다시 욕망을 동경하며 길을 잃은 자와 다르지 않다.

"판도라의 상자회의"란 기사에서 로저스는 "자연 속에서 결코 이전에
본 적이 없었던 새로운 생물 형태를 창조하는 것이 가능하다"고 주장했
고, "공학과 과학"에서 신샤이머는 "지구 역사상 최초로 한 생명체가 그
기원을 이해하고 있으며, 그 미래를 설계할 수 있다"고 외쳤다. 여기서
생명체의 기원을 이해하는 인간이란 무슨 의미인가?

이전까지 인간은 태어났을 때, 이미 자연이 존재했다. 따라서 인간은
자연이 언제 어떻게 만들어졌는지 알지 못한다. 인간은 자연의 시초,

기원을 알 수 없다. 자신보다 자연이 더 먼저 존재했고, 더 오래되었기 때문이다. 반면 신샤이머의 말처럼 현대인은 아직 존재하지 않았던 생명체가 언제, 어떻게 탄생하게 되었는지는 알고 있는 인간이다. 그 생명체가 탄생했을 때, 그때 이미 인간이 먼저 존재했다는 의미이다. 이제 인간은 신의 피조물이 아니라, 새로운 생명체의 창조자가 되며, "신처럼 되리라"는 유혹의 말을 성취한 듯이 보인다.

파우스트도 이와 유사한 상황을 경험한다. 그리고 자신이 내기의 조건으로 장담했던 "아름답다 이 순간이여"라는 말을 한다. 그런데 파우스트가 신처럼 되는 순간은 곧 그가 죽음 앞에 서게 되는 순간과 동일하다.

이제 파우스트의 삶을 가리키던 "시계의 바늘"이 멈춘다. 삶의 과정 모두는 지나가버렸다. 지나가버린 것은 "없어졌다"는 것이고, 그것은 "영원한 무"(Ewig-Leere) 속으로 잠겨드는 것을 뜻한다. 이런 의미에서 메피스토펠레스의 예측은 정확했다. 왜냐하면 신처럼 되는 순간이 곧 죽음의 순간이라는 것을 그는 알고 있었기 때문이다.

그러나 그가 몰랐던 것은, 과거의 뱀처럼, "너희는 죽으리라"라는 신의 단호한 말 배후에는, 여전히 인간을 구원하기 원하는 신의 사랑이 있다는 사실이었다. 메피스토펠레스는 죽은 파우스트의 영혼을 천사들이 끌고 올라가는 것을 보고, 자신의 귀중한 노획물을 뺏긴 듯이 화를 내지만, 그럼에도 파우스트의 영혼은 구원으로 이어진다.

이렇게 괴테의 작품은 파우스트의 영혼이 구원받는 것으로 끝난다. 그러나 그보다 2세기가 더 지난 현대인과 현대사회를 볼 때, 아직도 구원이 여전히 가능할 것인지는 매우 의심스럽게 되었다.

이런 의미에서 하이데거는 자본주의와 현대 기술이 어우러진 현대사회를 "위기의 시대"로 규정한다. 사람들은 자본주의와 현대 기술이 몰아세우고 이끌어가는 거대한 흐름에 편승하고 있을 뿐, 그 흐름이 어디로 가는지, 그 흐름이 진정 인간을 행복한 세계로 이끄는지, 그 흐름의 본질이 무엇인지 질문하지 않는다. 단지 그 흐름에 끼지 못하고 낙오될까 두려워하거나, 혹은 그 흐름에 속한 채 그럭저럭 살아가거나, 혹은 그 흐름 속에서 조금 더 편안하고 유리하고, 우월한 자리를 차지하기 위해 애쓸 뿐이다.

그러나 그 흐름이 거대한 폭포수를 이루어 까마득한 심연 속으로 곤두박질치는 것은 아닌지 질문하거나 두려워하지 않는다. 그들의 관심은 그 흐름의 위험성을 피하기 위해 준비하기보다, 단지 그 흐름 안에서 누릴 수 있는 아주 작은 안락함을 추구하는 데 있기 때문이다. 그래서 그들의 생각은 매우 계산적이고 영악하다. 반면에 그들은 진정한 것, 본질적인 것, 그리고 자기 자신의 존재에 대하여는 질문하지도 않고, 더 이상 사유하려고 하지도 않는다. 왜냐하면 그 사유는 무익하고 무용해 보이기 때문이다.

이렇게 살아가는 인간 현존재를 하이데거는 "일상인"이라고 부른다. 그들은 자신의 고유하고 본래적인 존재를 망각한 채 살아가는 존재, 자신의 본래적 존재로부터 소외되어 있는 비본래적 존재, 퇴락존재이다.

또한 이들은 "평균적 존재"이다. 그들은 타인과 같은 외적 시선과 명령에 자신의 존재를 빼앗긴 채 살아간다. 그들은 자신만의 고유한 존재를 드러내지 못한다. 그들은 타인과 구별되지 않고, 공공의 정보를 통해 비슷비슷해진 존재, 익명의 존재이다. 그들은 질적인 고유성이 아니라, 양적인 숫자에 불과하다. 이들은 많은 수를 차지한다. 대부분의 인간이 이렇게 살아가기 때문이다. 그들은 "거대한 무리"이다. 그들은 자기 자신만의 존재를 주장하고 있다고 생각하지만, 그들은 "아무도 아닌 존재"이다. 그들은 거의 동일한 것을 보고, 읽고, 듣고, 즐기고 만족한다. 그들은 진지한 것을 싫어한다. 귀찮고 거추장스럽고 불편하기 때문이다. 진지함을 상실함으로써, 그들에겐 진정한 의미의 비밀이 없다. 그들은 타율적이고 수동적으로 살아가며, 피상적 공공성에 머물러 "사태 자체"가 무엇인지 생각하지 않는다. 익명의 존재이고 거대한 무리이기에 그들의 행위나 말은 고귀함이나 책임성을 지니지 못한다. 그들은 저급한 자아에 머물러 있다.

그럼에도 그들은 지루함을 느끼기도 한다. 이때 지루함의 원인이 무엇인지 고민하기보다는 지루함을 없애려고 한다. 소위 말하는 시간 죽이기를 통해 그들은 축 늘어져 길어진 시간의 머무적거리고 질척거리는 느낌을 벗어나려고 시도한다. 그들은 티비나 유튜브, 오락 등을 통해 지루함을 없애지만, 이때 자기 자신마저 잊어버린다. 혹은 지인들과 만나 아무 의미 없는 잡담을 나누며 즐거워하기도 한다. 그러나 그들이 사용하는 언어는 사태 자체를 꿰뚫어볼 수 없는 무의미하고 평준화된 언어에 불과하다. 그들은 특정한 어떤 주제에 대해 진지하게 질문하고 답을 찾으려는 것이 아니라, 그저 이야기할 뿐이다. 그 이야기는 이리저리 널뛰고, 때로는 이야기하는 당사자가 자신이 무슨 말을 하는지 모를 때도 있다. 따라서 그들이 아무리 많은 말을 하더라도, 그리고 잡담 상대자들이 모두 동의한다 하더라도, 그것은 문제 자체를 이해하는 데 도움이 되지 않는다. 그들은 심각하지 않다. 그들의 존재는 가볍다. 이런 상황을 사르트르는, "차라리 범죄를 통해서라도 나는 나를 무겁게 하고 싶다"라고 표현하기도 한다.

그들에게 중요한 것은 이야기가 중단되지 않고 계속 진행되는 것이다. 그들은 이야기가 아주 잠깐만 끊겨도 불편해한다. 그들은 말이 중단되었을 때 감수해야 하는 텅 빈 무와 같은 분위기, 뭔가 해야 할 것 같지만 무엇을 해야 할지 알 수 없는 공허함 같은 것을 견디기 힘들어하기 때문이다.

이와 동시에 자본주의 시대를 살아가는 일상인은 새로운 상품, 새로

운 기술 제품, 유명 메이커와 명품에 많은 관심을 갖는다. 경제적 능력
에 따라 그들의 욕망의 대상은 달라지겠지만, 그들이 명품을 사든, 그
렇지 않든, 그들은 새로운 것에 대한 욕망으로 가득 차 있다. 이러한 욕
망을 하이데거는 호기심(Neugierigkeit; 단어 그대로 '새로운 것에 대한
욕망'이란 의미)이라 부른다. 호기심은 지나간 것, 과거의 것에 관심을
갖지 않는다. 이것은 자본주의가 일상인에게 요구하는 방식이고, 덫
이고 올가미이기도 하다. 왜냐하면 자본주의는 소비를 촉진해야 하기
때문이다. 그것은 "소비는 아름답다"라는 구호로 나타난다. 새로운 것
이 소비되려면 일상인들의 욕망을 자극하고 유혹해야 한다. 이를 위
해 자본주의는 "광고"를 이용한다. 광고는, 마치 아름다운 빛으로 뭇
벌레들을 유혹하는 "거미줄"과 유사하다. 광고의 목적은 "진실"이 아
니라, "유혹"에 있는 것이다. 이를 위해 일상인들의 판단력을 잃게 만
드는 것이 필요하고, 그것은 멋진 남녀 아이돌이나 배우가 광고 모델
로 등장하는 이유이다. 이러한 광고가 계속 반복되면, 배경음악이나
등장인물만 보아도 무슨 제품인지 연상하게 되고, 소비 욕구가 자극
되는 것이다.

이렇게 치밀하게 "길들이는 사육 방식"을 통해, 이제 일상인은 자신
의 본래적인 존재로부터 철저하게 소외되게 된다. 더 심각한 것은 자신
이 소외되어 있다는 사실 자체를 알지 못한다는 점이다. 이러한 현상을
하이데거는 "존재망각", "사유의 망각"이라 부르며, 이렇게 무의미한 현
재 속에서 일상인으로 살아가는 인간의 존재 방식을 "퇴락존재"라고 표
현한 것이다.

이제 인간 현존재는 퇴락존재에 머물지 않고, 자신만의 존재를 찾아
가야 한다. 인간 현존재는 잊힌 자신의 존재를 회복해야 하고(Zusein:
'존재해야 함'이란 의미), 자신만의 삶을 살아야 한다(Jemeinigkeit; '매
순간 자기 자신이어야 함'이란 의미).[5]

  그렇다면 자기 자신을 망각하고 있는 일상인이 어떻게 자신만의 고유하고 본래적인 존재를 다시 찾을 수 있는가?

5. 시간-내-존재로서 인간 현존재와 불안

인간의 존재가 던져진 존재, 퇴락존재, 기투존재일 수 있는 근거는, 인간이 과거, 현재, 미래라는 시간 안에서 살아가며, 인간의 존재 자체 안에 이미 시간이 관통해 흘러가고 있기 때문이다. 지금도 나의 존재 안에서 시간은 흘러가고, 나의 현재는 곧바로 나의 과거가 된다. 나의 미래는 아직 오지 않은 듯이 보이지만, 그 미래 역시 곧 찾아온다. 이와 같이 시간은 과거, 현재, 미래로 흘러가지만, 우리에게 중요한 것은 "어떤 과거", "어떤 현재", "어떤 미래"로 살아가는가? 하는 점이다.

  위에서 언급한 "시간 죽이기"의 방식으로 살아가는 일상인에게 유의미한 시간은 존재하지 않는다. 그들에겐 과거, 현재, 미래가 없는 셈이다. 그들은 무의미한 현재를 맞이하고, 그 "현재"는 곧 과거가 되고, 미래 역시 무의미하게 현재가 될 뿐이다. 과거는 흘러가 사라지고, 미래는, 엄밀히 말하면, 결코 오지 않는다. 단지 현재와 동일한 무의미한 미래적 시간이 다시 과거로 흘러갈 뿐이다.

  그러나 시간은 이렇게 균질적으로, 무의미하게 흘러가는 것만은 아니다. 오히려 어느 순간 시간은 인간에게 다가와 말을 걸기도 한다. 문득 과거가 나에게 질문을 던지고, 미래가 나를 불안하게 만들기도 한

---

5 이러한 하이데거의 주장은, "너는 네가 되어야 하는 방식으로 존재하라"(Sei, was du wirst), "너는 너의 진정한 존재가 되어라"(Werde, was du bist)라는 칸트의 주장과 유사하다. 인간의 양면성을 니체는 최후의 인간/초인, 하이데거는 비본래적 일상인/ 본래적 현존재라고 표현하고 있는 것이다.

다. 이때 과거는 "이미 가버린 것"이 아니고, 미래는 "아직 오지 않은 것"이 아니고, 현재는 무의미한 "지금"이 아니다. 오히려 과거, 미래는 현재화한다. 과거는 흘러가버리지 않고 "현재화한 과거"로 현전하며, 미래는 아직 오지 않은 것이 아니라 현재 안으로 쳐들어온다. "현재화한 미래"가 된다.

이렇게 현전하는 과거와 미래가 일상 속에 빠져 있는 인간에게 말을 걸어온다. 물론 "무언의 말"이다. 그것은 알 수 없는 "무"(과거)의 소리이며, 알 수 없는 "죽음"(미래)이 현재 안으로 걸어오는 말이다.

이러한 하이데거의 주장은 어려운 것이 아니다. 우리는 문득 과거의 사건이 생생하게 살아나 현재에 영향을 끼치는 경우나, 나의 미래를 생각하다 문득 나의 죽음이 나를 불안하게 하는 경험을 한다. 만약 그런 경험을 한 적이 있다면, 그의 시간이 그에게 말을 걸어온 것이다.

이렇게 알 수 없는 과거와 미래의 "무", 특히 미래의 무가 나에게 "너는 죽을 존재다"라고 외치며 나의 삶을 간섭하기 시작한다. 이러한 인간의 상황을 하이데거는 "죽음에의 존재"라고 부른다.

인간 현존재는 "죽음에의 존재"이다. 죽음이 나에게 건네는 무언의 말은 "불안"의 말이다. 이때 나는 "두려움"을 느낀다. 그렇다면 두려움이란 무엇이고, 왜, 어떻게 발생하는가?

우리가 두려움을 느낄 때, 대부분의 경우는 그 대상이 있다. 사나운 맹수와 마주쳤을 때 우리는 두려워한다. 두려움은 우리가 이성을 통해 판단할 수 있는 것이 아니다. 이성을 통해 판단해 보고, '아 이것은 두려운 것이구나'라고 생각하는 경우는 없다. 두려움은 이성보다 먼저 우리에게 엄습하는 감정, 혹은 "기분"과 같은 것이다.

맹수 외에도 거대한 바람을 동반한 토네이도나, 하늘에서 내리치는 번개, 모든 것을 녹여버릴 듯한 무더위, 혹은 반대로 모든 것을 얼려버릴 듯한 맹추위도 우리를 두렵게 한다. 이러한 자연적인 두려움 외에 사회적인 두려움도 있다. 우리는 악의에 차서 폭력을 휘두르는 인간을 두려워한다. 전쟁의 광기 중에는 말 한마디로 인해 무고한 사람들이 죽는 일도 벌어진다. 이때 우리를 두렵게 하는 대상은 타인이다. 또한 독재국가와 같이 국가가 강압적으로 사람들을 위협할 때, 우리는 그러한 국가의 힘과 권력에 대하여 두려워한다. 이러한 사회적, 세계적 두려움 외에 심리적인 두려움도 있다. 프로이트의 경우, 쾌락을 추구하려는 이드와, 그것을 거부하는 슈퍼에고 사이에서 인간(에고)은 두려움을 느낀다. 즉 불안은 이드와 슈퍼에고 사이에서 자아(에고)가 느끼는 감정이다. 따라서 이드와 슈퍼에고 사이의 간격과 차이가 크면 클수록 인간(에고)은 더 큰 두려움을 갖게 된다. 예를 들어 공동체(가정) 구성원에게 되도록 많은 자유를 허용하고, 그들의 자유로운 행위에 대하여 가치를 부여하고 긍정하는 반응을 보인다면, 그 사회(가정)의 구성원들은 큰 두려움을 느끼지 않는다. 반면 어떤 공동체가 구성원들에게 권위를 내세우고 강압적이며, 구성원들의 생각과 행동에 대하여 긍정보다는 부정을, 허락보다는 금지를 강요한다면, 그 구성원들은 보다 심각한 두려움을 느끼게 된다. 이런 사회는 무거운 사회, 차가운 사회, 무서운 사회이다.

이러한 프로이트의 주장 외에도 우리는 가끔 우리 마음속에 솟아오르는 분노, 질투, 시기, 악의와 같은 감정을 두려워한다. 그리고 이러한 것이 더 내면화되어 꿈으로 나타날 때도 우리는 두려워한다.

그러한 두려움 중에는 우리가 어느 정도 예측할 수 있고, 알 수 있는 것이 있다. 그것은 우리를 "놀라게" 한다. 반면에 전혀 예측하기 어렵거나 예측한 것과 매우 다르게 나타나는 두려움은 우리를 "전율"하게 한다. 그리고 두려움이 예상한 것보다 너무 빠르게 닥쳐올 때, 우리는 "경악"하게 된다.

　　그런데 이러한 두려움들은 특정한 대상으로 인해 생긴다는 공통점을 갖는다. 이렇게 특정한 대상에 의한 두려움을 하이데거는 "공포"라고 부른다. 공포는 특정한 어떤 것 때문에 느끼는 두려움으로, 그 대상은 나의 외부에 있고, 나를 향해 다가오거나, 혹은 멀어지기도 한다. 다가올 때 우리는 두려워하고, 멀어질 때 안도의 한숨을 내쉬게 된다. 이러한 두려움은 그 대상이 나에게 가까울수록, 그 대상이 더 두려울수록, 나를 더 큰 공포 속으로 몰아넣는다. 그리고 공포에 빠졌을 때, 우리는 온 몸과 다리에서 힘이 빠지고, 심지어 주저앉게 되기도 한다. 공포는 우리의 판단력을 앗아가며, 우리를 무력하게 만든다. 공포는 우리로 하여금 대항할 의지도 상실하게 만든다. 이처럼 공포는 특정한 대상을 가지며, 우리를 외부로부터 위협하고, 결국엔 우리를 상하게 하는 것이다.

　　이러한 공포는 그 대상이 사라졌을 때, 사라지게 된다. 그리고 우리는 다시 편안한 자기 자신으로 돌아오게 된다. 그런데 대상이 있는 공포와 달리, 대상이 없는 두려움도 있다. 이러한 두려움을 하이데거는 "불안"이라고 부른다.

　　그런데 대상 없는 두려움이 있는가? 대상이 없는데도 우리가 두려워하기도 하는가?

　　우리는 문득 불안에 빠지는 경우가 있다. 곰곰이 생각해 봐도 나를 두렵게 하는 대상이 없고, 내가 두려워할 이유도 없는데, 그럼에도 나는 문득 불안해지기도 한다. 이때 불안은 공포와 달리, 나를 해치거나 상하게 하지 않으며, 나를 무력하게 하지도 않고, 나의 이성적 판단을 없애지도 않는다. 오히려 나는 왜 갑자기 불안해졌는지 냉정하게 생각한다. 그러나 그 이유나 대상을 알지는 못한다. 그리고 분명한 것은 그럼에도 불구하고 나는 지금 불안해하고 있다는 사실이다. 그렇다면 불안의 대상은 없는 것일까?

적어도 특정한 대상은 없어 보인다. 그런데 아무것도 아닌 것, 알 수 없는 어떤 것이 나를 불안하게 하는 것이다. 그렇다면 대상은 없지만, 우리를 불안하게 하는 것은 어떤 것일까?

삶의 불안이 그 예이다. 삶이 우리를 불안하게 한다. 삶의 특정한 경험이 불안하게 하는 것이 아니라, 문득 산다는 것 자체, 삶 자체가 우리를 불안하게 한다. 삶은 우리가 분명하게 알거나 예측하거나 대비할 수 없는 것이기 때문이다. 이렇게 삶이 자극하는 불안을 하이데거는 "실존의 불안"이라 부른다. 삶 자체가, 삶의 엄청난 무게가, 삶의 불투명성이 우리를 불안하게 하는 것이다.

또 다른 예는 죽음의 불안이다. 우리는 아직 죽지 않았지만 죽음은 항상 우리의 삶 속에 스며들어 있고, 그 안에서 꿈틀거린다. 이처럼 삶 속에서 죽음이 꿈틀거릴 때 우리는 불안을 느끼게 된다. 이런 불안을 하이데거는 "죽음의 불안"이라 부른다. 결국 우리를 불안하게 하는 것은 삶과 죽음인 셈이다.

이러한 불안은 공포와 달리 아무 대상을 지니지 않는다. 그리고 우리에게 유해한 것도 아니다. 우리를 상하게 하지도 않는다. 그러나 그것이 무엇인지 물으려 하면, 우리를 불안하게 하는 것은 자취를 감춰 버린다. 그때 우리는 질문한다: 나는 왜 불안해하는가? 도대체 무엇 때문에, 무엇이 나를 불안하게 하는가? 그리고 그것이 무엇인지 알 수 없다. 대상은 없는 것 같다고 대답한다.

그런데 위에서 우리는 삶과 죽음 자체가 불안하게 한다고 말했다. 삶의 알 수 없음과, 삶의 종말로서 죽음. 이 둘은 특정한 대상이 없는 것, 즉 무와 같은 것인데, 바로 그러한 "무"가 우리를 불안하게 하는 것이다. 불안은 일상의 자명함과 편안함을 파괴한다. 불안 속에서 우리에게 익숙했던 모든 사물들이나 그것에 부여한 의미들, 그리고 그것을 자명하게 여겨왔던 나의 판단이 모두 미끄러져 나간다. 이때 존재자 전체는 매우 생소하고 낯선 모습으로 다가오며, 나는 나 자신에 대해서도 생소한 모습을 느끼게 된다.

이렇게 대상 없는 불안은 모든 것을 "무화"시킨다. 그때 우리가 의지할 것은 없다. 우리에게 익숙한 것은 모두 무의미해졌기 때문이다.

예를 들어, 우리는 별 생각 없이 하루하루 일상을 잘 살아간다. 그런데 어느 날, 어느 순간 갑자기, "나 이렇게 살아도 되는 걸까?"라는 생각이 들기도 한다. 그때 나는 갑자기 혼란해지고 불안을 느끼게 된다. 지금까지 잘 살아온 삶에 대한 의심이 생기고, 내가 해왔던 노력들도 갑자기 무의미하게 느껴지며, 문득 잊고 살았던 죽음에 대한 생각이 들기도 한다. 이때 나는 나의 삶과 죽음에 대하여 불안해하고 있는 것이다. 더 정확히 표현하면, 나의 삶과 나의 죽음이 일상적인 나의 평안을 흔들고 나를 불안에 빠지게 하는 것이다.

그런데 하이데거는 공포와 달리, 불안을 긍정적으로 평가한다. 왜냐하면 불안이 나의 자명함을 파괴할 때, 나는 비로소 그때까지 망각하거나 옆으로 제쳐 놨던 나의 진지한 문제들과 만나게 되기 때문이다. 그리고 무화 작용을 통해 나는 모든 존재자와 나 자신을 "있는 그대로" 볼 수 있게 된다. 이렇게 불안은 모든 존재자와 나를 무화시키기도 하지만, 동시에 그것들을 새로운 빛 안에서 보게 하기도 한다. 이러한 불안의 작용을 통해 인간 현존재는 자신에게 고유한 실존적인 삶과 죽음을 만나게 되고, 이를 통해 일상인으로부터 자신의 본래적인 존재를 향한 "초월"이 가능해진다. 이때 그는 진정으로 "자유로운 존재"가 될 수 있는 것이다.

6. 죽음에의 존재

공포와 불안은 차이를 보이지만, 공포나 불안이 가능한 궁극적인 근거
가 있다면, 그것은 인간 현존재가 "죽음에의 존재"이기 때문이다. 인간
은 죽을 수밖에 없는 존재이다. 인간은 유한한 존재이다. 그는 언젠가
죽는다. 그것은 피할 수 없는 필연적인 사건, 누구나 결국엔 감당해야
할 사건이다. 그렇지만 항상 피하고 싶은 두려운 사건이다. 그렇다면
왜 하이데거는 인간 현존재를 "죽음에의 존재"라고 규정하는가?

그는 죽음에 대한 "일상적 이해"와 "본래적 이해"를 구분한다.
죽음에 대한 일상적 이해는 대부분의 우리가 갖는 태도와 유사하다.
우리는 죽음이 언젠가 닥칠 것이라는 점을 인정한다. 누구도 자신이 죽
지 않으리라 생각하는 사람은 없다. 그러나 언제 죽음이 닥칠지에 대하
여, 우리는 "아직은 아니다"라고 생각한다. 우리는 죽음의 시점이 비규
정적이라는 점을 들어, 죽음에 대한 나의 태도를 유보시키고 있는 것이
다. 만약 죽음이 '아직 아니다'고 한다면, 적어도 지금 죽음은 두려운 것
이 아니다.

혹은 모든 사람이 죽는다는 사실을 통해 자신을 위로하기도 한다. 물
론 나도 죽겠지만, 결국 모든 사람이 죽는 것이라고 한다면, 죽음은 그
렇게 억울한 것도, 두려운 것도 아니라고 스스로에게 위안을 주기도 한
다. 이때 우리는 죽음을 평준화시킴으로써, 죽음의 진지함으로부터 달
아나고 있는 것이다. 이렇게 일상인들은 끊임없이 죽음으로부터 도피
하면서 살아가고 있다. 이때 죽음은 삶과 무관해진다.

반면 죽음의 본래적 이해는, 위의 논리를 뒤집으면 가능해진다.
"죽음의 시점은 비규정적이다. 따라서 아직 나는 죽음과 멀리 있다"
라고 일상인이 생각하지만, 이 논리에 따르면, 그 시점이 비규정적이기

에 아직 먼 것이 아니라, 바로 지금일 수도 있다. 죽음은 언제라도 가능한 사건이 되는 것이다.

또한 "모든 사람들은 죽는다. 따라서 죽음은 덜 무섭다"라고 말한다면, 이것은 "타인의 죽음"과 "나의 죽음"을 혼동한 논리이다. 물론 모든 사람은 죽는다. 그러나 그들의 죽음은 나의 죽음과 다르다. 우리는 타인의 죽음에 대하여 애도의 마음을 갖고 슬퍼할 수 있다. 그가 보여준 죽음의 고통을 통해 죽음에 대하여 간접적인 이해를 가질 수도 있다. 그러나 그 죽음은 나의 죽음이 아니다. 나는 수많은 타인들의 죽음을 목격할 수 있지만, 나의 죽음은 단 한 번으로 끝나는 절대적이고 되돌릴 수 없는 사건이다. 나의 죽음에 대하여 나는 타인의 죽음의 경우처럼 관망적인 태도나 여유를 가질 수 없다. 나의 죽음은 나의 모든 것을 상실하게 되는 유일회적 사건이기 때문이다. 따라서 나는 나의 죽음에 대하여 진지해야 한다. 지금 이 순간 여기서 나는 나의 죽음에 대하여 생각해야 한다.

그렇다면 하이데거는 죽음을 예찬하고 있는 것인가?

그렇지 않다. 인간 현존재가 "죽음에의 존재"라는 그의 주장은, "육체적 죽음"을 가리키거나, '조국을 위해 죽자'와 같은 선동을 하고 있는 것이 아니다. 오히려 인간 현존재가 "죽음에의 존재"라는 것은, 인간은 유한한 존재라는 것을 강조하기 위한 표현이다. 즉 인간 현존재가 죽을 수밖에 없는 유한한 존재라고 한다면, 그는 자신에게 주어진 삶을 좀 더 진지하게 돌아보고, 그렇게 살아야 한다고 말하고 있는 것이다.

이때 "죽음에의 존재"나 "나의 죽음"은 죽음에 대한 찬양이 아니라, 그 반대로 "삶에 대한 예찬"이라고 보아야 한다.

예를 들어 죽음이 아직 먼 사건으로 여겨질 때, 우리는 삶도 그만큼 연장될 것이라고 여긴다. 그리고 진지한 삶은 내일부터 시작하겠다고 생각하기도 한다. 그러나 이렇게 유보적인 태도는 우리가 죽을 때까지 살아가는 삶의 모습이기도 하다. 이때 우리는 "나만의 삶"을 항상 뒤로 유보하면서 살아가고 있는 것이다. 반면에 "나의 죽음"을 떠올린다면, 우리는 남은 삶에 대한 감사함과, 그 삶을 좀 더 소중하게 살아가야겠다는 생각을 갖게 된다.

　예를 들어 "지금 나에게 일주일의 삶이 남아 있다면, 나는 어떻게 살 것인가"라고 묻는다면, 나는 그 일주일을 일 년보다 더 소중하고 귀하게 보낼 것은 분명하다. 나는 그동안 여러 이유 때문에 하지 못했던 일을 하려고 할 것이다. 이때 죽음은 나로 하여금 나만의 고유한 존재를 시도하도록 하는 근거가 된다. 나의 죽음이 나의 삶을 새로운 삶으로, 나만의 삶으로 이끄는 것이다. 이런 의미에서 하이데거는 "죽음은 인간 현존재의 가장 고유한 가능성", 혹은 "인간 현존재의 존재를 위한 불가능성의 가능성"이라고 표현하는 것이다.

　그리고 그는 인간 현존재가 자기의 고유한 존재로 살아가기 위해서는 죽음을 "선취적으로" 자신의 존재로 받아들여야 한다고 주장한다. 왜냐하면 죽음은 나를 나의 고유한 존재로 향하게 하고, 나의 초월과 자유를 가능케 하기 때문이다. 이렇게 나의 본래적 존재의 궁극적 근거가 되는 죽음을 그는 "좋은 죽음"이라고 부른다. 말하자면 "인간 현존재는 죽음에의 존재"라는 표현은 "좋은 죽음"이 "좋은 삶"을 가능케 한다는 의미를 담고 있는 것이다.

7. 양심의 소리

내가 나의 죽음을, 마치 당장 이루어질 듯한 사건으로 선취적으로 받아들일 때 무슨 일이 벌어질까? 하이데거는 그때 초월, 자유 존재가 가능하다고 주장했는데, 그것이 가능한 이유는, 죽음을 통해 내 안에서 또 다른 내가 말을 시작하기 때문이다.

　말하자면 죽음을 나의 고유한 존재로 선취적으로 결단했을 때, 그동안 망각되고 은폐되었던 나의 진정한 존재가 일상적 존재에게 말을 시작하는 것이다. 이러한 말을 하이데거는 "양심의 소리"라고 부른다.

　일상인은 "우선 대체로" 익명의 인간, 비본래적 존재 속에서 자신을 상실한 채 살아간다. 그런데 죽음을 선취하는 결단을 통해 이제 자신의 본래적 존재가 말을 하는 것이다. 이런 의미에서 하이데거가 말하는 "양심의 소리"는 윤리적, 종교적인 의미를 전혀 갖지 않는다. 오히려 그것은 "나의 존재"의 두 양상, 즉 비본래성과 본래성 사이에서 벌어지는 사건이다. 양심의 소리는 특정한 내용을 말하지도 않는다. 그것은 단지 자기 자신에 대하여 질문을 던지고, 또 다른 자신의 가능성을 돌아보게 하는 것이다. 위에서 예로 들었듯이, "이렇게 사는 것은 아니지?"라고 생각한다면, 그동안 잊혔던 나의 본래적 존재가 일상의 나에게 말을 건네는 것이다.

　이렇게 양심의 소리는 내가 나를 부르는 소리이다. 그러나 본래적 나의 존재가 일상 속에서 익명으로 살아가는 나를 일깨운다는 의미에서, 양심의 소리는 나의 일상성을 넘어선다. 그러나 양심의 소리는 나 외에 다른 곳에서 오는 소리가 아니다. 따라서 양심의 소리는 나의 소리이기도 하다. 이 두 가지 측면을 다 표현하기 위해 하이데거는, "양심의 소리(부름)는 나로부터(von mir) 와서, 나 위로(ueber mich) 쳐들어온다"라고 말하고 있다.

　양심의 소리는 죽음에의 존재인 현존재를 불안하게 하고, 불안 속에서 본래적인 자신의 존재를 향하도록 부르고 있는 소리인 것이다. 즉 양심을 통해 나는 나를 부르고 있는 나의 소리를 잘 들어야 하고, 그 소리에 응해야 한다는 것이다.

　이렇게 하이데거는 당시 독자들에게 "인간 현존재는 죽음에의 존재를 선취적으로 결단해야 하고, 이를 통해 자신의 고유하고 진정한 존재를 수행해야 한다"고 말하고 있는 셈이다. 그런데 이러한 주장이 가장 잘 나타난 인물을 그는 소포클레스의 안티고네에서 발견한다.

8. 안티고네에 대한 하이데거의 해석

하이데거는 안티고네를 한 여성이 아니라, 한 인간으로 다루고 있다. 안티고네는 남성/여성의 차이를 넘어서서 하나의 인간으로서 자신의 고유한 존재를 주장하고, 그것을 실존적 행동으로 기투한 인물이라는 것이다. 이런 의미에서 안티고네는 하이데거가 표현하고 있는 현존재(Dasein)에 가장 부합되는 인물이다.

안티고네는 일상에 빠져 사는 퇴락존재(예: 이스메네, 에테오클레스, 폴리네이케스, 더 나아가 크레온까지 포함됨)와 달리 자신만의 존재의 본래성을 추구한 인간 현존재이다. 따라서 일상인들이 볼 때 안티고네는 "섬뜩한 자"로 보일 수 있다. 이런 점을 하이데거는 "안티고네" 334를 해석하면서 보여준다. 소포클레스의 작품 속 334는 코러스가 부르는 내용이다:

"섬뜩한 것은 다양하지만, 그럼에도 인간을 뛰어 넘어서는 더 섬뜩한 것은 없다."

이 문장에 나타나는 그리스어 to deinon은 일반적으로 "두려운 것", "기이한 것", "압도적인 것", "익숙하지 않은 것" 등의 의미를 지닌다. 하이데거가 독일의 시인이라고 추앙했던 횔덜린도 이 단어를 어떻게 번역할지 고민했다. 처음에 그는 "기이한 것"으로, 후엔 "압도적인 것"으로 번역했다. 한국어 번역(천병희 역)에는 "무시무시한 것"으로 번역되어 있다.

그런데 이 단어를 하이데거는 "섬뜩한 것"이라고 번역하고 있다. 이 것은 단순히 번역의 문제를 넘어선다. 하이데거는 "섬뜩한 자"를 안티고네와 연결시키고 있다. 그런데 "섬뜩함"이란 표현에 대하여 하이데거는 "불안"을 해명하면서, 퇴락존재에 빠져 있는 일상인이 기존의 모든 존재자들과 자기 자신으로부터 벗어나 전적으로 새로운 빛 안에 들어서는 사건이라고 해석하고 있다. 이런 의미에서 안티고네는 일상적 익숙함을 넘어서서 자신만의 고유한 존재를 추구하는 자라고 볼 수 있다.

그리고 안티고네가 "섬뜩한 자"인 또 다른 이유는, 안티고네가 자신의 삶을 죽음과 연결시키고 있기 때문이다. 안티고네는 오빠의 시신을 흙으로 묻어주는 일이 크레온 왕의 명령을 어기는 일이며, 자신의 죽음으로 이어질 것이란 사실을 잘 알고 있다. 그러나 그 죽음을 안티고네는 "또 다른 결혼식"으로 표현하고 있다. 물론 그 결혼식은 외롭고 쓸쓸하고 슬픈 결혼식이기도 하다:

"나를 보시오, 그대들 조국의 사람들이여 …"
"또한 축제의 준비로서 어떠한 축가도 그때 나를 축하하지 않았다."[6]

이 문장에서 안티고네는 신방도 없고 축하해 주는 사람들도 없고 축가도 없는 결혼식에 대하여 말하고 있다. 그러나 이러한 안티고네의 탄식을 하이데거는, 단순히 감상적이고, 약한 자의 아픔이 아니라, 그녀가 기투하려는 일의 위대함과, 동시에 그녀가 감수해야 할 두려움에 대한 표현, 즉 송가라고 해석한다. "송가"(Hymne)는 노래하다, 기리다,

---

6 M.Heidegger, 『횔덜린의 송가 〈이스터〉』, 최상욱 옮김, 동문선, 2005, 11쪽.

명예를 기리다, 경축하다, 봉헌하다, 축제를 준비하다와 같은 의미를 지니는 단어이다. 따라서 안티고네의 "섬뜩함"은, 그녀의 행동이 찬양 받을 만한 고귀한 행동이라는 것과 연관되어 있다. 이런 의미에서 안티 고네가 표현하고 있는 탄식은 "고귀한 탄식"인 셈이다.

그렇다면 왜 안티고네는 크레온 왕의 명령을 어겼을까? 그것은 안티 고네가 선택한 법과 크레온 왕이 명령한 법이 무엇인가에 대한 질문으 로 이어진다.

앞에서 우리는, 안티고네의 법은 가족법에 불과하고, 크레온의 법은 국가의 법이며, 가족법은 국가의 법보다 하위 가치이고, 따라서 안티고 네는 가족법 대신 국가의 법에 복종했어야 하는데, 그렇지 않았고, 따 라서 그녀는 죄인이라고 결론짓는 헤겔의 입장을 소개하였다.

반면에 하이데거에 있어 안티고네가 선택한 법은 "가족법"이 아니라, 가족법과 국가의 법보다 더 먼저고 더 오래된 법, 즉 "존재의 법"을 뜻 한다. 이런 해석의 차이는 소포클레스의 작품 속 인물 이스메네와 안티 고네 사이에서도 발견된다.

이스메네는 언니를 위하는 마음에서 "처음부터 불가능한 것을 행해 서는 안 된다"라고 만류한다. 반면에 안티고네는 그것을 자신은 행할 것이며, 그때 자신은 고귀할 것이라고 답한다. 이때 둘 사이에서 문제 가 되는 단어는 그리스어 tamechana이다. 이 단어를 이스메네는 "불가 능한 것"이라고 이해했다. 그때 주어는 인간이 되고, 그 문장은 "인간은 처음부터 불가능한 것을 행해서는 안 된다"라는 의미가 된다.

그러나 하이데거는 그 단어의 주어는 인간이 아니라, 존재라고 해석 한다. 그때 tamechana는 단순히 "불가능한 것"이란 의미가 아니라, arche("처음부터"라고 번역된 단어)와 연결되어 "시원적인 tamechana" 의 의미를 지니게 된다. tamechana란 단어는 "만든 것"(mechana)에 대

한 부정의 뜻을 지닌다. 즉 tamechana는 "인간이 만들 수 없는 것"으로
이해되어야 한다.[7] 그렇다면 arche tamechana는 인간이 만들 수 없는
시원적인 존재의 법이란 의미를 갖게 된다. 이 법에 비해 크레온 왕의
법, 국가의 법은 인간이 만든 법에 불과하다. 따라서 안티고네는 크레
온 왕의 명령을 어길 수 있었던 것이다.

그럼에도 크레온 왕의 법은 사실적인 현실의 법이다. 반면에 존재의
법은 비현실적인 것처럼 보인다. 따라서 국가의 법 대신 존재의 법을
선택한 안티고네는 "섬뜩한 자"로 보일 뿐 아니라, 그녀 자신을 스스로
죽음의 길로, 즉 "무"를 향하게 몰아가는 것처럼 보인다. 이러한 점은
소포클레스의 작품 360에서 코러스의 노래를 통해 표현되고 있다:

"도처를 돌아다니며 중간에 경험도 하지 못한 채 출구도 없이 그는 무에 도
달한다."

안티고네는 여러 경험을 선택한 것 같지만, 현실적으로 볼 때 막다른
길인 무, 죽음에 도달한 것처럼 보인다. 그러나 하이데거에 의하면, 안
티고네는 자신의 내면 깊은 곳에서 울려오는 존재의 소리, 즉 양심의
소리를 듣고 자신의 고유한 죽음을 선취적으로 결단한 자이다. 그녀는
"죽음에의 존재"를 받아들임으로써 그녀의 삶이 고귀한 삶이 되기를 선
택한 것이다. 따라서 그녀는 무에 도달하지만, 오히려 이로 인해 일상
인으로부터 벗어나 초월적 자유인이 될 수 있었던 것이다. 이 점을 확
인하기 위해 하이데거는 다른 부분을 다시 인용한다:

"높이 솟아오른 장소들, 그는/ 그 장소를 잃을 것이며, 그에겐 모험으로 인하

7   M.Heidegger, 『횔덜린의 송가 〈이스터〉』, 최상욱 옮김, 동문선, 2005, 156쪽.

여/ 항상 비존재가 존재할 것이다."[8]

여기서 하이데거는 polis에 대하여 해석하고 있다. polis는 일반적으로 "국가"로 번역된다. 그러나 하이데거에 의하면 polis는 현대적 의미의 국가가 아니라, 오히려 국가의 본질이 실현된 곳, "본질의 국가"를 뜻한다. 이러한 polis에 거주하기 위해서는, 시원적인 존재의 법을 들을 수 있고, 그 존재의 법에 속하는 존재, 즉 "현-존재"(Da-sein)가 되어야 한다. 그것은 현실적으로 볼 때, 무, 죽음과 연결되는 듯이 보이지만, 바로 "죽음에의 존재"를 결단함으로써 그녀는 "본질의 국가"에 속하게 되는 것이다. 이런 의미에서 진정으로 polis(국가)에 속하는 자는 크레온이 아니라 안티고네가 된다.

이러한 하이데거의 해석은 당시 독일 정치 세력과 사회 구성원에게, 인간이 누구인지? 국가가 무엇인지? 에 대하여 다시 한번 진지하게 성찰할 것을 촉구하고 있는 대목이라고 볼 수 있을 것이다.

안티고네는 하이데거가 철학적으로 주장한 인간 현존재의 모습이 시문학적으로 가장 잘 표현된 인물이다. 따라서 하이데거는 소포클레스와 대화를 시도하고 있는 것이다.

안티고네가 걷고 있는 길(Tao, Weg)이 고난과 두려움의 길이라는 것은 분명하다. 그러나 그녀는 고난과 두려움보다 고귀함과 위대함을 선택했다. 이런 의미에서 안티고네는 "죽음에의 존재"로서, 자신의 고유한 존재를 실존적으로 결단하고 행동하는 인간 현존재의 모습, 즉 "비극"을 감수하는 "영웅", "비극적 영웅"의 전형을 보여주고 있다. 그것은 하이데거가 철학적으로 강조한 인간 현존재의 모습이기도 하다.

---

8 M.Heidegger, 『횔덜린의 송가 〈이스터〉』, 최상욱 옮김, 동문선, 2005, 97쪽.

10

오디세이아와
사회 비판 이론

1. 오디세이아의 배경과 줄거리

서구 문학사에 혁혁한 공을 끼친 작품을 고른다면 호메로스의 "일리아스"와 "오디세이아"를 들 수 있을 것이다.

"일리아스"는 트로이의 다른 이름인 "일리온의 노래"란 의미를 지니며, 그리스 연합군과 트로이 사이에서 벌어진 10년간의 전쟁, 특히 10년째 되던 해 마지막 50여 일에 걸친 전쟁을 다루고 있다.

이 전쟁의 원인은 불화의 여신 에리스로부터 시작된다. 펠레우스와 테티스 여신의 결혼식에 초대받지 못한 에리스 여신은 트로이의 왕자인 파리스에게 "가장 아름다운 여신에게"라고 적힌 황금사과를 건넨다. 파리스는 이 황금사과를 헤라, 아테나, 아프로디테 세 여신 중 아프로디테에게 건네고, 그 여신은 파리스에게 가장 아름다운 여인을 만나게 해주겠다고 약속한다. 그 여인은 스파르타 왕 메넬라오스의 부인 헬레네이다. 그녀를 만나자마자 파리스는 사랑에 빠지고, 그 둘은 함께 트로이로 떠난다. 이 사실을 알게 된 메넬라오스 왕은 그리스 여러 왕들과 연합해 트로이 정벌에 나서게 된다.

호메로스는 이 전쟁의 원인이 "불화"(에리스 여신)에서 시작되었다고 분명하게 밝히고 있다. 불화는 트로이를 향해 출정하려는 장면에서도 나타난다. 신의 방해로 파도가 거세 출정이 불가능하자, 아가멤논은 자신의 딸 이피게니아를 제물로 바친다. 이 일로 인해 아가멤논은 트로이 전쟁이 끝난 후 자신의 왕국에 도착하자마자, 딸의 죽음을 복수하려는 부인 클리타임네스트라에 의해 살해된다. 이 사건은 딸의 죽음에 대한 복수이기도 하지만, 그 이면엔 아가멤논의 부재 중 아이기스토스와 눈이 맞았기 때문이기도 하다.

그 후 아가멤논 왕을 죽인 클리타임네스트라는 다시 그녀의 딸(엘렉트라)에 의해 살해되고 만다.[1]

이렇게 불화의 씨를 잉태한 채 그리스 연합군은 트로이를 향해 출정한다. 그리고 곧바로 전리품을 놓고 그리스 연합군 총사령관인 아가멤논과, 가장 용맹한 장수인 아킬레우스 사이에서 갈등이 빚어진다. 이를 이유로 아킬레우스는 전쟁에 참여하지 않고, 그리스 연합군은 전쟁에서 승리하지 못한 채 시간을 보내게 된다.

전쟁의 승리를 위해 아킬레우스의 참전이 중요하다고 생각한 장수들(왕들)은 그를 설득하지만, 그의 입장은 변함이 없다. 그들은 아킬레우스가 참전할 수밖에 없도록 꾀를 낸다. 그것은 그의 사촌인 파트로클로스에게 아킬레우스의 갑옷을 입히고 전쟁터에 나서게 하는 것이었다(이 계책을 꾸민 왕들 중 한 명이 오디세우스이다). 그 모습을 본 트로이 왕자 헥토르는 파트로클로스를 아킬레우스로 착각하고, 그를 죽인다.

---

1 이 주제와 내용은 이후 셰익스피어를 비롯해 수많은 작가들에 의해 변형된 형태로 다뤄지고 있다.

그의 죽음을 알게 된 아킬레우스는 분노에 차서 트로이 성 앞으로 달려가 헥토르와 결투를 신청한다. 둘의 격렬한 전투에서 헥토르는 살해된다. 그리고 마지막 전쟁이 벌어지고, 아킬레우스도 파리스가 쏜 화살에 맞아 죽는다. 그리고 트로이는 그리스군이 남겨둔 트로이 목마를 성 안으로 끌어들임으로써 멸망하게 된다.[2] 경솔하고 성급한 승리에의 착각과 도취가 얼마나 수치스러운 패배와 치욕적인 죽음을 자초하게 되는지 보여주면서 이 서사극은 끝을 맺는다.

"일리아스"는 전쟁 이야기이다. 이 이야기는 트로이 해안에 정박하고 있는 그리스군과 트로이군 사이에서 벌어지는 전투, 전술, 계략을 중심으로 인간의 삶과 죽음, 신적인 필연성과 인간의 자유, 인간과 인간 사이의 갈등과 불화, 증오와 애정, 사랑과 복수 등 다양한 주제를 다루고 있다. 이 이야기 안에는 소심한 인간, 영웅적 인간, 꾀 많은 인간, 성급한 인간, 느긋한 인간, 격정적인 인간 등 다양한 인간의 모습도 그려지고 있다. 이러한 여러 요소들이 어우러져 벌어지는 사건들은 그리스군

---

2 트로이 목마를 성 안으로 들여서는 안 된다고 거부한 두 인물이 있다. 그중 한 명은 트로이의 공주 카산드라이다. 그녀는 아폴론 신으로부터 예언의 능력을 받았지만, 그녀를 사랑했던 아폴론의 사랑을 거부한 이유로, 그녀의 예언은 다른 사람들에게 들리지 않게 되고, 그녀는 결국 아가멤논의 노예로 끌려가게 된다. 또 다른 인물은 "라오콘"이다. 그도 그리스군의 계략에 대하여 경고했지만, 바로 그 이유 때문에 그는 포세이돈 신이 보낸 뱀에 의해 두 아들과 함께 죽게 된다. 이 장면은 베르길리우스의 작품 "아이네이스"에서 잘 묘사되고 있고, 그 모습은 다시 "라오콘과 그의 아들"이란 조각작품으로 만들어져서, 현재 바티칸 미술관에 진열되어 있다. 문학작품이나 조각작품 모두, 신에게 대항하는 인간이 겪어야 할 비극적 상황을 잘 보여주고 있다. 라오콘은 거대한 뱀이 두 아들을 삼키지 못하도록 온 힘을 다해 필사적으로 막고 있는데, 아들들을 죽음으로부터 지키기 위해 그의 팔과 다리의 근육은 터질 듯이 부풀어 있고, 그의 얼굴은 고통과 두려움, 아들에 대한 사랑으로 일그러져 있다. 이 작품에서 우리는 인간이 가질 수 있는 가장 고통스럽고 비극적인 표정을 보게 되지만, 동시에 그 배후에서 죽음과 신을 향해 분노하고 저항하는 영웅적인 인간의 모습도 볼 수 있다.

정박지와 트로이 성이라는 일정한 공간에 한정되어 있다.

　"오디세이아"는 고향을 찾아가는 도중에 여러 사건들을 겪는 "오디세우스"에 대한 이야기, 즉 "오디세우스의 노래"라는 의미를 지닌다.

　"오디세이아"는 10년의 전쟁이 끝난 후, 오디세우스가 자신의 고향인 이타카를 향해 항해하는 도중 겪게 되는 여러 위기와 모험을 다루고 있다. "일리아스"에는 여러 왕들이 등장하는 반면, "오디세이아"에서는 오디세우스 왕과 그의 부하들을 중심으로 이야기가 전개된다.

　"일리아스"는 한정된 공간에서 벌어지는 사건들을 묘사하고 있는데 반해, "오디세이아"에서는 오디세우스와 부하들이 항해하면서 표류하거나 도착하게 된 여러 섬들(공간들)에서 벌어지는 사건들이 다뤄지고 있다.

　"일리아스"가 다양한 왕들을 조명하고 있다면, "오디세이아"에서 카메라의 초점은 오디세우스 왕을 향해 좁혀지고 있다. "오디세이아"에서도 신들과 인간들, 인간(오디세우스 왕)과 인간들(부하들) 사이의 갈등, 인간의 삶과 죽음, 증오와 애정, 사랑과 복수 등이 다뤄지고 있지만, 크게 볼 때 "일리아스"는 전쟁터라는 공간 안에서 벌어지는 여러 사건들에 대한 이야기라고 한다면, "오디세이아"는 "죽음의 위험"에 처한 인간이 "이성"을 통해 그 위기를 극복해 나가는 이야기, 시간의 흐름 속에서 인간이 경험하게 될 사건들을 다루는 이야기라고 볼 수 있다.

　"오디세이아"는 트로이를 출발해 이타카를 향하는 여정에서 벌어지는 사건들을 묘사하고 있다. 얼핏 보면 "오디세이아"는 괴물이 등장하는 동화나 신화처럼 보인다. 혹은 "오디세우스"라는 주인공이 벌이는 모험담처럼 보이기도 한다.

　그런데 이러한 이야기가 가능했던 것은, 트로이로부터 이타카에 이르는 항해 길에 여러 섬들과 위험한 해류 등이 있었기 때문일 것이다. 아직 항해술이나 장비가 부족했던 당시를 고려한다면, 항해 도중 암초와 부딪쳐 배가 난파되고 사람들이 죽게 되는 일들이 적지 않게 발생했을 것이고, 사고가 반복되면서, 선원들을 유혹하는 괴물에 대한 이야기, 그러한 괴물을 물리치는 영웅의 이야기가 생겨날 수 있었을 것이다. 그런 소재와 주제를 다루는 이야기 중 하나가 "오디세이아"이다.

"오디세이아"의 도입 부분은, 오디세우스의 고향이자 왕궁인 이타카성 안에 수많은 사람들이 모여 있는 장면에서 시작된다. 그들은 모두 오디세우스의 부인인 페넬로페에게 구혼하려고 모여든 사람들이다. 이들은 오디세우스가 10여 년간 돌아오지 않고 있다는 사실, 그의 왕좌가 비어 있다는 사실, 그의 아름다운 부인이 남아 있다는 사실을 잘 알고 있는 자들이다. 그들은 페넬로페와 결혼을 통해 아름다운 여인뿐 아니라, 왕국을 지배할 수 있으리라고 생각하는 사람들이다. 이들은 계략적이고 기회주의적이고, 간사하며, 뻔뻔하고 무례한 말과 행동을 일삼는 자들이다.

이러한 장면을 보면서, 독자들은 뭔가 무도한 일이 벌어지고 있다는 것, 오디세우스가 돌아와 모든 문제들을 해결하면 좋겠다는 기대를 하게 된다. 그러나 그는 트로이 전쟁에 출정하기 위해 왕궁과 처를 떠난지 벌써 20년 가까운 시간이 지나도록 돌아오지 않고 있다.

그는 왜 돌아오지 못하고 있는 것인가? 그는 죽었는가? 아니면 무슨 거대한 세력에 의해 볼모로 잡혀 있는가? 혹은 자신의 왕궁과 사랑하는 처 페넬로페와 아들을 잊고, 또 다른 가정을 꾸며 그곳에서 머물고 있는가?

"오디세이아"의 다음 장면은 이에 대한 해명으로 이어진다.

오디세우스는 부하들과 함께 이타카를 향해 떠났지만 거센 파도에 조난당하고, 칼립소라는 여신에 의해 구조된다. 칼립소는 아름답게 머리를 땋고 있는 무서운 여신이다. 그녀는 오디세우스에게, 자신은 그를 사랑하고 돌보며 살 것이며, 심지어 그를 평생 늙지 않는 사람으로 만들어주겠다고 말한다. 또한 오디세우스가 고향으로 가는 길에는 많은 재난과 위험한 일들이 기다리고 있으니, 차라리 자신의 집에 머물면서 불사의 영생을 누리자고 위협과 유혹의 말을 건넨다. 이러한 칼립소에게 오디세우스는 7년 동안 붙잡혀 있게 되고, 그동안 그는 고향을 그리며 슬퍼하는 상태로 지내게 된다.

이 모습을 본 제우스 신은 헤르메스를 통해 칼립소에게 오디세우스를 풀어주도록 명령하고, 칼립소는 그의 명령에 따라 오디세우스에게 뗏목을 만들 도끼와 화려한 옷을 건네고, 그를 놓아준다.

그러나 포세이돈 신의 방해로 그의 뗏목은 또 다시 무인도에 표류하게 된다. 이때 오디세우스를 구해준 인물은 나우시카란 공주이다. 그녀는 협박과 유혹을 하는 칼립소와 달리, 용기 있고, 품위를 지키며, 사려 깊고 아름다운 여인으로 묘사되어 있다. 그녀는 아버지의 궁전으로 그를 데리고 가 극진히 대접하고, 고향에 갈 수 있도록 배를 내준다. 이후 오디세우스의 모험담은 본격적으로 시작된다. 그 내용을 간단히 소개하기로 한다.

2. 오디세우스의 모험담

그의 첫째 모험담은 폴리펨이 사는 섬에서 벌어진 일이다. 폴리펨은 외눈을 가진 힘이 센 거인이다. 그는 오디세우스 일행을 동굴에 가두고 매일 두 사람씩 잡아먹는다. 이런 일이 반복되자, 오디세우스는 그에게 포도주를 권한다. 포도주의 맛에 유혹되어 몇 잔을 들이킨 후, 폴리펨은 잠이 든다. 이때 오디세우스가 불에 달군 막대기로 그의 눈을 찌른다. 그는 고통스러운 비명을 지르고, 이 소리를 들은 그의 동료들이 동굴의 문을 열고 무슨 일이 벌어졌는지 묻는다. 그때 폴리펨은 우데이스란 자가 나를 속이고, 나의 눈을 찔렀다고 말하지만, 동료들은 그의 말을 이해하지 못한다. 이때 열린 문을 통해 오디세우스와 그 부하들은 양들 틈에 끼어 탈출하는 데 성공한다. 그리고 배를 타고 폴리펨의 섬으로부터 멀어져 갈 때, 오디세우스는 자신의 이름이 우데이스가 아니라 오디세우스라고 밝히고 떠나는 것으로 이야기는 끝난다.

둘째 모험담은 오디세우스 일행이 로토파고스족이 살고 있는 섬에 도착했을 때 일어난 일을 다루고 있다. 그들은 환각 성분이 있는 로토스를 먹고 사는 종족이다. 마침 도착한 오디세우스의 부하들에게 그들은 로토스를 제공한다. 로토스를 먹은 부하들은 아무 걱정도 없는 편안한 상태가 된다. 부하들을 기다리던 오디세우스가 섬에 도착했을 때, 그는 부하들이 행복한 표정을 짓고 있는 것을 본다. 그들에게 고향으로 돌아가야 한다고 재촉하지만, 그들은 그의 말에 관심을 갖지 않는다. 왜냐하면 자신들을 죽이려 했던 폴리펨과 달리, 이 섬의 주민들은 자신들을 해치려 하기는커녕, 오히려 그들에게 기쁨에 넘치게 하는 열매를 주고 있으며, 그 열매를 먹고 부하들은 지금 행복한 상태를 만끽하고 있기 때문이다. 그들은 고향에 대한 생각도 잊어버렸고, 고향으로 떠나고 싶은 의지도 없어졌다. 이러한 부하들의 모습을 본 오디세우스는 그들을 강제로 배에 태워 고향을 향해 출발한다.

또 다른 모험담은 오디세우스 일행이 키르케가 다스리는 섬에 도착했을 때 벌어진 일을 다루고 있다. 이 섬에 도착했을 때 오디세우스 부하들은 길들여진 많은 동물들을 보게 된다. 오랜 항해로 굶주려 있던 그들에게 키르케가 음식을 내놓자 그들은 허겁지겁 먹기 시작한다. 이때 키르케는 마술을 걸어 그들도 돼지로 만들어 버린다. 다행히 돼지로 변하지 않은 한 부하가 오디세우스에게 이 일을 알린다. 부하를 구하러 가려는 오디세우스에게 헤르메스 신이 권능의 약초 몰뤼를 준다. 이 약초는 키르케의 마술을 막아주는 효능을 지닌 약초이다. 이 약초를 지닌 오디세우스는 키르케를 찾아가고, 키르케는 그에게도 마술을 걸지만, 걸리지 않는 것을 알게 된다. 그리고 자신과 맞설 수 있는 오디세우스에게 사랑을 느껴 유혹한다. 이에 오디세우스는 돼지로 변한 자신의 부하들을 다시 인간으로 돌이켜 줄 것을 조건으로 제시하고, 그녀의 유혹을 받아들인다.

원래 키르케는 바다의 신 오케아노스의 딸인 페르세와 태양의 신 헬리오스 사이에서 태어났다. 인간을 돼지로 변하게 하고 지배하는 모습에서 볼 수 있듯이 잔인한 면모를 지닌 여신이다. 그러나 오디세우스와 사랑에 빠진 후, 그녀는 결국 오디세우스 일행을 보내준다. 그러면서 오디세우스가 또 만나게 될 세이렌이 얼마나 위험한지, 그리고 그 위험으로부터 어떻게 벗어날 수 있는지 알려준다.

이제 우리는 오디세우스가 세이렌과 만나는 장면으로 넘어가기로 한다.

키르케는 오디세우스에게 주술을 걸었지만 실패했고, 오히려 자신에게 대결하려는 오디세우스에게 사랑을 느낀다. 그리고 둘은 아이도 낳고 살아간다. 그러나 오디세우스는 고향을 향해 떠날 것을 결심하고 키르케와 이별을 고한다. 이때 키르케는 오디세우스가 세이렌이란 괴물을 만나게 될 것이고, 세이렌에 의해 죽지 않도록 선물을 준다. 그것은 밀랍으로 만든 귀마개였다. 그리고 오디세우스 일행이 세이렌을 만나

면 반드시 귀마개를 해야 하고, 세이렌의 노래를 들어서는 안 된다는
점을 강조하고, 그를 보내준다.

이렇게 오디세우스 일행은 다시 항해에 나서고, 그들은 키르케의 경
고처럼 세이렌과 마주치게 된다.

세이렌은 마음을 흔들리게 하는 고운 목소리로 '자신의 노래는 아름
답고, 그 노래를 들으면 많은 지식을 얻게 되리라'고 유혹한다. 이미 키
르케로부터 경고를 받은 오디세우스는 위기에 처하기 전에 부하들의
귀를 밀랍으로 막는다. 그들이 세이렌의 노래를 들을 수 없도록 하기
위해서이다. 그러나 자신은 귀를 막지 않고 세이렌의 노래가 어떠한지
들어보려고 한다. 그러나 그 역시 위험할 것을 알기에, 부하들에게 자
신을 배의 돛에 단단히 묶도록 명령한다. 이윽고 그들이 탄 배가 세이
렌 가까이 접근하자, 오디세우스의 귀에 세이렌의 노래가 들리기 시작
한다. 배가 가까워질수록 세이렌의 노래는 점점 더 유혹적으로 들린다.

처음에 오디세우스는 자신이 세이렌의 노래의 유혹을 물리칠 수 있
을 것이라고 생각했지만, 만일의 경우를 대비해 자신을 밧줄로 묶게 한
것이다. 그러나 세이렌의 노래 소리가 더 가까이, 더 크게 들릴수록, 그
는 세이렌의 노래가 끌어당기는 마력의 힘을 감당할 수 없음을 알게 된
다. 그는 세이렌의 노래의 아름다움을 향유할 수 없었다. 왜냐하면 그
유혹적 아름다움은 그가 감당할 수 있는 정도를 넘어서기 때문이다. 이
런 상태에 이르자 오디세우스는 부하들에게 자신을 묶고 있는 밧줄을
풀라고 명령한다. 세이렌이 유혹하는 바다로 뛰어들고 싶은 욕망이 그
를 압도했기 때문이다. 그는 큰 소리로 계속 명령하지만, 부하들은 세
이렌의 노래뿐 아니라, 오디세우스의 명령도 듣지 못한다. 그들의 귀는
밀랍으로 막혀 있기 때문이다. 아무 소리도 듣지 못하는 부하들은 처음
에 오디세우스가 내린 명령대로 묵묵히 배를 저어갈 뿐이다. 그리고 그

들은 세이렌의 위험으로부터 벗어나게 된다.

3. 오디세이아의 주요 사건들에 대한 해석

"오디세이아"는 신들, 괴물들이 등장하는 동화적, 신화적 이야기이며, 괴물들의 위협을 극복해 나가는 영웅의 모험담이기도 하다. 이 작품에서 묘사되는 괴물들은 아주 오래된 신화 속에 등장하는 존재들이다. 현대인은 누구도 폴리펨, 키르케, 세이렌 같은 괴물들이 존재한다고 생각하지 않으며, 이 괴물들에 대하여 아무런 두려움도 갖지 않는다. 그렇다면 "오디세이아"는 그저 괴물들이 등장하는 만화 같은 이야기, 아주 오래된 이야기, 아직 인간의 사고 능력이 부족했던 시절의 이야기, 비과학적인 이야기, 비이성적인 이야기에 불과한 것처럼 보인다.

그런데 "오디세이아"에서 묘사되고 있는 괴물들이 실재하는 대상에 대한 이름이 아니라 메타포라고 한다면, 그리고 호메로스 역시 그런 의미로 이 작품을 썼다면, 그때도 이 작품은 빛바랜 신화적 이야기에 불과한 것인가?

우리는 앞에서 신화나 철학 모두 인간의 삶에 대한 표현이라고 말했다. 신화는 신화적 언어로, 철학은 이성적 언어로 표현하고 있다는 차이를 지니지만, 둘 다 모두 인간의 삶에 대하여 고민하고 질문하고 묘사하고 있다는 공통점을 지닌다. 그렇다면 괴물 이야기처럼 보이는 "오디세이아" 역시 인간의 삶에 대한 이야기라고 볼 수 있다.

오디세우스는 트로이 전쟁이 끝난 후 부하들과 함께 고향을 향하고 있다. 그 도중에 그는 여러 가지 사건들, 경험들을 하게 된다. 그들에게 닥쳐오는 각각의 위기들을 힘들게 헤쳐나가고, 결국에 그는 고향에 도착하게 된다.

이 작품에 나타난 괴물들이 이런 사건들을 비유적으로 표현하는 것이라면, "오디세이아"는 인간이 살아가면서 부딪치게 되는 여러 도전과 위기에 대하여 말하고 있는 것이다. 이때 오디세우스가 항해하는 바다는 한 인간이 헤쳐나가야 할 공간, 세계이고, 그가 겪는 모험들은 인간이 시간의 흐름 속에서 만나게 되는 여러 사건들을 의미한다.

"오디세이아"를 단순히 옛이야기가 아니라, 현대인을 포함해 모든 인간이 살아가면서 겪게 되는 경험이라고 재해석한 철학자가 아도르노, 호르크하이머이다. 이들에 의하면, "오디세이아"는 단순히 신화적 이야기가 아니라, 그 안에 이미 이성이 개입되어 있다. 따라서 그들은 이 작품을 신화와 이성, 이성과 신화의 관계를 통해 재해석하고 있다.

오디세우스의 모험담은, 1. 위기에 빠지는 오디세우스, 2. 위기를 극복하는 오디세우스라는 구조로 이루어진다.

첫째 모험담은 오디세우스와 힘센 거인 폴리펨 사이에서 벌어진 사건을 다루고 있다. 이 모험담에 의하면, 폴리펨은 하나의 눈을 가진 괴물이며, 오디세우스와 그의 부하들을 먹어치운다. 그의 힘은 상대할 수 없을 정도로 강하기 때문에, 오디세우스의 부하들은 무력하게 죽어간다. 죽게 될 자신의 처지를 생각해도 그렇고, 눈앞에서 동료들이 폴리펨에게 먹히는 장면을 보는 것 모두 그들에게는 견디기 힘든 공포이다. 그들에게 폴리펨은 벗어날 수 없어 보이는 "폭력성" 자체이다. 그들은 절체절명의 위기 앞에 놓이게 되었다. 그러나 그들은 살기를 원한다. 그렇다면 살 방법을 찾아야 한다. 그 일을 해야 하는 사람은 오디세우스이다. 왜냐하면 그는 부하들을 지배하는 왕이지만, 동시에 그에겐 그들을 보호해야 할 의무도 있기 때문이다.

오디세우스는 살 방법을 시도한다. 그것이 잘못되었을 경우, 오디세우스가 제일 먼저 폴리펨의 먹이감이 될 수도 있다. 그러나 오디세우스와 부하들의 생명은 이미 죽은 목숨이다. 오늘 잡아먹히든, 내일 잡아먹히든, 혹은 그 다음 날이라고 하더라도, 결국 그들 모두는 죽게 되어 있다. 그렇다면 살기 위해서 오디세우스는 무엇이라도 시도해야 한다.

오디세우스는 두려움을 억누르고 폴리펨에게 다가가 포도주를 권한다. 폴리펨은 포도주가 무엇인지 모른다. 왜냐하면 처음 보았기 때문이다. 그는 아무런 경계심 없이 포도주를 들이킨다. 왜냐하면 자신은 그 누구보다도 힘이 세기 때문이다. 그러나 폴리펨은 포도주 역시 강력한 힘을 지녔다는 것은 알지 못했다. 그는 오디세우스가 권하는 포도주를 한 모금, 또 한 모금 마신다. 처음 경험하는 맛이지만 아주 훌륭하다. 게다가 포도주는 기분도 좋게 만든다. 그래서 그는 또 마신다. 그리고 결국엔 잠 속에 빠져든다.

잠에 사로잡힌 자는 무력하다. 왜냐하면 자신을 방어하려면 깨어 있어야 하기 때문이다. 이렇게 잠든 폴리펨. 이제 무력한 자는 오디세우스와 부하들이 아니라, 바로 폴리펨 자신이 된다. 이런 폴리펨에게 오디세우스는 불에 달군 막대기로 그의 눈을 찌른다. 힘이 있으려면 강인한 몸의 근육도 필요하지만, 상대를 볼 수 있는 눈도 중요하다. 이 사실을 오디세우스는 잘 알고 있었다. 그는 한 번의 가격으로 큰 데미지를 얻으려면, 폴리펨의 몸보다 눈을 무력화시키는 것이 옳다고 여겼던 것이다. 눈을 찔린 폴리펨. 그는 앞을 볼 수 없게 된 상태에서, 눈의 고통으로 인해, 또한 한주먹감도 되지 않는 오디세우스에게 속은 것이 분해서 울부짖는다. 이 소음에 동료 퀴클롭스들이 동굴의 문을 열고 무슨 일이 있는지 물어본다. 이에 폴리펨은 우데이스란 자가 자신을 속였다고 대답한다. 오디세우스가 폴리펨에게 자신의 이름은 우데이스라고 말했기 때문이다. 그는 동료들에게 우데이스를 찾으라고 소리친다. 그

러나 "우데이스"란 이름의 의미는 "아무도 아닌 자, 있지 않은 자"란 뜻
이다. 따라서 "아무도 아닌 자"를 찾으라는 폴리펨의 고함에 동료들은
어리둥절할 뿐이다. "없는 자"를 찾을 수는 없기 때문이다. 이에 아랑곳
하지 않고, 폴리펨은 우데이스란 자가 힘이 아니라 꾀로 자신을 죽이려
했다고, 연약한 자가 포도주로 자신을 속이고 눈을 빼앗았다고 소리를
지른다.

이 틈을 타 오디세우스와 부하들은 양들 틈에 섞여 탈출하고, 퀴클롭
스들은 이들을 발견하지 못한다. 이렇게 오디세우스와 부하들은 동굴
에서 나와 배를 타고 탈출하는 데 성공한다.

이들을 향해 폴리펨은 분을 이기지 못하고 거대한 바위를 들어 바다
로 던지지만, 이미 오디세우스는 안전한 거리에 도달한 후였다. 자신들
이 안전하다는 것을 확인하고, 오디세우스는 갑자기 폴리펨에게 자신
의 이름은 "우데이스"가 아니라 "오디세우스"라고 밝힌다.

왜 이제 오디세우스는 자신의 진정한 이름을 밝힌 것인가?

이름은 곧 존재이기 때문이다. 만약 폴리펨의 위험으로부터 벗어난
후에도 우데이스라고 알려진다면, 그는 평생을 "아무도 아닌 자"로 살
아야 하며, 그의 존재는 부정되는 셈이다.

따라서 오디세우스는 자신의 이름을 밝히고, 이를 통해 그는 다시
"존재하는 자"가 된다. 그는 이름을 속여 죽음을 면했고, 진짜 이름을
다시 확보함으로써 비존재로부터 벗어난 것이다. 즉 그는 살기 위해 자
신을 부정해야 했고, 살기 위해 자신이 부정한 것을 다시 부정해야 했
던 것이다. 그리고 오디세우스는 야만적 폭력성을 상징하는 폴리펨에
게 충고의 말을 남긴다:

"퀴클롭스여, 힘이 세다고 약한 무리를 잡아먹지 말라."

여기서 폴리펨은 인간의 역사 중 사냥의 시대, 카오스의 시대, 야만의 시대를 상징한다. 폴리펨은 신화적 인물로서 월등한 힘으로 폭력을 행사하는 무법자이다. 반면에 오디세우스는 자신의 꾀, 즉 이성을 통해 카오스를 코스모스로, 위험을 안전함으로 바꾸는 계몽의 인간이다.

그렇다면 현대인은 어떤가? 당연히 우리는 현대인을 계몽적 인간이라 부를 것이다. 그러나 그럴까? 현대인 역시 과거의 신화는 아니지만, 또 다른 이념에, 즉 '계몽이라는 신화'에 빠져 있는 것은 아닐까? "현대사회는 신화적인가? 계몽적인가?"

현대사회 안에도 까마득한 과거의 가치들이 남아 있고, 그러한 가치들에 사로잡혀 어떠한 변화도 거부하는 완고함이나, 다른 의견에 대하여 숙고하기보다 자신의 주장만을 강조하는 고집스러움 등이 있다. 그렇다면 현대인은 계몽적 인간 같지만, 과거 가치를 맹목적으로 따르고 지키려는 수구적 배타성이라는 또 다른 신화 속에 빠져 있는 것이다.

마찬가지로 폴리펨은 과거의 전형이 아니다. 그가 무법칙성, 무자비성, 맹목적 폭력성을 상징한다면, 현대사회에도 수많은 폴리펨들이 존재한다. 우리는 주변에서 크고 작은 폭력과, 그러한 폭력 앞에서 고통당하고 있는 사람들을 볼 수 있다. 가정에서 일어나는 어린아이 학대와 같은 폭력, 늙은 부모를 향한 폭력도 있고, 아직 철이 없는 아이들이 친구나 다른 학생들에게 가하는 학교 폭력도 있고, 성적인 폭력도 있다. 또한 주먹을 앞세우는 집단들이 벌이는 물리적 힘에 의한 폭력도 있고, 교묘한 선동이나 현혹을 통해 상대방을 사로잡는 사상적 폭력도 있다. 더 크게 국가가 행하는 정치적, 경제적 폭력도 있고, 국가들이나 민족들 사이에서 벌어지는 인종적 폭력도 존재한다. 이처럼 폭력성이란 의미의 폴리펨은 현대사회에서도 여전히 존재하고 있다. 그 폴리펨은 우리를 두렵게 하는 존재거나 조직, 구조이다. 그러나 오디세우스가 그랬듯이 우리는 야만적 폭력을 이성을 통해 극복하고 해결해 나가야 한다.

로토파겐을 먹는 섬에서 일어난 일은 무엇을 의미하는가? 이 이야기는 폴리펨의 폭력성과 연관된 사냥의 시대와 달리, 목가적 행복 속에서 살아가던 채집 시대의 이야기를 다루고 있다.

그 섬의 부족은 오디세우스 일행을 힘으로 해치려 하지 않는다. 오히려 그들에게 열매를 주고, 그 열매는 그들의 모든 근심과 걱정을 사라지게 한다. 그들은 지금 행복하다.

이때 그들이 먹고 있던 열매는 무엇인가?

그것은 환각에 빠지게 하는 열매이다. 자신들을 찾으러 온 오디세우스에게 부하들은 "그들은 우리 동료들을 죽이려 하지 않고, 근심을 없애주는 열매를 맛보라고 했습니다. 그 열매는 꿀맛처럼 달았고, 그것을 먹으니 집으로 돌아갈 생각이 전혀 들지 않았습니다"라고 말한다. 그러나 오디세우스는 그들을 강제로 배에 태워 고향으로 향한다. 부하들은 아무 걱정 없이 행복한 얼굴을 하고 있었는데, 왜 오디세우스는 그들을 강제로 배에 태웠을까?

그들이 먹은 열매는 환각의 열매, 즉 현실을 망각하게 하는 열매이기 때문이다. 그 열매를 한 번 맛보면, 계속해 그 열매를 찾게 된다. 그것이 행복을 준다고 여기기 때문이다. 그러나 그들을 행복하게 하는 것은 현실의 삶이 아니라, 단지 가상의 삶일 뿐이다. 그들은 가상의 세계에 빠져 현실을 잊거나, 걱정 많은 현실로부터 도피하려고 한다. 이를 통해 그들은 현실의 타자와 세계, 그리고 자기 자신으로부터 소외당하게 된다. 가상의 세계 속에서 그들은 아무런 불행 의식도 갖지 못하게 된다. 그들은 노동을 하려고도 하지 않으며, 삶을 변화시키려 하지도 않는다.

로토파겐 열매는 인간을 가상에 빠지게 하는 모든 것들을 상징한다. 가상의 세계는 그들에게 유토피아로 여겨질 수도 있다. 그것이 유토피아라면 그 세계를 떠날 이유는 없다. 그들은 그 세계에 만족하고 행복해하면 된다. 그러나 그것이 거짓 유토피아라면?

역사를 통해 인간의 삶이 변화되고 발전할 수 있는 것은, 역설적이지만, 그에게 불행 의식이 있기 때문이다. 불행 의식이 너무 강하면 그것에 짓눌리기도 하지만, 감당할 만한 불행 의식은 그를 현실보다 더 나은 삶을 향하게 한다. 이와 달리 이미 행복하다고 여기는 삶 속에 빠져 있는 인간은 더 나은 삶에 대하여 아무런 생각도, 의욕도 없이 살아간다.

현대인에게 로토파겐 열매는 어떤 것일까? 물론 마약과 같은 것이 여기에 속한다고 볼 수 있다. 그러나 우리를 환각에 빠지게 하는 것은 마약뿐이 아니다. 누군가 현실을 도외시할 정도로 게임에 빠져 있다면, 그도 로토파겐 열매를 먹은 셈이다. 마약이나 게임 중독 외에도 현대인들이 질문하지 않은 채 받아들이며 살아가는 삶의 방식 역시 로토파겐 열매에 해당된다고 볼 수 있다.

현대사회를 살아가려면, 거의 모든 사람들은 핸드폰을 필요로 한다. 왜냐하면 그 안에서 작용하는 앱을 통해야 거의 모든 일들을 할 수 있기 때문이다. 그 앱을 통하지 않고는 사소한 버스비를 계산하는 일부터, 예약하는 일, 정보 확인하는 일 등이 매우 불편해지거나 불가능해진다. 그런데 현대 기술이 제공하는 편리함, 즉 달콤함의 배후에는 현대 기술의 막강한 지배력과 통제력이 들어 있다. 현대 기술의 달콤함은 그것에 대한 두려움을 상쇄시켜 준다. 따라서 현대인은 더 이상 질문하지 않고, 편리하게 현대 기술을 이용한다. 현대 기술은 이렇게 행복해 보이는 환각을 통해 인간을 지배하는 힘이다.

이러한 로토파겐 열매는 왜곡된 신념이나 종교, 가치에서도 작동한다. 예를 들어 동일한 가치를 신봉하는 집단에서 벌어지는 위험 중 하나는, 그들은 자신들이 공유한 가치가 진정 올바른 가치인지, 그렇지 않은지 질문하지 않는다는 점이다. 그들은 모두 동일한 가치를 공유하고 있기 때문에, 당연히 그 가치가 옳다고 여긴다. 그러나 그 가치는 그들이 속한 집단 안에서만 통용될 뿐이다. 그럼에도 그들은 자신이 속한 집단의 가치를 절대적이고 보편적 가치라고 착각하며, 그 집단 안에서 행복해한다. 이런 점은 정치, 경제, 문화, 언론의 세계에서도 일어난다. 다름이 부정되고 다양성이 인정되지 않는 곳에는 항상 로토파겐 열매가 있는 것이다. 이제 그들은 잠에서 깨어나야 하고, 귀찮고 힘들어도 현실을 직시하고, 육체와 정신의 노동을 통해 삶의 현장으로 나가야 한다. 그때 그들이 마주하게 될 불행 의식은 부정하고 망각해야 할 요소가 아니라, 삶의 현상 중 하나라는 것을 받아들여야 한다. 잠든 자는 행복하지만 무력한 반면, 깨어 있는 자는 불행하지만 위기를 대처할 능력을 가질 수 있기 때문이다.

키르케가 사는 섬에서 부하들이 돼지로 변했다는 소식을 듣고, 오디세우스는 그들을 구하기 위해 키르케를 찾아간다. 이 이야기는 폴리펨, 로토파겐 열매에 이어, 인간과 동물이 혼재되어 평가되는 주술 단계를 상징한다.

인간이 실제로 돼지로 변하는 일은 불가능하다. 그러나 이러한 일은 이솝과 같은 동화 작가들의 작품이나, 그리스 신화, 오비디우스의 "변신 이야기", 게르만 신화, 그리고 카프카의 작품 등에서 발견된다. 제우스 신은 소, 백조 등으로, 게르만 신 오딘은 독수리로 변한다. 이 신들은 원하는 일이 성취되었을 때, 본래 자신의 모습으로 되돌아온다.

혹은 마녀의 마술에 걸린 왕자나 공주가 동물로 변하는 경우도 있다. 이들은 진정한 사랑을 만났을 때 본래의 모습을 회복한다.

이처럼 변신은 당사자 스스로가 원해서 스스로의 능력으로 이루어지는 경우와, 자신의 무력함이나 타자의 압도적인 힘(저주, 질투 등)에 의해 어쩔 수 없이 이뤄지는 경우로 나눌 수 있다. 오디세이아에서 묘사되고 있는 변신은 후자에 속한다. 부하들이 돼지로 변한 것은 그들이 원해서가 아니라, 키르케의 압도적인 마술의 능력 때문에 벌어진 일이다.

그렇다면 인간이 돼지로 변했다는 것은 무슨 의미인가? 왜 키르케는 인간을 돼지로 만들었을까?

키르케가 인간을 돼지로 변하게 했다는 것은, 그의 마술에 의해 인간이 동물이 되었다는 의미를 지닌다. 그럼에도 굳이 돼지라고 표현한 것은 다른 동물과 달리 돼지에 대한 부정적인 평가와 해석이 들어 있다고 볼 수 있을 것이다.

돼지는 위대하거나 명예로운 동물, 거대한 힘을 지닌 동물, 순결한 동물은 아니다. 물론 다산을 기원하는 의미에서 돼지는 부의 상징으로 평가받기도 한다. 그러나 서구 문명사, 특히 히브리 정신에서 돼지는 긍정적 의미보다 부정적인 의미를 더 많이 갖는다. 그리스도교 성서에 의하면, 예수가 귀신 들린 사람의 몸에서 귀신들을 내쫓아 돼지 속으로 넣는 장면이 있다. 그 돼지들은 강물로 돌진해 죽는다. 이처럼 히브리 사상에서 돼지는 매우 부정적으로 평가된다. 돼지가 이렇게 평가절하된 데는, 돼지가 잘 부패하고, 그것을 먹는 경우 심각한 병에 걸릴 수 있기 때문이다.

반면에 그리스의 신화나 오비디우스의 변신 이야기에서 돼지는 거의 등장하지 않는다. "오디세이아"에서도 키르케의 섬에서 벌어진 사건을 묘사할 때 돼지가 등장하는데, 이때 돼지는 "마약", "길들여짐"이란 표현과 연결되어 있다. 그렇다면 키르케가 오디세우스의 부하들을 돼지로 변하게 했다는 의미는, 그들을 마약에 걸리게 하여 가축처럼 사육하고 있다는 의미로 볼 수 있다.

위에서 로토파겐 열매를 언급했는데, 키르케가 오디세우스 부하들에게 제공한 것도 마약이다. 여기서 마약은 향정신성 약품, 물질뿐 아니라, 인간의 사고 능력을 마비시키는 모든 물질적, 정신적 요소들에 대한 상징적인 표현이다. 마약은 인간의 판단력을 흐리게, 상실하게 만든다. 마약에 취한 인간은 올바른 판단을 하지 못한다. 그는 실제와 가상을 구분하지 못한다. 마약은 가상의 행복 속에 머물게 한다. 그는 주인(키르케)이 또 제공하는 마약에 대하여 의심하고 질문하는 대신, 마약을 기다리고 그리워한다. 이렇게 그는 마약에 길들여진다.

마약을 향정신성 약품에 한정시키지 않는다면, 키르케가 제공하는 마약은 인간을 "홀리고 유혹하고, 압박하고 결국엔 굴복하게 만드는" 선동적 이념이자 명령이라고 볼 수 있다. 키르케는 자신의 원하는 이념을 계속적으로 반복해 주입시킴으로써 자신의 명령만 따르도록, 자신의 명령을 기다리도록, 그리고 결국엔 특별히 명령하지 않아도 모두가 키르케의 명령을 마치 자신들의 생각인 것처럼 따르도록 길들이고 있는 것이다. 이렇게 익숙해진 인간은 키르케 앞에서 저항하지 못한 채, 전적으로 무력하게 머문다. 이러한 인간을 호메로스는 가축, 즉 돼지라고 표현하고 있는 것이다.

결국 돼지로 전락한 인간은, 외적 대상과 사건에 대한 판단력을 상실하며, 더 나아가 자신의 정체성, 즉 "자아 자체"를 상실하게 된다. 이처럼 키르케의 주술은 인간의 자아 해체, 더 나아가 인간 문명의 해체를 의미한다.

반면 이에 대항하는 오디세우스는 거대한 마약에 취한 부하들을 다시 '생각하는 인간', 자신의 '자아를 회복한 인간'으로 일깨우기를 시도하고 있는 것이다.

4. 오디세우스와 세이렌

"오디세이아"에 나오는 세이렌은 "오이디푸스 왕"에 나오는 스핑크스와 거의 동일한 존재라고 볼 수 있다. 다만 스핑크스가 냉담한 태도로 수수께끼를 내는 반면, 세이렌은 유혹적인 노래를 부른다. 스핑크스는 인간이 수수께끼를 맞출 수 있도록 생각할 여유를 주는 반면, 세이렌은 아예 생각하지 못하도록 유혹에 빠지게 한다. 그럼에도 스핑크스나 세이렌에게 걸려들었을 때, 인간이 감수해야 할 대가는 죽음이다. 그들은 모두 두려운 존재들이다.

세이렌의 특징은 "아름다운 소리", "달콤한 소리"와 같이 "노래"와 연결되어 있다. 유혹의 노래를 부르는 세이렌은 "매혹시키는 자"이다. 그런데 왜 유혹의 소리가 두려운 것인가?

은밀한 유혹의 소리는 금지된 것, 해서는 안 되는 것을 하라고 하는 소리이기 때문이다. 항상 유혹자는 금지된 것의 뚜껑을 열라고 한다.

그렇다면 세이렌은 무엇을 유혹하는가? "오디세이아"에 의하면 세이렌의 노래는 과거를 불러내는 소리이다. 현재의 문제들을 모두 잊고 아름답고 즐거웠던 과거, 행복했던 과거를 떠올리고, 그 과거를 현재로 삼아 그 안에서 잠들라는 유혹이다.

거의 대부분의 경우 과거는 아름답게 기억된다. 그것은 과거가 진정으로 아름답기 때문이 아니라, 아름답기를 원하는 희망이 덧붙여져 있기 때문이다. 그런데 과거에 머무는 자는 비현실적인 환상의 세계 속에서 살아가는 자이다. 과거에 몰입할 때, 사람들은 미래와 현재에 무관심해지고, 현실의 문제들로부터 도피하게 된다. 특히 미래와 현재의 문제들이 버겁고 두려울 때, 더 그렇다. 그러나 과거에 머물 때, 그는 더 이상 성장하지 않는다.

모든 인간은 탯줄을 가진 채 태어난다. 탯줄은 아이가 엄마의 자궁 안에 있던 시절, 즉 그의 과거의 평안함과 안전함을 상징한다. 그 탯줄은 아이가 엄마 자궁 밖으로 나왔을 때까지도 아직 존재한다. 그러나 아이가 성장하려면, 아프고 불편하지만 탯줄을 잘라야 한다. 과거의 안락함과 이별해야 한다. 그러나 이별은 항상 힘들고 슬픈 일이다. 따라서 이별보다는 과거의 상태에 머물고자 하는 것이다.

이런 이유로 세이렌은 노래를 통해 과거를 불러내고 있는 것이다. 그것은 모든 인간에게 유혹적으로 들린다. 왜냐하면 인간은 한때 모두 아이였기 때문이다. 세이렌은 과거를 불러냄으로써 저항할 수 없는 즐거움을 제시하고 있다. 그러나 과거 속에 멈추게 하는 노래는 곧 인간의 자아, 정체성을 파괴하는 노래, 혹은 인간 스스로 자아를 버리고 싶은 욕망을 느끼게 하는 유혹의 소리이다. 따라서 키르케가 알려주었듯이, 세이렌의 노래를 들으면 안 된다. 듣게 되면 죽을 수 있기 때문이다.

그런데 이렇게 위험한 유혹의 노래를 오디세우스는 듣기 원했다. 그는 밀랍 귀마개를 하지 않았다. 물론 그는 세이렌의 노래가 치명적이라는 점을 잘 알고 있었다. 그러나 그는 맞서보고 싶었다. 그것은 무모한 용기보다는, 유혹의 달콤함을 향유하고 싶은 욕망에서 비롯된 것이다. 따라서 그는 치밀한 계책을 세우고 자신에게 닥칠 위험에 미리 대비한다. 그것은 밧줄로 자신을 묶으라는 명령으로 나타난다. 만약 살아난다면, 그는 치명적인 유혹의 소리를 듣고도 살아난 최초의 사람, 그 유혹의 소리가 무엇인지 알게 된 최초의 사람이 되는 것이다. 그는 유혹의 노래를 듣기로 결심한다.

이러한 금지명령과 유혹적 도발 사이의 갈등은 인류 역사를 통해 "문명"이란 형태로 나타난다. 이런 점을 아도르노, 호르크하이머는 그들의 공저 "계몽의 변증법"에서, "세이렌의 유혹과 오디세우스의 생존은, 인류가 목적 지향적인 남성적 성격이 형성될 때까지 가해지는 고통과, 그에 대한 극복의 과정이다"라고 주장한다.

이러한 해석에 따르면, 세이렌은 아득한 과거의 소리를 끌어들이는 자연의 소리, 신화의 소리이며, 오디세우스는 문명의 인간, 이성과 계몽의 인간, 세이렌과 마주쳐 스스로 자연의 탯줄을 끊어내고 있는 자이다.

그런데 오디세우스가 이렇게 행동할 것이라는 점을 세이렌도 알고 있었을 수 있다. 물론 이러한 가정은 "오디세이아"에는 등장하지 않는다. 그러나 이런 가정을 토대로 오디세우스와 세이렌의 대결을 재해석한 작가가 카프카이다. 카프카에 의하면 세이렌의 노래는 유혹의 노래가 아니라, 오히려 절규에 가까운 노래이다. 절규의 노래는 더 이상 "발성화된 소리"가 아니다. 그것은 "침묵의 소리"이다. 침묵의 소리는 불의한 권력이 너무 거대하고 단단해져 더 이상 저항할 수 없고, 반대의 목소리를 낼 수 없을 때 나타나는 최후의 소리이다. 카프카의 작품 "세이렌의 침묵"에서 세이렌은 노래하지 않는다. 다만 오디세우스를 응시하고 있을 뿐이다. 그러나 오디세우스는 세이렌에게 아무런 눈길로 주지 않는다. 세이렌은 철저하게 무시당한다. 이제 남은 일이 자살하는 일이다. 그러나 세이렌은 이런 수모를 당하고도 자살하지 않는다. 왜냐하면 세이렌은 죽음보다 더 큰 치욕을 당했기 때문이다. 카프카의 "세이렌" 이야기에 의하면, 승자는 오디세우스이다. 세이렌은 패했다.

반면 호메로스의 작품 "오디세이아"에 의하면, 세이렌은 오디세우스가 이럴 것이라고 생각하지는 않는 것처럼 보인다. 왜냐하면 세이렌은 귀에 들리도록 음성화해서 유혹의 노래를 부르고 있기 때문이다. 그러나 호메로스의 작품에서도 승자는 오디세우스이다. 그는 결국 살았고, 세이렌은 자살했기 때문이다.

이러한 점을 아도르노, 호르크하이머는 자연에 대한 인간의 승리, 여성에 대한 남성의 승리, 야만에 대한 문명의 승리로 해석한다. 한마디로 "이성"(계몽)의 승리이다.

어쨌든 오디세우스는 자신을 배 돛에 묶은 채, 귀를 열어 놓고 있다. 그는 세이렌의 노래를 듣고, 그 노래의 정체가 무엇인지 확인하고, 그 노래가 유혹적이라면, 죽지 않는 한도 내에서, 그 유혹을 즐기고 향유하겠다고 결심한 것이다. 그러나 그것이 가능하려면 부하들은 세이렌의 노래를 들어서는 안 된다. 그것은 죽음의 유혹이기 때문이다. 따라서 부하들에게 세이렌의 노래는 금지된 노래이다. 그러나 오디세우스는 유일하게 금지된 노래를 들을 수 있다. 왜냐하면 그는 어떤 것을 금지할지, 허용할지를 결정하는 최고의 권력이기 때문이다.

금지와 허용을 결정할 수 있는 최고의 권력자로서 오디세우스는 두려운 존재이다. 그의 명령은 진리이고 법이고 윤리가 되고, 그의 부하들은 그의 명령에 복종해야 한다.

그러나 그에게도 부드러운 마음과 배려심은 있다. 그것을 원해서가 아니라, 그것이 필요하다는 것을 알고 있기 때문이다.

항해 과정에서 오디세우스와 부하들이 취하는 태도나, 입장, 목적, 방법은 전혀 다르다.

오디세우스는 부하들로 하여금 귀를 막도록 하면서, '누구든 살려고 하는 자는 세이렌의 노래를 들어서는 안 된다'라는 강한 금지명령을 내린다. 이것은 그들의 생명을 지키기 위한 배려이다. 동시에 그는 부하들에게 자신과 세이렌 사이에서 무슨 일이 벌어지든 아무 상관없이 자신들이 할 일, 즉 노를 젓는 일에 전념하도록 명령한다. 이것은 자신과 부하들이 귀향을 하기 위해 반드시 해야 할 일이다. 이후 부하들은 오디세우스의 외침에도 불구하고 자신들에게 맡겨진 일, 즉 노동을 충실히 수행하고, 그들이 탄 배는 고향을 향해 나아간다.

아도르노와 호르크하이머는 이 부분을 노동자와 지배자의 관계로 재해석한다. 오디세우스가 내린 명령과 배려는 약자에 대한 지배자의 사회적 배려에 해당된다. 지배자는 노동자들이 건강하도록 배려한다. 그러지 않으면 노동의 생산력이 떨어지기 때문이다. 이 대가로 지배자는 노동자들이 다른 생각 없이 각자에게 주어진 노동에 집중하고, 앞만 향해 나아가기를 요구한다. 이렇게 지배자는 생산력을 증대시키기 위해 어느 정도 그들을 배려하지만, 이것은 그들이 추구하는 목적지에 도달하기 위해 요구되는 최소한의 방법이다.

반면 세이렌의 바다를 항해하면서 오디세우스의 관심은 부하들과 전혀 다르다. 그가 원하는 것은 세이렌의 유혹을 즐기기 위한 것이다. 그러기 위해 그는 부하들에게 내린 금지명령을 자신에게는 배제시킨다. 그는 귀를 막지 않는다. 그러나 그는 자신을 보호할 방법을 찾아야 한다. 그것은 자신을 배 돛대에 묶도록 하는 것이다. 이때 오디세우스는 자유롭게 돌아다닐 수 없다. 스스로 묶인 상태, 무력한 상태가 된 것이다. 노를 젓는 부하들, 노 젓는 행위는 한편으로는 오디세우스의 명령에 의한 것이고, 이런 의미에서 노 젓는 것은 그들의 자유로운 행위는 아니다. 물론 그들은 노를 저을 만큼의 자유는 갖고 있다.

이와 달리 오디세우스는 스스로 자신을 묶도록 명령한다. 단지 유혹을 향유하기 위해서. 밧줄에 묶인 그는 한편으로는 자유롭지 못하다. 이윽고 세이렌의 유혹이 절정에 이르렀을 때, 오디세우스는 부하들에게 자신을 풀라고 명령한다. 세이렌의 유혹에 압도당했기 때문이다. 만약 묶여 있지 않았다면 그는 세이렌을 향해, 유혹과 죽음의 바다를 향해 자신을 던졌을 것이다. 그는 행복에 겨워 행복의 절정에서, 역설적으로 죽기를 원하고 있는 것이다. 이것이 세이렌의 힘, 유혹의 힘이다.

오디세우스는 행복의 절정과 죽음의 경계선에서 몸부림을 친다. 아마 이때 그는 세이렌의 정체, 유혹의 힘이 얼마나 달콤하며 동시에 두려운 것인지 알게 되었을 것이다. 어쨌든 그는 유혹의 아름다움을 향유할 수 있었다.

그러나 부하들은 그가 이러한 상태에 있다는 것을 알지 못한다. 그들이 아는 것은 단지 세이렌의 노래가 위험하다고 들은 정도이다. 그들에게는 오디세우스가 경험한 아름다움은 원천적으로 봉쇄되어 있다.

따라서 그들은 오디세우스가 지금 어떤 상태에 있는지 알지 못한 채, 그들에게 내려진 명령을 수행할 뿐이다. 그런데 이를 통해 오디세우스와 부하들 모두는 살아남게 된다.

아도르노, 호르크하이머에 의하면, 서로 방법은 다르지만, 이런 방식으로 삶은 진행된다. 오디세우스는 노동하지 않지만 향유하는 자이다. 반면에 부하들은 노동하지만, 향유할 수 없는 자이다.

배가 앞으로 나가도록 오디세우스는 자신과 배 사이에 노 젓는 부하들을 개입시킨다. 그는 그들의 주인이고 명령하는 자이다. 그러나 오디세우스는 노 젓는 방법을 모른다. 부하들의 개입 없이는 그의 배는 앞으로 나가지 못한다. 이렇게 오디세우스는 배와 직접적으로 관계하지 못하고, 단지 앞으로 가는 배가 주는 즐거움을 향유할 뿐이다.

반면 부하들은 직접 노를 젓는 일을 통해, 배가 어떻게 앞으로 나갈 수 있는지 안다. 단지 즐거움을 향유할 수 없을 뿐이다.

이 두 경우만 본다면, 오디세우스가 더 행복한 사람이라고 여길 수 있다. 그는 놀면서 즐기는 자이기 때문이다. 반면 부하들은 열심히 일하지만, 놀지도 즐기지도 못한다.

그러나 아도르노, 호르크하이머는 헤겔 철학을 통해 오디세우스와 부하들의 처지가 어떻게 역전될 수 있는지 보여준다.[3]

배를 직접 젓지 못하는 오디세우스. 그러나 오디세우스와 부하들이 타고 있는 배는 오디세우스의 이름으로 앞으로 전진한다. 반면에 부하들이 노 젓기를 멈출 때, 그 배는 표류하게 된다. 따라서 배를 앞으로 움직이게 하는 실질적 주체는 오디세우스가 아니라 부하들이다. 이러

---

3 Th. W. 아도르노, M. 호르크하이머, 『계몽의 변증법』, 김유동, 주경식, 이상훈 옮김, 문예출판사, 1995, 65-67쪽.

한 방식으로 오디세우스는 배에 대한 권리와 경영권을 잃게 될 수도 있는 것이다.

이렇게 아도르노와 호르크하이머는 "오디세이아" 이야기 전체를 "신화와 이성의 관계"로, 현대 자본주의의 문제로 재해석하고 있다. 이러한 해석의 배후에는 그들이 살았던 암울한 시대와 세계에 대한 이해가 들어 있다.

11

사회 비판 이론

1. 사회 비판 이론의 시대적 배경

프랑스 혁명이 일어난 18세기 후반부터 사회 비판 이론가들이 살았던 20세기 중반까지 서구 사회에는 매우 큰 사건들이 일어났다. 이 시기를 경험하고 살았던 대표적인 철학자로 헤겔, 맑스, 그리고 사회 비판 이론가들을 들 수 있다.

헤겔은 대학생 시절 프랑스 혁명을 목격했고, 괴테, 베토벤과 마찬가지로 나폴레옹을 칭송하였다. 그에게 나폴레옹은 왕의 통치를 무너뜨리고 공화정이라는 새로운 시대를 연 인물로 보였다. 정치적인 측면에서 볼 때, 그에 의해 왕의 국가로부터 시민들의 국가를 향한 발걸음이 내디뎌졌다.

경제적인 측면에서는 영국에서 시작된 산업혁명 이후 자본주의가 한창 진행되고 있었고, 이 과정에서 새로운 인간형이 나타났다. 그들을 우리는 부르주아라고 부른다. 그들은 많은 자본을 획득함으로써 경제적인 권력의 주체로 나타났고, 당시 왕과 귀족들은 이들의 존재를 무시할 수 없었다. 결국 이들은 프랑스 혁명을 통해 왕, 귀족과 평등한 위치에 서게 된다. 프랑스 혁명이 추구했던 자유, 평등, 박애라는 이념이 정치적, 경제적인 변화로, 사회의 주체에 대한 변화로 나타났다.

그런데 부르주아들은 평등의 이념을 왕과 귀족, 그리고 부르주아 자신들로 제한시켰다. 그러나 부르주아는 더 많은 자본을 획득하기 위해 노동하는 인간들을 필요로 했다. 이들은 부르주아에 이어 등장한 또 다른 새로운 인간형이었다. 그러나 이들은 평등이란 이념의 수혜자가 되지는 못한 상태에 있었다.

이 시기에 철학자이자 사회 혁명가 맑스가 역사에 등장한다. 그는 트리어에서 유대인의 아들로 태어났고, 루소, 볼테르와 같은 계몽주의자들의 영향을 받았다. 이들보다 그의 사상을 형성하는 데 더 큰 영향을 끼친 철학자는 헤겔이다. 당시 헤겔의 사상은 서구 사회 전체를 지배하다시피 했기 때문이다. 맑스는 1835년 본 대학 법학부에 입학한 후, 베를린대학으로 옮겨 "데모크리토스와 에피쿠로스 자연철학의 차이"라는 제목의 박사논문을 제출한다. 이때 맑스는 철학자였다.[1]

---

1 우리는 그의 논문 제목에서 그의 관심의 일면을 볼 수 있다. 데모크리토스는 고대 그리스 사상가 중 유물론적 입장을 주장했던 철학자이다. 데모크리토스에 의하면, 이 세계가 형성된 것은 신에 의해서가 아니다. 이 세계는 필연적인 법칙성을 지니지 않는다. 이 세계는 "더 이상 분리될 수 없는"(A-tom) 가장 작은 물질인 원자(Atom)가 아무런 법칙 없이, 서로 부딪치는 과정을 통해 형성된 것이다. 말하자면 이 세계는 "물질"에 의해 "우연히" 만들어진 것이다. 이와 같이 신과 신적 법칙성에 대한 부정은 그의 사상이 파르메니데스, 플라톤과 같은 관념론자들과 전혀 다른 길을 걷고 있음을 보여준다.

에피쿠로스는 유물론자 데모크리토스의 영향을 많이 받았다. 그의 사상에서 가장 중요한 것은 "쾌락"이다. 그에 의하면, 인간은 본능적으로 쾌락을 추구하고 고통을 싫어한다. 살아가는 동안 더 많은 쾌락을 향유할 수 있으면, 그것이 바로 행복한 삶이다. 그러나 에피쿠로스는 모든 쾌락이 다 좋다고 주장한 것은 아니다. 그는 인간이 살기 위해 필연적으로 추구해야 하는 쾌락, 즉 의, 식, 주 같은 쾌락과 달리, 그 이상의 쾌락, 예를 그 후 라인일보 기자 생활을 한 후 프랑스에서 사회주의를 연구하고, 이때 엥겔스를 만난다. 그리고 영국으로 건너가 자본주의의 또 다른 민낯, 즉 노동자들(프롤레타리아)의 열악한 상황을 목격하게 된다. 이때부터 맑스의 관심은 구체적인 삶과 사회의 문제들, 모순들, 그리고 이것들을 극복할 방법을 향하게 된다. 이제 그는 철학자가 아니라, 혁명가가 된다.

이 시기에 서구 사회는 더 많은 자본과 원자재를 획득하기 위해 제국주의 형태를 띠기 시작한다. 제국주의란, 단적으로 표현하면, 자신의 힘을 통해 타인의 소유와 권리를 빼앗고 지배하는 권력 체제를 뜻한다. 제국주의는 필연적으로 서구 국가들 사이에서 식민지 쟁탈전으로 나타나고, 그것은 1, 2차 세계대전으로 이어진다.

1차 대전에서 패배한 독일은 1870년 비스마르크의 승리로 얻은 알

들면 "더 맛있는" 음식, "더 아름다운" 옷이나, 재산, 명예와 같은 것을 추구하는 것에 대하여 부정적인 입장을 취했다. 쾌락주의자 에피쿠르스가 추구한 쾌락은 현대인이 생각하는 감각적이고 일시적인 쾌락이 아니다. 쾌락주의자로서 그는 이러한 쾌락도 부정하지는 않았지만, 인간이 진정으로 행복하려면, 어떠한 욕망에도 동요하지 않을 수 있는 쾌락, 진정한 쾌락을 추구해야 한다고 주장했다. 이러한 상태를 그는 Ataraxia라고 부른다. 아타락시아는 고통도 없고, 마음의 동요에서도 해방된 평정한 상태를 뜻한다. 이때 인간은 진정한 행복에 도달할 수 있다는 것이다. 이 지점에서 에피쿠르스는 쾌락주의자가 아니라, A-patheia (Pathos〈격정〉가 없는 상태)를 강조한 스토아 철학자처럼 보이기도 한다.

그러나 스토아 철학자들과 달리 에피쿠르스는 쾌락을 부정하는 대신, 보다 멋진 쾌락을 추구하라는 것, 삶은 행복해야 한다는 것, 삶을 살아가는 동안 죽음에 대해 생각하는 것은 무의미하다는 것을 강조하고 있는 것이다.

이 두 사상가 데모크리토스와 에피쿠르스의 주장을 연결시키면, 살아가는 동안 중요한 것은 삶 자체라는 것, 행복한 삶을 위해서 최소한의 물질적 쾌락이 필수적이라는 것으로 요약할 수 있다. 이것은 맑스의 관심이기도 하다. 이런 의미에서 그는 관념론을 부정하고, 현재적이고 현실적인 삶을 잘 살아야 한다고 주장하는 것이다.

자스 로렌 지방과 전쟁 배상금을 1919년 다시 프랑스에 내주게 된다. 독일은 알자스 로렌 지방뿐 아니라, 모든 식민지를 포기하고 1320억 마르크를 전쟁 배상금으로 갚아야 할 처지에 놓이게 된다. 이로 인해 독일 사회는 엄청난 인플레이션을 경험하게 되고, 독일 노동자들 역시 매우 열악한 삶을 살아가게 된다. 이렇게 불안한 시기에 히틀러가 등장하고, 1933년 이후 권력을 잡게 된다. 그러나 히틀러 정권 당시 민주주의를 향한 투쟁들, 자본주의를 통해 드러난 부르주아와 프롤레타리아 사이의 계급의 갈등, 세계를 소유하고 지배하려는 욕망과 연결된 제국주의와 군국주의, 파시즘, 그리고 유대인 학살로 이어진 인종주의 갈등, 소련을 중심으로 한 공산주의 세력과의 갈등 등이 벌어지게 된다. 이렇게 복잡하고 불안전한 시기에 활동을 시작한 철학자들이 아도르노, 호르크하이머 같은 사회 비판 이론가들이다.

크게 볼 때, 이들의 관심은 자본주의와 파시즘이 발생시킨 문제들을 맑시즘을 통해 해결하려는 데 있었다. 호르크하이머는 관념론으로부터 결별하고, 맑스의 유물론을 통해서 이 세계를 뒤엎고 있는 체념을 극복할 수 있을 것이라고 생각했다.

그는 너무나도 심각한 위해로 다가온 독일 나치즘은 단지 맑시즘적 혁명에 의해서만 폐지될 수 있으리라 여겼다. 그러나 그는 맑시즘의 한계도 잘 알고 있었다.

당시 독일은 자본주의의 모순이 매우 심화된 상태였다. 따라서 독일에서 사회주의 혁명이 일어나는 것은 필연적이라고 여겨졌다. 그러나 맑시즘을 노선으로 채택한 사민당은 히틀러의 국가 사회주의에 패하고 만다. 즉 자본주의의 모순이 사회주의 혁명이 아니라, 파시즘으로 이어진 것이다. 왜 이런 일이 벌어진 것일까?

당시 독일의 노동자들 역시 매우 열악한 삶을 살고 있었다. 그런데 이들에게 맑시즘은, 그대들은—독일인이든, 프랑스인이든, 영국인이든 상관없이—모두 자본주의의 모순을 경험한 "보편적인 노동자"라고 주장하며, "전 세계의 노동자여, 단결하라"라고 주장했다.

반면에 히틀러의 나치 정권은 독일 노동자에게, "그대들은 노동자이다. 그런데 독일 노동자이다"라고 주장했다. 이때 독일 노동자들을 움직이게 만든 것은 "보편적 노동자"가 아니라, "독일 노동자"라는 구호였다. 이렇게 독일 나치즘은 승리하게 된다. 그런데 이러한 현상에 대하여 유물사관은 아무런 설명도 할 수 없었다. 왜냐하면 유물사관에 의하면, 하부구조(경제적 생산관계)가 상부구조(인간의 정신)를 결정한다는 것인데, 독일 노동자의 선택을 통해 상부구조가 하부구조보다 우월하다는 점이 드러났기 때문이다.

이런 상황을 목격하고 사회 비판 이론가들은 맑스의 유물사관적 결정론이나 계급투쟁에 대하여 거리를 둔다. 그 대신 그들은 맑시즘을 헤겔 철학이나 프로이트 심리학을 통해 재해석한다. 이러한 시도를 그들은 "사회 비판 이론"이라고 표현했다. 따라서 사회 비판 이론가들의 주장을 이해하려면, 헤겔과 맑스에 대한 이해가 선행되어야 한다.

2. 사회 비판 이론의 철학적 배경: 칸트, 헤겔, 맑스, 사회 비판 이론

칸트, 헤겔, 맑스, 사회 비판 이론가들의 공통점은, 그들의 사상이 모두 계몽주의로부터 유래한다는 점이다. 그렇다면 계몽주의는 무엇인가? 칸트는 "계몽주의란 무엇인가?"라는 작품에서 계몽주의의 본질과 목표에 대하여 매우 명확하게 정의 내리고 있다:

"계몽주의는 인간 스스로의 비성숙성으로부터 탈출하는 것이다. 비성숙성은 타자의 안내 없이는, 자신의 오성을 사용할 수 있는 능력이 결핍된 상태를 뜻한다 … 오성을 사용하려는 결단과 용기가 결핍된 것이다 … 그러니 이제 스스로의 오성을 사용하려는 용기를 가져라."[2]

그의 주장은 현대인에게는 특별해 보이지 않는다. 그러나 칸트가 살았던 당시를 생각한다면, 그의 주장은 엄청나고 획기적인 내용을 담고 있고, 이것은 현대인인 우리에게도 해당된다.

위의 문장에서 칸트는, 지난 시대를 비성숙한 시대로 규정한다. 인간에게는 본질적으로 이성이 주어져 있음에도 불구하고 자신의 이성을 사용하지 않았기 때문이다. 비성숙한 시대는 비이성적인 시대를 뜻한다. 그렇다면 이전 시대는 왜 비이성적인 사회였는가?

우선 인간이 자신의 이성을 사용하지 않았기 때문이다.

그러면 왜 자신의 이성을 사용하지 않았는가? 두려웠기 때문이다.

이런 이유 때문에, 당시 인간들은 자신의 이성보다는 자신들을 지배하는 가치와 명령에 복종하고 살았던 것이다. 그들을 명령한 것은 왕과 교황을 정점으로 한 정치적 권력, 종교적 권력이었다. 당시 사람들에게 이 권력들은 절대적 권위였고, 그것을 부정하는 것은 곧 죽음과 연결되었다.

또한 이런 일에 오랜 시간 동안 익숙해졌기 때문에, 그들은 질문하는 것도 망각했던 것이다. 이러한 시대를 칸트는 비이성적 사회로, 그 안에서 살아간 인간을 비성숙한(유아적인) 인간이라고 주장하면서, 이제 정치적 권력이나 종교적 교리에 대하여 질문을 던지라고 외치고 있는

---

2 I.Kant, Beantwortung der Frage: *Was ist Aufklaerung?*, Kants Werke, Akade-
mie-Ausgabe, Bd VIII(Berlin, 1912), 35.

것이다. 이제 무엇이 진리인지 판결해 줄 수 있는 최고 법정은 정치적 권력도 종교적 권력도 아니고, 자신(인간) 안에 있는 보편적 이성인 것이다. 그러나 이것은 두려운 일이다. 왜냐하면 그것은 과거를 부정하는 일이고, 그것은 당시 권력을 부정하는 일이기 때문이다. 따라서 칸트는 "자신의 이성을 사용하라는" 외침 다음에 곧바로 "용기를 가져라"라고 강조하고 있는 것이다. 이러한 주장은, 과거 시대는 지나갔고, 새로운 시대가 시작되었다는 의미를 갖는다. 인간은 자신의 이성을 통해 동물적인 메카니즘이 지배하는 자연 상태를 극복해야 하고, 더 나아가 자신의 자유로운 판단은 행동을 통해 실현되어야 한다는 것이다. 이렇게 칸트는 법적, 정치적 자유의 역사가 시작되었음을 선포하고 있는 것이다.

이러한 칸트의 주장은 헤겔에 이르러 역사적, 사회적 지평으로 확대된다. 헤겔에 의하면 인간의 역사는 자유의 역사이다. 자유의 역사는 일직선적인 것이 아니라, 그 안에 비자유의 요소를 포함한다. 따라서 그때마다 동시대인들은 자신이 도달한 자유와 비자유의 상태에 대한 비판적 분석을 통해 좀 더 확장된 미래의 자유를 추구해야 한다.

헤겔 당시의 사회는 자본주의의 긍정적 측면과 부정적 측면이 아울러 발생한 시기였다. 시민들은 산업혁명과 과학기술의 발달에 힘입어 자연을 지배하고, 이전보다 더 나은 복지 상태에 도달할 수 있었다. 그러나 이러한 상태에 도달하기 위해 시민들은 더 많은 노동을 해야 했다. 이를 통해 그들은 자신들이 원하는 것을 향유할 수 있으리라 여겼다. 그러나 그것을 향유하려면 그들은 더더욱 자본주의적 체제에 예속되어야 했다. 결국 더 많은 욕구를 성취할 수 있으리라는 그들의 기대는 이루어지지 않았다. 오히려 더 멀어져 갔다. 그들에게 경제, 산업, 정치적 제도는 그들의 자유를 담보로 요구하는 강제적 권력이었기 때문이다. 이런 상황에서 헤겔은 계몽주의는 폭력, 관습, 전통, 권위, 습관이 아니라 통찰력과 이성에 의해 실현되는 것이라는 점을 강조한다. 칸트에 이어 헤겔도 계몽주의를 "새로운 것의 시작"으로 해석하고 있는 것이다.

헤겔이 "새로운 시작"을 주장한 배경에는, 당시 자본주의의 발달과 더불어 또 다른 분열이 이루어졌기 때문이다. 이것을 헤겔은 의식의 분열이라 부른다. 의식의 분열은 한편으로는 노예 의식으로, 다른 한편으로는 주인 의식으로 분리된다. 그런데 노예와 주인의 관계가 가능한 이유는, 노예 의식을 갖는 자들이 스스로를 노예로 받아들이고, 주인의 의지에 복종하기 때문이다. 물론 처음엔 먹고 살기 위해 어쩔 수 없이 그 상태를 받아들였겠지만, 한 번 노예 상태를 받아들이면, 그것은 어쩔 수 없다는 체념 상태, 익숙해져서 질문하지 않는 상태로 이어지게 된다. 그때에 이르면 노예와 주인의 관계는 마치 선험적, 불변적인 것처럼 여겨지게 된다.

이런 상황에서 헤겔은, 노예 의식을 지닌 자들이 스스로가 소외된 상태에 놓여 있다는 사실을 의식하고, 노예 의식으로부터 벗어나 스스로 주인이 되기를 시도해야 한다고 주장한다. 이것은 자신의 독자성을 회복하는 일이며, 스스로를 해방시키는 일이다. 그리고 이렇게 자유와 해방을 추구하는 노예들에 의해 역사의 주체는 바뀌고, 새로운 해방의 역사가 시작되리라는 것이다. 이런 헤겔의 주장은 역사가 발전하리라는 낙관적인 역사관에 기초하고 있다.

3. 헤겔 철학에서 변증법의 의미

우리가 살아가는 삶은 유한하고 불완전하다. 따라서 때로는 우리의 기대와 예측을 벗어나는, 예기치 않았던 일이 벌어지기도 한다. 심지어 우리가 선한 의도로 선한 방식을 통해 어떠한 일을 시도할 때도, 우리의 기대나 예상과 전혀 다르게 부정적인 결과가 나타나기도 한다. 왜 이런 일이 일어나는가?

그것은 나의 생각과 행동이 불완전하기 때문이며, 또한 나는 타인과 연결되어 있기 때문이다. 나에게 좋은 것이 타인에게는 싫은 것일 수도 있다. 따라서 어떤 것이 옳은가 옳지 않은가, 진리인가 비진리인가, 정의인가 불의인가, 평등인가 차별인가에 대하여 진지하게 질문하고 신중하게 결정을 내리더라도, 그것이 정반대의 상황으로 나타날 수 있다는 개연성은 피할 수 없다.

물론 진리/비진리, 정의/불의는 무엇인가에 대한 사변적, 이념적인 대답은 간단하다. 소크라테스, 플라톤, 예수가 주장했듯이, 진리는 진리이고, 비진리는 비진리이며, 정의는 정의이고 불의는 불의이다. 이것은 틀림없는 "진리"이다. 또한 이러한 이념들이 가리키는 의미 자체나, 이념들이 추구하는 궁극적인 목적성 역시 진리이다. 그러나 이러한 진리가 "완전하게" 가능한 곳은 인간의 생각 속, 즉 "사변적" 세계에서이다. 사변적인 세계는 "추상적"인 세계이다. 원래 "추상적"(abstract)이란 단어는 라틴어 abs-trhaho, 즉 "끄집어내다", "분리시키다"란 의미를, 반면에 "구체적"(concret)이란 단어는 con-cresco, 즉 "함께-생기다", "함께-밀착되어 있다"란 의미를 지닌다. "구체적인 것"은 그 안에 다양한 요소들이 함께 연결되고 구성되어 있는 것을 뜻하며, "추상적인 것"은 "구체적인 것" 안에 들어 있는 다양한 내용들이 제거된 것이다.

예를 들어 내가 동쪽으로 가고자 할 때, 그 동쪽이 강릉이 될지 인천이 될지는 그 사람이 어떤 위치로 서 있는가에 따라 달라진다. 만약 내가 한국 지도를 거꾸로 놓은 방향에 서 있다면, 동쪽은 인천이다. 반면 우리에게 일반적인 지도의 모습대로 내가 서 있다면, 동쪽은 강릉이다.

이와 같이 구체적이고 현실적인 삶에서는 동쪽이 항상 강릉 방향을 가리키지는 않는다. 반면 내가 어떤 위치에 서 있든 나침판은 항상 동쪽을 가리킨다. 나침판이 가리키는 동쪽은 이념적 동쪽, 추상적 동쪽이다. 반면 현실적, 구체적 삶 속에서 동쪽은 동쪽뿐 아니라, 서쪽도 될 수 있다.

이와 같이 추상적, 이념적, 철학적 사고의 위대성은, 마치 나침판과 같이 항상 동일하고 불변적인 방향을 지시하는 데 있다.

반면 정치적, 경제적, 사회적, 법적, 계산적 사고들과 같은 현실적이고 경험에 바탕을 둔 사고들은 다양하고 가변적인 삶의 내용과 밀접하게 연결되어 있다. 따라서 사변적 이념을 현실 속에서 실천할 때, 우리는 그 이념과 다른 방향으로 사건이 진행되고, 반대의 결과로 나타나는 것을 경험하게 된다. "악마는 디테일에 있다"라는 표현은 이렇게 추상적인 것과 구체적인 것 사이에서 벌어질 수 있는 문젯거리나 위험성을 지적하고 있는 것이다.

"이성"도 이런 운명에서 벗어날 수 없다. 추상적인 의미의 "이성"은 항상 이성적인 이성이다. 그러나 구체적인 현실 세계에서 실천하는 과정에서 이성은 종종 비이성적인 것으로 이어지기도 한다. 이렇게 이성적인 것이 비이성적인 것이 될 수 있고, 역으로 비이성적인 것이 이성적인 것이 될 수 있는 이유는, 모든 추상적인 이념은 구체적인 현실 안에서 "변증법적"으로 이루어지기 때문이다.

헤겔의 의하면 역사는 "변증법적 과정"을 통해 진행된다. 변증법(Dialektik)이란 어떤 일 A(These)가 벌어질 때, 그것은 -A(Anti-These)를 필연적으로 수반한다는 것이다. 이러한 헤겔의 주장은 어렵게 느껴지지만, 우리는 일상생활 속에서 이러한 경험을 한다.

예를 들어 높이 뛰려는 경우, 우리는 다리를 굽히고 몸을 낮춰야 한다. 그래야 더 높이 뛸 수 있다. 화살을 앞으로 멀리 보내려면, 활시위를 뒤로 힘차게 잡아당겨야 한다. 그래야 화살은 앞으로 날아간다. 위로 가기 위해 밑으로 가야 하고, 앞으로 가기 위해 뒤로 가야 하는 이중성이 바로 높이뛰기나 화살을 쏘기 위해 요구되는 역설이다.

또 다른 예로 우리는 약을 들 수 있다. 약은 그리스어 pharmakon에서 유래하였다. 이 의미는 현대어에도 간직되어 있다. 약은 항상 약이지만, 약이 약이기 위해서 약은 얼마간의 독을 지녀야 한다. 더 나아가 복용량 이상의 약은 그 자체로 독이다. 추상적, 사변적 이념에 의하면 약은 약, 독은 독이지만, 구체적 현실적 현상을 통해 약은 독으로, 독은 약으로 전환되기도 하는 것이다.

그렇다면 구체적 현실 속에서 추상적 이념은 실현될 수 없는 것인가? 추상적 이념은 공허하고 무의미한 단어에 불과한 것인가? 이에 대해 헤겔은 그렇지 않다고 주장한다. 추상적 사변철학의 대가다운 주장이다. 그렇다면 어떻게 그것이 가능할까?[3]

---

3 여기서 우리는 잘 알려진 새옹지마 이야기를 생각해 보기로 한다. 어느 날 새옹이 기르던 말이 이웃 국가로 갔다. 당시 말은 매우 귀한 재산이었다. 이를 보고 이웃 사람들이 새옹을 위로한다. 그러나 새옹은 이게 나쁜 일인지 어떻게 알겠는가라고 반문한다. 얼마 후 새옹의 말이 암말을 데리고 돌아왔다. 이웃 사람들은 축하한다고 말한다. 그러나 새옹은 이것이 좋은 일인지 어떻게 알겠는가? 라고 말한다. 그 후 새옹의 아들이 말을 타다 떨어져 다리가 부러진다. 이웃 사람들은 위로하고 새옹은 반문한다. 그 후 전쟁이 벌어졌는데, 새옹의 아들은 다리가 부러진 탓에 징집을 면하게 된다. 다시 이웃 사람의 축하의 인사와 이에 대한 새옹의 반문이 이어지면서 이야기는 끝난다. 이 이야기 속에서 이웃 사람들은 "좋은 것은 좋은 것, 나쁜 것은 나쁜 것"이라고 주장하고 있다. 얼핏 보면 추상적 이념을 말하는 것과 비슷해 보인다. 그러나 그들의 입장은 단편적이고 근시안적이고 편협하게 경험한 구체적 인식을 반영할 뿐이다. 마치 삶의 모순을 모르는 어린아이가 좋은 것은 좋고, 나쁜 것은 나쁘다고 말하는 것과 같다. 반면 새옹의 논리는 "좋은 것도 나쁜 것이 될 수 있고, 그 반대도 가능하다"는 입장이다. 새옹의 입장도 구체적이고 경험적인 인식을 드러낸다. 그러나 이웃 사람들과 다른 점은 그의 인식은 그들보다 좀 더 복합적이고 원시안적이고, 모든 가능성을 열어두고 있다는

헤겔은 추상적, 사변적 이념의 자기 동일성(A = A)이 정당하다는 것을 인정한다. 동시에 그는 현실 속에서는 모순율(A = -A)도 가능하다는 것을 인정한다.[4] 왜냐하면 그것이 구체적인 현실이기 때문이다. 이런 일은 역사 속에서 언제든 벌어질 수 있다.

그러나 그렇기 때문에 추상적인 이념이 필요하지 않다고 주장하는 것은 결코 아니다. 오히려 헤겔은, 역설적으로, 바로 그렇기 때문에 추상적 이념은 반드시 필요하고 위대하다고 주장하고 있는 것이다. 왜냐하면 헤겔에게 추상적 이념은 공허한 개념이 아니라, 바로 현실의 구체적인 모순을 수정하고 극복하고, 실현하는 힘이기 때문이다. 비록 근시안적으로 볼 때 A = -A란 상황이 생길지라도, 긴 역사의 흐름 속에서 A = A는 반드시 이루어진다는 것이 그의 확고한 입장이다. 왜냐하면 구체적 현실은 추상적 이념을 통해 비로소 완성된다고 여겼기 때문이다. 이렇게 모순을 극복한 상태 A를 그는 종합(Synthese)이라 부른다.

역사를 통해 이념은 현실 속에서 A로, 동시에 -A로 나타나지만, 결국엔 "정신"의 힘을 통해 다시 A로 복귀한다는 것이 헤겔의 변증법의 핵심이다.

그런데 역사를 통해 A는 A = A에서 A = -A로, 그리고 마지막엔 다시 A = A로 되돌아온다면, A가 무엇인가? 라는 질문에 대하여, A는 A라

점이다. 이웃 사람들은 눈앞의 것만 보고 있는 반면, 새옹은 멀리 보고 있는 것이다. 멀리 보기 때문에 좋은 것이 나쁜 것으로, 나쁜 것이 좋은 것으로 바뀔 수 있다는 점을 인정하고 있는 것이다. 그렇다고 새옹이 좋은 것과 나쁜 것을 구분하지 못하거나, 두 의미를 혼동하고 있는 것은 아니다. 오히려 그는 긴 시간, 즉 역사를 통해 동일한 A가 -A로 나타날 수 있다는 점을 인정하고 있는 것이다.

4 헤겔은 아리스토텔레스 이래 진리로 여겨져 온 동일률(A = A)을 받아들인다. 그런데 아리스토텔레스의 동일률은 동일한 시간이라는 조건을 달고 있다. 즉 A가 동일한 시간에 A이면서 -A일 수는 없다는 것이다. 그러나 시간이 개입되면 동일률은 성립될 수 없다. 예를 들어 내 앞에 있는 책상은 책상이다. 그러나 지금 그럴 뿐이다. 시간이 지나 부서지고 망가지면, 그것은 더 이상 책상이 아니라 폐기물이 된다.

고 대답하면 안 된다. 오히려 A는 역사를 통해 시작되고(A), 진행되고
(-A), 마지막엔 다시 자신(A)에게로 복귀하는 것 모두를 포함하는 것
이다. 이러한 주장을 그는 "진리는 전체이다"라고 말한다.

예를 들어 우리는 주변에서 아름다운 꽃이나 탐스러운 열매를 볼 수
있다. 봄에는 꽃을 보고 아름답다고 느끼며 가을에는 열매를 수확해
즐거운 마음으로 먹는다. 우리의 관심과 시선은 꽃이나 열매에 멈춘
다. 그러나 과실수가 열매를 맺으려면, 봄에 싹을 틔워 꽃봉오리를 맺
고 꽃을 피운 후 가을이 오기까지의 모든 과정을 거쳐야 한다. 이 열매
는 가을이 가고 겨울이 오면 떨어진다. 그리고 열매는 썩지만, 그 안에
서 씨앗은 봄을 기다리고, 봄이 오면 다시 새싹이 돋는다. 이 과정 전
체가 그 나무의 진리이다. 이런 점은 인간의 역사와 사회에서도 통용
된다.

다만 나무의 과정 전체는 기계적인 메카니즘에 의해 진행되지만, 인
간에게는 자신에게 주어진 메카니즘 외에도 이것을 부정하거나 극복할
수 있는 "자유"가 있다. 따라서 기계론적인 진행과 달리, 자의적이고 의
도적인 변형이 가능해진다. 이런 이유 때문에, 역사가 진행되는 과정에
역사는 종종 왜곡된 방향으로 나아가기도 하는 것이다. 그러나 헤겔에
의하면, 역사는 결국 이성적인 것을 향해 나간다. 그렇다면 중간에 경
험하게 되는 비이성적인 상태를 어떻게 이해해야 할까? 만약 그것이 암
울하고 고통스럽고 야만적인 상태라고 한다면?

이러한 시기를 살아가는 동시대인에게 이러한 야만성, 폭력성은 견
디기 힘든 현실이다. 그런데 "진리는 전체"라고 한다면, 이렇게 부정적
인 시기도 역사의 진리인가?

이에 대해 헤겔은, 그 시대 사람들을 괴롭게 했던 부정적인 현실 역
시 진정한 진리를 이루기 위한 "계기"로 작용한다고 주장한다. 그런데
진정한 진리만이 진정한 의미의 "현실"이라고 한다면, 어떤 시대에 나

타난 부정적이고 비이성적인 현실은 진정한 "현실"이 아니다. 오히려 그것은 이성에 의해 극복되어야 할 계기에 불과하다. 이런 의미에서 진정한 현실은 오직 이성에 의해서 실현되고 완성될 수 있는 것이다. 따라서 헤겔은 "현실적인 것은 이성적이고, 이성적인 것은 현실적이다"라고 주장하는 것이다.

4. 헤겔 철학의 영향

헤겔에 의하면 세계를 움직이는 것은 망치를 들고 행하는 손의 노동이 아니라, 정신의 노동이다. "정신"은 이성이 발견한 "이념"을 현실 속에서 실현시키는 힘이고 능력이다. 따라서 인간이 실현시킨 현실은 인간의 이념이 정신을 통해 외재화된 결과이다. 이렇게 정신의 승리, 이성의 승리를 외친 헤겔의 철학에서 관념론은 절정에 도달한다.

그런데 헤겔 이후, 미묘한 일들이 벌어진다. 관념론의 절정에서 갑자기 관념론에 대한 부정의 싹이 돋기 시작한 것이다. 그렇다면 이런 일이 어떻게 가능했을까?

이런 일의 단초를 제공한 것은 헤겔의 "무한" 개념이다. 일반적으로 "무한"은 "유한"의 반대, 혹은 대립 개념이다. 무한은 신과, 유한은 인간과 연결되며 무한한 신은 죽지 않지만, 유한한 인간은 죽는다. 무한한 신은 전능하고 완전하지만, 유한한 인간은 능력의 한계가 있고 불완전하다. 이러한 이분법적인 세계관은 플라톤 이후 헤겔 직전까지 이어졌다.

그런데 이러한 이원론적 세계관에 대하여 헤겔은, 무한의 영역과 유한의 영역이 이렇게 서로 분리되어 있는 것이 정당한가? 라고 질문한다. 헤겔에 의하면 무한과 유한이 서로 분리되어 있다면, 무한은 모든 것을 포괄하지 못한다. 유한은 무한의 영역이 아니기 때문이다. 그런데 무한이 모든 것을 포괄할 수 없다면, 그것은 진정한 무한이 아니다. 그 것은 "무한"이라는 이름을 가진 또 다른 "유한"에 불과한 것이다. 이러 한 무한을 헤겔은 "나쁜 무한"이라 부른다.

반면에 진정한 무한은 유한까지 포괄해야 한다. 그렇다면 무한과 유 한을 연결해 주는 통로가 있어야 한다. 그 통로를 헤겔은 "정신"이라 부 른다. 신은 무한한 정신이고, 인간은 유한한 정신이다. 둘 다 정신이기 때문에, 정신이란 통로를 통해 신과 인간은 연결되어 있다.

인간의 정신은 처음에는 감각적 인식 능력에 머문다. 그러나 점차 그 범위를 넓혀 나가, 결국엔 신적 정신에 도달해야 한다. 이것을 헤겔은 절대정신이라 부른다. 그리고 헤겔은, '인간의 정신은 절대정신에 도달 할 수 있고, 도달해야 한다'고 결론을 내린다. 이러한 헤겔의 주장은 철 학 용어를 통해 그리스도교 교리를 인간적으로 극단화시킨 것이다.

그런데 이러한 헤겔의 주장을 청년헤겔학파는 뒤집어 놓는다. 헤겔 은 "인간 정신은 신적 정신이다", 즉 인간=신이라고 주장했다. 그런데 이 도식을 뒤집으면, 신=인간이 된다.

수학적으로 본다면 A=B는 B=A와 동일한 의미를 갖는다. 2라는 숫 자와 $\frac{4}{2}$라는 분수는 동일하고, 그 순서를 바꿔도 아무 상관이 없다. 그 런데 내용을 갖지 않는 추상적 학문인 수학과 달리, 내용을 가지는 헤 겔의 주장은 순서가 바뀌면 내용도 바뀌게 된다.

인간=신의 관계를 신=인간이란 표현으로 바꿨을 때, 청년헤겔학파 가 발견한 것은, 우리가 알고 있던 신이란 존재가 사실은 인간에 불과 했다는 사실이었다. 이런 주장을 편 철학자가 헤겔의 제자 포이에르바 하이다.

포이에르바하에 의하면, 인간 안에는 여러 속성들이 존재한다. 인간 안에는 성스럽고, 고귀하고, 위대한 측면도 있고, 반대로 세속적이고 추하고 비천한 측면도 있다. 그것들은 모두 인간의 속성들이다. 그런데 인간은 자신 안에 있는 속성들 중 고귀한 것을 신적인 속성으로, 비천한 속성들을 인간의 속성으로 구분했다. 그러자 인간 안에 있던 고귀한 속성은 신이 되고, 그 신은 존재하기 시작한 것이다. 반면 자신 안의 추한 속성만을 인간의 존재로 여기게 되었을 때, 인간은 스스로를 벌레와 같은 피조물로 여기기 시작한 것이다. 말하자면 인간은 자신 안에서 신을 발견하고, 그 신을 불러내고, 그렇게 존재하게 된 신에게 무릎을 꿇은 것이다. 그랬더니 놀랍게도 그 신이 인간에게 축복을 내리게 되었다는 것이다.

그런데 포이에르바하에 의하면, 이러한 신의 속성은 개인을 넘는 인류 전체의 속성에 불과한 것이다. 이후 포이에르바하를 중심으로 종교 비판이 이어지고, 청년헤겔학파의 관심은 그리스도교에서 주장하는 신으로서 그리스도가 아니라, 역사적 인간 예수가 누구인지 밝히는 데로 이어진다.

이러한 과정을 통해 신은 인간으로, 저 높이 있던 하늘은 땅으로 내려오기 시작한다.

맑스도 처음에는 포이에르바하에 대하여 존경심을 가지고 있었다. 그러나 포이에르바하가 종교의 본질을 파헤치는 데는 성공했지만, 종교가 존재하게 된 근원적인 원인에 대해서는 질문하지 못했다고 비판한다. 이제 맑스는 헤겔의 관념론과, 포이에르바하의 종교비판이 갖는 한계에 대하여 비판하기 시작한다.

맑스는 "독일 이데올로기"에서, "사람들은 지금까지 항상 자신들이 무엇이며, 무엇이어야 하는지에 대하여 잘못된 관념을 가지고 있었다. … 신이나 정상적인 인간 등의 관념에다 자신들을 합치시켜 왔다. … 이제부터는 인간을 짓누르는 멍에들, 이러한 망상과 도그마와 비실재

적 존재로부터 인간을 해방시키자"[5]라는 청년헤겔학파의 주장을 조롱
하고 있다. 왜냐하면 그들은 종교의 본질이 왜, 어떻게 유래했는지에
대해서는 아무런 관심도 갖지 못하고 있기 때문이다.

또한 헤겔적 관념론에 반하여 맑스는, 사람이 물에 빠지는 것은 무게
에 대한 관념이 아니라, 무게 때문이라고 주장한다. 그리고 독일에서
관념론이 발달한 것은 비참하고 후진적이고 낙후된 독일의 현실 때문
이며, 독일의 관념론은 독일인으로 하여금 비참한 현실 자체를 직시하
는 것을 방해하고 있다고 비판한다. 이런 비판은 청년헤겔학파에게도
이어진다. 그들은 종교가 생긴 근본적인 원인이 현실적인 무능함과 비
참함 때문이란 사실을 깨닫지 못하고 있다는 것이다. 맑스의 논리에 의
하면, 아픈 사람은 병원에 가야 한다. 그런데 병원 대신 종교 기관에서
기도하고 있는 것은 병원에 갈 형편이 되지 않기 때문이다. 이런 이유
로 맑스는 종교는 아편이라고 주장하는 것이다. 즉 종교는 병원에 갈
수 있도록 현실을 변혁시키는 대신, 주어진 현실에 순응하도록 하는 역
할을 해왔다는 의미이다. 따라서 맑스는 관념론과 그리스도교를 "이데
올로기"라고 부르며, "하늘에서부터 땅으로 내려오는 독일 철학(관념
론)과 달리, 우리는 이제 땅에서 하늘로 올라간다", "의식이 삶을 규정
하는 것이 아니라, 반대로 삶(하부구조)이 의식(상부구조)을 규정한다"
고 주장하는 것이다.

이제 헤겔과 맑스, 그리고 사회 비판 이론가들의 입장의 차이를 간단
하게 정리하기로 한다.

헤겔은 자신의 저서 "법철학" 서문에서 철학이 할 수 있는 일에 대하
여 언급하고 있다:

---

5 K. 마르크스, 『독일 이데올로기』, 김대웅 옮김, 두레, 1989, 47쪽.

"각각의 개인은 그 시대의 아들이다. 철학 역시 사상을 통해 파악된 그 시대이다. 이 세계가 어떻게 존재해야 하는가 라는 데 대한 가르침에 대해 한마디 하자면, 그러한 가르침을 주기에 철학은 어쨌든 항상 너무 늦게 등장한다는 것이다. … 철학이 회색을 회색으로 칠한다 해도, 생의 모습은 젊어지는 것이 아니며, 다만 인식될 뿐이다. 미네르바의 올빼미는 어둠이 깔리고서야 날기 시작하는 것이다."[6]

헤겔에 의하면, 철학자들은 시대와 역사에 대한 냉철한 이성과 예민한 감수성을 지녀야 하며, 이를 바탕으로 그들 앞에 벌어진 여러 사건들이 무엇을 의미하는지 올바로 이해해야 한다. 그러나 그들은 현실을 앞당겨 예언할 수 없고, 이미 벌어진 사건들을 되돌리거나, 변화시킬 수도 없다. 철학은 사건들이 벌어진 후, 이미 형성된 사상을 바탕으로 그 사건들을 찬찬히 돌이켜보고 정리하고 해석할 수 있을 뿐이기 때문이다.

반면에 맑스는 "독일 이데올로기"에서 헤겔의 입장을 거부하고, 철학이 해야 할 일이 무엇인지 간단명료하게 표현한다:

"지금까지 철학자들은 세계를 여러 가지로 해석해 왔을 뿐이다. 그러나 중요한 것은 세계를 변혁시키는 일이다."[7]

---

6 G.W.F. Hegel, *Grundlinien der Philosophie des Rechts oder Naturrecht und Staatswissenschaft im Grundrisse (1821), Theorie Werkausgabe in zwanzig Bänden*, Redaktion von Eva Moldenhauer und Karl Markus Michel, Ffm., 1969 ff. (=TW), TW 7, 26-28.

7 K. 마르크스, 『독일 이데올로기』, 김대웅 옮김, 두레, 1989, 41쪽.

맑스는 헤겔과 달리, 현실의 세계를 바꾸려고 시도한다. 맑스에게 노동은 정신의 노동이 아니라, 망치를 든 손의 노동이다. 헤겔에게 인간은 "이성적 동물"이다. 그가 갑돌이든, 을돌이든, 병돌이든 상관없다. 물론 그들은 서로 다르다. 그렇지만 그들은 이성적 동물이라는 공통점을 지닌다.

반면에 맑스의 경우 갑돌이, 을돌이, 병돌이는 갑돌이, 을돌이, 병돌이일 뿐이다. 헤겔과 달리, 맑스에게 인간이 누구인가? 라는 질문은 현실을 살아가는 구체적인 인간을 통해 대답되어야 한다. 예를 들어 삽을 들고 노동을 하는 갑돌이와 포크레인을 타고 노동을 하는 을돌이는 "이성적 동물"이 아니다. 오히려 갑돌이, 을돌이가 누구인지는, 그가 무엇을(was), 어떻게(wie) 생산하느냐에 따라 달라진다. 그렇다면 인간이 누구인가? 라는 질문에 대한 대답은, 그가 구체적으로 처해 있는 현실적, 물질적 조건에 달려 있는 것이다. 이러한 인간은 "표상" 속에 존재하는 인간이 아니라 현실적으로 존재하는 개인, 활동하고 물질적으로 생산하는 개인, 일정한 사회적·정치적·경제적 관계 속에 들어 있는 개인, 물질적 제약·전제·조건 아래서 활동하는 개인이다. 그런데 대부분의 개인들은 소외되어 있다. 따라서 소외를 극복하기 위해 그들은 현실을 변혁시켜야 된다는 것이 맑스의 입장이다.

반면에 사회 비판 이론가들이 살았던 현실은 나치즘의 광기가 기승을 부리던 시기였다. 그들에게 "해석"을 한다는 것은 너무 한가로운 일이고, 변혁을 시도한다는 것은 불가능해 보였을 것이다. 이런 시대적 상황에서 그들의 관심은 관념이 아니라 구체적 현실을 향하고 있다. 그런데 그들이 살아가는 현실은 부정해야 할 현실이었다. 이를 위해 그들은 현실이 어떠한 현실인지 밝히는 것이 중요했다. 그러기 위해 우선 요구되는 것은 현실에 대한 비판이었다. 그것은 비판을 위한 비판이 아니라 현실의 정체를 드러내기 위한 부정의 의미를 지니며, 이를 통해 그들은 사회의 변혁을 시도한다. 그러나 그것은 맑스적인 계급투쟁이 아니라 사회 구성원들 사이의 이해와 의사소통이라는 해석학적 작업으로 이어진다. 이러한 태도를 그들은 "사회" "비판" "이론"이라 부른 것이다.

5. 아도르노, 호르크하이머의 "계몽의 변증법"을 통해 본 신화와 이성의 관계

아도르노, 호르크하이머에 의하면, 헤겔, 맑스 모두 계몽주의에서 출발했다. 그들은 모두 계몽주의의 후예들이다. 또한 아도르노, 호르크하이머는 자신들이 살던 시대의 문제들, 즉 파시즘, 인종주의, 민족주의, 제국주의, 미국 자본주의, 소련 공산주의, 현대 기술의 위험성 등도 모두 계몽주의에서 비롯된 부정적 결과물들이라고 진단한다. 따라서 아도르노, 호르크하이머는 계몽(이성)이 왜, 어떻게 비이성, 즉 이데올로기로 전락했는지 "계몽의 변증법"에서 분석하고 있다. 그것은 신화와 계몽의 변증법적 관계에 대한 해석으로 이어진다.

계몽주의는 당시까지 전승되어 온 과거의 구습과 전통, 맹목적 신념과 검증되지 않은 권위를 부정하고, 새로운 미래를 주장하는 진보적 사유에 대한 이름이다. 계몽주의는 사람들에게 "무한한 진보"라는 핑크빛 전망을 약속했다. 그러나 위대한 약속은 현실의 역사 속에서 좌절되었다. 왜 이런 일이 벌어진 것일까?

사회 비판 이론가들보다 앞서 콩트는 서양 문명의 과정을 신화의 단계에서 형이상학의 단계로, 그리고 근대에 이르러 실증주의에 도달했다고 주장한다. 이러한 현상을 막스 베버는 서양 문명의 비신화화, 탈미신화, 합리화의 과정이라고 표현하였다.

"합리화"란 세계를 설명함에 있어 더 이상 신비롭고 불가측한 힘에 의존하지 않아도 된다는 뜻을 포함한다. 이전의 고대인들은 자신들이 맞닥뜨린 문제를 해결하기 위해 마술적 수단을 통해 신령을 제어하거나, 그들에게 간청하였다. 그러나 이제는 기술과 과학, 계산적 사유가 그 역할을 넘겨받게 된다. 세계는 탈미신화되었다.

그런데 계몽주의자들이 이렇게 낙관적 세계관을 피력할 수 있었던 것은, 그들이 주장하는 합리화와 이성적 사유는 그 자체 안에 정의, 자유, 동일성, 행복 등의 개념들을 포함하고 있다고 여겼기 때문이다. 그러나 현실은 이와 다르게 나타났다.

이미 막스 베버는 합리화의 과정은 필연적으로 비합리성도 심화시킨다는 점을 인지했다. 헤겔 역시 이성은 역사의 과정 속에서 변증법적으로 진행된다고 진단했다. 그러나 이러한 예측은 단지 예측이었을 뿐, 그들은 이성이 어떻게 현실 속에서 비이성적으로 나타나는지 아직 구체적으로 경험하지 못했다. 반면에 맑스나 사회 비판 이론가들은 이성이 비이성적으로 나타나는 현상을 구체적으로 경험할 수 있었다.

"계몽의 변증법"에서 아도르노, 호르크하이머는 신화 안에 이미 이성이 내재되어 있었다는 점(이미 이성적인 신화)을 밝힌 후, 그런데 왜, 어떻게 이성이 또 다른 신화(신화가 된 이성, 신화적인 이성)로 전락하게 되었는지, 그 근원적인 원인을 분석한다.

"계몽의 변증법" 첫머리에서, 아도르노, 호르크하이머는, "진보적 사유라는 포괄적 의미에서 계몽은 인간으로부터 공포를 몰아내고, 인간을 주인으로 세운다는 목표"를 가지고 있었는데, 왜 우리는 지금 "완전

히 계몽된 지구에는 재앙의 승리만이 번쩍이고 있는" 현실에 부딪치게 되었는지 묻고 있다.[8]

계몽은 알지 못하는 것을 아는 것으로, 무질서한 것을 질서적인 것, 혼돈을 법칙성으로 바꾸는 작업이었다. 그러나 역설적이게도, 알지 못하는 것을 아는 것으로 바꾼 후 기뻐하며 자축하고 있을 때, 아는 것은 또 다른 알지 못하는 것을 잉태하고 있다는 사실을 경험하게 되었다.

물론 계몽주의 초기엔 이러한 점을 아직 명확히 인식하지 못하고 있었다. 따라서 실험 철학자인 베이컨은, 이전 시대에 사람은 자신들이 모르는 것을 안다고 착각했었는데, 그 이유는 그들이 경솔한 믿음, 회의하지 않는 신념, 신중하지 못한 답변을 서둘러 받아들였기 때문이라고 비판했던 것이다. 반면 이제 계몽주의적 인간은 모든 것을 이성을 통해 검증하고, 검증 후에도 이성적으로 여겨진 것만을 진리로 받아들여야 한다고 주장한다. 베이컨에게 이성의 목표는 알 수 없는 것을 파헤치는 지식에 있다. 아는 것은 두려움을 없애주고, 힘을 주며, 타인과 타자를 지배할 수 있게 한다. 이러한 지식은 인쇄기, 나침반, 망원경, 현미경 등으로 나타났다. 이 기술 제품들은 지식의 축적, 항해술의 발달, 천체의 움직임에 대한 과학적 이해, 의료 기술의 발달 등의 유용성을 제공하였다. 이 제품들을 통해 인간은 우주, 자연에 대한 승리를 구가할 수 있게 되었다.

그러나 이렇게 유쾌하고 즐거운 계몽주의의 발걸음은 처음부터 어두운 그림자와 함께 움직이기 시작했다. 이 제품들은 유용성을 제공하였지만, 동시에 계략의 세밀화, 식민지 정복, 전쟁 기술의 발전, 해로운 세균 배양 등과 같은 해악성도 드러내게 된다.

이러한 지식을 아도르노, 호르크하이머는 "가부장적 지식"이라고 부

---

8 Horkheimer, Adorno, *Dialektik der Aufklaerung*. Fischer Wissenschaft, 9쪽.

른다. 그 지식들은 자연과 타인들을 지배하고, 그 위에 군림하게 한다. 가부장적 지식으로 전락한 계몽은 이제 권력과 자본을 획득하기 위한 "도구"가 된다. 이제 이성적 이성은 계산적, 도구적 이성으로 바뀐다. "아는 것이 힘이다"라는 베이컨의 외침에서 드러난 가부장적 지식은 힘과 복종을 강요하는 지식으로, 여기서 중요한 것은 진리가 아니라, 더 많은 힘을 갖고 지배하기 위한 "방법"으로 변한다. 그러나 자연과 타인에 대한 지배는 곧바로 인간마저 파괴하는 폭력성이 된다. 이때 계몽은 더 이상 계몽이 아니라, 또 하나의 신화(부정적 의미로서)로 전락하게 된다.

그런데 아도르노, 호르크하이머에 의하면 이런 현상은 이미 플라톤 철학에서 나타난다. 플라톤은 "이데아론"을 주장하면서, 달빛에 바랜 "신화"를 밝은 태양 아래 있는 "철학"으로 바꾸었다. 신화시대가 지나고 형이상학의 시대로 접어든 것이다. 플라톤의 이데아가 이성적(계몽적) 사고라는 것은 분명하다. 그러나 보편적, 추상적 이데아가 등장할 때, 삶의 구체적인 다양성은 부정되고 만다. 플라톤에 의하면 우리가 보아야 할 것은 다양한 삶의 내용들이 아니라, 불변적인 이데아이다. 그런데 지배 원리가 된 플라톤의 이데아론이 삶의 다양성을 파괴하고 죽이는 일이 벌어지기 시작한 것이다.

플라톤의 이데아는 계몽의 표현이다. 그러나 이데아는 신화시대 신의 역할을 대체한 것으로, 아직도 자체 안에 신화적인 요소를 담고 있다. 이와 같이 플라톤의 이데아론은 신화 속에서 탄생했지만, 신화를 파괴한 것이고, 그럼에도 아직 신화적인 것으로 남는다. 이런 이유로 플라톤 철학은 그리스도교와 쉽게 친해지고, 함께 어우러져 중세 교부 철학으로 나타날 수 있었던 것이다.

계몽적 지식에서 중요한 것은 힘을 얻는 것, 그러기 위해 가장 효율적인 방법을 찾는 일이다. 예를 들어 우리 앞에 수많은 종류의 존재자들이 있다고 할 때, 그것을 효율적으로 정리하려면, 비슷한 것들을 한데 모으고, 다른 것을 이와 분리시켜야 한다. 그것이 효율적으로 이루어지려면, 그 존재자들에게 있는 다양성을 부정하면 된다.

현실적 삶 속에서 우리는 비슷한 것들 사이에도 다른 점이 있다는 것을 안다. 그러나 계몽적 지식은 다른 점을 무시한다. 이 과정에서 존재자들에 고유한 질적인 것은 무시되고, 모든 것들은 단순히 "양적인 것", "숫자"로 취급된다. 이런 예를 우리는 죄수에게서 볼 수 있다. 그들에게 고유한 질적인 측면, 즉 이름은 사라지고, 그 대신 숫자가 남는다. 자본주의 시대 노동자들에게도 이름 대신 대체 부품으로서 숫자가 남는다.

이런 일들은 이미 플라톤 철학에서 벌어졌고, 그 후 계몽의 지식은 모든 것을 "수"로 헤아리는 계산적 지식이 된다. 질적 고유성을 상실하고 하나의 양으로 전락한 대상을 통솔하는 것은 쉬운 일이다. 그들을 일정한 법칙과 테두리 안으로 끌어들이면 되기 때문이다. 이렇게 그들은 하나의 효율적인 "체계"(system) 안으로 편입되고, 그 체계 안에 존재하는 사람들은 아무런 차이나 다양성도 갖지 못하게 된다. 그들은 교환 가능한 부품 취급을 받게 되는 것이다. 따라서 인간들 사이에서 "등가원칙"이 성립된다. 이제 갑돌이, 을돌이, 병돌이의 차이는 무시되고, 그들은 언제라도 교환 가능한 대체품으로 변하게 된다. 이러한 현상을 아도르노, 호르크하이머는 당시 그들이 살았던 현실 속에서 보고 있었던 것이다. 이제 더 행복한 삶을 위해 강조된 효율성은 삶을 죽이는 억압 장치로 나타나게 되고, 계몽은 또 하나의 신화로 전락하게 된다.

신화와 계몽의 변증법적 과정은 플라톤 철학보다 앞선 신화 속에서도 나타난다. 신화시대에 인간은 살아남기 위해 신 앞에 무릎을 꿇는다. "일리아스"나 "오디세이아"에 이런 장면은 자주 묘사되고 있다. 그런데 신에게 무릎을 꿇는다는 것은 무슨 의미인가?

그것은 당연히 신에게 복종하겠다는 표현을 뜻한다. 신에게 복종한다는 것은, 인간이 자신의 자유를 포기한다는 의미이다. 자유를 포기한 인간은 신에게 인정을 받게 된다. 그러나 신으로부터 인정을 받은 인간은 신보다 낮은 존재이지만, 신을 닮은 존재가 되어, 마치 신처럼 자연물과 다른 인간들을 지배할 권리를 건네받게 된다. 이것은 신을 대리해서, 신을 위한 전쟁의 수행으로 이어진다.[9] 이를 통해 실질적으로 수혜를 입는 것은 신의 대리인이다. 이런 과정을 통해 신에게 무릎을 꿇은 인간은 오히려 신을 자신들의 계획 안에 가두게 된다.

이렇게 신 중심적 신화는 또 다시 인간중심적 신화, 특히 가부장적 신화로 바뀌게 된다. 신화 속엔 이미 이성(계몽)이 들어 있고, 가부장적 지배 체제로 굳건해진 계몽은, 지배 이데올로기(신화)가 된다.

근대 이후 세계는 탈신비화, 세속화되었다. 신의 자리에 "과학"이 들어선다. 과학 시대에 인간은 더 이상 신에게 무릎 꿇지도, 희생 제물을 바치지도 않는다.

신화시대엔 신과 유사해지려고 하였다. 그 중개자가 바로 무당이나 사제이다. 그들은 신을 모방하고 신과 유사해지려고 했다. 그리고 사제는 신과 인간 사이를 매개하는 자가 되고, 그를 통해 인간의 허물과 잘못에 대한 "대속"의 사건(희생 제물과 같은)이 벌어지게 된다. 그러나 과학의 시대엔 신도 사라지고, 신과 비슷해지려는 인간도 사라졌다. 이런 상황에서 과학은 인간을 대속해 주지 않는다. 그 대신 대체해 준다. 과학은 인간의 눈을 현미경이나 망원경으로 대체해 주고, 인간의 발을 자동차나 비행기로 대체해 준다. 이런 일은 결국엔 인간을 또 다른 인간으로 대체하는 일로 나타난다. 신은 사라졌지만, 과학의 시대에 인간

---

9 이것은 "성전(성스러운 전쟁)"이라 불리지만, 그것은 타인들에게는 근거 없는 "폭력"에 불과하다.

을 자의적으로 대체할 수 있는 권력자는 신화시대 신의 모습을 반영하고 있다.

이름의 경우도 마찬가지다. 우리는 앞에서 오디세우스가 자신의 이름을 우데이스(아무도 아닌 자, 존재하지 않는 자)라고 속여 폴리펨의 위험으로부터 벗어난 것에 대하여 언급하였다. 이름이 없는 자는 포착되지 않는다. 그는 있어도 없는 자이다. 존재하려면 그는 이름을 가져야 한다. 일단 이름이 붙여지면, 그는 존재하는 자, 알 수 있는 자, 따라서 상호 소통하고 친해질 수 있는 자가 된다. 이름은 미지의 것을 알 수 있는 것으로 바꾸는 호칭이다. 이런 이유로 고대 그리스 신화엔 포세이돈, 아폴론 등등 신의 이름이 등장하는 것이다. 이름을 붙이는 순간, 신화는 이미 계몽이다.

그러나 이름이 붙는다는 것은, 인간이 이름 속에 한계 지어지고, 갇히게 되는 것을 뜻하기도 한다. 이와 같이 이름은 어떠한 것의 존재를 드러내는 일이면서, 동시에 그를 일정한 한계 안에 가두는 일이기도 하다. 더 나아가 계몽은 이렇게 한정된 인간의 이름마저 숫자로 바꿈으로써, 살아 있는 인간은 죽은 인간과 유사한 처지에 놓이게 된다.

이런 점을 아도르노, 호르크하이머는 "신화는 죽은 것을 산 것과 동일시했다면(예. 바다를 포세이돈으로 등등), 계몽은 산 것을(다양하고 각자 고유한 자신만의 인간을) 죽은 것(대체 가능한 숫자)과 동일시한다"고 말한다.

문자의 경우도 마찬가지다. 신화시대 문자는 상형문자에 가깝다. 예를 들어 상형문자에서 물이란 의미의 "水"라는 기호(기표)는 실제적인 물의 형태와 닮아 있고, 그 기표가 갖는 의미(기의)는 물을 뜻한다. 결국 실제 사물 = 문자적 기표 = 문자적 기의라는 등식이 생긴다.

그리스도교 신화 속, 아담이 자신 앞에 지나가는 동물들에게 이름을 붙여주는 장면이 있다. 아담은 마치 이미 알고 있는 듯이, 아무 고민 없이 그 앞에 나타난 동물들의 이름을 불러댄다. 그 이름은 그 동물들과 일치한다. 이제 곰이란 동물은 "곰"이란 문자로 표현되며, "곰"이란 문자는 동물 곰과 동일하다. 만약 전능한 신의 언어가 있다면, 신의 문자, 그가 창조한 피조물들, 그에게 부여된 이름은 정확히 일치할 것이다.

반면 계몽 시대 문자의 경우 이제 기표와 기의와 실제 사물은 더 이상 일치하지 않는다. 만약 계속 일치한 상태였다면 과학은 불가능했을 것이다. 그래서 과학은 언어보다 숫자를 더 선호하는 것이기도 하다. 실제 사물과 일치하지 않는 언어의 기표와 기의는 형상적 언어보다 훨씬 자유로워진다. 과학의 언어는 자연을 인식하기 위한 단순한 도구가 된다. 숫자와 같이 실제 사물에 제한되지 않는 기표는 무한한 정보를 생산할 수 있다. 이런 이유로, 컴퓨터는 단 두 개의 수로 구성되는 것이다. 그런데 수를 포함해 과학의 언어는 플라톤의 이데아와 닮아 있다. 이제 과학의 언어는, 플라톤의 이데아가 그렇듯이, 현실적 자연과 분리되어 스스로 존재한다. 이를 통해 과학의 언어는 보다 확실하게 자연을 이해하지만, 그 문사는 더 이상 자연을 담고 있지 않다. 과학의 언어는 자연으로부터 소외된다.

이렇게 깊은 어둠으로부터 벗어난 신화의 문자는 이미 계몽의 문자이다. 그러나 아무런 어둠도 지니지 않는 계몽의 문자는 자연과 무관해진, 생명 없는 문자가 된다.

예를 들어 계몽주의로부터 발생한 종교비판(포이에르바하)은 신화적 문자의 비밀을 파헤치려는 노력이지만, 종교비판을 통해 그리스도교 진리는 신화로 전락하게 된다. 이와 반대로 문자의 힘을 복원시키려는 운동이 루터를 비롯한 종교 개혁가들과 프로테스탄트에 의해 시도된다. 그들은 성서의 문자에 다시 생명을 불어넣고, 오직 성서만으로(sola scriptura), 즉 문자만으로! 라고 외쳤던 것이다. 그러나 그들에 의해 다시 생명력을 갖게 된 문자는 "문자에 대한 맹신과 복종"을 통해 권력을 지니게 된다. 이렇게 그 문자는 다시 신화적 문자가 되는 것이다.

이러한 해석을 통해 아도르노, 호르크하이머는, 이성은 이미 신화 속에도 들어 있다는 점, 동시에 탈신화한 계몽의 시대에서 이성은 인간을 억압하고 지배하는 이데올로기(신화)가 되었다는 점을 강조하고 있다. 그들은 자신들이 살았던 시대가 한편으로는 계몽(이성)이 꽃피운 시기 같지만, 다른 한편으로 이성이 죽어 버린 광기의 시대, 이성이 신화로 전락한 시대라는 것을 "비판"을 통해 드러내고 있는 것이다. 이러한 비판은 "계몽주의"에 대한 비판, 즉 이성을 맹신했던 "현대성"에 대한 비판, 모든 것을 정돈하고 사육하며 하나의 거대한 시스템 안으로 집어넣고 인간과 세계를 지배하려는 기술에 대한 비판, 가부장적 권력이 된 학문에 대한 비판, 물화되어 사물로 전락한 현대사회와 현대인에 대한 비판, 당시 나치 권력을 선동했고 현재도 여러 곳에서 그런 형태를 보이는 맹목적인 매스미디어, 즉 대중 조작을 통해 인격을 해체시키고 권력을 획득하려는 매스미디어와 문화에 대한 비판, 욕망을 극대화함으로써 인간과 자연을 노예화하고 지배하고 결국엔 파괴하는 자본주의에 대한 비판, 그리고 인간을 현혹하고 선동하여 판단력을 잃게 만듦으로써 수많은 인간들을 살육의 현장으로 만들었던 나치즘(파시즘)에 대한 비판으로 나타난다. 그들은 암울하고 광기에 가득 찬 위기의 시대에, 위기에 처한 인간과 사회에 대하여, "인간은 이성적인가, 인간 사회는 이성적인가"라고 질문하고 있는 것이다.

6. 사회 비판 이론가들의 예술론

자본주의의 모순과 파시즘적 광기에 의해 비이성과 비정상이 마치 이성과 정상인 것처럼 여겨지던 시대에, 이성의 탈을 쓴 비이성의 정체를 폭로하는 것이 사회 비판 이론가들의 시급한 과제였다. 그들은 자신들이 살고 있던 구체적 삶의 현실이 전적으로 어둠 속에 빠져 있는 것을 발견했다. 그 어둠은 부분적인 개선으로 해결될 수 없는 정도였다. 이런 상황에서 그들이 할 수 있는 일은, 우선 그들이 처한 현실 모두를 전체적으로 부정하는 일이었다. 이러한 그들의 시도는 철학뿐 아니라, 예술론을 통해 잘 드러난다.

아도르노는 "미학 이론"에서 예술의 본질은 무엇인지, 이렇게 척박한 현실 속에서 예술이 할 수 있는 일이 무엇인지 질문한다. 그리고 말한다:

"예술에 관한 한 이제는 아무것도 자명한 것이 없다는 사실이 자명해졌다. 즉 예술 자체로서도, 사회 전체에 대한 예술의 관계에서도, 심지어 예술의 존재근거에 있어서도 자명한 것은 아무것도 없게 되었다."[10]

이 표현을 통해 아도르노는 수없이 주장되었던 예술론들이 과연 지금도 정당하고 유효한지, 예술 자체가 무엇인지, 예술이 도대체 존재해야 할 의미가 있는지, 야만의 시대에서 무슨 역할을 해야 하는지 질문하고 있다. 그리고 그는 "아우슈비츠의 대량 학살 이후 서정시를 쓰는 것은 야만적이다"라고 말한다. 그는 현실과 무관한 예술, 짙은 어둠 속에서 거짓 희망을 제시하는 예술에 대하여 거부하고 있다. 현실에 눈을 감고 있는 무책임한 예술, 현실을 꿰뚫어볼 줄 모르는 무지한 예술, 사악하고 폭력적인 권력의 신하가 되어 악행을 덮고, 악행을 선행으로 뒤바꾸는 것들이 지금까지 "예술"로 여겨져 왔다면, 이러한 예술은 철저하게 부정되어야 한다. 그리고 이런 용기도 없다면, 이제 예술은 차라

---

10 Th. Adorno, *Aeshthische Theorie*. stw 2, 9쪽. (번역과 요약은 저자가 한 것임.)

리 침묵을 선택해야 한다는 것이다.

그러나 아도르노는 침묵하는 대신, 진정한 예술이 무엇인지 찾아 나선다. 그에 의하면, "진정한 예술"은 "눈멀게 하는 모든 것들"의 시대에서, 사람들이 피할 수 있고, 의지할 수 있는 마지막 도피처 역할을 해야 한다. 진정한 예술은 눈앞에 펼쳐지는 현실이 진실인 듯이 보이지만, 실상에 있어서는 거짓된 현실에 불과하다는 것을 폭로해야 한다. 따라서 현 시대에 진정한 예술은 더 이상 사람들에게 위로와 위안, 화해를 줄 수 없다. 그것은 거짓을 진실로 만드는 왜곡된 작업이기 때문이다. 이제 예술은 희망 대신 절망을, 위로 대신 고통, 삶 대신 죽음을 말해야 한다. 이것이 현대의 예술이 이전의 예술론과 다르고, 달라야 하는 이유이다.

그렇다면 고통의 예술은 무엇을, 어떻게 표현해야 하는가?

일단 고통의 예술이 긍정할 수 있는 현실은 없다. 고통의 예술은 기존의 현실 전체를 부정해야 한다. 그러기 위해 고통의 예술은 현실에서 통용되는 합리적 인식의 언어로 표현되어서는 안 된다. 그것은 전혀 다른 언어로 시작해야 한다. 그 언어는 현실로 환원될 수 없는 또 다른 현실을 미메시스적 표현을 통해 가리켜야 한다. 고통의 예술이 표현하려는 것은, 현실 속에서 강요되고 인정되는 동일성을 부정하고, 그 대신 그러한 동일성의 강압에 의해 억눌린 비동일성을 드러내는 일이다. 그것은 보편적으로 지배하고 있는 야만적 주체의 전횡을 반성하고, 그것에 의해 고통받는 특수자들을 보여줘야 한다. 이렇게 고통의 예술은 드러난 현실 대신 드러나지 않은 현실, 드러나야 하는 현실을 그려야 한다.

동시에 고통의 예술은 자신이 그려낸 현실도 부정해야 한다. 왜냐하면 고정되는 순간, 고통의 예술은 또 다른 희망의 예술로 변하기 때문이다. 따라서 고통의 예술의 진리성은 만들어진 것(예술 작품) 안에서 나타나지만, 만들어진 것은 다시 부정되어야 한다.

당시 진리라고 주장되었던 현실 전체가 "눈멀게 하는 모든 것들"이었다고 한다면, 이제 고통의 예술은 그 현실에 의해 제거되었던 것, 즉 비동일자들을 다시 살려내야 한다. 그것은 사려 깊고 조용하게 이루어져야 한다. 따라서 고통의 예술은 떠들거나 소란스럽거나 선동하는 대신, 본질을 포착하고, 그 본질을 사회에 알려야 한다. 이처럼 예술은 "거부된 방식"으로 말을 건네야 한다. 이때 예술은 예술의 독자성, 즉 예술의 자율적 존재 의미를 갖게 된다. 그리고 거부하는 방식, 즉 사회 비판적 태도를 통해 예술은 사회 참여적 예술이 된다.[11] 이런 의미에서 아도르노에게 "예술을 위한 예술"이란 의미의 순수예술과, 사회 비판적, 참여적 예술은 분리되지 않는다. 오히려 예술은 자율적 존재이며, 동시에 사회적 산물이기에, 순수예술조차도 거짓된 현실에 함몰되는 것에 대한 저항이며, 참여 예술도 예술의 영역을 지키는 한에 있어 순수예술이라고 볼 수 있다. 그것은 예술이 사회를 자기 내부로 끌어들일 때 가능하다. 이와 반대로 사회가 예술을 끌어들일 때, 그것은 통속 예술, 문화산업으로 전락하고, 파시즘 예술이 그랬듯이 정치를 미학화하는 데 이바지하게 된다.

예술이 자신의 자율적 존재를 포기하면, 그것은 기존 사회에서 벌어지는 여러 활동 중 하나가 되며, 엄격하게 자신의 자율적 존재만을 주장한다면, 그것은 사회에 아무런 불편함도 주지 않는 "무해한" 영역의 하나가 된다.

따라서 고통의 예술의 사회적 기능에 대하여 말한다면, 그것은 단지 "무의 가능성"이다. 그것은 "무", 즉 아무것도 다루지 않는다는 의미가 아니라, 마법에 걸린 현실과 거리 두는 것을 통해, 그 거리 속에서 기존

---

11 위의 책, 16쪽 이하. (번역과 요약은 저자가 한 것임.)

의 현실들이 자신의 올바른 위치를 찾아가도록 하는 작업이다. 이런 의미에서 고통의 예술은 드러나지 않은 것, 즉 어둠 속에 묻혀 있는 것을 드러내는 예술, 즉 "어두운 예술"이어야 한다. 그것은 인간으로서 가져야 하는 최소한의 존재 의미조차 물화된 현실, 삶이 죽음 아래 신음하게 된 현실을 고발함으로써, 물화되고 죽어가는 인간과 사회를 다시 피와 살이 있는 생명의 삶으로 바꾸는 작업을 시도한다. 이런 의미에서 고통의 예술, 어두운 예술은 죽은 것을 살리는 "혁명적인 예술"이라고 볼 수 있다.

이때 혁명적 예술은 혁명을 주제로 삼거나, 혁명적 분위기를 묘사함으로써 이루지는 것도 아니고, 예술가의 진보적 성격이나 진보적 이데올로기에 의해 묘사되는 피억압 계급의 등장을 통해 이루어지는 것도 아니다. 오히려 예술의 혁명성은 예술 작품 자체가 갖는 "힘"에 의해 가능한 것이다. 그것은 허구를 통해 일상 경험을 전복시키는 힘이며, 일상의 허위성을 드러내는 힘이다. 그것은 부정을 통해 또 다른 현실을 창조하는 마술적 힘이다. 그것은 발레리의 표현을 빌면 "금지된 가능성", 즉 "존재하지 않는 것"을 "존재하게 하는" 능력을 뜻한다. 그것은 기존의 현실의 마력을 깨뜨리고, 다른 질서로의 진입, 즉 새로운 "아침놀"이 동트기 시작했음을 알리는 힘이다. 그러나 새로운 아침놀이 동트는 것을 보려면, 지금의 현실이 얼마나 어둡고 고통스러운 밤인지를 밝혀야 한다. 그것은 마르쿠제의 표현을 빌리면, "위대한 거절을 가지고 죽음이란 사실에 대하여 응답"하는 일이다.

사회 비판 이론가들은 야만의 시대에서 인간다운 인간과 그들이 어우러져 만들어내는 이성적인 사회에 대하여 말하고 있다. 그것은 당시 삶이 고통스럽고 암울했다는 반증이다.

그들이 경험한 바에 의하면, 삶은 호락호락한 것도 아니고, 아름답고 행복에 가득 찬 것도 아니다. 어쩌면 삶은 미로와 같은 것이다. 그들에게 이 삶의 미로를 헤쳐나올 수 있도록 도와주는 아리아드네의 실과 같은 것은 존재하지 않는 듯이 보였을 것이다. 그러나 그들은 스스로 길을 찾으려 했다. 그런데 탈출구를 찾는 일은 쉬운 일이 아니었을 것이다. 왜냐하면 그 시대가 보여준 미로의 장치는 너무도 정교하여, 어느 길이 탈출구로 이어지는 길인지 알 수 없도록 했기 때문이다. 그곳에서 그들은 길을 잃고 헤매기도 하고, 때로는 용감하게 길을 찾아 나서지만, 방향을 알 수 없이 반복되는 헛걸음에 지쳐 죽음의 순간이 올 때까지 모든 희망을 포기한 채 머물기도 한다. 미로와 같은 삶은 그들을 조롱하는 것 같기도 하고, 위협하는 것 같기도 하고, 아주 잠시 출구처럼 보이는 길을 보여줌으로써 들뜨게 하기도 한다. 미로 안에서 멈춰 있는 것은 죽는 길이다. 그렇다고 움직이는 것 역시 출입구로 이어지지 않는다면, 멈춰 있는 것, 움직이는 것 모두 절망적이다. 어느 경우든 그들에게 남은 일은 서서히 다가오는 죽음뿐이다.

우리는 사회 비판 이론가들의 경험과, 그들의 철학, 예술론에서 이와 비슷한 절망감을 엿볼 수 있다. 그러나 그들은 멈춰 있는 것보다는 움직이는 것을 택했다. 그리고 그들은 출구가 없다면, 출구를 만들어야 한다고 주장하고 있는 듯이 보인다. 결국 그들이 출구로 이어진 "문 앞에" 도달했는지에 대한 평가는 다를 수 있다. 그러나 그들의 주장을 통해 우리가 다시 한번 생각하게 되는 것은, 삶이 만만치 않다는 것, 삶에는 수많은 문제와 위기와 고통이 포함되어 있다는 점일 것이다. 그런데 사회 비판 이론가들은 이러한 위기를 가장 잘 표현한 작가 중 한 명으로 프란츠 카프카를 들고 있다.[12] 그들은 왜 카프카의 작품을 위대하다고 평가를 하는 것일까?

---

12 마르쿠제, 『미학이론』, 최현, 이근영 옮김, 범우사, 1988, 202쪽.

12

카프카의 작품들에
대한 해석

마르쿠제는 '진정한 예술'의 대표적인 예로 사무엘 베케트나 프란츠 카프카를 들고 있다. 그는 카프카의 작품이 순수예술이면서 동시에 사회 참여적 작품이라고 평가하면서, 카프카의 작품이야말로 혁명적 예술의 본질을 잘 나타내고 있다고 주장한다.

물론 카프카의 작품 안에서 다뤄지는 주제나 소재는 혁명과 아무 상관없어 보인다. 그러나 그의 작품은 혁명적이라고 평가된다. 왜 그런가?

사람들이 카프카의 작품을 읽으면서 경험하게 되는 것은, 아마도 심한 당혹감일 것이다. 카프카 작품은 우리의 기대를 넘어서고, 기대감을 깨부순다. 카프카의 작품은 우리의 생각을 멈추게 한다. 그것은 우리에게 낯설고 이상한 느낌, 우리가 지켜온 가치나 의미가 무의미해지고, 미끄러져 사라지는 것 같은 느낌을 준다. 그렇다고 반박할 만한 여지도 주지 않는다. 카프카의 작품 안에서 아리아드네의 실과 같은 친절한 안내자를 찾는 것은 헛수고에 불과하다.

카프카의 작품은 그가 살았던 당시 현실의 모습을 묘사하고 있는 것처럼 보이기도 한다. 그러나 그의 작품을 계속 읽다 보면 현실처럼 보였던 것은 어느새, 결코 현실에서는 존재할 수 없는 비현실처럼 보인다. 또한 그의 작품에서 주인공들은 한결같이 알 수 없는 어떤 거대한 힘에 의해 체포되고 압박받고 있다. 그러나 그 힘은 자신의 모습을 드러내지 않는다. 그 힘은 결정적인 순간에도 교묘하게 자신의 정체를 숨기거나, 사라져버리지만, 그 힘은 저항할 수 없이 강력하다. 그리고 결국엔 그 힘에 의해 주인공은 압도되고 파멸에 이른다. 그 힘에 저항하는 것이나 비판하는 것은 불가능해 보인다. 그렇다고 그 힘은 복종하는 자들을 받아주는 힘도 아니다. 어쩌면 그 힘은 단지 힘으로 존재할 뿐이며, 주인공이 그 힘에 저항하든, 혹은 투항하든, 도대체 무관심할 뿐이다.

그의 작품은 어린아이들이 읽는 동화나 우화처럼 보이기도 한다. 그러나 그렇게 한가하게 읽을 수 있는 것이 아니다. 왜냐하면 우화 같은 묘사 속에서 독자들은 매우 두려운 삶의 문제를 어렴풋이 느끼기 때문이다.

그의 작품은 어떤 경우엔 독자들을 웃게 한다. 희극적이다. 그러나 희극적 해프닝들 사이에서 그의 작품은 엄숙하고 무거운 고통과 아픔을 자아낸다. 이때 그 작품은 비극적으로 보인다. 그렇다고 그 작품을 희극이나 비극으로 분류하는 것은 맞지 않는다. 그의 작품은 기존의 평가의 틀 안으로 집어넣는 일을 거부한다. 오히려 그의 작품은 이러한 틀 너머로, 틀 사이로 자유롭게 돌아다닌다.

따라서 독자들은 카프카의 작품을 읽으면서 자신들이 조롱당하고 있다는 느낌도 갖게 된다. 뭔가 이상하지만, 무엇이 이상한지 알 수 없는 당혹스러운 불쾌감. 결국엔 자신이 무시당한 채 카프카와 그의 작품들 모두로부터 버려졌다는 느낌.

카프카의 작품은 독자들에게 아리아드네의 실을 주는 대신, 얽히고 설켜 도저히 풀 수 없어 보이는 복잡한 실뭉치를 건네고 있다. 그러나 그 실뭉치를 알렉산더 대왕처럼 칼로, 혹은 가위로 잘라낼 수도 없다. 왜냐하면 그것은 카프카가 제시한 수수께끼를 해결하는 것이 아니라, 피하는 것이기 때문이다. 카프카의 실뭉치를 풀 수도 없고, 자를 수도 없다면, 우리가 할 수 있는 일은 무엇일까? 아마도 남는 것은 그 실뭉치를 실뭉치로 받아들이고, 그것을 가지고 노는 일일 것이다. 그것은 복잡하게 얽히고설킨 실뭉치를 따라가는 일이고, 그 과정에서 실뭉치 안에 미세한 길들이 있다는 것을 발견하게 된다면, 그 길들을 따라가는 것도 하나의 놀이일 것이다.

카프카의 "변신"은 이렇게 시작된다:

"어느 날 아침 그레고르 잠자가 불안한 꿈에서 깨어났을 때, 자신이 침대 안에서 끔찍한 해충으로 변해 있다는 것을 발견했다 … 〈나에게 무슨 일이 일어난 것인가?〉하고 그는 생각했다. 꿈은 아니었다."[1]

"변신"을 읽는 독자들은 처음부터 당황하게 되고, 〈무슨 일이 일어난 것인가?〉라고 스스로 묻게 된다. 그러나 작품 속 그레고르가 왜 그런 일이 벌어졌는지, 그 일이 무슨 의미인지 모르듯이, 독자들도 〈어찌된 일인가?〉라는 질문에서 멈출 뿐이다.

처음부터 이 작품은 오비디우스의 "변신이야기"나, 이솝의 우화와는

---

1 F. Kafka, *Saemtliche Erzaehlungen*, 56쪽, (이후 카프카 저서의 번역과 요약은 저자가 한 것임.)

전혀 다르다. "변신 이야기"에는 신들이 동물로 변하는 장면이 있다. 신들은 동물이 되었다가 다시 자신의 모습으로 돌아온다. 신들은 원하면 어떤 동물로도 변신할 수 있다. 이렇게 신들이 변신하는 것을 보고 이상하게 여기는 독자들은 없다. 왜냐하면 그것은 '신화'(Mythos), 즉 '이야기'(mythos)이기 때문이다. 이솝 우화도 마찬가지다. 그 안엔 사자, 호랑이, 늑대, 토끼 등등 여러 동물들이 등장하고, 그들은 서로 이야기를 한다. 그들은 인간하고도 대화를 한다. 그렇지만 인간이나 동물이나 그것을 이상하게 여기지 않는다. 마찬가지로 독자도 당연하게 여긴다. 그것은 동화, 우화이기 때문이다. 그렇다면 카프카의 "변신"은 어떤가?

그레고르가 곤충으로 바뀐 '변신'은 비유적 표현이 아니다. 그것은 실제로 벌어진 사실이다. 인간이 곤충이 되었다. 카프카는 곤충이 된 그레고르를 사실적으로 자세히 묘사하고 있다. 곤충의 등과 배, 가느다란 많은 다리들에 대한 사실적 묘사는 그것이 비유가 아님을 분명히 한다. 그러나 어떻게 그런 일이 현실에서, 사실적으로 벌어질 수 있는가? 그것은 불가능해 보인다. 따라서 작품 속 그레고르는 "어찌된 일인가?"라고 자문하는 것이다. 그러나 그는 자신에게 무슨 일이 왜, 어떻게 벌어졌는지 알지 못한다. 그래서 그는 자신이 아직도 꿈을 꾸고 있는 것은 아닌가 라고 생각해 보지만, 이 일은 꿈이 아니라, 현실이라는 것을 확인한다.

그렇다면 인간이 곤충으로 변한 사실을 어떻게 이해해야 하는가? 비유적 표현도, 신화적 표현도 아니라면?

그것에 대하여 우리는 알 수 없다. 다만 그레고르가 경험하게 된 '변신'은 신화 속에 등장하는 신들의 자유로운 변신과 달리, 그레고르 마음대로 할 수 없다. 오히려 그는 아무 이유도 알지 못한 채, "그렇게 변하게 되었다." 그리고 죽을 때까지 자신의 존재를 회복하지 못한다.

그런데 곤충이 된 그레고르는 어머니가 부르는 소리에 대답하며, 심지어 음악을 좋아하고 이해한다. 이런 측면에서 보면, '변신'은 비유적 표현처럼 보이기도 한다. 그러나 카프카는 사실적 표현과 비유적 표현의 구분을 무시하고 넘어선다.

사실적이든, 비유적이든, "변신"에서 우리가 알 수 있는 것은, '변신'은 그레고르의 의도와 무관하게 이루어졌고, 그를 억압하고 지배하는 힘은 그의 능력을 넘어서서 그를 향하고 있으며, 그 힘은 마치 운명과 같아서 아무리 애를 써도 벗어날 수 없고 피할 수 없는 힘이라는 점이다.

물론 Samsa와 Kafka라는 이름의 유사성 때문에(S···S, K···K, 알파벳 수), 거대한 힘과 그레고르의 관계를 통해 카프카는 이 작품에서 자신의 자전적 경험을 다루고 있다고 추정할 수도 있다. 그러나 그 관계는 그레고르를 넘어 인간이 처한 보편적인 상황과 위기를 다루고 있다고 보는 것이 더 타당할 것이다.

카프카의 작품에서 암시되는 거대한 힘을 "운명"이라고 부른다면, 카프카의 작품은 운명과 영웅을 다루는 고대 그리스 비극 작품과 비교될 수 있다. 다만 고대 그리스 비극 작품에서는 거대한 운명과, 그 운명에 맞서는 위대한 영웅이 등장하는 반면, 카프카의 작품에서는 거대한 운명의 힘 앞에 무력하게 서 있는 왜소한 인간이 묘사되고 있다. 거대한 운명과 위대한 영웅은 서로 어울리는 구성 요소인 반면, 거대한 운명과 왜소한 인간은 잘 어울리지 않는다. 왜소한 인간을 압도하기 위해 거대한 운명이 등장할 필요는 없다. 아주 작은 위협만으로도 그는 정복되기 때문이다. 그럼에도 카프카는 거대한 힘을 지닌 운명과, 이에 전적으로 무력한 인간의 관계를 다루고 있다.

거대한 운명과 같은 힘에 의해 자신과 가족, 사회로부터 버려지고 소외된 상황은 "변신"에서는 곤충으로 변한 인간의 모습으로, 다른 작품 "소송"에서는 '체포'라는 형태로 나타난다. "소송"은 이렇게 시작한다:

"누군가가 요세프 K를 중상한 것이 분명했다. 왜냐하면 그는 아무런 나쁜 일도 하지 않았는데, 어느 날 아침 체포되었으니까 말이다."[2]

요세프 K는 아침에 일어나자마자, 어떤 낯선 사나이로부터, "당신은 체포되었소"라는 소리를 듣는다. 그러나 요세프 K는 자신이 왜 체포되었는지 도무지 이해할 수 없다. 왜냐하면 체포당할 만한 아무런 행동도 하지 않았기 때문이다. 그러나 그는 체포되었다. 이렇게 어이없는 일을 당한 후, 그는 곧바로 자신에게 선고된 '체포'가 부당하다는 것을 알리기 위해 백방으로 노력하고, 이를 통해 체포 상태로부터 해방될 수 있으리라고 여긴다. 그러나 그의 모든 노력에도 불구하고 그는 체포 상태를 벗어나지 못한다. 그는 끝까지 체포된 상태로 존재하며, 그 상태로 죽임을 당하게 된다. 여기서 '체포'라는 표현도 '변신'과 마찬가지로, 인간이 벗어날 수 없는 거대한 힘을 뜻한다. 그런데 요세프 K가 체포되었다는 사실 외에, 누가—어떤 권력이나 체제가—왜 그를 체포했는지는 밝혀지지 않는다. 분명한 것은, 그는 알 수 없는 어떤 힘에 의해 체포되었다는 점, 그는 벗어나려고 모든 노력을 다했다는 점, 그럼에도 불구하고 그는 아무 이유도 알지 못한 채 죽임을 당하게 된다는 점이다. 작품 "소송"의 마지막 부분은 다음과 같이 끝난다:

"한 남자의 두 손이 K의 목에 놓이고, 또 다른 남자는 칼을 그의 심장을 깊이 찌른 채 두 번 휘저었다. 흐려지는 눈으로 K는 … 〈개 같구나!〉라고 말했다.

---

2   F. Kafka, *Der Prozess*, Fischer Taschenbuch, 676, 7쪽.

죽어도 치욕은 남는 것 같았다."[3]

K는 죽어가면서 자신의 삶 전체가 개 같은 삶, 치욕스러운 삶이었다고 고백한다. 그리고 그 치욕은 죽어도 사라지지 않을 것이라고 탄식하고 있다.

물론 K는 체포 상태로부터 벗어나기 위해 법정을 찾고 변호사를 만나는 등, 자신이 할 수 있는 모든 일들을 시도한다. 그러나 그의 모든 노력은 아무런 결실 없이 무위로 끝난다. 왜냐하면 그는 현실 자체를 변화시키기보다, 주어진 기존의 현실 안에서 해결 방법을 찾으려 했기 때문이다. 그가 체포 상태로부터 해방되고 죽음을 피할 수 있으려면, 그는 현실 자체를 부정했어야 한다. 그러나 그는 그러지 못했다. 이런 점은 "소송"의 '종말'편 바로 앞에 나오는 '대성당에서' 암시되고 있다. '대성당에서'는 K와 성직가가 나누는 대화로 구성되어 있다. 그것은 "법 앞에서"라는 소제목으로 독립적으로 읽히기도 한다. 그 내용은 다음과 같다:

카프카, "법 앞에서"

법 앞에 한 사람의 문지기가 서 있다. 시골 사람 한 명이 그곳으로 와서 문지기에게 법 안으로 들어가게 해달라고 부탁한다. 그는, 지금은 허가할 수 없다고 대답한다. 시골 사람은, 그러면 언젠가는 허가해 줄 수 있는지 묻고, 그는 다시, 그럴지도 모르지만, 지금은 안 된다고 대답하고, 옆으로 물러선다. 그 틈에 시골 사람은 법 안을 들여다본다. 그 모습을 본 문지기는 큰소리로 웃으면서, 들어갈 수 있으면 들어가 보라고 놀리듯 말한다. 그러면서 법 안에는 또 다른 문지기들이 있고, 그들

---

3 F. Kafka, *Der Prozess*, Fischer Taschenbuch, 676, 194쪽.

은 자신보다 힘이 세다고 위협한다.

이런 말에 위축된 시골 사람은 문지기를 찬찬히 살펴본다. 두려움을 줄 만큼 충분히 힘이 세 보인다. 그러자 용기가 죽고, 시골 사람은 기다리기로 작정한다. 그때부터 그는 아무 의미 없는 일을 하면서 시간을 보낸다. 이런 식으로 시간이 흘러갔고, 시골 사람은 자신이 죽을 때가 되었다는 것을 느낀다. 그는 문지기에게 다가가 마지막 질문을 한다: "도대체 왜 이 문을 찾아와, 들여보내 달라고 부탁하는 사람들이 없습니까?" 이 질문에 문지기는 말한다: "누구도 이곳에 입장할 수는 없소. 왜냐하면 이 입구는 단지 당신을 위한 입구였기 때문이오. 이제 나는 떠나겠소. 그리고 이 입구를 닫겠소."[4]

결국 시골 사람은 법 안으로 들어가지 못한 채 죽었고, 그가 기다리던 문의 입구는 닫혀버리면서 이 이야기는 끝난다. 성직자가 K에게 들려준 이야기는 법정과 재판소 안으로, 법 안으로 들어가려는 K에게 하는 말이다. 당신은 결코 들어갈 수 없다는 의미를 담고 있다. 그리고 성직자의 경고대로 K는 알 수 없이 죽임을 당한다.

K가 법정과 변호사를 찾아다녔던 이유는 그에게 선고된 체포 상태를 풀기 위해서였다. 그의 시도에 대하여 성직자는 그것이 무의미하다고 말하고 있다. 왜냐하면 법은, 법의 문은 K가 상상하는 그 이상으로 거대한 힘을 지니고 있으며, 어떠한 출입도 허락하지 않기 때문이다.

K는 그냥 체포된 채로 머물거나, 아니면 법 자체를 거부했어야 한다. 그는 문지기와 맞섰어야 했다. 그러나 그러지 못했다. 생각도 부족했고 용기도 없었기 때문이다. 그는 자신이 풀어야 할 현실의 문제를 조금도 변화시키지 못한 채 시간만 죽이고 있었던 것이다. 이런 절망적인 상태

---

4 F. Kafka, *Vor dem Gesetz*, Fischer Taschenbuch, 19, 82쪽.

는 카프카의 다른 작품 "어느 학술원에 보내는 보고서"에서도 발견할
수 있다.

"어느 학술원에 보내는 보고서"는 인간에 의해 사로잡힌 원숭이 이야
기를 다루고 있다.[5] 그 원숭이는 처음엔 '탈출'을 시도한다. 그는 자신이
원숭이라는 점을 잘 알고 있었다. 원숭이 시절 그는 여러 탈출구를 알
고 있었다. 그런 방식으로 자신에게 닥친 어려움을 극복할 수 있었다.
그런데 그 원숭이는 이제 인간에게 포획된 채 철창으로 막힌 궤짝 안에
갇혀 있다. 탈출은 쉽지 않았다. 마치 K가 법 안으로 입장하는 것이 어
려웠듯이. 원숭이는 K와 비슷하게 시간을 보낸다. 그는 소리 없이 흐느
끼기도 하고, 자신의 몸에 붙은 벼룩들을 떼어내기도 하고, 야자열매를
아무 의미 없이 계속해 혀로 핥기도 하고, 심지어는 궤짝에 머리를 부
딪치기도 한다. 그러나 변하는 것은 아무것도 없다.
그런데 다른 측면에서 변화가 생기기 시작했다. 원숭이가 점차 인간
의 요구에 익숙해지기 시작한 것이다. 물론 그 원숭이는 아무리 시간이
지나도 인간이 되지는 못한다. 그러나 그는 이제 더 이상 이전의 순수
한 원숭이도 아니다. 그는 인간처럼 되어가는 원숭이가 되었다.
그런데 탈출을 포기하고, 인간화되는 과정을 인정하고 받아들였을
때, 그 원숭이는 평안함을 느끼기 시작한다. 이제는 그 안락함이 그의
탈출을 막고 있는 것이다.
이러한 편안함 외에, 그가 탈출을 포기한 또 다른 이유는, 그에게 출
구는 더 이상 없으리라는 예감 때문이었다. 그는 탈출할 수 있는 출구
가 아직도 존재하지만, 어떠한 출구도 그를 진정한 탈출로 이어주지는
못한다는 것을 알았다. 따라서 그 원숭이는 자신을 궤짝으로부터 벗어

---

5   F. Kafka, *Ein Bericht fuer eine Akademie*, Fischer Taschenbuch 19, 88쪽 이하.

나게 해주는 것을 유일한 탈출구로 여기게 된다. 그것은 인간이 길들인 방식에 따라 또 다른 인간들 앞에서 '쇼'를 하는 일이었다.

이 원숭이는 더 이상 원숭이가 아닌 원숭이, 그렇다고 인간이 될 수도 없는 원숭이다. 그는 자신의 과거(원숭이)로부터 소외되었고, 미래(인간)도 가질 수 없는 원숭이다. 현재는 '인간 같은 원숭이'로 쇼를 하고 있다. 그 원숭이에게 탈출은 불가능하다. 이제 그는 인간 같은 원숭이에 만족하고 있다.

"소송" 중 '법 앞에서'는 법의 문으로의 입구를 찾지 못하는 시골 사람이, "어느 학술원에 드리는 보고서"에는 탈출을 위한 출구를 찾지 못한 원숭이가 묘사되고 있다. 시골 사람과 원숭이의 처지는 거의 비슷하다. 그들은 자신의 현실로부터 해방되지 못한다. 그들은 독자들에게 절망적이고 암울한 느낌을 넘겨주고 사라진다. 그들은 실패자들이다.

그런데 카프카는 실패자들을 통해 현실을 고발하고 있다. 그는 현실을 잘 살아가기 위한 방법에 대하여 언급하지 않는다. 그 대신 현실 전체에 대하여 부정하고 반항하며, 이를 통해 초월적 현실이 가능하다는 암시를 주고 있다. 즉 카프카는 소외된 존재를 통해 기존의 억압에 대한 전복과 해방적 기능을 제시하고 있는 것이다.

그리고 그의 작품이 현대사회에서도 유의미한 이유는, 그의 작품이 갖는 전복적인 힘이 아직도 유효하기 때문이다. 그는 허구 세계를 통해 현실의 허위성을 고발하고, 현실을 변화되어야 할 대상으로 묘사하고 있다. 이를 통해 그는 현실을 지배하는 이데올로기의 장막을 걷어 올리고 있는 것이다. 이런 의미에서, 카프카의 작품 속 인물들은 극단적으로 무력하고 소외된 모습으로 묘사되어야 한다. 왜냐하면 그럴수록 그의 작품이 갖는 혁명적인 힘은 더 강해지기 때문이다.

그럼에도 우선적으로 독자들이 확인하게 되는 것은, 그의 작품 속 인물들이 한결같이 무력하고 체념적이며, 아무 변화 가능성도 시도하지 못하고 있다는 점이다.

　이와 같은 인간의 상황에 대하여 카프카와 비슷하게 이해한 철학자가 있다. 그는 카뮈이다. 그런데 그는 카프카와 달리, 체념과 포기보다는 주어진 현실에 저항하는 반항적 인간을 제시하고 있다.

13

시지푸스 신화와
카뮈

1. 시지푸스 신화

호메로스는 시지푸스에 대하여 매우 현명하고 신중한 사람이었다고 기술한다. 반면 다른 신화에 의하면, 시지푸스는 엿듣기 좋아하고 말이 많고, 신들을 우습게 여기는 교활한 자이다. 심지어 그는 헤르메스에게 배운 기술로 도둑질하는 자다. 어느 날 시지푸스는 헤르메스가 태어나자마자 그의 형인 아폴론의 소를 훔치는 장면을 목격하고 이 일을 아폴론에 알린다. 이 일로 인해 그는 헤르메스의 분노를 사게 된다.

또한 헤르메스로부터 도둑 기술을 배운 아우톨리코스가 시지푸스의 소를 훔친 적이 있었다. 그는 훔친 소의 색과 형태를 바꿔 아무도 알지 못하게 속였다. 그러나 시지푸스는 자신의 소 발굽에 이름을 적어 놓음으로써, 자신의 소를 되찾게 된다.

이렇게 꾀가 많고, 때로는 도둑질도 주저하지 않는 시지푸스는 제우스 신이 아이기나를 유괴하는 장면을 목격하고, 이 사실을 그녀의 아버지 아소포스 신에게 알려준다. 그 대신 그는 아소포스 신(강의 신)에게 자신이 다스리는 코린토스에 물을 공급해 줄 것을 요구한다. 자신의 비밀이 알려진 것을 확인한 제우스 신은 죽음의 신을 보내 시지푸스를 체포하게 한다. 그러나 이럴 것을 예상했던 시지푸스는 오히려 죽음의 신을 쇠사슬로 얽어맨다. 죽음의 신이 사로잡힌 후 이제 아무도 죽지 않게 되었다. 이에 플루토는 아레스에게 시지푸스를 잡도록 명령하고, 시지푸스는 지하 세계로 끌려가게 된다.

이러한 일이 생길 것을 예상한 시지푸스는 지하 세계로 끌려가기 전에 아내에게 자신의 시신을 매장하지 말도록 부탁한다. 장례식이 거행되지 않는 것을 이유로 들어, 시지푸스는 다시 지상 세계로 갔다 오는 것을 허락받는다. 일단 지상 세계로 돌아오자, 그는 너무나 익숙하게 여겼던 물과 태양, 돌과 바다가 주는 싱싱함과 활기참에 빠져들게 된다. 지하 세계로 가고 싶은 마음은 까마득히 사라지고 말았다. 이러한 자신의 행동이 얼마나 무서운 결과를 가져올지 모르는 바는 아니었으나 두려움보다는 생명이 주는 황홀함이 그를 압도하였던 것이다.

그러나 결국 시지푸스는 제우스의 명령을 받은 헤르메스에 의해 거대한 바위가 준비되어 있는 지하 세계로 끌려가게 된다.

시지푸스가 받은 형벌은 높은 산 정상까지 거대한 바위를 끌어올리는 일이었다. 그런데 정상까지 끌어올린 바위는 다시 밑으로 굴러 떨어졌고, 시지푸스는 산을 내려가 그 바위를 다시 끌어올려야 했다. 이 과정은 결코 끝이 없었다. 그는 바위를 끌어올리고, 떨어진 바위를 다시 끌어올리는 일을 영원히 반복해야 하는 형벌을 받은 것이다.

"오디세이아"에 의하면, 오디세우스는 시지푸스와 탄탈로스가 서로 가까운 거리에서 형벌을 받고 있는 것을 목격한다. 호메로스가 두 인물이 받는 형벌을 한 곳에서 다루고 있는 것은, 아마도 둘이 겪는 형벌이

거의 비슷할 정도로 가혹했기 때문일 것이다.

탄탈로스는 물이 목까지 차 있는 호수에 있다. 그는 목이 말라도 물을 마실 수 없었다. 왜냐하면 그가 고개를 숙이고 물을 마시려 하면 그 물이 밑으로 내려갔기 때문이다. 그의 위에는 온갖 열매들이 탐스럽게 달려 있는 나무들이 있었다. 석류, 배, 사과, 무화과, 올리브 열매들이 바로 위에 있지만, 그가 손을 내밀면 그 열매들은 바람에 날려 사라지는 것이었다. 타는 듯한 갈증에 시달린 그는 고개를 밑으로 숙여보기도 하고, 손을 위로 뻗어보기도 하지만, 그것들은 아무 의미도 없는 헛된 동작에 불과했다. 아마도 탄탈로스는 처음엔 희망을 가졌을 수도 있다. 잘만 하면 물을 마실 수 있고, 열매도 먹을 수 있으리라 생각했을 수 있다. 그러나 그것이 모두 헛수고임은 곧 드러났다. 그는 물을 마시고 싶다는 생존의 욕망에 시달리고, 그 욕망은 마실 수 있다는 희망으로 이어지지만, 결국 그가 경험하게 된 것은 처절한 절망과 체념이었을 것이다.

시지푸스 신화 역시 동일한 형태의 형벌을 당하고 있다. 그도 바위를 끌어올리는 과정이나, 굴러 떨어진 바위를 향하는 발걸음에서 희망을 가질 수도 있었겠지만, 결국엔 그도 탄탈로스와 같이 체념과 절망에 빠졌을 것이다.

그런데 이들이 받는 형벌이 무엇보다 가혹한 것은, 덧없는 희망과, 벗어날 수 없는 절망 사이에서 그들은 영원히 동일한 일을 반복해야 하기 때문이다. '영원한 반복'이란 표현은 더 이상 아무런 진전이 없고, 변화가 없고, 새로운 것이 없다는 것을 뜻한다. 이러한 점을 구약성서에서 솔로몬 왕은 "해 아래 새로운 것은 없다"고 절망적으로 표현했고, 니체 역시 '동일한 것의 영원회귀'를 말하면서, 만약 모든 시간이 되풀이 되고, 시간 속에서 경험하는 사건의 내용들도 동일한 것이라면, 이것이야말로 가장 극단적인 '허무주의'가 아닌가? 라고 절망적으로 표현하고 있다. 이러한 영원한 반복 앞에서 니체는 '역겹다'라고 절규하고 있는 것이다. 물론 니체는 '영원한 반복'(너는 … 해야만 한다)이라는 절망적인 허무주의는 "나는 원한다"라는 "힘에의 의지"를 통해 극복될 수 있다고 보았다.

이런 맥락에서 볼 때, 카뮈의 철학은 니체를 계승하고 있다고 볼 수 있다.

그러나 시지푸스가 받고 있는 형벌은 탈출이 불가능하고, 무의미하고, 영원히 반복되는 고통이라는 점, 이런 의미에서 시지푸스는 불행한 처지에 놓여 있다는 것은 분명해 보인다. 그런데 카뮈는 "시지푸스의 신화"라는 저서에서 "우리는 행복한 시지푸스를 상상해야만 한다"고 기술하고 있다. 카뮈는 왜, 어떻게 '행복한 시지푸스'에 대하여 말할 수 있었던 것일까?

2. 카뮈의 철학과 삶의 부조리

카뮈는 1913년 알제리의 몽도비에서 태어났다. 그가 태어난 지 1년 후 1차 세계 대전이 발발했다. 그 시절의 분위기를 그는 '여름'에서 살인과 부정, 폭력의 세월로 규정하고 있다. 어려서 그는 가난했다. 그에게 미래, 희망은 없어 보였다. "이방인"에서도 묘사되고 있듯이, 카뮈를 비롯해 당시 알제리인들이 축구 경기에 광분했던 것은, 그 외에 그들에게 즐거움이나 행복을 줄 수 있는 것은 없었기 때문이다. 무력하고 무의미하고 지루한 일상 속에서 축구는 그들이 살아 있다는 것을 느끼게 해주는 아주 짧은 순간의 흥분제와 같은 역할을 했다.

그리고 얼마 지나지 않아 2차 대전이 발발한다. 두 번의 전쟁과 가난을 겪으면서, 카뮈는 어떤 일이 벌어져도 결코 절망해서는 안 된다는 것, 그리고 주어진 삶의 역할에 성실해야 한다는 것을 경험하게 된다. 이러한 생각은 1940-41년 "시지푸스 신화", 1942년 "이방인", 1947년 "페스트" 등에서 잘 묘사되고 있다.

　카뮈에게 인간의 삶은 부조리한 것이다. 삶에는 보편적인 법칙도, 합목적적인 지향점도, 이성적인 화해 능력도 존재하지 않는다. 삶은 친절하고 다정하게 진행되는 것만도 아니고, 그렇다고 두렵고 위협적으로만 나타나는 것도 아니다. 삶은 특별히 누군가를 좋아하거나, 싫어하지 않는다. 삶은 그가 누구든, 그가 어떤 처지에 놓이든, 그런 것에 관심이 없다. 삶은 삶의 과정을 무심하게 드러낼 뿐이다. 그 때문에, 어떤 사람은 삶을 친절한 것으로, 어떤 사람은 공포스러운 것으로 여길 뿐이다. 그러나 그들이 삶에 대하여 어떻게 느끼든, 그것과 상관없이 삶 자체는 부조리한 것이다.

　예를 들어 우리는 살아가는 도중에, 친했던 사람들이 서로에게 총구를 겨누는 일, 사랑했던 사람이 증오하는 일, 건강하던 사람이 갑자기 죽는 일, 전쟁 중에 아무 잘못 없는 어린아이들이 굶주리고, 심지어 날아온 포탄 파편에 맞아 쓰러지는 일, 열심히 자신의 일을 수행하지만 지독한 가난에서 벗어나지 못하는 일, 진실하고 선하게 보였던 사람이 실제로는 음흉한 흉계를 꾸미고 있는 사기꾼이었음이 드러나는 일 등등을 경험하게 된다. 이와 같이 삶은 여러 인간들이 만들어내는 우연한 사건들의 총체이다. 그 사건들에 대하여 옳고 그름, 선함과 악함과 같은 절대적이고 보편적인 척도를 들이밀 수 있는 최고의 법정은 없다. 다만 우연들이 서로 얽혀 만들어내는 것이 삶이고, 이런 의미에서 삶은 특정한 감독도, 미리 주어진 시나리오도, 관객도, 주인공도 없이 지구라는 무대에서 벌어지는 한 편의 "연극"과 같은 것이다. 그것은 무의미와 무질서의 연극이고, 항상 계속되지만 항상 미완인 연극이다. 그러한 연극에서 의미를 찾을 수 있다면 단 한 가지, 그 연극은 무의미한 채 계속 진행되고 있다는 점일 것이다.

이러한 삶의 모습들을 카뮈는 '부조리'라고 표현하고 있다. 그렇다면 부조리한 삶 앞에서 우리는 무엇을 할 수 있는가? 이것이 카뮈의 근본적인 질문이다.

카뮈의 철학적 작품 "시지푸스의 신화"는 매우 직설적이고 도발적이고 자극적인 질문으로부터 시작된다:

"참으로 진지한 철학적 문제는 오직 하나뿐이다. 그것은 자살이다. 인생이 살 만한 가치가 있는가, 없는가를 판단하는 것, 이것이 곧 철학의 근본 문제에 대답하는 것이다."[1]

이 질문은 매우 도전적으로 들린다. 그러나 이 표현을 문학적으로 바꾸면, "존재할 것인가? 존재하지 않을 것인가?"(살 것인가, 죽을 것인가? 이것이 문제다)가 된다. 다만 햄릿이 살해당한 아버지, 그리고 왕좌를 차지한 숙부와 어머니 사이에서 이 질문을 던지고 있다면, 카뮈는 삶 자체, 즉 삶의 부조리 앞에서 이 질문을 던지고 있는 것이다. 이 질문을 통해 카뮈는, 우리의 삶이 하나의 연극이고, 나도 포함되어 있는 그 연극이 무의미하고 부조리한 연극에 불과하다고 한다면, 그 연극을 참고 계속할 것인지, 아니면, 연극을 거부할 것인지 묻고 있는 것이다.

그러나 카뮈는 이 질문을 통해 자살하자고 선동하고 있는 것이 아니다. 오히려 그는 죽음을 걸 정도로 가장 진지한 삶의 문제가 무엇인지 묻고 있는 것이다. 그런데 진지하다는 것은 무슨 의미인가?

---

1   알베르 카뮈, 『시지프의 신화』, 이정림 옮김, 범우사, 1993, 23쪽.

카뮈에 의하면 어떤 질문이 '진지한' 이유는, 그 질문이 단지 생각에서 그치는 것이 아니라, 행동으로 이어지기 때문이다. 예를 들어 화려하게 차려진 식탁에 앉아 음식을 먹으며 자살 예찬론을 펼쳤던 쇼펜하우어는 진지하지 못했다. 카뮈의 주장을 따른다면, 쇼펜하우어는 자살 예찬론을 식탁 앞에서가 아니라, 권총을 머리에 겨누고 했어야 했다. 그의 질문은 진지하지 않았던 것이다.

"삶이 살 만한 가치가 있는가, 그렇지 않은가"라는 질문이 진지하다면, 살 만한 가치가 없다고 판단했을 때, 죽을 수 있어야 한다. 그것은 자살이다. 그렇다면 우리는 삶이 부조리하기 때문에 자살해야 하는가? 자살이란 무엇인가?

자살은 삶의 부조리를 이해할 수 없다는 것, 인생이 살 만한 가치가 없다고 고백하는 일이다. 그렇다면 삶이 부조리하다는 것은 무슨 의미인가? 언제 우리는 삶이 부조리하다고 느끼는가? 반대로 우리가 삶을 이해할 수 있다는 것은 무슨 의미인가?

그것은 삶이 조화와 이성적인 법칙(로고스)에 의해 진행된다고 믿는 것이다. 이때 세계는 친근하고 익숙하고 신뢰할 만한 것으로 다가온다. 또한 이성적 법칙을 따르는 한, 우리는 그 세계를 명석하게 이해하고 앞으로 벌어질 일을 예측할 수 있다. 그러나 이러한 시도는 인간이 살기 위해서 만들어낸 인간화 작업이다. 그 세계 안에서 살아가는 동안 우리는 그것이 세계 자체의 본질이 아니라, 인간에 의해 시문학적으로 만들어진 것, 인간적으로 환원된 세계라는 사실을 잊게 된다. 그러나 그 세계는 세계 자체의 모습이 아니다.

예를 들어 곤충, 쥐, 고양이, 새, 인간의 세계는 전혀 다르다. 그들의 길도 다르다. 다만 인간은 인간에게 적합한 세계와 길들 속에서 살아가고 있을 뿐이다. 그리고 다른 동물과 곤충들의 세계에 대하여는 무관심할 뿐이다.

　그런데 어느 날 갑자기 우리는 세계의 견고함이, 세계의 질서가 무너지는 것을 경험하기도 한다. 전쟁의 광기와 같이 거대한 사건이 아니라도, 우리는 어느 날 갑자기 지금까지 너무도 익숙하고 친근했던 세계가 불현듯 낯설게 여겨지는 것을 경험한다. 절망했을 때(키에르케고르), 불안에 사로잡혔을 때(하이데거), 권태나 지루함이 엄습했을 때, 우리는 잘 알던 지인들이나, '나 자신', 더 나아가 세계에 대하여 낯선 느낌을 받을 수 있다. 그리고 우리는 "무슨 일이 벌어진 것인가? 이것은 무슨 의미인가?"라고 묻게 된다. 그리고 세계를 이해할 수 없다고 중얼거리게 된다. 이때 세계는 세계 자체의 본연의 모습, 즉 원시적인 적의를 드러내기 시작한다. 그 세계는 인간적인 세계도 아니고 유의미한 세계도 아니다. 그 세계는 인간의 이해를 벗어나는 세계이다. 이 세계를 카뮈는 부조리의 세계라고 부르는 것이다. 부조리한 세계 앞에서 우리는 "난 이러한 세계를 도저히 이해할 수 없어"라고 말하기도 한다. 이때 그는 죽음이 자신의 주변에서 도사리고 있는 것을 보게 된다. 그렇다면 삶이 부조리하기 때문에 자살하는 것이 옳은가?

　모든 자살에는 인간의 '의식'이 개입되어 있다. 아무 생각 없이 자살하는 경우는 없다. 자살은 의식이 깨어날 때, 즉 "도대체 왜?"라는 질문이 생겨날 때, 가능한 것이다. 그것은 자신의 진실을 호소하고 증명하는 일일 수도 있고, 혹은 이런 것이 삶이라면, 너희들이나 잘 살라는 식의 조롱일 수도 있다. 카뮈식으로 표현하면, 자살은 삶이 부조리하다는 것을 고백하고 조롱하는 사건이다.

　자살은 의식이 깨어나 질문을 던질 때 가능하지만, 자살 앞에서 심사숙고하는 경우는 드물다. 물론 삶의 부조리에 대한 경험이 우리로 하여금 생각하게 하고, 우리의 내면을 침식해 들어올 때, 우리는 자살에 대한 생각을 떠올릴 수 있다. 자살에 대한 생각은 이 지점까지 '논리적'으로 진행된다. 그러나 그 생각이 바로 실행으로 옮겨지지는 않고 대부분의 경우 잊혀진다. 그러던 중 자살과 전혀 무관해 보이는 어떤 사소한 사건이나 경험에 의해 우발적으로 자살이 벌어지기도 한다. 이때 자살은 더 이상 논리적이지 않다. 그것은 비논리적인 비약을 통해 벌어지는 우연한 사건이다.

그러나 이런 순간에서조차도 자살은 쉽게 실행되지 않는다. 왜냐하면 생명의 본능이, 삶에 대한 애착이 자살의 행동을 막기 때문이다. 모든 생명체는 살려고 할 뿐, 어느 생명체도 스스로 죽으려 하지는 않는다. 육체는 파멸 앞에서 멈칫하게 된다. 이렇게 삶의 애착, 생명의 본능이 자살을 거부하게 한다.

그런데 이것보다 더 자살해서는 안 되는 이유는, 카뮈에 의하면, 자살과 더불어 삶은 끝나지만 삶의 부조리는 해결되지 않기 때문이다. 그것은 나의 부조리를 남의 손(판단)에 맡기는 일일 뿐이다. 부조리를 경험하는 것도 살아 있는 나이고, 그것을 어떻게 해결하든 해결하는 것도 나이기 때문에, 부조리는 자살로 이어져서는 안 된다는 것이 카뮈의 생각이다. 카뮈는 "부조리하기 때문에 죽는다"는 태도를 거부하고 있다.

대부분의 경우, 우리는 부조리한 삶 앞에서 자살보다는 '희망'을 선택한다. 살아가는 동안 희망이 얼마나 긍정적인 역할을 하는지 우리는 알고 있다. 단테는 "신곡"에서 지옥을 '아무런 희망도 없는 곳'이라고 규정하고 있다. 희망 없이 산다는 것이 얼마나 고통스럽고 절망적인 것인지 잘 보여주는 표현이다. 심지어 키에르케고르는 '절망'에 대하여 말하면서, "죽음이 가장 큰 위험일 때 우리는 삶을 희망한다. 그런데 죽음보다 더 큰 위험을 알게 된 때, 우리는 죽음을 희망한다. 그런데 위험이 너무 커서 죽음이 희망이 되었을 때, 그때 절망은 죽으려 해도 죽을 수 없는, 소망이 없는 상태이다"라고 말한다. 너무 가혹한 표현이다.

살아 있는 생명체는 죽음을 두려워하고 삶을 희망하지만, 예외적인 경우, 예를 들면 적군의 포로가 되어 비밀을 털어놓으라고 고문이 이루어지는 경우, 그에겐 차라리 죽음이 희망이 될 수도 있을 것이다. 그런데 키에르케고르에 의하면, 죽음이 희망이 된 순간 그는 죽을 수 없다. 왜냐하면 희망 없이 사는 것은 죽는 것보다 더 절망적이기 때문이다.

단테와 키에르케고르에 의하면, 희망은 인간이 버릴 수 없는 최후의 위로이고 도피처이다. 대부분의 경우 우리는 이런 방식으로 삶의 부조리를 견뎌내며 살아간다.

그런데 우리는 희망 중의 희망을 '신'이라고 불러왔다. 신이 삶의 부조리를 극복할 길을 열어준다는 생각은 오랜 기간 동안 인류에게 익숙해 왔던 믿음이다. 믿음은 부조리를 이기게 하는 능력이다. 이런 태도를 터툴리아누스는 "부조리하기 때문에, 나는 믿는다"라고 표현했다.

셰스토프도 마찬가지이다. 그는 "진정하고 유일한 해결책은 인간의 판단을 통해 해결할 수 없는 바로 그곳에 있다. 그렇지 않다면 우리는 무엇 때문에 신을 필요로 하는가? 불가능한 힘을 얻기 위해서만 사람들은 신에게로 향한다. 가능한 것은 인간의 힘으로 충분히 얻을 수 있기 때문이다"라고 말한다.

그러나 전쟁의 비참함과 절망적 상황을 경험한 사람들에게 이러한 논리는 설득력이 없다. 셰스토프는 "고통 속에 부조리가 있는 것이 아니라, 신이 있다"라고 주장하지만, 이 말은 "고통 속에 부조리가 있다"는 것을 경험한 사람들의 절규를 외면하고 있는 것에 불과하다.

카뮈에 의하면 희망은 암울한 현실을 바꾸지 못한다. 오히려 희망은 비참한 현실을 자각하고 변화시키려는 의지를 약하게 만든다. 희망은 사람들로 하여금 현실로부터 도피하게 한다. 이런 의미에서 카뮈는 희망을 '철학적 자살'이라 부르며, 이런 태도도 거부한다.

카뮈는 인생이 살 만한 가치가 있는가? 부조리한 삶 속에서, 숨 막히는 하늘 아래서 살 수 있는가? 라고 질문하고, 첫째는 거기서 빠져 나오는 방법의 예로 자살을 거론하지만, 자살을 거부한다. 둘째로 숨 막히는 하늘 아래 살아가는 방법으로 희망에 대하여 말하지만, 그것 역시 철학적 자살이란 의미로 거부한다. 그렇다면 이제 남은 것은 숨 막히는 하늘 아래서 희망 없이 살아가는 일, 즉 부조리를 부조리로 받아들이며 살아가는 방법만 남는다.

부조리한 삶에서 '진실'을 바라는 것은 '희망'에 속하는 일이다. 반면에 이제 중요한 것은 '진실'이 아니라 주어진 부조리를 부조리로 '성실하게' 받아들이는 일이다. 즉 하나의 경험, 하나의 운명을 살아간다는 것은 이를 전적으로 받아들이는 일이며, 심지어 이 운명이 부조리하다는 것을 알면서도 부조리를 자기 앞에 유지하기 위해 모든 것을 하는 것이다. 말하자면 산다는 것은 부조리를 부조리로 살게 하는 것이다.

부조리한 삶을 살아가는 동안 중요한 것은 가장 잘 사는 것이 아니라, 가장 많이 사는 것이다. 그렇다고 부조리는 모든 행동을 허용하는 것은 아니다. 오히려 부조리는 삶에 있어 중요한 것, 덜 중요한 것은 없고, 모든 것들은 등가적 가치를 지닌다고 말할 뿐이다.

가장 많이 산다는 것은 자신의 자유를 될 수 있는 한 많이 느끼며 산다는 것을 뜻한다. 또한 어떤 행동을 하든, 그는 자신의 행동 결과에 대하여 책임을 질 뿐, 죄인이 되지는 않는다. 왜냐하면 죄인이라는 평가는 가치에 대한 등급과 차이를 전제로 하는 것이기 때문이다. 카뮈에 의하면 결국 모든 인간은 같다.

부조리는 자살이든, 희망이든, 사람들이 그것으로부터 돌아설 때 죽어 버린다. 부조리는 죽음의 의식인 동시에 거부라는 점에서 자살, 철학적 자살로부터 벗어난다. 부조리의 인간은 부조리를 받아들이지만,

동시에 부조리에 반항하며 살아간다. 그것은 힘든 일이다. 그러나 카뮈
에 의하면, 부조리의 인간은 모든 것을 탕진하고 지쳐버리는 순간에도
"구원"을 호소하지 않는다. 그 대신 그는 인간의 최극단의 긴장과 고독
을 감수하며 살아간다. 죽음 후에 내기는 끝난 것이기 때문이다.

이와 같이 카뮈가 제시하는 부조리의 인간은 '반항하는 인간', 즉 "부
조리하기 때문에 산다"(vive, quia absurdum est)고 말하고, 그렇게 행
동하는 인간이다.

부조리의 인간의 이런 모습이 잘 나타나고 있는 작품이 "이방인"이다.

3. "이방인"과 "페스트"에 나타난 카뮈의 예술론

"이방인"의 무대는 태양이 뜨겁게 내려쬐는 알제리이다. 등장인물은 뫼
르소를 중심으로 마리, 레몽, 아랍인, 변호사, 판사, 검사, 재판장, 신부
등이다. 이 소설은 뫼르소의 어머니의 죽음 장면에서 시작하고, 중간
부분에서 뫼르소가 아랍인을 죽이는 사건이 벌어지고, 이에 대한 재판
과정, 그리고 마지막은 뫼르소의 죽음으로 끝난다.

이 소설에서 다루고 있는 주제는 죽음, 결혼, 살인, 재판, 언론, 종교
등이다. 이 과정에서 예외 없이 뜨거운 태양의 이미지가 묘사되고 있
다. 이 소설에서 작가 카뮈는 개입하지 않는다. 그는 주인공 뫼르소에
대하여 옹호하지도 비난하지도 않고, 마치 무관심한 듯, 덤덤하게 사건
의 진행을 '기술'하고 있다.

카뮈가 이런 태도를 취하고 있는 이유는, 그의 예술론에서 잘 나타
난다.

카뮈에게 예술은, 즉 부조리의 예술은 삶 전체가 부조리라는 것을 모
방하는 것이다. 부조리 예술은 어떤 사건에 대하여 설명하려고 하지 않

으며, 더더욱 해결책을 제시하지 않는다. 그런 일은 불가능하기 때문이다. 그 대신 부조리 예술은 삶의 부조리한 현상을 느낀 대로 기술한다. 그것은 철저한 무관심의 관점에서 이루어져야 한다.

또한 부조리 예술은 신의 개입을 거부하며, 철저하게 인간의 삶을 다룬다. 그 중에서도 부조리한 삶에서 인간이 경험하게 되는 시련을 다룬다. 이를 통해 부조리 예술은 인간이 조금씩 적나라한 부조리 현실에 접근하도록 기회를 제공한다. 신적 해결을 거부하듯이, 동일한 맥락에서 부조리 예술은 '일치'보다 '다양성'을 강조한다. 이런 방식을 통해 부조리 예술은 부조리한 인간의 삶과 운명에 "형태"를 부여하는 것이다.

이러한 예술론은 카뮈의 작품 속에서 실현되고 있다. 따라서 우리도 카뮈의 작품을 있는 그대로 소개하고, 그 다음 이에 대한 일반적인 평가와, 마지막으로 그러한 평가에 대하여 질문거리를 제시하는 방식으로, 우선 "이방인"에 나타난 주제들에 대하여 생각해 보기로 한다.

"이방인" 첫 부분은 이렇게 시작한다:

"오늘 어머니가 죽었다. 아니 어쩌면 어제. 양로원으로부터 전보를 한 통 받았다. '모친 사망', 명일 장례식 … 아마 어제였는지도 모르겠다."

어머니의 죽음 소식을 접한 뫼르소는 사장에게 휴가를 신청하면서, 어머니의 죽음은 자신의 탓이 아니라고 말한다. 그는 장례식장을 향해 버스를 타고 가면서, 지금은 어쩐지 어머니가 죽지 않은 것 같다고 생각하며, 차창으로 비치는 햇빛에 더워하며 잠이 든다.

장례식장에 도착해 그는 어머니 시신이 놓인 관 앞에 선다. 어머니 모습을 보겠느냐는 질문에 거절한다. 그 이유를 묻자 잘 모르겠다고 대답한다. 그 대신 그는 여기서 담배를 피워도 좋은지 묻는다. 그리고 그것을 꺼릴 이유가 없다고 생각한다. 마침 조문 온 어머니의 동료들이 우는 것을 보면서, 이상하다고 생각한다.

장지로 가면서 피곤함을 느낀 그는, 어머니 일만 없었다면 산책하기 좋은 날이었을 거라고 생각한다.

어머니 장례를 마친 후 그는, 이제는 드러누워 12시간 동안 실컷 잘 수 있겠구나 라고 생각하며 기쁨을 느낀다.

이 과정에서 '태양'이 계속 묘사되고 있다. "태양이 하늘로 좀 더 높이 떠올랐다. 햇볕이 내 발을 뜨겁게 비추기 시작했다", "하늘에는 벌써 햇빛이 가득 차 있었다. 그것은 땅 위로 무겁게 내려쬐기 시작했고, 더위는 급속히 더해갔다 … 나는 몹시 더웠다", "오늘 … 천지에 넘쳐나는 햇빛으로 인해, 이 고장은 비인간적이고 사람의 기를 꺾어 놓는 분위기를 자아냈다."

이러한 뫼르소의 태도를 보면서, 우리는 그가 어머니의 죽음 앞에서 최소한의 예의도 갖추지 못한 불효자라고 비판할 수 있다. 그는 어머니의 임종 시간도 정확히 기억하지 못하고 있으며, 어머니의 마지막 얼굴을 보는 것도 거부하고 그 앞에서 담배를 피웠으며, 어머니 동료들의 애도 소리도 달갑게 여기지 않았기 때문이다. 이런 시각에서 보면, 처음부터 뫼르소는 비도덕적인 인간처럼 보인다.

이런 점은 사랑에 대한 뫼르소의 태도에서도 나타난다. 그는 어머니 장례를 치른 후 마리와 해수욕을 하고, 저녁에 영화를 본 후 헤어진다. 며칠 후 뫼르소를 찾아온 마리는, 그가 자신을 사랑하는지 묻는다. 이에 뫼르소는, 그런 것(사랑)은 아무 의미 없는 말이지만, 자신은 그녀를 사랑하지 않는 것 같다고 대답한다. 이 말을 듣고 마리는 슬픈 표정을 짓는다.

며칠 후 마리는 뫼르소에게 자신과 결혼할 마음이 있는지 묻는다. 이에 뫼르소는, 그건 아무래도 상관없지만, 그녀가 원한다면 결혼할 수 있다고 답한다. 이에 마리는, 그가 자신을 사랑하는지 묻고, 뫼르소는 전에 한 말처럼, 그런 것은 아무 의미도 없는 말이며, 그녀를 사랑하지는 않는 것 같다고 답한다. 이에 마리는, 그렇다면 왜 나와 결혼을 하려는가? 라고 묻고, 뫼르소는, 그런 것은 아무 중요성도 없는 것이지만, 그녀가 원한다면 결혼할 수 있다고 대답한다. 이에 마리는 결혼은 중요한 것이라고 반박하며, 만약 다른 여성이 청혼을 해도 승낙할 것인지 묻는다. 이에 뫼르소는 그렇다고 대답한다. 마리는 그에게 "이상한 사람"이라 말하며, 이런 모습 때문에 그를 사랑하지만, 바로 그런 이유 때문에 언젠가 헤어질 수도 있겠다고 말한다. 그리고 웃으면서 마리는 그와 결혼하고 싶다고 말하고, 그는 그녀가 원한다면, 그렇게 하자고 답한다.

사랑에 대한 뫼르소의 태도 역시 이상해 보인다. 그는 '사랑'이라는 표현이나 개념은 무의미한 것이라고 말한다. 그렇게 중요한 것이 아니라는 주장이다. 더욱이 그는 마리를 사랑하지는 않는다고 밝히고 있다. 그런데도 마리가 결혼을 원하면, 결혼할 수 있다고 말한다. 그리고 '결혼'이라는 표현, 개념도 무의미한 말에 불과하다고 주장한다.

이러한 태도에 대하여, 우리는 뫼르소를 부도덕한 자라고 비판할 수 있다. 어머니의 장례식에서 보인 그의 모습이나, 사랑과 결혼에 대한 그의 태도는 비난받을 만해 보인다. 그는 '이상한 사람'(etrange)처럼 보인다. 그래서 그는 이방인(etranger)이다.

그런데 그는 일방적으로 비판받아야 되는가? 혹은 그에게도 이해해 줄 여지가 있는가?

1부 5장에서 살라마노 노인은 뫼르소가 어머니를 사랑했고, 어머니를 양로원에 보낸 것은 경제적 어려움 때문에 어쩔 수 없이 선택한 일이었다고 말하고 있다. 2부 3장에서 뫼르소 역시 재판장의 질문에, "어머니를 양로원에 보낸 것은, 부양할 돈이 없었기 때문"이라고 답하고 있다.

뫼르소에 대한 또 다른 비판은, 어머니의 죽음 앞에서 보여준 그의 냉정한 태도와 연관된다. 이에 대해 뫼르소는 2부 1장에서, "당신은 어머니를 사랑했는가?"라는 질문에 대해, 그렇다고 대답하고 있다. 그리고 사랑한다는 사실 자체와, 그에 대한 표현이 반드시 일치하는 것은 아니라고 대답한다. 어머니를 사랑한 것과, 어머니의 죽음 앞에서 슬퍼하지 않는 것 사이엔 아무런 인과관계가 없다는 것이다.

사랑이나 결혼에 대해서도 뫼르소는 이와 동일한 입장을 견지하고 있다. 그는 영원한 사랑, 사랑의 본질, 사랑과 결혼의 필연적 관계성 같은 것을 부정하고 있는 것이다. 이런 점을 고려해도 뫼르소는 '비도덕적 인간'으로 보인다.

그러나 우리는 살아가면서, 한때 매우 소중하거나, 심지어 절대적이라고 여겼던 가치나 이념, 풍습, 문화, 법, 종교 등도 시간이 지나면서 빛바래고 퇴색하여 희미해지는 것을 경험하기도 한다. 특히 삶이 너무도 비참하고 곤궁할 때, 이런 가치들은 바위와 같은 삶의 무게에 눌려 후순위로 밀리기도 한다. 왜냐하면 자신이 살아야 한다는 절박함 앞에서 이런 가치들은 한가해 보이기 때문이다.

따라서 뫼르소를 비도덕적이라고 비난하는 것은, 한편으론 정당하지만, 그것은 단지 평범하고 도덕적인 인간의 시각에서 볼 때 타당한 것이다.

이에 반해 카뮈는 과연 도덕적인 인간, 도덕적인 판단이라는 것이 극한의 삶에서도 가능한가? 라고 묻고 있다. 도덕적인 인간들은 어떠한 사건에 대하여 그들에게 익숙한 사회적, 법적, 양심적, 종교적 가치에 따라 평가하며, 좀 더 소중한 가치와 그렇지 않은 가치 사이에 질적인 차이가 있다고 주장한다. 반면 뫼르소는 그러한 가치의 차이는 없다는 것, 가장 소중하다고 여겨왔던 가치도 그렇게 소중한 것은 아니라는 것, 즉 모든 가치는 등가적이라고 주장하고 있는 것이다.

그리고 1부 6장에서 살인 사건이 벌어진다. 뫼르소는 레몽, 마송과 해변을 산책하다가 아랍인들과 만난다. 그들 사이에서 싸움이 벌어지고, 아랍인이 휘두른 칼에 레몽이 상처를 입는다. 싸움이 끝나고 레몽은 치료받는다. 그리고 그들은 다시 해변으로 산책을 나가고, 다시 아랍인들과 마주친다. 레몽은 권총에 손을 대고, 뫼르소에게 쏘아 버릴까? 라고 묻고, 뫼르소는 그것은 비겁한 일이라고 대답한다. 상대가 칼을 뽑기 전에는 권총을 쏴서는 안 된다며, 그는 레몽에게서 권총을 뺏는다.

그 후 뫼르소는 혼자 산책에 나서고, 다시 아랍인과 마주친다. 뫼르소는 권총을 손으로 잡는다. 그러면서 돌아설 것인지, 그대로 앞으로 갈 것인지 고민한다. 돌아선다면 아무 일도 없을 것이라고 생각하면서도, 그는 앞을 향해 걸음을 옮긴다. 그때 그는 뜨거운 태양을 느낀다. 그것은 어머니의 장례식에서 느꼈던 태양이었고, 견디기 힘든 태양, 어느 곳으로 가든 결코 벗어날 수 없는 뜨거운 태양이었다. 그때 아랍인이 칼을 꺼내고, 뫼르소는 그 칼에 반사된 햇살이 마치 길쭉한 칼날처럼 자신의 이마를 쑤시는 것처럼 느낀다. 그때 뫼르소는 권총의 방아쇠를 당긴다. 총 소리와 함께, 그는 자신이 비로소 뜨거운 태양을 떨쳐버렸다고 생각한다. 그리고 다시 권총 네 방을 쏜다. 이 사건이 벌어진 후, 그는 체포되어 심문을 받게 된다. 그리고 2부에서 카뮈는 법, 재판, 언론, 종교에 대한 이야기를 묘사한다.

그는 살인을 저질렀다. 그런데 왜 그랬는가? 그의 살인 행위에 대하여 참작하고 고려해 볼 만한 점이 있을까? 법적으로 볼 때, 없어 보인다. 따라서 법정은 그에게 사형을 언도한다. 그렇다면 법정의 판결과 선고에는 아무 문제점도 없는가?

2부 1장에서는 뫼르소와 변호사, 뫼르소와 예심판사 사이의 대화가 묘사되고 있다.

무대 위에는 책상 위 등불이 하나 있고, 그 불빛은 피고인을 비추는 반면, 판사는 어둠 속에 있다. 이러한 분위기는 어떻게 재판이 진행되는지를 암시하고 있다.

뫼르소의 변호사는, 어머니 장례식에서 뫼르소가 냉정한 태도를 보인 점을 지적하며, 그때 슬펐냐고 묻는다. 뫼르소는 어머니를 사랑했지만, 슬퍼하는 것은 아무 의미도 없는 것이라고 대답한다. 그러면서 누구나 가끔은 사랑하는 사람의 죽음을 바랐던 경험이 있지 않느냐고 묻는다. 이에 변호사는 그런 말을 해서는 안 된다고 주의를 준다. 이에 뫼르소는 어머니가 죽지 않았으면 좋았으리라는 것은 사실이라고 말한다.

그 후 예심판사와 대화가 이어진다.
예심판사는 당신의 행동에 이해할 수 없는 부분이 있으며, 당신이 누군지 알고 싶다고 말하며, 어머니를 사랑했는지 묻는다. 뫼르소는 그렇다고 대답한다. 판사는 총 다섯 방을 연달아 쏘았는지, 한 방 쏜 후, 그다음에 네 방을 쏘았는지, 그렇다면 왜 잠시 기다렸는지 묻는다. 뫼르소는 그날의 뜨거웠던 햇살을 떠올린다.

그때 판사는 왜 시신에 다시 네 방을 쏘았는지 물으며, 말 없는 뫼르소에게 십자가를 들이밀면서, 자신은 신을 믿는다는 것, 신은 누구든 용서해 준다는 점, 신을 의심하면 삶은 무의미한 것이라고 주장한다.

뢰르소는 이러한 판사를 이해하지 못하며, 자신의 재판에 판사는 이미 결정을 내리고 있는 것 같다고 여긴다. 그것은 판사가 뢰르소를 '반그리스도교인'이라고 불렀기 때문이다.

며칠 후 다시 재판이 벌어지고, 그 전에 신문기자는 뢰르소에게, 자신들은 뢰르소의 사건을 부풀렸다고 말한다. 왜냐하면 여름철에는 신문 판매가 저조한데, 이를 만회하기 위해 이러한 살인사건을 다뤄야 하기 때문이라는 것이다.

이 짧은 표현을 통해 카뮈는 언론에 대하여 비판하고 있는 듯이 보인다. 언론이나 법은 가장 객관적이고 공정해야 한다. 그러나 객관적 보도가 아니라, 자신의 이익을 위해 주관적인 해석, 더 나아가 허황된 소설을 주장하는 언론도 존재한다. 법의 경우도 마찬가지다. 어쩌면 법의 그물망은 너무도 촘촘해 누구도 빠져 나갈 수 없어 보인다. 그러나 위법적인 경우나, 초법적인 경우 그 그물망이 아무 역할도 하지 못하는 경우도 종종 보게 된다. 카뮈는 이러한 주제들과 문제들을 "이방인" 2부에서 다루고 있다.

재판장과 변호사, 검사의 논리

재판장은 자신의 임무가 사건의 변론을 공명정대하게 진행시키는 것, 사건을 객관적인 시각으로 보는 것이라고 말하면서, 뢰르소에게 왜 어머니를 양로원에 보냈는지? 아랍인을 죽일 생각으로 혼자 샘으로 갔는지? 왜 무기를 가지고 있었는지? 묻고, 어머니 장례식 날 왜 어머니를 보려고 하지 않았고, 눈물을 흘리지 않았는지, 왜 장례식 후 무덤에서 묵도하지 않았고, 어머니 나이를 잘 몰랐는지 물으면서, '놀랍다'고 말한다.

그리고 증인에게 뢰르소가 눈물을 흘리는 것을 봤는지 묻는다. 증인은 못 봤다고 답한다.

이때 변호사가 그 증인에게 눈물을 흘리지 않는 것은 봤는지 묻고, 증인은 못 봤다고 답한다. 이에 변호사는 이것이 재판의 모습이라고, 즉 모든 것이 사실이지만, 사실인 것은 하나도 없는 것이 재판의 모습이라고 비판한다.

이어 검사가 배심원에게, 뫼르소는 어머니가 사망한 날, 해수욕을 하고, 마리와 부정한 관계를 맺었고, 영화를 보며 희희덕거렸다고 주장하며, 도덕적으로 문란한 행위를 한 그가 살인도 저질렀다고 주장한다.

이에 변호사는, 피고는 어머니 장례 건으로 기소된 것인지, 살인 때문에 기소된 것인지 묻고, 검사는, 범죄자의 마음으로 어머니를 매장하였으므로, 뫼르소에게 유죄를 주장한다고 말한다.

이 과정을 지켜보면서 뫼르소는, 변호사는 유죄를 인정하되 변명을 붙였고, 검사는 유죄를 고발하되 변명의 여지를 주지 않는 차이가 있을 뿐이라고 생각한다. 그리고 재판은 자신을 빼놓은 채 진행되고 있었다는 느낌도 받는다: "나의 의견은 물어보지도 않은 채, 나의 운명이 결정되는 것이다."

그리고 검사의 판결이 내려진다. 검사는 뫼르소의 살인이 사전에 계획된 범죄라고 주장하며, 그 근거를 대고 있다. 객관적 근거로 검사는, 어머니 죽음에 냉담한 것, 마리와 해수욕, 레몽에게서 권총을 달라고 한 후 혼자 아랍인에게 총을 쏘고, 네 방의 확인 사살을 한 점 등을 들고 있다.

그리고 검사는 "범죄적 영혼의 심리 상태가 제공하는 어두운 빛에 의한 증명"이란 표현을 들어, 뫼르소의 영혼 안에는 도덕적 원리가 전혀 없다는 점을 지적한다.

그리고 뫼르소에게 관용이란 소극적 덕목을 베풀기보다, 고귀한 정의라는 덕목을 따름으로써 뫼르소와 같은 심리적 공허감이 사회 전반에 확산되지 않도록 사형을 구형한다.

마지막으로 재판장이 뫼르소에게 할 말이 있는지 묻고, 뫼르소는 아랍인을 죽일 의도가 없었다고 강조한다. 그런데 왜 죽였는가? 라고 재판장이 묻고, 뫼르소는 "태양 때문이었다"라고 답한다.

그리고 "뫼르소는 프랑스 국민의 이름으로 공공의 장소에서 목이 잘리게 되리라"는 재판장의 판결문과 더불어 모든 재판은 끝난다.

이 재판 과정에서, 변호사는 뫼르소의 진실보다는 어떻게 하면 유리한 판결이 나올 수 있는지에 관심을 두고 있다. 따라서 불리할 수도 있는 증언을 하는 뫼르소를 그는 배제시켜 버린다. 이것은 원천 봉쇄의 오류에 속한다.

예심판사는 갑자기 신을 끌어들이는 논점 이탈의 오류를 범한다. 그가 '반그리스도교인'이라고 부른 것은, 그의 판단이 객관적 사실에 입각하기보다, 그의 판단 안에는 이미 그의 종교적 신념이 선입견으로 작용하고 있다는 것을 보여준다. 그의 논리는 흑백논리, 성급한 일반화의 오류를 범하고 있다.

이런 점은 재판장과 검사의 경우도 마찬가지다. 재판장은 뫼르소가 어머니 장례식에서 눈물을 흘리지 않았다는 것, 마리와의 해수욕을 즐겼다는 점 등을 거론하고, 검사는 이런 점을 배심원들에게 강조함으로써 '감정에의 호소'를 통해 '사실관계'를 왜곡하고 있다. 그것은 인신공격의 오류이기도 하다. 이들의 논리에 따르면, 뫼르소는 아랍인을 살해해서 범죄자가 된 것이 아니라, 반대로 이미 그는 범죄적 인간이기에 아랍인을 살해했다고 주장하고 있는 것이다. 이것은 선결문제의 오류에 해당된다.

뫼르소의 사형이 집행되기 전, 신부가 찾아와, 신을 믿는지 묻는다. 그러면서 죽음은 두려운 일이지만 신이 도와줄 것이라고 말하면서, 인간의 심판보다 신의 심판이 더 두려운 것이니 죄를 고백하라고 주장한다. 이에 뫼르소는 "나는 죄라는 것이 무엇인지 모른다. 단지 다른 사람들이 내가 죄인이라고 말해 줬을 뿐"이라고 말하며, 이 부조리한 세상에서 "그대의 신"이 무슨 중요성이 있는가? 라고 항변하고 있다.

이윽고 사형이 집행되는 날 새벽, 뫼르소는 하늘의 별, 들판에서 이는 소리들, 밤의 냄새, 흙 냄새, 소금 냄새, 여름의 한가로운 평화와 같은, 세계의 "정다운 무관심"을 느낀다. 그리고 죽음 앞에서 비로소 모든 것을 다시 살아보고 싶다는 생각을 한다.

"이방인"에서 뫼르소는 자신의 범행 동기가 태양 때문이라고 밝히고 있다. 이 말대로라면, 그가 궁극적으로 살해하고 싶었던 것은 태양인 셈이다. 왜 그는 태양을 향해 총을 쏜 것인가? 태양은 무엇인가?

서구 신화와 시문학, 그리고 철학을 통해 태양은 항상 진리, 생명, 선함, 아름다움의 태양이었다. 태양은 우리에게 밝은 빛(이성)과 적당한 햇볕(생명)을 주는 진리 자체에 대한 메타포였다. 그러나 "이방인"에 나오는 태양은 파리의 태양이 아니라, 알제리의 태양이다. 사막 가운데 내려쬐는 불같은 태양은 인간에게 진리와 생명의 태양이 아니라, 인간의 삶을 위협하는 태양이다. 그 태양은 생존을 위해 제거되어야 할 태양이다. 그러나 그 태양을 제거할 방법은 없다. 만약 그 태양이 사라진다면, 인간의 생존 또한 불가능하기 때문이다. 그 태양은 긍정할 수도 부정할 수도 없는 태양, 즉 부조리의 태양이다. 태양이 부조리라고 한다면, 인간은 그 아래서 살아가는 법을 배워야 한다. 그것은 부조리를 부조리로 받아들이며 살아가는 것이다.

뫼르소는 태양을 제거하지 못했다. 당연한 일이다. 오히려 그는 부조리의 태양을 진리와 생명의 태양이라고 여기는 가치들에 의해 사형선고를 받고, 죽었다. "이방인"의 뫼르소는 실패한 이방인이다. 그는 극단적으로 길을 잃고, 몰락한 인간의 전형이라고 비판받을 수도 있다.

다만 우리는 뫼르소에게서, 부조리한 삶을 살아가는 부조리한 인간의 일면을 볼 수 있다. 그것은 모든 가치는 결국 '등가적'이라는 것이다. 그렇다면 우리는 특별히 어떤 것—그것이 권력이든, 부든, 명예든—에 집착할 필요가 없다. 그런데 이러한 비집착은 '자유'와 동의어이기도 하다.

카뮈에 의하면 부조리의 인간은 자유의 인간이다. 그러기 위해 그는 반항하는 인간이다. 이때 반항은 어떤 특별한 가치나, 제도, 권력, 사회, 인물 등을 향한 것이 아니다. 오히려 '반항'의 의미는 부조리한 삶에 부딪쳐 그 삶으로부터 도망치거나, 거짓 희망으로 도망치지 말고 묵묵히 부조리에 저항하라는 의미이다. 즉 반항하는 인간은 부조리를 부조리로 받아들이는 인간이다. 그럼에도 "이방인"에서 부조리한 인간의 모습은 "부정적인 방식"으로 묘사되었다.

부조리 인간은 "페스트"에서는 긍정적인 방식으로 묘사된다. "이방인"에서 뜨거운 태양이 부조리에 대한 메타포였다면, "페스트"에서 태양의 역할을 하는 것은 페스트라는 병이다.

"이방인"에서, 그 누구도 도처에 내려쬐는 뜨거운 태양으로부터 벗어날 수 없듯이, "페스트"에서는 누구도 사회 전체에 퍼져 있는 페스트로부터 안전하지 않다. 태양과 페스트는 삶 전체를 위협하는 부조리 자체를 상징한다.

"페스트"에 의하면, 어느 날 갑자기 페스트가 사회로 번지기 시작하고, 수많은 사람들이 죽어간다. 당국은 그곳을 폐쇄한다. 모든 사람들이 그곳에 갇힌 것이다. 그곳에서 살아날 가망성은 없어 보인다. 오늘, 내일, 혹은 일주, 한 달 뒤에 죽는다는 차이 외에, 모든 사람들은 결국 죽을 수밖에 없다. 폐쇄된 사회에서 사람들은 두려움과 절망에 빠져든다. 그러나 시간이 흐를수록 인간의 삶은 다시 이어진다. 죽은 자는 죽었지만, 산 자는 살아야 하기 때문이다. 죽음이 올 때까지 넋 놓고 기다릴 수는 없다. 그때까지라도 살아야 하기 때문이다. 따라서 폐쇄된 사회 안에서도 신의 도움을 찾기 위해 성당으로 향하는 사람, 돈을 벌기 위해 장사하는 사람, 탈출하여 실상을 알리려는 사람들이 움직이기 시작한다. 페스트 안에서도 인간의 삶이, 죽기 전까지는 진행되는 것이다.

이런 와중에 탈출하려고 시도하다 실패한 기자가 의사인 류에게, 왜 당신은 탈출하려고 하지 않는가? 두렵지 않은가? 라고 물어본다. 이에 류가 하는 말은 간단하다. "나는 의사이니까"이다. 그의 생각에 의하면, 의사는 환자가 있는 한, 그 자리를 떠날 수 없고 떠나서도 안 된다. 왜냐하면 그것이 바로 의사가 할 일이기 때문이다.

이렇게 "페스트"에서 카뮈는 부조리의 인간의 특징을 반항 외에 '성실함'이라고 규정하고 있다. 반항이 부조리 전체와 맞서는 태도라고 한다면, 성실함은 부조리한 삶 속에서 주어진 자신의 역할을 진지하고 일관되게 수행하는 태도를 의미한다. 반항의 인간이 자살과 희망을 거부하고 부조리를 부조리로 받아들이듯이, 성실한 인간도 자신의 역할로부터 도망치지 않는다. 설령 그는 자신이 하는 일이 부조리하다는 것을 알아도, 그것을 성실하게 행한다. 그는 부조리가 사라지기를 기대하는 대신, 부조리를 비웃듯이 부조리를 성실하게 살아간다.

이러한 부조리 인간의 모습은 "이방인", "페스트"보다 먼저 발간된 "시지푸스 신화"에서는 시지푸스를 통해 묘사되고 있다. 여기서 카뮈는 시지푸스, 즉 부조리의 인간(반항하는 인간, 성실한 인간)을 '행복한 인간'이라고 부른다.

4. 시지푸스 신화에 대한 카뮈의 해석

시지푸스는 영원히 바위를 끌어올려야 하는 형벌을 선고받았다. 그가 바위를 끌어올림으로써 달라지는 것은 없다. 그의 힘겨운 노동은 새로운 것을 창조하는 것이 아니다. 그의 노동은 단지 반복해서 동일한 작업을 수행하는 비생산적인 노동, 무의미한 노동에 불과하다. 이것은 아무 보람도 주지 못하는 지루하고 헛된 노동이다. 무의미한 것을 알고도 시지푸스는 그 노동을 수행해야 한다. 이 모습을 보면서 우리는 '절망적인 시지푸스'를 떠올리게 된다. 그런데 카뮈는 '행복한 시지푸스'를 상상해 보라고 권한다. 어떻게 시지푸스는 행복할 수 있을까?

카뮈에 의하면 시지푸스는 부조리한 삶을 왜, 어떻게 살아야 하는지, 가장 잘 보여주고 있다. 그는 부조리에 대항하는 영웅이다. 그의 고통은 무익하고, 가망 없는 영원한 고통이다. 그러나 그는 절망에 빠져 자살을 시도하지 않는다. 그는 죽음의 유혹에 넘어가기보다, 오히려 삶에 대한 강한 열정을 가지고 있다.

또한 그는 신들의 판결이 바뀔 수 있으리라 생각하지 않는다. 그는 자신에게 구원이 없다는 것을 잘 알고 있다. 그는 헛된 희망을 꿈꾸지 않는다. 그 대신 그는 자신에게 형벌을 내린 신을 멸시하는 태도로 자신에게 주어진 일을 행함으로써, 신에게 반항한다.

  그는 아무 불평이나 변명 없이 바위를 굴려 올리기 시작한다. 자신만
큼 크고 무거운 바위를 끌어올리기 위해 그는 온 힘을 다한다. 그의 근
육은 긴장하여 터질 듯이 부풀어 오른다. 그는 두 손, 두 팔, 그리고 온
몸과 얼굴을 바위에 밀착해 붙인 채 바위를 밀어 올린다. 그의 얼굴에
경련이 일고, 바위에 비벼대는 뺨과 어깨는 흥건한 땀과 흙먼지로 뒤덮
여 있다. 그의 다리는 뒤로 굴러 떨어지려는 바위의 무게를 버티기 위
해 잔뜩 힘이 들어가 있다. 그는 아무 생각도 하지 않는다. 그는 아무런
핑계나 변명거리도 만들어내지 않고, 왜? 라고 묻지도 않는다. 아무 이
유도 없다는 것을 알고 있기 때문이며, 그럼에도 그것이 자신이 해야
할 일이라는 것도 알고 있기 때문이다. 그는 자신에게 주어진 과제를
묵묵히, 성실하게 행할 뿐이다.

  이렇게 육체의 모든 힘을 소진하면서, 그는 바위를 산 정상까지 올려
놓는다. 이제 육체의 고통이 끝나는 순간이다. 그러나 육체의 고통으로
부터 벗어나지만, 그는 곧바로 정신의, 의식의 고통을 겪게 된다.

  그는 허망하게 아래를 향해 굴러 떨어지는 바위를 본다. 육체의 고통
보다 더 강한 정신의 고통이 밀려온다. 온갖 비참함과 역겨움, 부끄러
움, 분노가 뒤섞인 감정이다. 그러나 그는 망설이지 않는다. 이러한 감
정을 안으로 삭이며 그는 밑을 향해 걸어 내려가기 시작한다. 만약 그
가 희망을 품었다면, 그는 반복되는 형벌을 감당하지 못했을 것이다.
왜냐하면 그것이 헛된 희망이라는 것이 밝혀졌을 때 밀려오는 절망감
은 훨씬 더 크기 때문이다. 또한 그는 바위를 끌어올릴 때, 힘을 빼지
않는다. 그는 죽음을 거부한다. 고통보다 죽음이 더 두려워서가 아니
라, 죽음을 선택하는 것은 부끄러운 일이라고 생각하기 때문이다.

  밑으로 내려갈 때도 마찬가지다. 그는 절망에 빠져 내려가기를 포기
하지도 않는다. 그는 내려가자마자 다시 바위를 끌어올려야 한다는 사

실도 안다. 허탈해질 수 있지만, 그는 참고 견딘다. 그는 기진맥진한 얼굴로, 무겁지만 한결같은 걸음걸이로 아래를 향해 걸어간다. 그는 무의미와 부조리한 고통을 향해 기꺼이 다시 내려간다. 이때 그의 모습은 거대한 바위 자체처럼 보이고, 그는 이 순간 자신이 운명보다 강하다는 것을 의식한다. 그는 자신에게 주어진 비극적 상황을 극복하고 있다. 이러한 시지푸스에게서 우리는 비극적 영웅의 모습을 볼 수 있다. 왜냐하면 이때 그는 부조리에 대하여 승리하고 있기 때문이다.

시지푸스가 보여주고 있는 것은, 자신의 살아 있음에 대한 긍정, 삶에 대한 성실함, 그리고 이를 통해 부조리를 극복하는 모습이다. 이제 운명은 그의 것이 되고, 바위도 그의 것이 되고, 부조리도 그의 것이 된다. 이렇게 고귀한 성실함을 통해 부조리에 맞서는 시지푸스를 카뮈는 '행복한 시지푸스'라고 부르고 있는 것이다.

모든 어린아이는 어른이 된다. 어른이 되면서 우리는 어린 시절에 가졌던 환상적인 빛들과 형태들, 소리들이 시들어지는 것을 경험한다. 이제 어른으로서 우리는 무심한 세계와 자연과 마주치게 된다. 자연도 우리도 서로 말을 건네지 않는다. 그냥 나는 여기에, 자연은 저기에 서 있을 뿐이다. 감동이 사라진 자리에, 처절한 삶의 현실이 남아 있을 뿐이다.

일정한 나이에 따라 어른이 되었을 때, 우리는 현실을 현실로 받아들이며 살아가는 방식을 인정하게 된다. 그러나 진정한 어른이 되기 위해서 우리는 주어진 현실을 넘어 좀 더 나은 현실을 실현하고자 노력해야 한다. 그것은 일상에서 잊고 살았던 자신의 꿈을 다시 되살리는 일이기도 하다.

이 세계와 자연에는 수많은 길들이 있다. 그 길들은 처음부터 존재했던 것은 아니다. 한 사람, 한 사람, 그들이 각각 자신에게 주어진 문제들을 해결하려고 걸었던 흔적들이 길이 되고, 여러 사람들이 그 길을 걸을 때, 그것은 큰 길이 된다. 그렇다고 큰 길이 항상 옳은 길은 아니다. 각자에게는 자신에게 고유한 길이 있기 때문이다. 우리는 좁은 길, 오르막길, 샛길을 선택해야 할 때가 있다. 왜냐하면 좁은 샛길은 큰 길로 인해 감춰져 있었던 새로운 장소로 우리를 인도하기 때문이다.

이 책에서 소개한 거의 모든 작품(작가)들은 처음에는 좁은 샛길이었지만, 시간이 지나면서 큰 길이 되었다. 큰 길이 되었을 때, 그 길은 샛길 때 가졌던 감격과 흥분을 상실하게 되었다. 그때 또 다른 작품(작가)들이 등장하여, 길의 방향을 바꿔 놓는다.

그리스와 히브리 우주 창조 신화, 인간 탄생 신화를 다루면서 우리는 왜 그리스와 히브리인들이 서로 다른 신과 인간에 대한 이해를 갖게 되었는지, 아폴론 신화와 플라톤 철학이 어떤 배경에서 등장하게 되었고 어떠한 영향을 끼쳤는지, 그리고 아폴론 신화와 플라톤 철학이 본질의 힘을 잃었을 때, 디오니소스 신화와 니체 철학이 나타나서 전적인 부정과 해체를 시도했다는 점을 살펴보았다. 그러면서 디오니소스적 인간의 전형으로 햄릿을 다루었다.

오이디푸스 왕을 통해 인간의 자유와 운명의 관계, 비극적 영웅의 모습을, 안티고네를 통해 결단하고 행동하는 인간의 모습과, 그에 따른 남성/여성, 개인/국가, 삶/죽음의 문제를 다뤘고, 이때 죽음에의 존재를 강조한 하이데거의 철학을 살펴보았다.

그 후 서사극 오디세이아와 사회 비판 이론을 통해 신화와 계몽의 관계를 살펴보았고, 이를 위해 칸트부터 헤겔, 포이에르바하, 맑스의 철학들을 소개하였다. 그리고 사회 비판 이론가들이 혁명적 작품으로 평가한 카프카의 작품을 해석하고, 마지막으로 시지푸스 신화와 카뮈 철학을 통해 부조리한 삶을 어떻게 살아가야 하는지 제시하였다.

여기서 소개한 각각의 작품들은 시대를 앞서간 호모 포에티카들이 당시의 현실을 극복하기 위해 제시한 길들이다. 이 길들은 그들이 살았던 자연적, 역사적, 사회적인 조건과 이해를 반영한다. 그 길들은 시간의 흐름에 따라 또 다른 길에 의해 부정되고 변형되고, 그때마다 새로운 신화, 시문학, 철학이 등장하게 되었다.

이렇게 각각의 작품들은 여러 길들을 만들어나갔고, 마침내 그 길은 이정표가 되었다. 그러나 그 이정표로부터 또 다른 길이 시작되어야 하고, 이러한 작업은 끊임없이 진행되어야 한다.

호모 포에티카는 주어진 현실에 안주하지 않는다. 그들은 자신들이 제시한 길을 절대적이라고 주장하지 않는다. 호모 포에티카는 항상 도상에 있는 존재이다. 그들은 어떤 경우에도 멈추지 않는다. 멈추는 것은 곧 "이데올로기의 인간"으로 전락을 뜻한다. 이데올로기의 인간은 가장 위험한 형태의 인간이다. 그는 호모 포에티카에 의해 계속해 부정되고 극복되어야 한다.

호모 포에티카의 인간은 미래를 예감하고, 그 도래를 기다린다. 그러나 막연히 기다리는 것이 아니라, 현재에서 미래를 준비하며 기다린다. 또한 기다림의 기한이나 내용을 한정시키지 않는다. 그는 기다림을 기다림으로 열어둔 채 기다린다. 이런 의미에서 호모 포에티카는 열린 인간이고, 자유로운 인간이다.

이제 호모 포에티카는 또 다른 미래에 대하여 꿈꿔야 한다. AI와 로봇 등의 과학기술의 등장과 더불어 우리는 새로운 신과 인간(인간의 고귀함, 자유, 평등 등), 사회(정의, 조화, 공정 등), 지구의 환경에 대하여

꿈꿔야 한다. 그러나 그 꿈도 하나의 길이며, 언젠가는 또 다시 부정될
수도 있다.

이런 의미에서 인간의 삶은 하나의 연극과 같다. 수많은 관객이 있지
만, 그들도 자신의 입장에서는 주인공들이다. 이들 모두는 지구라는 행
성 위에서 자신의 배역과 역할, 연기를 벌이고 있다. 이때 호모 포에티
카가 바라는 것은, 바쁜 일상을 잠시 멈추고 자기 자신에게 이렇게 질
문하는 것일 것이다: "이것이 삶이었던가?"

이 질문에 대하여 감사의 마음을 가지고, 잔잔한 미소를 지을 수 있
다면, 그는 이미 행복한 호모 포에티카인 것이다.

단테, A., 『신곡』, 한형곤 옮김, 서해문집, 2005.

로저, S., 『금지된 지식』, 조한욱 옮김, 금호문화, 1997.

롬바흐, H., 『아폴론적 세계와 헤르메스적 세계』, 전동진 옮김, 서광사, 2001.

리쾨르, P., 『악의 상징』, 양명수 옮김, 문학과 지성사, 1994.

마르쿠제, H., 『미학과 문화』, 최현, 이근영 옮김, 범우사, 1988.

_____, 『에로스와 문명』, 김인환 옮김, 나남, 1989.

마르크스, K., 『독일 이데올로기』, 김대웅 옮김, 두레, 1989.

마르텐, R., 『죽음과 삶의 드라마로서 인간의 유한성』, 최상욱 옮김, 서광사, 2017.

보만, T., 『히브리적 사유와 그리스적 사유의 비교』, 허혁 옮김, 분도출판사, 1975.

생텍쥐페리, A. D., 『어린왕자』, 이정서 옮김, 새움, 2017.

셰익스피어, W., 『햄릿』, 최종철 옮김, 민음사, 1998.

소포클레스, 『안티고네』, 천병희 옮김, 문예출판사, 2001.

_____,『오이디푸스 왕』, 천병희 옮김, 문예출판사, 2001.

아도르노, Th. W., 호르크하이머, M.,『계몽의 변증법』, 김유동, 주경식, 이상훈 옮김, 문예출판사, 1995.

아리스토텔레스,『시학』, 천병희 옮김, 문예출판사, 2002.

에다,『게르만 민족의 신화, 영웅전설, 생활의 지혜』, 임한순, 최윤영, 김길웅 옮김, 서울대학교 출판부, 2006.

엘리아데, M.,『성과 속: 종교의 본질』, 이동하 옮김, 학민사, 1983.

장자,『장자』, 송지영 역해, 신원문화사, 2011.

최상욱,『하이데거와 여성적 진리』, 철학과 현실사, 2006.

_____,『하이데거와 레비나스』, 세창출판사, 2009.

_____,『니체, 횔덜린, 하이데거, 그리고 게르만 신화』, 서광사, 2010.

_____,『차라투스트라는 이렇게 말했다 메타포로 읽기』, 서광사, 2015.

카뮈, A.,『시지프의 신화』, 이정림 옮김, 범우사, 1993.

키에르케고르, S.,『죽음에 이르는 병』, 임춘갑 옮김, 종로서적, 1996.

_____,『공포와 전율』, 임춘갑 옮김, 치우, 2011.

포이에르바하, L.,『기독교의 본질』, 박순경 옮김, 종로서적, 1982.

프로이트, S.,『토템과 타부』, 김종엽 옮김, 문예마당, 1995.

플라톤,『국가, 정체』, 박종현 역주, 서광사, 1997.

_____,『티마이오스』, 박종현, 김영균 공동 역주, 서광사, 2000.

_____,『플라톤의 네 대화편』, 박종현 역주, 서광사, 2003.

하이데거. M.,『횔덜린의 송가 〈이스터〉』, 최상욱 옮김, 동문선, 2005.

_____,『횔덜린의 송가 〈게르마니엔〉과 〈라인강〉』, 최상욱 옮김, 서광사, 2009.

헤겔, G. W. F.,『정신현상학』, 임석진 옮김, 한길사, 2005.

헤시오도스,『신통기』, 김원익 옮김, 민음사, 2003.

호메로스,『오디세이아』, 유영 옮김, 범우사, 2003.

_____,『일리아스』, 천병희 옮김, 숲, 2015.

휠덜린, F., 『빵과 포도주』, 박설호 옮김, 민음사, 1997.

_____, 『휘페리온』, 장영태 옮김, 을유문화사, 2008.

『성경전서:표준새번역』, 대한성서공회, 1993.

Adorno, Th. W., *Aesthetische Theorie*, Suhrkamp Taschenbuch Wissenschaft 2

Goethe, J. W. von., *Faust*, Wilhelm Goldmann Verlag, 7517, 1978.

Heidegger, M., *Sein und Zeit*, Tuebingen, 1972.

_____, *Hoelderlins Hymne «Ister»*, Vittorio Klostermann, 1984.

_____, *Hoelderlins Hymne «Germanien» und «Der Rhein»*, Vittorio Klos-
termann, 1999.

Hoekheimer, M., Adorno, Th. W. *Dialektik der Aufklaerung*, Fischer Wis-
senschaft 7404, 1991.

Kafka, F., *Das Urteil*, Fischer Taschenbuch 19.

_____, *Der Prozess*, Fischer Taschenbuch 676.

_____, *Die Verwandlung*, Fischer Taschenbuch 5875.

Kant, I., Beantwortung der Frage: *Was ist Aufklaerung?*, Kants Werke,
Akademie-Ausgabe, Bd VIII(Berlin, 1912), 35.

Kerenyi, C., *Mythologie der Griechen: Goetter, Menschen und Heroen*, Klett-
Cotta, 2014.

Nietzsche, F., *Also sprach Zarathustra*, KSA 4.

_____, *Die Geburt der Tragoedie*, KSA 1.

_____, *Ecce Homo*, KSA 6.

_____, *Goetzen Daemmerung*, KSA 6.

_____, *Morgenroete*, KSA 3.

Pascal, B., *Gedanken*, Verlag Schibli-Doppler, Birschfelden-Basel.